# EL LIBRO FAMILIAR DE LOS
# REMEDIOS CASEROS

# EL LIBRO FAMILIAR DE LOS
# REMEDIOS
# CASEROS

Guía práctica y confiable para tratar en casa enfermedades,

utilizando medicina convencional y complementaria

Consultor principal
## MICHAEL VAN STRATEN

PANAMERICANA
EDITORIAL

## Colaboradores

*Consultor principal:* **Michael van Straten**
*(Introducción, acupuntura, ejercicios, remedios culinarios,
nutrición, medidas preventivas)*
*Técnica de Alexander:* **Katarina Diss**
*Aromaterapia:* **Josie Drake**
*Medicina convencional:* **Naomi Craft**
*Remedios herbales:* **Penelope Ody**
*Remedios homeopáticos:* **Fiona Dry**
*Reflexología:* **Kristine Walter**
*Yoga:* **Sarah Ryan**

*Nota del Editor:*
*La información suministrada en este libro no intenta reemplazar la consulta médica.*
*Cualquier persona que requiera atención médica debe consultar*
*a un médico calificado.*

**Primera edición** en Panamericana Editorial Ltda., noviembre de 2007

© 2007 Panamericana Editorial Ltda. de la traducción al español
Dirección editorial: Conrado Zuluaga
Edición en español: Diana López de Mesa Oses
Traducción del inglés: Olga Lucía de la Espriella
ISBN: 978-958-30-2149-7

Esta traducción de *El libro familiar de los remedios caseros*, originalmente publicado en inglés
en 1998, es publicada en acuerdo con THE IVY PRESS LIMITED

© The Ivy Press 1998
Título original: *The Family Book of Home Remedies*
Director creativo: Peter Bridgewater
Director de arte: Terry Jeavons
Editor: Sophie Collins
Diseñador: Ron Bryant-Funnell
Director editorial: Steve Luck
Editor comisionado: Viv Croot
Editor de texto: Mandy Greenfield
Pies de páginas: Fiona Corbridge
Investigación de imágenes: Liz Moore
Coordinador fotográfico: Kay Macmullan
Estudio fotográfico: Mike Hemsley, Walter Gardiner Photography, Ian Parsons, Guy Ryecart
Ilustraciones: Jerry Fowler, Andrew Milne

Panamericana Editorial Ltda.
Calle 12 No. 34-20. Tels.: 3603077 – 2770100. Fax: (57 1) 2373805
panaedit@panamericanaeditorial.com
www.panamericanaeditorial.com
Bogotá D.C., Colombia

*Los editores dan las gracias a las siguientes personas por
permitirnos usar sus imágenes:*
Heather Angel p.165t; Bruce Coleman p. 35t, 51b, 59t, 125t, 204b; Bridgeman Art
Library 201t; Garden Picture Library p. 29b, 43r, 49b, 58b, 68b, 71tl, 77bl, 85l, 89l,
93tl, 111t, 121tl, 129t, 171, 173t, 180r, 182r, 207t; image bank p. 20b, 21r, 29t, 34b,
52b, 60b, 70l, 79t, 80l, 96b, 112b, 115l, 118b, 125b, 133t, 147b, 153b, 161t, 177b,
185t; John Glover 198–9; NHPA p. 21l, 33l, 39c, 41r, 63, 74b, 83t, 86b, 113b, 116b,
119c, 132b, 137c, 164b, 175tl, 179l, 181, 183c, 185br, 204t, 205t; Science Photo
Library p. 139tr; Wildlife Matters p. 107c; Zefa 206.

### Dedicatoria

Este libro está dedicado a dos grandes damas inglesas, muy distintas entre sí, pero
que comparten una pasión duradera: la salud de la nación.

Barbara Cartland, mundialmente famosa por sus novelas románticas y por sus
vestidos rosas, fue una de las pioneras de la terapia nutricional al llamar la
atención sobre los peligros de los aditivos en los alimentos, los pesticidas
y los insecticidas, mucho tiempo antes de que el mundo empezara a hablar
de ellos. Fue también una de las primeras defensoras de los suplementos
vitamínicos. La primera conferencia radial que realicé, la hice con ella sobre
este tema, ella ha sido mi amiga y un constante incentivo en mi trabajo e
investigación durante 35 años.

Kathleen Raven, no precisamente el nombre de una ama de casa, es la enfermera
más importante e influyente desde Florence Nightingale y nació en el año en que
ella murió, 1910. Esta dama, dedicó toda su vida a cuidar de los demás y a
capacitar enfermeras, no sólo en Inglaterra sino alrededor del mundo. Durante la
guerra y en su calidad de monja, trabajó en el Bart's Hospital (St Bartholomew's),
en Londres, durmiendo en el piso y atendiendo a las víctimas en los bombardeos.
En 1948, fue nombrada Matrona (Jefe de Enfermeras) del hospital y diez años
después, Directora General del cuerpo de Enfermeras del Ministerio de Salud.
Durante sus años de "retiro", esta mujer ayudó a fundar hospitales a lo largo del
Reino Unido y del Medio Oriente, estableciendo estándares de enfermería a los
que sólo ella podía aspirar. Kathleen siempre entendió la importancia del
contacto de "primera mano" con los pacientes, razón por la cual creó la Cátedra
de Enfermería Práctica. Al igual que muchos de los estudiantes de Medicina que
fueron sus pupilos —muchos de ellos muy cerca de lograr el grado de
eminencia— he aprendido más sobre la verdadera medicina en mis charlas
regulares con la "Matrona" que en 20 años de clases.

En el momento en que escribo estas líneas, Barbara se acerca a su cumpleaños
número 98 y Kathleen al 88. Espero que estos remedios caseros que ellas
conocen muy bien, me permitan tener la misma vitalidad cuando llegue a esa
edad. Conocer a estas dos mujeres y trabajar con ellas ha representado para mí
un placer, un privilegio y un aprendizaje.
*Michael van Straten*

### Agradecimientos

Sin la ayuda de muchas otras personas, este libro nunca habría salido a la luz.
Debo agradecer a mi secretaria Janet, a mi editora Mandy Greenfield, siempre
paciente, a todos sus colegas en Ivy Press y, sobre todo, a mi compañera Sally,
quien no sólo tuvo que lidiar con muchas preparaciones nocturnas y muy poca
vida social, sino que pasó la mayor parte de nuestras vacaciones en España,
frente a su computador.
*Michael van Straten*

### Abreviaturas utilizadas en este libro

| | |
|---|---|
| AINES | Drogas antiinflamatorias no esteroides |
| DAE | Desorden afectivo estacional |
| dieta BAMT | Dieta de banano, arroz, manzanas y tostadas integrales |
| EM | Encefalomielitis miálgica |
| LTMR | Lesión por tensión muscular repetitiva |
| mcg/μg | Microgramo |
| SCI | Síndrome de colon irritable |
| SFC | Síndrome de fatiga crónica |
| SPM | Síndrome premenstrual |
| TRH | Terapia de reemplazo hormonal |
| UI | Unidades internacionales |

# CONTENIDO

# Introducción

No hay nada nuevo sobre los remedios caseros. Desde el tiempo de las cavernas, las casas en los árboles en las selvas tropicales, los iglús de las zonas árticas y los castillos medievales hasta hoy, siempre se han utilizado remedios caseros para tratar enfermedades comunes.

Este tipo de remedios han pasado de una generación a otra —en el mundo occidental, usualmente de madre a hija— y, hasta hace poco, se incluían en los libros de cocina en una sección de alimentación para enfermos. De hecho, no hace mucho que las enfermeras tenían que presentar un examen sobre la preparación de alimentos apropiados para la curación de sus pacientes.

Este libro compila, por primera vez, el conocimiento ancestral de la medicina herbal, la acupuntura china tradicional, las más recientes aplicaciones homeopáticas, la experiencia de la medicina convencional, la efectividad de la aromaterapia y las prácticas antiguas de los remedios culinarios. La información que encontrará en estas páginas no sólo le dirá cómo tratar enfermedades menores que afectan a toda la familia, sino también cómo utilizar remedios caseros para coadyuvar a la curación de enfermedades más serias y disminuir el malestar de enfermedades complejas.

Existen docenas de soluciones para los problemas diarios de salud, desde los glóbulos homeopáticos para la sinusitis hasta los cataplasmas de repollo para las rodillas artríticas, la acupuntura para el dolor de cabeza, el emplasto de mostaza para el dolor de espalda, la lavanda para el insomnio y el diente de león para la cistitis. Éstas constituyen, además, alternativas altamente aceptadas para evitar el uso de drogas fuertes e innecesarias disponibles en las droguerías, y las interminables prescripciones de medicamentos para dormir, tranquilizantes, analgésicos y antibióticos.

Los médicos "alternativos" que añoran aquellos buenos tiempos cuando no existía la industria farmacéutica, viven en un mundo de ilusiones. Todos los tratamientos y medicinas deben ser vistos bajo la luz de la relación riesgo-beneficio y no hay duda de que las terapias naturales representan un menor riesgo y un beneficio invaluable. No obstante, no se deben descartar los avances de la medicina moderna y de la cirugía, así como la capacidad de salvar vidas de la sofisticada industria farmacéutica.

Aunque muchos de los remedios caseros en este libro son alternativas a otros tratamientos, no existe tal "medicina alternativa", únicamente buena y mala medicina. En el caso de enfermedades severas, el paciente será mejor atendido con una combinación de las terapias más apropiadas para su problema particular, razón por la cual utilizo el término "medicina complementaria". Cuando los médicos y otros practicantes trabajan conjuntamente y sus tratamientos se complementan, es el paciente quien resulta beneficiado.

Este libro no pretende ser un sustituto de su doctor, aunque en muchos casos los tratamientos, sencillos y seguros, sugeridos ayudarán a evitar visitas innecesarias al consultorio. Recuerde, sin embargo, que los primeros auxilios son exactamente eso, y que si usted tiene alguna duda sobre la gravedad de un síntoma —especialmente cuando se trata de un niño— debe visitar al doctor. La mayoría de los padres tienen un instinto natural sobre la salud de sus hijos, si algo lo inquieta no dude en buscar ayuda médica.

La mayoría de accidentes ocurren en el hogar, más de la mitad de las personas tienen anualmente un accidente que requiere alguna clase de tratamiento, y una quinta parte sufren heridas que requieren asistencia médica. El sentido común y el cuidado pueden ayudar a prevenir accidentes, pero toma un poco más de esfuerzo prevenir los padecimientos descritos en este libro. Haga los esfuerzos necesarios y siga los consejos sobre cómo mejorar su nutrición para evitar problemas frecuentes, cómo hacer ejercicio adecuadamente para proteger sus articulaciones, y cómo, usando muchos de los otros remedios caseros, aumentar sus defensas para evitar infecciones comunes.

En el mundo tecnológico, estresante y extremadamente complicado de hoy, muchos de nosotros ansiamos tener más control sobre nuestras vidas. Usar los remedios caseros de este libro es dar un paso en esta dirección, y mis colegas y yo, esperamos que la información que encontrará le dé la autoconfianza y el conocimiento que necesita para afrontar enfermedades. La mayoría de los remedios han pasado la prueba del paso del tiempo y, como muchos otros aspectos de las terapias complementarias, pueden reclamar ahora un aval científico. Otros han sido empleados durante siglos y se sustentan en evidencia práctica. Aunque los científicos se burlen, la medicina moderna está cimentada sobre la observación y las anécdotas de grandes médicos de las artes de la salud, y algunas de las medicinas modernas más importantes fueron inventadas mucho antes de su uso clínico.

Espero que descubra rápidamente los beneficios de estos sencillos remedios y que pueda compartirlos con sus parientes y amigos, convirtiéndose en parte de una larga tradición que realmente funciona.

**MICHAEL VAN STRATEN**
*1998*

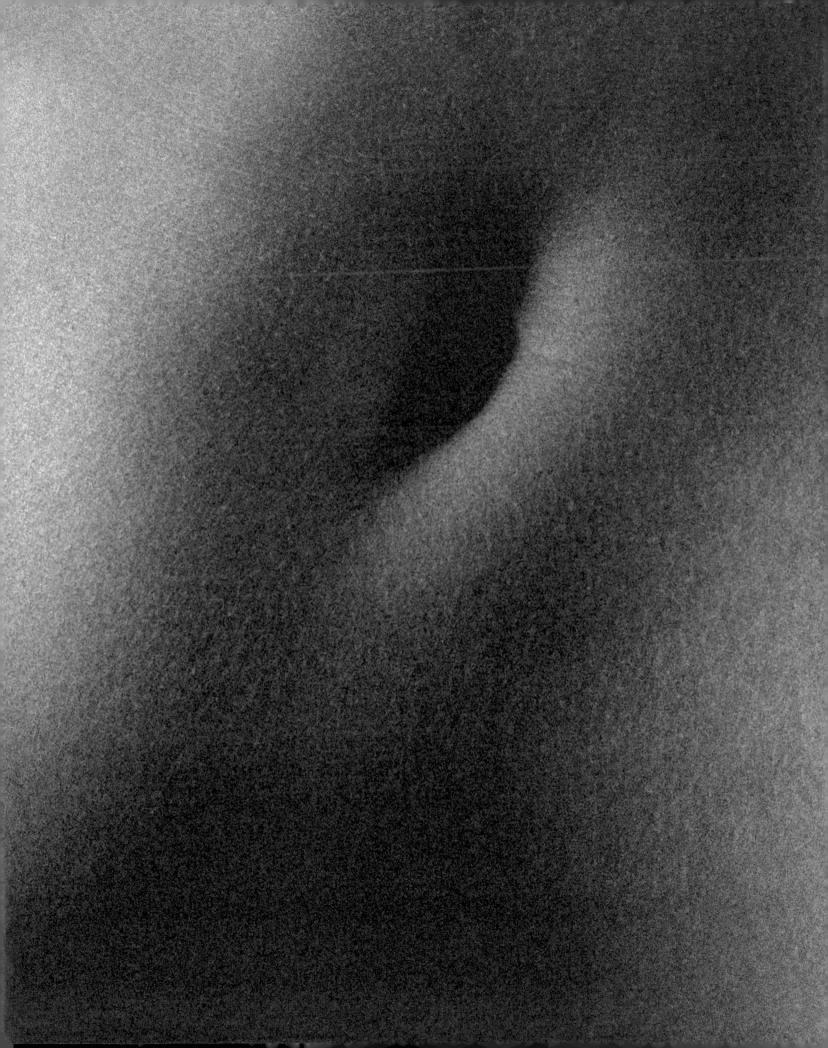

# A-Z

## DIRECTORIO de ENFERMEDADES

EL DIRECTORIO está diseñado para encontrar rápidamente las enfermedades. Cada enfermedad se presenta de forma independiente indicando el número de la página. Debajo del encabezado, aparece el nombre del sistema orgánico que la enfermedad afecta (las enfermedades de la piel y de la boca las encontrará en Los sentidos) e incluye un breve resumen de los síntomas y causas, que facilitan localizar la enfermedad que busca. Una tabla de las principales terapias indica las enfermedades sobre las que éstas actúan y las referencias cruzadas lo guiarán a enfermedades similares o relacionadas.

### ACIDEZ ESTOMACAL
página **134**
#### SISTEMA DIGESTIVO
Acidez o indigestión ácida, sensación de ardor cerca al esternón, resultado del exceso de comida inadecuada.
- Aromaterapia
- Medicina convencional
- Remedios herbales
- Remedios homeopáticos
- Remedios culinarios
- Nutrición
- Medidas preventivas

*Ver* Indigestión

### ACNÉ
página **64**
#### LOS SENTIDOS
El acné es un problema de la piel caracterizado por pústulas rojas causadas por las fluctuaciones hormonales durante la adolescencia.
- Aromaterapia
- Medicina convencional
- Remedios herbales
- Remedios homeopáticos
- Nutrición
- Medidas preventivas

### AFTA *CANDIDA*
página **166**
#### SISTEMA REPRODUCTOR
Infección común provocada por las bacterias de la levadura *Candida albicans*. Generalmente se refiere a una infección vaginal.
- Aromaterapia
- Medicina convencional
- Remedios herbales
- Remedios homeopáticos
- Remedios culinarios
- Nutrición
- Medidas preventivas

### ALERGIAS
página **22**
#### SISTEMA INMUNOLÓGICO
La alergia es una respuesta anormal del sistema de defensa del organismo a algo que usualmente no representa mayor peligro.
- Aromaterapia
- Medicina convencional
- Remedios herbales
- Remedios homeopáticos
- Nutrición
- Medidas preventivas

*Ver* Asma ❖ Dermatitis ❖ Eccema ❖ Fiebre del heno ❖ Urticaria

### AMIGDALITIS
página **46**
#### SISTEMA INMUNOLÓGICO
Infección aguda en las amígdalas, causada generalmente por virus, aunque también puede ser bacteriana.
- Aromaterapia
- Medicina convencional
- Remedios herbales
- Remedios homeopáticos
- Remedios culinarios
- Nutrición
- Medidas preventivas

*Ver* Dolor de garganta

### ANEMIA
página **118**
#### SISTEMA CIRCULATORIO
La anemia es una condición en la cual la sangre reduce su habilidad de transportar oxígeno en el cuerpo, generalmente como resultado de una deficiencia de hierro.
- Medicina convencional
- Remedios herbales
- Remedios homeopáticos
- Remedios culinarios
- Nutrición
- Medidas preventivas

*Ver* Fatiga ❖ Síndrome de piernas inquietas

### ARTRITIS
página **104**
#### HUESOS Y MÚSCULOS
Existen más de 200 formas de artritis que generan problemas en las articulaciones. Dolor, rigidez, hinchazón e inflamación usualmente están presentes.
- Aromaterapia
- Medicina convencional
- Remedios herbales
- Remedios homeopáticos
- Remedios culinarios
- Nutrición
- Medidas preventivas

*Ver* Osteoartritis ❖ Reumatismo

### ASMA
página **132**
#### SISTEMA RESPIRATORIO
En los niños, el asma generalmente es una respuesta alérgica a la inhalación de alérgenos. En los adultos se desencadena debido a cambios en el organismo.
- Aromaterapia
- Medicina convencional
- Remedios herbales
- Remedios homeopáticos
- Nutrición
- Medidas preventivas

*Ver* Alergias ❖ Fiebre del heno

### ASTILLAS
página **189**
#### PRIMEROS AUXILIOS
Por lo general, son pequeños trozos de madera que se incrustan en la piel y que si no se retiran, provocan infección.
- Aromaterapia
- Medicina convencional
- Remedios herbales
- Remedios homeopáticos
- Remedios culinarios

### CALAMBRE
página **96**
#### HUESOS Y MÚSCULOS
Es una contracción súbita del músculo muy dolorosa, a menudo se presenta en las pantorrillas y con frecuencia se debe a deficiencia de potasio.
- Aromaterapia
- Medicina convencional
- Remedios herbales
- Remedios homeopáticos
- Remedios culinarios
- Nutrición
- Medidas preventivas

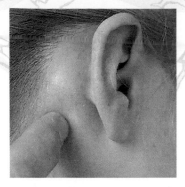

## FIEBRE
página **24**
### SISTEMA INMUNOLÓGICO
La fiebre o temperatura elevada es el mecanismo de reacción del cuerpo a una agresión de bacterias o virus invasores y, en general, se autorregula.
- Aromaterapia
- Medicina convencional
- Remedios herbales
- Remedios homeopáticos
- Remedios culinarios
- Nutrición
- Medidas preventivas

*Ver* Gastroenteritis ❖ Infección ❖ Influenza ❖ Náuseas

## FIEBRE DEL HENO
página **128**
### SISTEMA RESPIRATORIO
La verdadera fiebre del heno es una reacción alérgica al polen, caracterizada por sensibilidad, ojos hinchados, mocos y estornudos violentos. También se describe como reacción alérgica a otros irritantes aéreos.
- Aromaterapia
- Medicina convencional
- Remedios herbales
- Remedios homeopáticos
- Remedios culinarios
- Nutrición
- Medidas preventivas

*Ver* Alergias ❖ Asma ❖ Sinusitis

## FLATULENCIA
página **142**
### SISTEMA DIGESTIVO
Flatulencia o gas excesivo acompañado con frecuencia de sensación de llenura, es el resultado normal de la digestión y de la fermentación que tiene lugar en el estómago.
- Aromaterapia
- Medicina convencional
- Remedios herbales
- Remedios homeopáticos
- Remedios culinarios
- Nutrición
- Medidas preventivas

*Ver* Dolor abdominal

## FORÚNCULOS
página **66**
### LOS SENTIDOS
Se caracterizan por bultos enrojecidos llenos de pus muy sensibles al tacto. Pueden ser un signo de enfermedad subyacente o de disminución de las defensas del cuerpo.
- Aromaterapia
- Medicina convencional
- Remedios herbales
- Remedios homeopáticos
- Remedios culinarios
- Nutrición

*Ver* Herpes simple ❖ Sabañón

## FRACTURAS
página **187**
### PRIMEROS AUXILIOS
La fractura es un hueso roto o fisurado causado por una fuerza directa (ej. un golpe contundente o una patada) o por una fuerza indirecta (cuando el hueso se rompe a cierta distancia del punto de fuerza).
- Aromaterapia
- Medicina convencional
- Remedios herbales
- Remedios homeopáticos
- Remedios culinarios

## FUEGOS
página **28**
### SISTEMA INMUNOLÓGICO
*Ver* Herpes simple

## GASTRITIS
página **146**
### SISTEMA DIGESTIVO
Se caracteriza por ardor, vómito, flatulencia, sensación de quemadura en la parte superior del estómago y usualmente es autoinfligido.
- Aromaterapia
- Medicina convencional
- Remedios herbales
- Remedios homeopáticos
- Remedios culinarios
- Nutrición
- Medidas preventivas

*Ver* Dolor abdominal ❖ Flatulencia ❖ Náuseas

## GASTROENTERITIS
página **148**
### SISTEMA DIGESTIVO
La diarrea y el vómito agudo y violento son manifestaciones típicas de la gastroenteritis causada por una infección viral o bacteriana.
- Aromaterapia
- Medicina convencional
- Remedios herbales
- Remedios homeopáticos
- Remedios culinarios
- Nutrición
- Medidas preventivas

*Ver* Diarrea ❖ Dolor abdominal ❖ Fiebre ❖ Náuseas

## GINGIVITIS
página **92**
### LOS SENTIDOS
Sangrado de las encías cuando la placa dental y el sarro se acumulan en su contorno. Es la más común de las enfermedades de las encías.
- Aromaterapia
- Medicina convencional
- Remedios herbales
- Remedios homeopáticos
- Remedios culinarios
- Nutrición
- Medidas preventivas

*Ver* Mal aliento

## HALITOSIS
página **88**
### LOS SENTIDOS
*Ver* Mal aliento

## HEMORRAGIA NASAL
página **188**
### PRIMEROS AUXILIOS
Puede ser producto de una enfermedad, de un golpe, de la ruptura de un vaso sanguíneo en la nariz o puede no tener causa aparente.
- Medicina convencional
- Remedios herbales
- Remedios homeopáticos
- Remedios culinarios

## HEMORROIDES
página **176**
### SISTEMA EXCRETOR
Las hemorroides o almorranas son várices (internas o externas) en el tejido blando del ano, causadas por estreñimiento, esfuerzo, embarazo o por el parto.
- Aromaterapia
- Medicina convencional
- Remedios herbales
- Remedios homeopáticos
- Remedios culinarios
- Nutrición
- Medidas preventivas

*Ver* Estreñimiento

## HERPES SIMPLE
**FUEGOS**
página **28**
### SISTEMA INMUNOLÓGICO
Esta incómoda erupción en la piel, algunas veces es el resultado de resfriados pero casi siempre la desencadena el estrés, físico o emocional.
- Aromaterapia
- Medicina convencional
- Remedios herbales
- Remedios homeopáticos
- Remedios culinarios
- Nutrición
- Medidas preventivas

*Ver* Forúnculos ❖ Herpes zóster ❖ Sabañón

## HERPES ZÓSTER
página **42**
### SISTEMA INMUNOLÓGICO
Es causado por el mismo virus de la varicela. Genera una sensación de ardor y ampollas en la piel. Puede llegar a ser delicado.
- Aromaterapia
- Medicina convencional
- Remedios herbales
- Remedios homeopáticos
- Remedios culinarios
- Nutrición
- Medidas preventivas

*Ver* Varicela

## HIPO
página **120**
### SISTEMA RESPIRATORIO
El hipo es un súbito espasmo del diafragma y casi siempre es resultado de indigestión, exceso de comida, comer rápido o tomar demasiadas bebidas con gas.
- Aromaterapia
- Medicina convencional
- Remedios herbales
- Remedios homeopáticos
- Remedios culinarios
- Nutrición
- Medidas preventivas

## INDIGESTIÓN
página **136**
### SISTEMA DIGESTIVO
Tipificada por acidez e incomodidad cerca del esternón y causada, con frecuencia, por el reflujo del contenido ácido del estómago hacia el esófago.
- Aromaterapia
- Medicina convencional
- Remedios herbales
- Remedios homeopáticos
- Remedios culinarios
- Nutrición
- Medidas preventivas
*Ver* Acidez estomacal

## INFECCIÓN BACTERIANA/VIRAL
página **20**
### SISTEMA INMUNOLÓGICO
La infección ocurre cuando el sistema natural de defensas del organismo no es suficientemente fuerte para resistir los ataques de los billones de bacterias y virus.
- Aromaterapia
- Medicina convencional
- Remedios herbales
- Remedios homeopáticos
- Remedios culinarios
- Nutrición
- Medidas preventivas
*Ver* Fiebre ❖ Náuseas

## INFECCIÓN BACTERIANA
página **20**
### SISTEMA INMUNOLÓGICO
*Ver* Infección (bacteriana/viral)

## INFECCIÓN VIRAL
página **20**
### SISTEMA INMUNOLÓGICO
*Ver* Infección (bacteriana/viral)

## INFESTACIÓN
**LOMBRICES Y PARÁSITOS**
página **150**
### SISTEMA DIGESTIVO
El término infestación cubre un rango amplio de condiciones desde los piojos hasta una variedad de lombrices intestinales.
- Aromaterapia
- Medicina convencional
- Remedios herbales
- Remedios homeopáticos
- Remedios culinarios
- Medidas preventivas

## INFLUENZA
página **26**
### SISTEMA INMUNOLÓGICO
Ésta es una infección viral aguda, caracterizada por dolor de cabeza, fiebre y escalofrío, dolor muscular, pérdida del apetito y pulso acelerado.
- Aromaterapia
- Medicina convencional
- Remedios herbales
- Remedios homeopáticos
- Remedios culinarios
- Nutrición
- Medidas preventivas
*Ver* Fiebre ❖ Náuseas

## INSOMNIO
página **62**
### SISTEMA NERVIOSO
El insomnio es un estado habitual de falta de sueño, que puede ser provocado por muchos factores, dentro de los cuales la ansiedad y el estrés desempeñan un papel importante.
- Aromaterapia
- Medicina convencional
- Remedios herbales
- Remedios homeopáticos
- Remedios culinarios
- Nutrición
- Medidas preventivas

## INTOXICACIÓN
página **148**
### SISTEMA DIGESTIVO
*Ver* Gastroenteritis

## LARINGITIS
página **44**
### SISTEMA INMUNOLÓGICO
*Ver* Dolor de garganta

## LESIÓN POR TENSIÓN MUSCULAR REPETITIVA
**LTMR**
página **98**
### HUESOS Y MÚSCULOS
Es el resultado del uso excesivo de la parte superior del cuerpo en el trabajo y casi siempre involucra dolor en las muñecas, antebrazos, hombros y cuello.
- Aromaterapia
- Medicina convencional
- Remedios herbales
- Remedios homeopáticos
- Remedios culinarios
- Medidas preventivas

## LOMBRICES
página **150**
### SISTEMA DIGESTIVO
*Ver* Infestación

## MAGULLADURAS Y OJOS NEGROS
página **181**
### PRIMEROS AUXILIOS
La magulladura es el signo visible de sangrado bajo la piel como resultado de una presión o de un golpe. Generalmente cambia de color en unos días.

Los ojos negros son resultado de magulladuras en las cuencas de los ojos y en los párpados. Es un sangrado interno que ocasiona inflamación y hace que la piel se torne negra o azul oscura.
- Aromaterapia
- Medicina convencional
- Remedios herbales
- Remedios homeopáticos
- Remedios culinarios

## MAL ALIENTO
**HALITOSIS**
página **88**
### LOS SENTIDOS
El mal aliento, con frecuencia se debe a una pobre higiene oral, aumento de la placa, encías infectadas, abscesos bucales, obturaciones desgastadas o inadecuadas técnicas de cepillado.
- Aromaterapia
- Medicina convencional
- Remedios herbales
- Remedios homeopáticos
- Remedios culinarios
- Nutrición
- Medidas preventivas
*Ver* Catarro ❖ Estreñimiento ❖ Gingivitis ❖ Sinusitis

## MAREO
página **190**
### PRIMEROS AUXILIOS
Cualquier tipo de movimiento puede provocar náuseas, vómito, dolor de cabeza y trastorno. También se conoce como la enfermedad del viajero.
- Aromaterapia
- Medicina convencional
- Remedios herbales
- Remedios homeopáticos
- Remedios culinarios
*Ver* Náuseas

## MENOPAUSIA
página **172**
### SISTEMA REPRODUCTOR
El cese del periodo en la mujer produce un cambio radical en el balance de las hormonas de todo el cuerpo. No es una enfermedad, es un cambio natural inevitable en la vida. Sin embargo, algunas mujeres experimentan algunos síntomas severos.
- Aromaterapia
- Medicina convencional
- Remedios herbales
- Remedios homeopáticos
- Remedios culinarios
- Nutrición
*Ver* Problemas menstruales

## MIGRAÑA
página **52**
### SISTEMA NERVIOSO
Los síntomas de alteración visual, náuseas, vómito violento y literalmente dolor enceguecedor son inconfundibles.
- Aromaterapia
- Medicina convencional
- Remedios herbales
- Remedios homeopáticos
- Remedios culinarios
- Nutrición
- Medidas preventivas

*Ver* Dolor de cabeza

## MOJAR LA CAMA
### ENURESIS
página **174**
### SISTEMA EXCRETOR
Rara vez es resultado de una enfermedad subyacente o de un problema físico, la mayoría de los niños lo superan.
- Aromaterapia
- Medicina convencional
- Remedios herbales
- Remedios homeopáticos
- Medidas preventivas

*Ver* Estrés

## MORDEDURAS
página **182**
### PRIMEROS AUXILIOS
Las mordeduras de animales varían en intensidad y seriedad, con frecuencia, provocan inflamación, enrojecimiento, dolor localizado y, algunas veces, náuseas, desmayo y problemas respiratorios.
- Aromaterapia
- Medicina convencional
- Remedios herbales
- Remedios homeopáticos
- Remedios culinarios

## NÁUSEAS
página **138**
### SISTEMA DIGESTIVO
Es una sensación de malestar, con frecuencia seguida de vómito y puede ser el resultado de excesos, ingestión de sustancias tóxicas, intoxicación por alimentos o formas de infección viral o bacteriana.
- Aromaterapia
- Medicina convencional
- Remedios herbales
- Remedios homeopáticos
- Remedios culinarios
- Nutrición
- Medidas preventivas

*Ver* Mareo

## NEURALGIA
página **48**
### SISTEMA NERVIOSO
Dolor severo y penetrante en el tejido nervioso, ubicado por lo general, cerca de la superficie de la piel. Puede volverse crónico.
- Aromaterapia
- Medicina convencional
- Remedios herbales
- Remedios homeopáticos
- Remedios culinarios
- Nutrición
- Medidas preventivas

*Ver* Herpes zóster

## OJOS NEGROS
página **181**
### PRIMEROS AUXILIOS
*Ver* Magulladuras

## ORZUELO
página **87**
### LOS SENTIDOS
Es un absceso en la pequeña glándula ubicada en la base de cada pestaña y es más frecuente en personas con defensas bajas o débiles de salud.
- Aromaterapia
- Medicina convencional
- Remedios herbales
- Remedios homeopáticos
- Remedios culinarios
- Nutrición

*Ver* Conjuntivitis

## OSTEOARTRITIS
página **106**
### HUESOS Y MÚSCULOS
Es una enfermedad degenerativa de las articulaciones que afecta generalmente la cadera, las rodillas, la columna y los dedos. Con frecuencia es el resultado del uso y del desgaste de las articulaciones que soportan peso.
- Aromaterapia
- Medicina convencional
- Remedios herbales
- Remedios homeopáticos
- Remedios culinarios
- Nutrición
- Medidas preventivas

*Ver* Artritis ❖ Reumatismo

## OSTEOPOROSIS
página **108**
### HUESOS Y MÚSCULOS
Es una condición en la que los huesos se tornan débiles y quebradizos provocando fracturas. Es común en las mujeres después de la menopausia.
- Aromaterapia
- Medicina convencional
- Remedios herbales
- Remedios homeopáticos
- Nutrición
- Medidas preventivas

## PAPERAS
página **34**
### SISTEMA INMUNOLÓGICO
Es una infección viral, altamente contagiosa, que inicia con malestar general seguido por la inflamación dolorosa de una o ambas glándulas salivales.
- Aromaterapia
- Medicina convencional
- Remedios herbales
- Remedios homeopáticos
- Remedios culinarios
- Nutrición
- Medidas preventivas

*Ver* Escarlatina ❖ Rubéola ❖ Sarampión ❖ Varicela

## PARÁSITOS
página **150**
### SISTEMA DIGESTIVO
*Ver* Infestación

## PICADURAS
página **183**
### PRIMEROS AUXILIOS
Las picaduras de insectos o de animales marinos varían en intensidad y severidad, pero usualmente generan dolor localizado, enrojecimiento e inflamación y, en ocasiones, náuseas, mareo y problemas respiratorios.
- Aromaterapia
- Medicina convencional
- Remedios herbales
- Remedios homeopáticos
- Remedios culinarios

## PROBLEMAS DE CABELLO
página **82**
### LOS SENTIDOS
Los problemas relacionados con el cabello abarcan desde caspa hasta deterioro, pérdida del cabello y alteraciones del cuero cabelludo. Pero en general, todos son manifestaciones de una enfermedad subyacente.
- Aromaterapia
- Medicina convencional
- Remedios herbales
- Remedios homeopáticos
- Remedios culinarios
- Nutrición
- Medidas preventivas

## PROBLEMAS DE LA VESÍCULA BILIAR
página **144**
### SISTEMA DIGESTIVO
Los cálculos biliares se caracterizan por malestar o dolor en la parte superior del abdomen y vómito proyectado, provocado por un cálculo que obstruye el flujo de bilis hacia el estómago.
- Aromaterapia
- Medicina convencional
- Remedios herbales
- Remedios homeopáticos
- Remedios culinarios
- Nutrición
- Medidas preventivas

*Ver* Dolor abdominal

## PROBLEMAS DE PESO
página **160**
### SISTEMA DIGESTIVO
Tanto el exceso como la falta de peso, aumentan el riesgo de sufrir enfermedades físicas y problemas emocionales.
- Aromaterapia
- Medicina convencional
- Remedios herbales
- Remedios homeopáticos

*Ver* Celulitis

## PROBLEMAS MENSTRUALES
página **168**
### SISTEMA REPRODUCTOR
Los problemas menstruales varían desde periodos irregulares o dolorosos hasta aumento del sangrado o ausencia de éste. A veces es provocado por alteraciones hormonales.
- Aromaterapia
- Medicina convencional
- Remedios herbales
- Remedios homeopáticos
- Remedios culinarios
- Nutrición
- Medidas preventivas

*Ver* Menopausia ❖ SPM

## QUEMADURAS
página **184**
### PRIMEROS AUXILIOS
Pueden ser causadas por calor seco, como fuego, por fricción, sol, químicos o electricidad y, con frecuencia, causan una fuerte impresión.
- Aromaterapia
- Medicina convencional
- Remedios herbales
- Remedios homeopáticos
- Remedios culinarios
- Nutrición

## QUEMADURAS DE SOL
página **185**
### PRIMEROS AUXILIOS
Son causadas por los rayos ultravioleta. La susceptibilidad a ellos depende de la pigmentación de la piel. La exposición excesiva aumenta el riesgo de cáncer en la piel.
- Aromaterapia
- Medicina convencional
- Remedios herbales
- Remedios homeopáticos
- Remedios culinarios

## RESFRIADO COMÚN
página **124**
### SISTEMA RESPIRATORIO
Caracterizado por dolor de garganta, mocos, obstrucción nasal, dolor y malestar general, es causado por un virus contagioso.
- Aromaterapia
- Medicina convencional
- Remedios herbales
- Remedios homeopáticos
- Remedios culinarios
- Nutrición
- Medidas preventivas

*Ver* Catarro ❖ Influenza ❖ Tos y bronquitis

## REUMATISMO
página **110**
### HUESOS Y MÚSCULOS
Es un término general para describir dolores que afectan músculos, tendones y los tejidos conectivos. Con frecuencia, pero no siempre, se presenta alrededor de las articulaciones.
- Aromaterapia
- Medicina convencional
- Remedios herbales
- Remedios homeopáticos
- Remedios culinarios
- Nutrición
- Medidas preventivas

*Ver* Artritis ❖ Osteoartritis

## RUBÉOLA
página **32**
### SISTEMA INMUNOLÓGICO
La rubéola es una infección leve, que se manifiesta con una erupción, inicialmente en la cara y se va expandiendo por el tronco. Ocasionalmente está acompañada por inflamación glandular.
- Aromaterapia
- Medicina convencional
- Remedios herbales
- Remedios homeopáticos
- Remedios culinarios
- Nutrición
- Medidas preventivas

*Ver* Escarlatina ❖ Paperas ❖ Sarampión ❖ Varicela

## SABAÑÓN
página **112**
### SISTEMA CIRCULATORIO
Los sabañones son áreas de piel sensible, inflamada, que pica y se presentan con más frecuencia en la parte posterior y superior de los dedos de los pies.
- Aromaterapia
- Medicina convencional
- Remedios herbales
- Remedios homeopáticos
- Remedios culinarios
- Nutrición
- Medidas preventivas

*Ver* Forúnculos ❖ Herpes simple

## SARAMPIÓN
página **30**
### SISTEMA INMUNOLÓGICO
Es una infección viral, altamente contagiosa, que ataca el sistema respiratorio, usualmente está acompañada de una erupción roja que se extiende desde la cara hasta los miembros inferiores.
- Aromaterapia
- Medicina convencional
- Remedios herbales
- Remedios homeopáticos
- Remedios culinarios
- Nutrición
- Medidas preventivas

*Ver* Escarlatina ❖ Paperas ❖ Rubéola ❖ Varicela

## SÍNDROME DE COLON IRRITABLE SCI
página **154**
### SISTEMA DIGESTIVO
Está caracterizado por dolor abdominal, alternado con diarrea, estreñimiento e inflamación del abdomen.
- Aromaterapia
- Medicina convencional
- Remedios herbales
- Remedios homeopáticos
- Remedios culinarios
- Nutrición
- Medidas preventivas

*Ver* Diarrea ❖ Dolor abdominal ❖ Estreñimiento

## SÍNDROME DE FATIGA CRÓNICA EM
página **56**
### SISTEMA NERVIOSO
Se caracteriza por fatiga demoledora, inhabilidad para permanecer despierto, dolor muscular, cambios anímicos, pérdida de la concentración, del entusiasmo y del apetito.
- Aromaterapia
- Medicina convencional
- Remedios herbales
- Remedios homeopáticos
- Nutrición
- Medidas preventivas

*Ver* Estrés ❖ Fatiga

## SÍNDROME DE PIERNAS INQUIETAS
página **116**
### SISTEMA CIRCULATORIO
Se caracteriza por una incontrolable necesidad de mover las piernas, cosquilleo y espasmos en los músculos de las piernas, con frecuencia causado por deficiencia de hierro, anemia o problemas de circulación.
- Aromaterapia
- Medicina convencional
- Remedios herbales
- Remedios homeopáticos
- Remedios culinarios
- Nutrición
- Medidas preventivas

## SÍNDROME PREMENSTRUAL SPM
página **170**
### SISTEMA REPRODUCTOR
El SPM incluye inflamación, cambios de ánimo, antojos y aumento de peso en los días previos al periodo.

- Aromaterapia
- Medicina convencional
- Remedios herbales
- Remedios homeopáticos
- Remedios culinarios
- Nutrición
- Medidas preventivas

*Ver* Problemas menstruales

## SINUSITIS
página **130**
### SISTEMA RESPIRATORIO
Es una inflamación de la membrana mucosa que recubre los senos nasales, causada por resfriado, infecciones del tracto superior respiratorio, alergias, olores irritantes, fumar o reacciones alimenticias adversas.

- Aromaterapia
- Medicina convencional
- Remedios herbales
- Remedios homeopáticos
- Remedios culinarios
- Nutrición
- Medidas preventivas

*Ver* Alergias ❖ Asma ❖ Catarro ❖ Fiebre del heno

## SORIASIS
página **78**
### LOS SENTIDOS
Es una condición crónica de la piel que se caracteriza por una erupción única, plateada, descamativa y localizada usualmente en las rodillas o en la parte posterior de los codos.

- Aromaterapia
- Medicina convencional
- Remedios herbales
- Remedios homeopáticos
- Remedios culinarios
- Nutrición
- Medidas preventivas

*Ver* Dermatitis ❖ Eccema ❖ Urticaria

## TIÑA
página **80**
### LOS SENTIDOS
Es una infección que hace que la piel se inflame, es causada por un hongo y se caracteriza por manchas circulares rojas con bordes gruesos.

- Aromaterapia
- Medicina convencional
- Remedios herbales
- Remedios homeopáticos
- Remedios culinarios
- Nutrición
- Medidas preventivas

*Ver* Soriasis ❖ Urticaria

## TOS FERINA
página **38**
### SISTEMA INMUNOLÓGICO
Enfermedad bacteriana aguda, altamente infecciosa, caracterizada por un silbido típico provocado por accesos incontrolables de tos.

- Aromaterapia
- Medicina convencional
- Remedios herbales
- Remedios homeopáticos
- Remedios culinarios
- Nutrición
- Medidas preventivas

*Ver* Tos y bronquitis

## TOS Y BRONQUITIS
página **126**
### SISTEMA RESPIRATORIO
La tos puede ser provocada por la inhalación de irritantes o puede ser signo de una enfermedad subyacente. La bronquitis se caracteriza por una tos persistente y flema abundante, provocada por una infección, generalmente posterior a un resfriado.

- Aromaterapia
- Medicina convencional
- Remedios herbales
- Remedios homeopáticos
- Remedios culinarios
- Nutrición
- Medidas preventivas

*Ver* Influenza ❖ Resfriado común ❖ Tos ferina

## ÚLCERA BUCAL
página **90**
### LOS SENTIDOS
Es una irritación dolorosa en el interior de la boca, usualmente al interior de los labios y las mejillas. Con frecuencia es causada por lesiones, aunque puede desencadenarse por estrés.

- Aromaterapia
- Medicina convencional
- Remedios herbales
- Remedios homeopáticos
- Remedios culinarios
- Nutrición
- Medidas preventivas

*Ver* Estrés

## ÚLCERA PÉPTICA
página **152**
### SISTEMA DIGESTIVO
Causada por la erosión de la superficie del estómago, está acompañada por dolor abdominal, acidez, calambres y sensación de ardor.

- Aromaterapia
- Medicina convencional
- Remedios herbales
- Remedios homeopáticos
- Remedios culinarios
- Nutrición
- Medidas preventivas

*Ver* Acidez estomacal ❖ Dolor abdominal

## URTICARIA
página **76**
### LOS SENTIDOS
Es una reacción alérgica a alimentos, plantas, cosméticos o material de limpieza, alcohol, cambios bruscos de temperatura o luz solar.

- Aromaterapia
- Medicina convencional
- Remedios herbales
- Remedios homeopáticos
- Remedios culinarios
- Nutrición
- Medidas preventivas

*Ver* Alergias

## VARICELA
página **40**
### SISTEMA INMUNOLÓGICO
Esta enfermedad, altamente infecciosa, caracterizada por un salpullido en todo el cuerpo, es causada por el virus herpes zóster y es más común en los niños.

- Aromaterapia
- Medicina convencional
- Remedios herbales
- Remedios homeopáticos
- Nutrición
- Medidas preventivas

*Ver* Escarlatina ❖ Herpes zóster ❖ Paperas ❖ Rubéola ❖ Sarampión

## VÁRICES
página **114**
### SISTEMA CIRCULATORIO
Las várices son visibles, usualmente sobresalen y provocan dolor. En general se presentan en las piernas.

- Aromaterapia
- Medicina convencional
- Remedios herbales
- Remedios homeopáticos
- Remedios culinarios
- Nutrición
- Medidas preventivas

*Ver* Estreñimiento ❖ Hemorroides

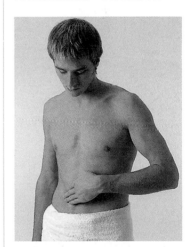

## VERRUGAS
página **67**
### LOS SENTIDOS
Las verrugas son producidas por un virus contagioso, generalmente se diseminan a otras partes del cuerpo.

- Aromaterapia
- Medicina convencional
- Remedios herbales
- Remedios homeopáticos
- Remedios culinarios

*Ver* Callos

## Segunda parte

# LAS ENFERMEDADES

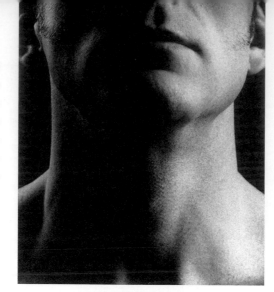

DERECHA *La mayoría de las infecciones se adquieren a través del aire que respiramos, lesiones en la piel, contacto con otra piel, contacto sexual y alimentos contaminados.*

## DIAGNÓSTICO DE INFECCIÓN

- Fiebre
- Los otros síntomas dependen de la causa subyacente

**SISTEMA INMUNOLÓGICO**

# infección *bacteriana/viral*

### PRECAUCIÓN

**Lea siempre cuidadosamente el empaque de los analgésicos y no exceda la dosis establecida.**

Compartimos el mundo con billones de bacterias y virus. Muchos de ellos no tienen impacto sobre la especie humana, algunos causan molestias menores, mientras que otros provocan enfermedades graves. También hay algunos que son esenciales para una vida saludable. El Homo sapiens ha sobrevivido como especie, gracias a la habilidad del organismo de defenderse de estos enemigos, pero este sistema de defensa requiere atención. Si lo ignoramos, podemos sufrir alteraciones en la salud, incapacidad y aun la muerte. El cuidado de este sistema empieza y termina en el hogar.

ARRIBA *Los estafilococos son enemigos microscópicos.*

### REMEDIOS CULINARIOS

■ En esencia, el sistema inmunológico depende de nutrientes específicos; y el suministro adecuado de estos depende de una dieta balanceada y variada. Sin embargo, existen dos minerales poco conocidos por el público en general que no se obtienen fácilmente en la alimentación diaria: zinc y selenio.

■ Garantice su consumo comiendo un puñado diario de semillas de calabaza para obtener zinc, y cinco nueces de Brasil para obtener selenio.

### MEDICINA CONVENCIONAL

Cuando se sienten escalofríos provocados por la fiebre, meterse en la cama y ponerse más ropa puede aumentar la temperatura corporal y empeorar el problema. En su lugar, tome un baño tibio que ayudará a restaurar la temperatura normal del cuerpo, particularmente funciona en niños.

Como alternativa, tome un baño de esponja con agua tibia, vístase con ropa ligera y tome un analgésico. Pese a que en algunas ocasiones se prescriben antibióticos para tratar la infección, los virus no responden a ellos.

*Posología ~*

**Adultos**
Tome de una a dos tabletas de analgésicos al iniciar la fiebre. Repita cada cuatro horas. Lea el empaque para más detalles.

**Niños**
Suministre dosis regulares de analgésicos líquidos. Lea el empaque y siga el consejo médico.

## REMEDIOS HERBALES

Modernas investigaciones demuestran que las hierbas combaten virus y bacterias.

■ **Posología:**

La equinácea es una de las hierbas más efectivas. Al primer signo de infección, tome hasta 600 mg en tabletas, tres veces al día.

El ajo es antiviral y antibacterial, de manera que puede tomar hasta dos gramos diarios en cápsulas o añadir 1 ó 2 dientes de ajo a las comidas.

Las hierbas tónicas chinas como el tragacanto, el hongo reishi y el shiitake estimulan el sistema inmunológico. Consuma los hongos en sopa o en cápsulas.

## AROMATERAPIA

 ÁRBOL DE TÉ

*Melaleuca alternifolia*

🌿 LAVANDA

*Lavandula angustifolia*

🌿 EUCALIPTO

*Eucalyptus radiata*

🌿 TOMILLO

*Thymus vulgaris*

🌿 NIAULÍ

*Melaleuca viridiflora*

🌿 BERGAMOTA

*Citrus bergamia*

Estos aceites actúan en tres formas: atacan los organismos, matan los gérmenes aéreos previniendo infecciones futuras y fortalecen el sistema inmunológico.

La mayoría, si no todos, son efectivos contra los organismos infecciosos, pero el más eficaz y conocido es el del árbol de té.

ARRIBA *El aceite de lavanda, extraído de las flores, sirve para las infecciones de garganta y los resfriados.*

**Aplicación:**
Depende de la conveniencia y gusto del usuario.

## REMEDIOS HOMEOPÁTICOS

La homeopatía trata al paciente según los síntomas que manifiesta, no necesariamente según el tipo de infección que los produce (*ver Fiebre p. 24, Influenza p. 26, Dolor de garganta p. 44, etc.*), y aunque cuenta con tratamientos para reducir la susceptibilidad a las infecciones, estos requieren medicinas elaboradas para cada individuo, razón por la cual es aconsejable consultar a un homeópata.

## NUTRICIÓN

La construcción de un sistema inmunológico efectivo empieza tres meses antes de la concepción. Una alimentación saludable por parte de ambos padres, evitar el alcohol, el consumo de cafeína, nicotina y drogas, son vitales en la planificación prenatal. La nutrición durante el embarazo debe ser óptima. Esto significa tomar mínimo cinco porciones diarias de frutas y verduras variadas, una buena cantidad de carbohidratos complejos como pan y arroz integral, pasta, avena, y los demás cereales y granos, lácteos bajos en grasa, media docena de huevos, cuatro porciones de pescado graso a la semana, una buena cantidad de otros pescados, aves y, en pequeñas cantidades, carne roja. Esto es válido también durante la lactancia.

Todo individuo tiene periodos en los que corre el riesgo de perder el interés por la comida: la adolescencia, los años de estudiante, la presión y el estrés que implica hacer una carrera, la jubilación y cuando un miembro de la pareja queda solo. Si bien la buena nutrición es importante durante toda la vida, es en estos periodos de vulnerabilidad cuando adquiere mayor importancia.

## EJERCICIO

MANTENERSE ACTIVO es muy importante para fortalecer la inmunidad natural. Las hormonas producidas durante el ejercicio físico refuerzan el sistema inmunológico de forma extraordinaria. Los atletas y quienes hacen ejercicio de forma regular, siempre tienen un mayor conteo de células T ayudantes, componente esencial del mecanismo de defensa del cuerpo.

En la actualidad, los estudiantes no hacen casi ejercicio, en parte, porque hacen poco uso de la bicicleta o no caminan para asistir al colegio. Las actividades deportivas dentro del sistema escolar están en disminución en contraste con la cantidad de horas que la mayoría de los niños pasan sentados frente al televisor o al computador, lo cual explica el aumento de enfermedades infecciosas, alergias y asma en los jóvenes.

**VITAMINAS**: *el trío de vitaminas A, C y la siempre importante E, tiene una poderosa cualidad antioxidante que defiende las células del organismo contra las agresiones de las bacterias, los virus y los radicales libres.*

**YOGURT PROBIÓTICO**: *el yogurt probiótico contiene una de las bacterias que más fortalecen el sistema inmunológico, desempeña un papel importante en la buena salud. Esta bacteria coloniza el intestino, controla el crecimiento de las bacterias nocivas y produce una enzima que se absorbe a través de la pared intestinal y fortalece el sistema inmunológico.*

**ESTRÉS**: *aprender algunos métodos para controlar el estrés es fundamental para tener un sistema inmunológico fuerte. Yoga, meditación y otras técnicas de relajación son algunos métodos para conrolarlo.*

ARRIBA *Estimule a su hijo para que haga ejercicio: organice juegos en grupo, como fútbol. Llévelo al colegio caminando en lugar de ir en auto.*

DERECHA *Las alergias se pueden manifestar en cualquier parte del cuerpo y de muchas maneras: reacciones en la piel, problemas respiratorios y alteraciones estomacales.*

## DIAGNÓSTICO DE ALERGIAS

Los síntomas menores incluyen:
- Rasquiña en la piel y/o en los ojos
- Estornudos
- Obstrucción nasal y mocos

Los síntomas más severos incluyen:
- Respiración sibilante
- Dificultad al tragar
- Inflamación de los labios y de la lengua

**SISTEMA INMUNOLÓGICO**

# alergias

arecen ser un problema cada vez mayor por la polución, los agentes químicos y la comida chatarra. La alergia es una respuesta anormal del mecanismo de defensa del cuerpo a algo que usualmente no debería representar peligro. Cuando el cuerpo identifica erróneamente alimentos, polen o contaminantes atmosféricos como invasores peligrosos, los glóbulos blancos reaccionan excesivamente causando más daño que el agente agresor y convirtiendo esa respuesta alérgica en una enfermedad en sí misma. Evitar el alérgeno es la única salida y existen soluciones prácticas para hacerlo; los remedios caseros pueden hacer una gran diferencia (ver Asma p. 132, Dermatitis p. 72, Eccema p. 74, Fiebre del heno p. 128, Urticaria p. 76).

## PRECAUCIÓN

**Las reacciones alérgicas violentas (anafilaxis) pueden ser fatales. Quienes las sufren, deben portar siempre una ampolleta de adrenalina para casos de emergencia. Las dificultades respiratorias o inflamaciones de la cara deben ser tratadas como una emergencia crítica.**

## REMEDIOS HOMEOPÁTICOS

Las reacciones alérgicas severas requieren ayuda médica (*ver Urticaria p.76, Asma p.132, Fiebre del heno, p. 128*).
APIS **30C** para inflamación alrededor de los ojos, no se pueden abrir los párpados. Cara, labios y lengua inflamada.
**Posología**: una tableta cada 15 minutos, máximo 6 dosis.
Es posible tratar alergias con isopatía, suministrando una dosis de la sustancia que causa la alergia (ej. ácaros, polen).
**Posología**: una tableta de potencia 30c dos veces a la semana, máximo 6 semanas.

## MEDICINA CONVENCIONAL

Los síntomas suaves pueden ser tratados con gotas nasales antihistamínicas o esteroides. Para alergias más severas y potencialmente fatales como la alergia al maní, busque atención médica de inmediato. Si usted sufre de una reacción alérgica severa utilice un brazalete médico que tenga grabado el tipo de alergia.

*Posología ~*
**Adultos**
Los antihistamínicos se encuentran disponibles en tabletas, jarabes o gotas; tenga en cuenta que algunos producen somnolencia. La mayoría de las tabletas se toman una vez al día; las gotas oftálmicas se aplican con más frecuencia. Lea el empaque para detalles o siga el consejo médico. Aplique el

esteroide dos veces en cada fosa nasal, dos veces al día.
**Niños**
La dosis del jarabe antihistamínico depende de la edad. Lea el empaque para detalles o siga el consejo médico. En niños mayores de 6 años, aplique los esteroides en aerosol en cada fosa nasal dos veces al día.

## NUTRICIÓN

 Los alimentos son una de las causas más comunes de reacciones alérgicas y no sólo como resultado de consumirlos, algunos desencadenan la reacción por contacto (ver *Dermatitis p. 72*). También es posible volverse alérgico a un alimento que se ha consumido sin ningún problema durante años. Las alergias, generalmente, son hereditarias pero también existe evidencia de que la exposición temprana a algunos alimentos puede causarlas. La leche de vaca administrada muy pronto a los bebés puede provocar reacciones alérgicas. Lo mismo sucede con el maní o sus derivados (el aceite de maní se utiliza en cremas para los pezones), que en algunos casos producen alergias fatales. La leche, los huevos, los productos lácteos, los mariscos y las moras son los alimentos alérgenos más comunes. Sin embargo, las alergias que producen reacciones muy rápidas no deben confundirse con la intolerancia a los alimentos que produce síntomas horas después. La intolerancia a la leche es un problema muy frecuente mientras que la alergia a la misma es rara.

Es muy común encontrar casos de intolerancia al café, la cocoa, el chocolate, el té, la cerveza, las salchichas, el queso, el vino tinto y el trigo. Otra diferencia importante es que la alergia se desencadena con la mínima cantidad del agente, mientras que la intolerancia requiere cantidades más grandes. Todos los alimentos ricos en vitamina B, siempre y cuando no esté presente una alergia, ayudan a reducir la gravedad de los síntomas. Dado su alto contenido de ácidos grasos Omega 3, el pescado graso puede ser de gran ayuda.

### OTRAS AYUDAS

 **TÉCNICA DE ALEXANDER**: esta técnica no cura las alergias pero su práctica ayuda a entender las necesidades y respuestas del cuerpo. Es un apoyo en el manejo de enfermedades.

**REFLEXOLOGÍA**: en las sesiones regulares se deben trabajar los reflejos del área afectada: la piel, los pulmones, el sistema endocrino, el hígado, los riñones, el colon y el diafragma.

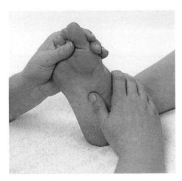

ARRIBA *Un tratamiento de reflexología ayuda a tratar las alergias.*

### REMEDIOS HERBALES

 El ajo siempre ha sido usado para combatir las alergias a alimentos. Añada un diente de ajo a la comida o tome cápsulas. La infusión de agrimonia mejora la capacidad del sistema digestivo para combatir los alérgenos y la caléndula combate las infecciones causadas por hongos que, con frecuencia, se asocian con las alergias a alimentos. La infusión de manzanilla, de saúco o de flores de milenrama, pueden reducir las reacciones alérgicas. Pese a que se recomienda con frecuencia el belcho, en muchos países su uso es restringido.

#### PRECAUCIÓN

**Una gran cantidad de hierbas pueden desencadenar reacciones alérgicas, por lo tanto, las personas muy sensibles deben tener cuidado al manipular la ruda fresca.**

### AROMATERAPIA

 **TORONJIL**
*Melissa officinalis*

**MANZANILLA ROMANA**
*Chamaemelum nobile*

**LAVANDA**
*Lavandula angustifolia*

Estos aceites suavizan y relajan el cuerpo después de reacciones extremas a cualquier estímulo externo. También calman las emociones.

Aplicación:
Depende del desarrollo de la alergia (ver *Fiebre del heno p. 128*). Si hay irritación de la piel, aplique compresas, tome baños relajantes o haga masajes regulares con lociones que contengan algunas gotas de estos aceites. Cuando la piel está muy irritada pueden usarse en atomizadores.

#### PRECAUCIÓN

**El toronjil, que se produce sintéticamente, conocido como quimiotipo, contiene todos los ingredientes naturales. Debe tener mucho cuidado al utilizar toronjil natural, pues puede provocar quemaduras severas en la piel. Verifique cuál variedad ha comprado.**

## MEDIDAS *preventivas*

Los alimentos no son los únicos culpables de las alergias, identificar otros agentes responsables puede ser una tarea larga y tediosa. Pero hacer el esfuerzo de encontrar las sustancias alérgenas y, por lo tanto, la fuente de sus problemas, puede traer grandes recompensas.

**ALIMENTOS**: *lleve un diario detallado de todo lo que come y toma durante dos o tres semanas, registrando los momentos en los que sufre una reacción alérgica. Esto le permite encontrar un patrón, identificar al agresor y eliminarlo de la dieta. Es recomendable obtener ayuda profesional para reemplazar con un suplemento adecuado los nutrientes que se pierden.*

**ADITIVOS**: *los colorantes artificiales, saborizantes y preservativos son una causa común de alergias, especialmente en niños hiperactivos y asmáticos. Lea las etiquetas de los alimentos cuidadosamente y no se deje engañar con la etiqueta "libre de colorantes artificiales", mientras que los demás aditivos están inscritos en letra pequeña al reverso.*

**QUÍMICOS CASEROS**: *existen otros elementos que pueden desencadenar insospechadas y severas reacciones, como los ambientadores, los detergentes y los suavizantes de ropa. Hoy en día, es posible encontrar productos ecológicos.*

**COSMÉTICOS**: *son otra causa común de reacciones alérgicas, por lo general, en la piel (ver Dermatitis p. 72). Emplee productos hipoalergénicos.*

**METALES**: *con frecuencia el níquel usado en joyería, en los botones y en las hebillas, produce reacciones alérgicas (ver Dermatitis p. 72).*

DIAGNÓSTICO
DE FIEBRE
- Escalofrío
- Piel seca, caliente

SISTEMA
INMUNOLÓGICO

# fiebre

## LLAME AL MÉDICO

■ Si la temperatura se eleva por encima de 39 °C y no responde a las medicinas convencionales, está acompañada de cistitis, dolor de cabeza, dolor abdominal o persiste durante más de 24 horas.

## PRECAUCIÓN

Esté particularmente alerta a fiebres que aparecen después de un viaje al extranjero, accidentes que involucren cortaduras y raspaduras, contacto con animales o cirugías recientes.

La fiebre o temperatura alta es la forma en que el cuerpo reacciona a un ataque de bacterias o de virus invasores. El cuerpo mantiene estrictamente regulada su temperatura que oscila entre 36,9 °C y 37,5 °C. Un mínimo cambio de medio grado en la temperatura causa malestar y sugiere una infección en alguna parte del cuerpo. En la mayoría de los casos el proceso se autorregula, razón por la cual se puede permitir un aumento ligero de temperatura durante un resfriado. Sin embargo, un periodo prolongado de fiebre sin causa aparente o una temperatura muy elevada, debe ser investigada de forma minuciosa.

## MEDICINA CONVENCIONAL

✚ Meterse entre las cobijas y ponerse más ropa cuando tiene escalofríos y malestar, puede aumentar la temperatura corporal y hacer que el problema empeore. En su lugar, tome un baño tibio que ayudará a restaurar la temperatura normal del cuerpo. Esto es especialmente útil con los niños. Como alternativa, acuda a un baño de esponja con agua tibia, use ropa fresca y tome un analgésico. Algunas veces se prescriben antibióticos para tratar la causa de la fiebre.

*Posología ~*

**Adultos**

■ De una a dos tabletas de analgésicos al inicio de la fiebre. Repita cada 4 horas. Consulte el empaque para detalles.

**Niños**

■ Administre dosis regulares de analgésico líquido. Consulte el empaque para más detalles y siga instrucciones médicas.

## REMEDIO CULINARIO

■ Estimule la sudoración con esta bebida casera: el zumo de un limón, una cucharadita de miel, una cucharadita de jengibre rallado, media cucharadita de canela y nuez moscada y 15 ml (una cucharada) de brandy o whisky en una taza de agua hirviendo. Bébalo lentamente.

## OTRAS AYUDAS

 **YOGA**: para tranquilizarse, siéntese o acuéstese e inhale aire por la boca. Haga las posiciones. Shitali, Sitkari o Crow Mudra (sin movimiento de cabeza) y exhale por la nariz. Descanse lo más que pueda.

Para inhalar en Shitali, doble hacia arriba los bordes de la lengua. Cierre la boca al exhalar.

La Sitkari es una alternativa para aquellos que no pueden colocar la lengua como en Shitali. Inhale, poniendo la punta de la lengua detrás de los dientes, cierre la boca al exhalar.

Para Crow Mudra, una los labios como para silbar, cierre la boca al exhalar.

## NUTRICIÓN

El viejo refrán "Alimente la gripa y mate de hambre la fiebre" es absolutamente cierto. Cuando hay fiebre se reducen las ganas de comer y el cuerpo pierde una gran cantidad de líquidos debido a la sudoración, razón por la cual es necesario ingerir una gran cantidad de líquidos.

**Tome muchos** jugos cítricos, que refuerzan el sistema inmunológico, jugo de piña por sus enzimas suavizantes e infusiones de manzanilla, flores de tilo y saúco.

ARRIBA *Para aliviar la fiebre: a una jarra con agua hirviendo agregue el jugo de un limón, dos cucharaditas de miel, una cucharadita de jengibre rallado, media cucharadita de canela, media cucharadita de nuez moscada y 15 ml (una cucharada) de brandy o whisky.*

## REMEDIOS HOMEOPÁTICOS

🌿 **ACONITE 30C** para las primeras etapas de la enfermedad. Calor, sed, ansiedad, desasosiego. Si no hay mejoría, pase a:

**BELLADONNA 30C** en el caso de inicios rápidos de fiebre alta, cara enrojecida, piel seca, pies fríos. Pupilas dilatadas, alucinaciones.

**FERRUM PHOSPHORICUM 30C** para inicios lentos. Fiebre moderada, sudoración, escalofríos.

**GELSEMIUM 30C** en el caso de dolor y pesadez en las piernas, desaliento, mareo, sin presencia de sed.

**Posología**: una tableta cada 30 minutos, por 6 dosis; luego cada 4 horas hasta un máximo de 3 días.

## REMEDIOS HERBALES

🌿 Las hierbas siempre han sido empleadas para controlar la fiebre enfriando el cuerpo mediante la sudoración (milenrama, flor de tilo), estimulando la digestión (hierbas amargas como la genciana y el ajenjo) y calentando el sistema durante la etapa de escalofrío con estimulantes como la angélica, la canela, el jengibre y el rábano.

■ **Posología:**
Altas temperaturas requieren tratamiento especializado, limite los remedios caseros para casos en que la fiebre sea ligera, empleando las infusiones de forma apropiada.

## MEDIDAS
*preventivas*

Para mantener un sistema inmunológico fuerte y eficiente consuma de forma regular vitamina C, zinc, selenio y demás carótenos. Todos estos nutrientes se encuentran en las frutas, los vegetales, las nueces y las semillas.

## AROMATERAPIA

 🌿 **MANZANILLA ROMANA**
*Chamaemelum nobile*

🌿 **LAVANDA**
*Lavandula angustifolia*

🌿 **ÁRBOL DE TÉ**
*Melaleuca alternifolia*

🌿 **ENEBRO**
*Juniperus communis*

🌿 **MENTA**
*Mentha x piperita*

Cuando se requiere eliminar un exceso de líquidos, el árbol de té y el enebro estimulan la sudoración. Los aceites frescos, como el de lavanda y el de menta son útiles para bajar la temperatura en los niños con peligro de convulsiones. La manzanilla es calmante.

**Aplicación:**
Emplee en el baño o en pequeñas dosis agua fría, aplíquela con una esponja a intervalos regulares, para regular la temperatura.

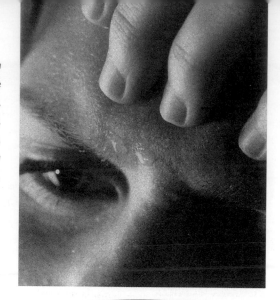

DERECHA *La influenza causa un gran malestar, dolor de garganta, tos y estornudos, temperatura elevada, posible dolor muscular, falta de energía y de apetito.*

## DIAGNÓSTICO DE INFLUENZA

- Fiebre alta
- Dolor de espalda y muscular
- Cansancio y pérdida del apetito
- Estornudos
- Dolor de garganta y tos seca
- Inflamación de los ganglios del cuello

**SISTEMA INMUNOLÓGICO**

# influenza

Es una infección viral aguda muy común. Aproximadamente cada 3 años, la influenza alcanza proporciones epidémicas, en la medida en que aparecen nuevas cepas del virus para las cuales la población no está inmunizada. Asegúrese de tener siempre en su cocina los ingredientes necesarios para hacer remedios caseros.

## LLAME AL MÉDICO

■ Si la tos empeora y hay dificultad para respirar.

## PRECAUCIÓN

**La influenza es una enfermedad seria que puede complicarse con infecciones torácicas secundarias y, posiblemente, neumonía. Los niños, los ancianos y las personas que sufren de asma, bronquitis crónica u otra enfermedad respiratoria obstructiva, enfermedad cardiaca, problemas renales, diabetes o que están sometidas a terapias inmunodepresoras, corren un gran riesgo, posiblemente fatal, al contraer influenza. Estos pacientes deben buscar ayuda médica de inmediato y evitar el contacto con personas enfermas de influenza. Regresar a la actividad cotidiana muy pronto produce fatiga.**

## MEDICINA CONVENCIONAL

No existe un tratamiento específico para tratar la influenza causada por una infección viral que no responde a los antibióticos. El escalofrío causado por la fiebre y los dolores musculares se pueden calmar con analgésicos y el dolor de garganta con pastillas especiales y bebidas calientes. Repose en cama y beba mucho líquido. Algunas cepas de la influenza pueden prevenirse con una vacuna anual.

*Posología ~*

**Adultos**

■ Tome una o dos tabletas de analgésico al inicio de la fiebre y repita cada 4 horas. Lea el empaque para detalles.

**Niños**

■ Suministre dosis regulares de analgésico líquido. Lea el empaque para detalles o siga instrucciones médicas.

DERECHA *El limón caliente y la miel son calmantes tradicionales para el dolor de garganta.*

## REMEDIOS HOMEOPÁTICOS

GELSEMIUM **30**C para el mareo y la pesadez de los párpados. Sudoración y escalofrío. No hay presencia de sed. Debilidad y temblor en las piernas. Dolor muscular.

EUPATORIUM PERFOLIATUM **30**C para dolor óseo y dolor muscular en la espalda y en las piernas. Sed. Dolor de cabeza, palpitaciones.

BRYONIA **30**C para dolores en general y dolor de cabeza que empeora con el menor movimiento y con la tos. Sed y sudoración. Escalofrío.

**Posología**: una tableta cada 4 horas hasta que mejore, máximo 12 dosis.

## REMEDIOS HERBALES

Los remedios elaborados a base de hierbas ayudan a tratar algunos de los síntomas más molestos y a combatir la debilidad que deja la enfermedad.

■ **Posología:**
Mezcle partes iguales de consuelda, milenrama, saúco y menta, y haga una infusión con dos cucharaditas por taza de agua. Añada una pizca de canela. Para el dolor de cabeza, aplique una compresa mojada en infusión de lavanda.

Después de sufrir influenza, haga una decocción de raíz de helenio con igual cantidad de infusión de littoralis y hierba de san Juan.

## NUTRICIÓN

Es necesario preocuparse de la nutrición para no contraer influenza. Refuerce el sistema inmunológico siguiendo los consejos dados en Infección (p. 20).

Si, como nos sucede a muchos, tiene la mala fortuna de contraer influenza, quédese en cama, no lo evite, tome un reposo de 48 horas y auséntese del trabajo o del colegio durante una semana. En las primeras 24 horas tome mucho líquido y coma uvas, cerezas, frutas cítricas y peras, únicamente. En las siguientes 24 horas, adicione vegetales cocidos y ensaladas. Al tercer día, coma pan, papas, arroz y pasta. Al cuarto día, regrese a su dieta habitual. La limitación en la alimentación al inicio de este plan elevará el recuento de glóbulos blancos y, junto con la vitamina C presente en las frutas, proveerá el refuerzo que necesita el sistema inmunológico.

Durante un episodio de influenza, tome 1 g de vitamina C, tres veces al día, 5.000 UI de vitamina A y una tableta de alta potencia de complejo B. Después de una semana, reduzca la dosis a 1 g de vitamina C diario, 1.000 UI de vitamina A y continúe con la dosis de complejo B. Tome este suplemento mínimo durante 3 semanas.

ARRIBA *Los cítricos proveen vitamina C al sistema inmunológico.*

## AROMATERAPIA

**ÁRBOL DE TÉ**
*Melaleuca alternifolia*
Estimula la sudoración evitando que la situación empeore.
**Aplicación:**
En el momento en que sienta los síntomas de un resfriado o de influenza, vierta de 4 a 6 gotas de árbol de té (dependiendo del peso de la persona) en un baño caliente. Después del baño, beba un vaso grande de agua y vaya a la cama. Utilice vaporizadores y pebeteros para calmar los síntomas y detener las infecciones secundarias (ver Resfriado común p. 124).

### REMEDIOS CULINARIOS

■ Para calmar los molestos síntomas que generalmente acompañan la influenza (dolor de cabeza, fiebre, dolor muscular y tos seca), tome una buena cantidad de jugo de limón, agua caliente y miel. Estos actuarán como calmantes para el organismo en general.

■ Abundante cantidad de infusión de flor de tilo ayudará a bajar la temperatura y a aliviar el malestar. Una pizca generosa de canela en todas las bebidas calientes aumentará su beneficio.

■ Tome una buena cantidad de jugo de piña que contiene enzimas curativas.

■ Compresas húmedas y frías en la nuca y en el pecho ayudarán a aliviar el malestar de la fiebre.

## MEDIDAS *preventivas*

Evitar la influenza depende de la efectividad del sistema natural de defensas del cuerpo (*ver Infección p. 20*).

### OTRAS AYUDAS

**REFLEXOLOGÍA:** un tratamiento completo de reflexología del pie puede reforzar el nivel energético durante el periodo de recuperación. Trabaje todo el pie en forma suave y vigorosa cada 4 días.

**YOGA:** inhalar por la boca, bien sea sentado o acostado ayuda a refrescarse. Utilice Crow Mudra, Shitali o Sitkari (sin movimientos de cabeza) y exhale por la nariz. Descanse todo lo que pueda.

ABAJO *Los analgésicos reducen el escalofrío y los dolores.*

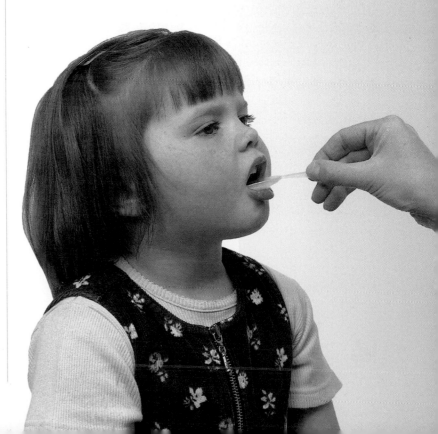

DERECHA *Los fuegos salen alrededor de la boca o de la nariz, no siempre están asociados con los resfriados.*

## DIAGNÓSTICO DE HERPES

- Enrojecimiento o área sensible, usualmente alrededor de la boca o de la nariz
- Los síntomas pueden estar precedidos por entumecimiento o sensación de hormigueo en el área
- Grupos de pequeñas ampollas que drenan un líquido claro antes de cicatrizar

**SISTEMA INMUNOLÓGICO**

# herpes simple *fuegos*

**LLAME AL MÉDICO**

- Si tiene herpes recurrente.

**REMEDIO CULINARIO**

- El desarrollo de un fuego que inicia con hormigueo en el labio puede evitarse pasando por el área un pedazo de limón.

Esta antiestética e incómoda erupción de la piel, ocasionalmente, es el resultado de un resfriado pero casi siempre se desencadena por el estrés. Después de la infección inicial, el virus del herpes simple hiberna en los nervios y se reactiva en momentos de estrés emocional, estrés físico o temperaturas extremas. Las mujeres, con frecuencia, tienen fuegos durante el periodo menstrual, también aparecen en época de vacaciones debido a la exposición excesiva al sol. Aunque hay medicamentos antivirales disponibles, estos se destinan para casos más serios de herpes (ver p. 42) y no deben ser utilizados en forma indiscriminada.

## MEDICINA CONVENCIONAL

Las cremas que contienen medicinas antivirales ayudan a controlar los brotes menores. Las tabletas antivirales se utilizan para prevenir recaídas y controlar ataques severos.

*Posología ~*

**Adultos**

- Tome tabletas antivirales hasta 5 veces diarias durante 5 días. Siga el consejo médico. Un tratamiento con cremas requiere aplicaciones más frecuentes.

**Niños**

- La dosis depende del peso y edad del niño. Siga el consejo médico. Aplique crema cada dos horas.

## OTRAS AYUDAS

**REFLEXOLOGÍA**: en casos de estrés, un tratamiento semanal de relajación completa que incluya reflexología del pie reducirá la frecuencia e intensidad del problema.

## REMEDIOS HERBALES

Existen numerosos extractos y aceites herbales antivirales para tratar los fuegos, como aceite de árbol de té, de cade (extracto de fruto de enebro), de lavanda, clavo, *Aloe vera*, ajo y jugo de siempreviva mayor.

■ **Posología:**
Internamente, la infusión de toronjil puede ser efectiva puesto que tiene una actividad antiviral significativa contra el herpes simple.

Las cápsulas de equinácea (hasta 600 mg diarios) y de cúrcuma canadiense (hasta 100 mg diarios), ayudan a combatir la infección y a reforzar el sistema inmunológico.

ARRIBA *Bosque de eucaliptos en Australia. Los aceites esenciales se extraen de las hojas y de los tallos, y son antivirales, bactericidas y fungicidas.*

## AROMATERAPIA

**EUCALIPTO**
*Eucalyptus radiata*
**ÁRBOL DE TÉ**
*Melaleuca alternifolia*
Puesto que son antivirales, estos aceites eliminarán el virus que causa el problema, especialmente si emplea el árbol de té para fortalecer el sistema inmunológico. De esta manera los fuegos se presentarán con menos frecuencia.

**Aplicación:**
Aplique estos aceites al inicio del fuego, continúe hasta que desaparezca, y para mayor seguridad siga un tiempo después. Prepare los aceites en una base de alcohol, 5 gotas, bien sea de eucalipto o de árbol de té, en 5 ml (una cucharadita) de vodka, y aplíquelos sobre el fuego con frecuencia.

## REMEDIOS HOMEOPÁTICOS

**NATRUM MURIATICUM 6C** para fuegos blanco perla. Se pueden presentar también úlceras bucales. Inflamación y ardor en el labio inferior. Fisuras en el centro del labio inferior. Persona introvertida que se lesiona con facilidad.

**RHUS TOXICODENDRON 6C** para fisuras en los bordes de la boca, fuegos con costra en los labios y en la quijada. Puntos acuosos. Lengua roja y saburrosa, salvo la punta. Sed.
**Posología:** una tableta cada 4 horas, máximo una semana.

## NUTRICIÓN

Dado que los fuegos son una señal de debilidad, es necesario mejorar la nutrición cuando no haya presencia de fuegos, puesto que estos dificultan comer. Confíe en los vegetales en puré o en las sopas de pollo ricos en las vitaminas y minerales que necesita. Intente estimular la resistencia masticando una semilla de calabaza (zinc), un puñado de nueces de Brasil (selenio) y puré de aguacate con ajo (vitamina E), y ajo solo, por sus cualidades antivirales.

ARRIBA *El yogurt probiótico mezclado con frutas ayuda a reforzar el sistema inmunológico.*

## MEDIDAS
*preventivas*

Una vez ha salido un fuego, el virus del herpes vive en forma silenciosa en las terminaciones nerviosas bajo la piel y reaparece en el momento menos deseado. Para prevenir apariciones recurrentes, es muy importante mantener un fuerte sistema inmunológico y evitar los factores físicos que desatan el virus.

**NUTRICIÓN:** *el refuerzo inmunológico alimenticio mencionado debe formar parte de la dieta regular. Además debe comer grandes cantidades de cereales de grano entero por su contenido de vitamina B y un yogurt diario para mantener la flora intestinal esencial para la producción de vitamina B y apoyar el sistema de defensas. El consumo diario de vitamina C puede obtenerlo de las bayas y de las frutas cítricas incluyendo la cáscara y la piel.*

**PROTECCIÓN DE LOS LABIOS:** *si es muy activo, suda con facilidad y está permanentemente expuesto a vientos fríos o al sol, recuerde usar un protector solar, especialmente al nadar.*

**HIGIENE:** *los fuegos son altamente infecciosos, por lo tanto, no bese a alguien que tenga uno y nunca permita que una persona afectada con este mal alce o bese a un bebé. No comparta las toallas, los cepillos de dientes, los cubiertos o la vajilla con alguien que tiene un fuego activo. Sin embargo, el periodo de contagio se produce cuando la pequeña ampolla destila líquido, no antes ni después.*

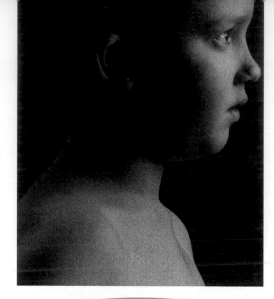

DERECHA *Previo a la aparición de una erupción rojo-marrón, aparecen en la boca pequeños puntos rojos con centro blanco. La erupción empieza en la cara y se esparce por todo el cuerpo.*

## DIAGNÓSTICO DE SARAMPIÓN

- Fiebre
- Mocos
- Lagrimeo, ojos enrojecidos
- Tos
- Ganglios inflamados
- Después de 3 a 4 días se desarrolla un salpullido con piquiña que comienza en la cabeza y en el cuello, se esparce hacia abajo y desaparece a los 3 días

**SISTEMA INMUNOLÓGICO**

# sarampión

## PRECAUCIÓN

**Por lo general, la persona se recupera completamente de esta enfermedad, pero es necesario tener cuidado con las convulsiones causadas por la fiebre alta y con la posibilidad de meningitis, problemas oftálmicos e infecciones secundarias.**
**Siempre lea cuidadosamente la información del empaque de los analgésicos y no exceda la dosis establecida.**

*Esta infección viral, altamente contagiosa, produce salpullido y ataca el sistema respiratorio. Las campañas de vacunación contra el sarampión han reducido su aparición, pero aún así se trata de un trastorno severo y no debe ser tomado a la ligera. Los remedios caseros no son un sustituto de la atención médica, pero alivian los síntomas. Los niños con sarampión deben ser aislados dado que el periodo infeccioso va desde los primeros síntomas, catarro, conjuntivitis, fiebre alta y malestar general, hasta cinco días después de la aparición de la erupción. El desarrollo de síntomas puede tomar tres semanas, después de haber estado en contacto con una persona infectada.*

## MEDICINA CONVENCIONAL

Controle la fiebre con analgésicos y utilice loción de calamina para aliviar la piquiña de la piel.
*Posología ~*
**Adultos**
■ Una a dos tabletas de analgésico al inicio de la fiebre. Repita cada 4 horas. Lea el empaque para detalles. Aplique crema o loción de calamina directamente sobre la piel.

**Niños**
■ Suministre dosis regulares de analgésico líquido. Lea el empaque para detalles y siga el consejo médico. Aplique loción o crema de calamina directamente sobre la piel cuando se requiera.

DERECHA *La loción de calamina es excelente para calmar la piquiña.*

## REMEDIOS HERBALES

 Las hierbas, como complemento de los tratamientos ortodoxos, alivian los síntomas y combaten la infección.

■ **Posología:**

Prepare una infusión con partes iguales de nébeda, malvavisco, hisopo y llantén mayor (de media a una cucharadita de la mezcla por taza, dependiendo de la edad) y endulce con miel, esto suaviza la tos y lubrica la garganta y las vías respiratorias.

Para la irritación de los ojos, use eufrasia o sanícula en el baño o en compresas.

Para bajar la fiebre tome infusión de toronjil.

ARRIBA *Para la fiebre, la infusión de toronjil es refrescante y sedante.*

### REMEDIOS CULINARIOS

■ Es recomendable beber jugos de frutas en buenas cantidades (diluidos 50:50 en agua), especialmente de piña por sus enzimas suavizantes, y de naranja por la vitamina C.

■ Los puerros, ajos y cebollas protegen contra las infecciones secundarias de tórax que, con frecuencia, acompañan el sarampión. Úselos en abundancia.

## MEDIDAS
*preventivas*

**VACUNACIÓN**: *para evitar las enfermedades en los niños, es necesario que su inmunidad general esté en las mejores condiciones (ver Infección p. 20). La vacuna contra el sarampión, efectiva y segura, es la única medida preventiva. Los efectos colaterales suaves (mínimo brote, temperatura ligeramente elevada) son comunes, pero los efectos secundarios severos son muy raros. Por otro lado, el sarampión puede causar serias complicaciones, como daño cerebral y sordera. Cualquier riesgo que pueda representar la vacuna es menor en comparación con los daños que puede causar la enfermedad.*

## REMEDIOS HOMEOPÁTICOS

 **Si la condición empeora, consulte al médico.**

✿ MORBILLINUM **30**C si ha estado en contacto con el sarampión, este remedio ayuda a prevenirlo. Tome cada 8 horas.

✿ BRYONIA **6**C para resequedad y calor. Tos con dolor de cabeza que empeora con los movimientos. Puede emplearse antes de que aparezca la erupción.

✿ PULSATILLA **6**C para niños intranquilos y consentidos. Para secreción cremosa y blanda de los ojos. No hay presencia de sed, temperatura no muy elevada.

✿ EUPHRASIA **6**C para ojos llorosos y ardor, mucosidad. Dolor de cabeza con palpitaciones y tos seca.

**Posología**: una tableta cada 4 horas hasta mejorar, máximo 5 días.

### NUTRICIÓN

Pocos niños sienten hambre durante el periodo inicial del sarampión, pero en el momento en que lo deseen, debe proporcionarles alimentos ligeros ricos en vitaminas A y C. Puré de zanahoria con huevo tibio, papas cortadas en capas y horneadas, puré de duraznos deshidratados con yogurt y gelatina, y kiwi. Estos alimentos son atractivos para el niño, fáciles de comer, refuerzan el sistema inmunológico y protegen los ojos.

ARRIBA *El kiwi es una fruta rica en vitaminas C y F, potasio y fibra.*

### AROMATERAPIA

 ✿ ÁRBOL DE TÉ
*Melaleuca alternifolia*

✿ EUCALIPTO
*Eucalyptus radiata*

✿ MANZANILLA ROMANA
*Chamaemelum nobile*

✿ LAVANDA
*Lavandula angustifolia*

Estos aceites ayudan a atacar la infección, son calmantes y relajantes.

**Aplicación:**

Con el fin de evitar que el virus se esparza vía aérea, vaporice la habitación del enfermo. Agregue los aceites a un poco de agua tibia para dar al paciente un baño de esponja o con un atomizador. También se pueden usar para inhalaciones, especialmente si el sarampión viene acompañado de dolor de garganta.

### PRECAUCIÓN

**Tome únicamente 3 dosis de Morbillinum.**

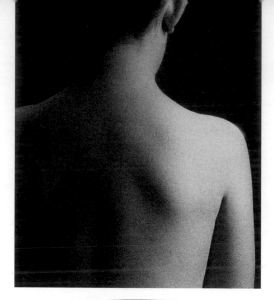

DERECHA *El malestar de la rubéola es similar al de un resfriado y el salpullido se extiende a todo el cuerpo.*

## DIAGNÓSTICO DE RUBÉOLA

- Fiebre moderada
- Dolor de garganta
- Salpullido que dura de 2 a 3 días, empieza usualmente en la cara y se extiende al tórax y las extremidades, piel enrojecida
- Inflamación de los ganglios, particularmente los de detrás de las orejas
- Rara vez la rubéola provoca dolor articular en los niños

**SISTEMA INMUNOLÓGICO**

# rubéola

El único riesgo grave de esta leve enfermedad infecciosa es cuando se presenta durante el embarazo. Hasta hace muy poco, se exponía deliberadamente a las jóvenes a la rubéola buscando inmunizarlas. En la actualidad, la mayoría de los niños están vacunados contra ésta, pero en el caso de que un niño la contraiga, debe mantenerse alejado de las mujeres embarazadas. El riesgo para el feto incluye sordera, ceguera, defectos cardiacos y pulmonares e incluso la muerte. Recuerde que en los primeros estadios del embarazo la mujer desconoce su estado, por lo tanto, los niños enfermos deben permanecer en su casa durante el periodo infeccioso que va desde los síntomas hasta, por lo menos, una semana después de que aparece la erupción. Si usted ha estado en contacto con alguna persona con rubéola, la erupción tomará dos o tres semanas en aparecer.

## LLAME AL MÉDICO

- Si sospecha que tiene rubéola puesto que ésta es una enfermedad que se debe reportar.
- Si está embarazada, ha estado en contacto con la rubéola y no está segura de su inmunidad.

## PRECAUCIÓN

**Si la rubéola se contagia durante el primer trimestre del embarazo, los efectos sobre el feto pueden ser catastróficos.**

## MEDICINA CONVENCIONAL

Cuando se contrae esta infección viral tan común, es necesario descansar y evitar el contacto con otras personas, especialmente con niños en edad escolar y mujeres embarazadas. Si usted queda embarazada y ya ha tenido rubéola o ha sido vacunada, pero ha estado en contacto con la enfermedad, contacte a su médico.

## REMEDIO CULINARIO

- La infusión de manzanilla endulzada con miel, ayuda a reducir la fiebre y cuando se emplea sin endulzar y refrigerada, es una solución útil para reducir la piquiña en el área afectada.

## REMEDIOS HERBALES

 Muchos líquidos e infusiones son ideales. Pueden endulzarse con miel (pasteurizada para niños pequeños), limón, regaliz o esencia de menta. Muchas de las hierbas calmantes y refrescantes son adecuadas, incluyendo el toronjil, la manzanilla, la caléndula, la nébeda, la salvia y el hisopo.

◼ **Posología:**

La flor de saúco, la caléndula y la manzanilla hacen una buena combinación. Utilice de media a dos cucharaditas por taza de agua (dependiendo de la edad).

Cápsulas de equinácea (100-600 mg diarios) ayudarán a combatir la infección.

La infusión de salvia, agrimonia, amor de hortelano o canela, ayudan a aliviar el dolor de garganta y la inflamación de los ganglios.

ARRIBA *El amor de hortelano es un buen tónico para el sistema linfático y para la piel. Utilice una licuadora o procesador de alimentos para preparar jugo fresco.*

## AROMATERAPIA

 🌿 LAVANDA
*Lavandula angustifolia*
🌿 MANZANILLA ROMANA
*Chamaemelum nobile*
🌿 ÁRBOL DE TÉ
*Melaleuca alternifolia*
🌿 EUCALIPTO
*Eucalyptus radiata*

La manzanilla y la lavanda ayudan a reducir la irritación provocada por la erupción. El árbol de té y el eucalipto quemados o vaporizados, ayudan a evitar que el virus se propague.

**Aplicación:**

Emplee manzanilla y lavanda en la tina. A los niños que estén con fiebre, sudorosos y ansiosos, se les puede dar un baño de esponja. Queme o vaporice eucalipto y árbol de té. Como alternativa, úselos en un atomizador.

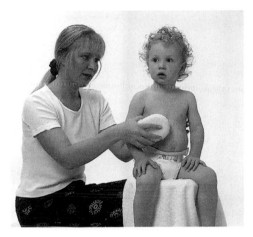

IZQUIERDA *Vierta unas gotas de manzanilla en agua tibia y utilícela en un baño de esponja. Esto reducirá la temperatura elevada.*

## REMEDIOS HOMEOPÁTICOS

 Ésta es una enfermedad usualmente leve y no requiere de tratamiento, pero dado el peligro que implica para el feto, la mayoría de las mujeres se vacunan contra la rubéola. Si una mujer no está vacunada y estuvo expuesta a la enfermedad, le ayudará tomar tres dosis de RUBELLA **30C** cada 12 horas, 3 dosis máximo.

## NUTRICIÓN

 Los líquidos son absolutamente vitales. **Una buena cantidad** de jugo fresco de frutas cítricas, le dará el refuerzo inmunológico que ofrece la vitamina C. Por sus enzimas calmantes, el jugo de piña, aún el de caja, y las infusiones de tilo, manzanilla y saúco son ideales.

## MEDIDAS
*preventivas*

La única forma de prevenir la rubéola es con la vacuna. Como siempre, es importante mantener el sistema inmunológico en el mejor estado posible (*ver Infección p.* 20).

ABAJO *Para mantener un sistema inmunológico fuerte, los cítricos, son de gran ayuda.*

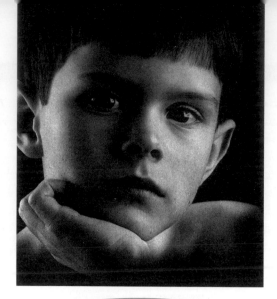

DERECHA *Las paperas afectan las glándulas salivales y parótidas provocando inflamación en la garganta. Sus síntomas son parecidos a los de un resfriado, y puede provocar desaliento.*

## DIAGNÓSTICO DE PAPERAS

- Cansancio
- Fiebre moderada
- Dolor de garganta
- Inflamación dolorosa delante y debajo de las orejas, usualmente a ambos lados. Después de un par de días, la temperatura se eleva bruscamente
- Ganglios inflamados bajo el maxilar
- Masticar y, a veces, tragar es doloroso
- Los hombres pueden presentar testículos sensibles 2 ó 3 semanas después

**SISTEMA INMUNOLÓGICO**

# paperas

## PRECAUCIÓN

**La orquitis generalmente afecta un solo testículo y no presenta mayores complicaciones, pero si ambos testículos se ven severamente afectados, hay un gran riesgo de esterilidad que se incrementa mucho en la edad adulta.**

**Siempre lea cuidadosamente la información del empaque de los analgésicos y no exceda la dosis establecida.**

Esta enfermedad viral, altamente contagiosa, afecta principalmente a los niños entre 4 y 14 años. Empieza con malestar general y fiebre, seguidos por inflamación dolorosa de la glándula salival de un lado de la cara. En el 70% de los casos afecta también la glándula del otro lado de la cara. El periodo de incubación es de 14 a 21 días y el contagio se produce mediante tos, saliva o estornudos, desde 7 días antes y hasta 9 días después de que se presente la primera inflamación. La principal complicación de las paperas es la orquitis —inflamación de los testículos— que se presenta en una cuarta parte de los niños que contraen la enfermedad. No existe tratamiento para las paperas, pero los síntomas pueden manejarse con los remedios caseros descritos a continuación.

## MEDICINA CONVENCIONAL

Tome un analgésico para reducir la fiebre y aliviar los síntomas. Consuma alimentos blandos y beba mucho líquido.
*Posología ~*
**Adultos**
■ Tome una o dos tabletas de analgésico al inicio de la fiebre, repita cada 4 horas. Vea el empaque para detalles.

**Niños**
■ Suministre analgésicos líquidos a intervalos regulares. Mire el empaque para detalles y siga el consejo médico.

DERECHA *Las paperas deben ser atendidas cuidadosamente para detectar signos de orquitis.*

## REMEDIOS HERBALES

Para aliviar los ganglios inflamados use amor de hortelano, tomillo y caléndula.

■ **Posología:**

Mezcle partes iguales de las hierbas y prepare una infusión, de media a dos cucharaditas por taza, dependiendo de la edad, endulce con miel, una pizca de ají en polvo o chivato. Repita cada 2 horas.

La equinácea es antiviral y combate la infección. Si los testículos están afectados, tome 10 gotas de agnocasto diluidas en agua, 3 veces al día o una infusión de toronjil o hierba de san Juan. Pueden usarlas también externamente en compresas aplicadas en la cara y en la garganta.

## NUTRICIÓN

La principal dificultad es alimentar al niño, por eso es mejor darle alimentos líquidos o blandos. jugo de verduras diluidas en agua tibia, jugo de pera o de manzana, puré de zanahoria y papa, yogurt licuado con miel y frutas frescas no cítricas, como albaricoque deshidratado, mango y papaya, que son nutritivas y curan. La enzima bromelina, antiinflamatoria, contiene una gran cantidad de azúcar natural que dará energía al niño; ésta se encuentra en el jugo de piña. Tan pronto como el paciente pueda comer mejor, aliméntelo con huevos revueltos, arroz, tapioca, pasta, puré de papa o aguacate, helado, pollo desmechado y abundante banano. Suministre diariamente una tableta soluble de vitamina C (500 mg).

Tragar saliva resulta muy doloroso, **evite** los jugos de frutas cítricas.

*Chirivía*
*Patata dulce*
*Repollo*
*Berros*
*Zanahoria*
*Apio*
*Perejil*

ARRIBA *Una selección de verduras ligeramente cocidas y licuadas hace una sopa nutritiva y fácil de deglutir.*

## REMEDIOS HOMEOPÁTICOS

ARRIBA *La* Pulsatilla vulgaris, *se emplea con frecuencia para tratar enfermedades infantiles.*

**PULSATILLA 6C** cuando la enfermedad se prolonga o aparece inflamación de las mamas en las niñas, o de los testículos en los niños, en cuyo caso se debe consultar al médico.

**LACHESIS 6C** para la inflamación del lado izquierdo de la cara muy sensible al tacto. Dolor de garganta, imposibilidad de tragar.

**MERCURIUS 6C** para el dolor del lado derecho de la cara, gran salivación y mal aliento.

**Posología:** seis dosis de una tableta cada 2 horas. Luego 4 veces al día, por 3 días.

## AROMATERAPIA

**LAVANDA**
*Lavandula angustifolia*

**MANZANILLA ROMANA**
*Chamaemelum nobile*

**ÁRBOL DE TÉ**
*Melaleuca alternifolia*

**NIAULÍ**
*Melaleuca viridifolia*

**LIMÓN**
*Citrus limon*

La lavanda y la manzanilla son calmantes y ayudan a aliviar el dolor. Los otros aceites ayudan a combatir la infección.

**Aplicación:**

Aplique suavemente el aceite o loción en la parte afectada o ponga compresas en las áreas inflamadas. Los atomizadores y las vaporizaciones disminuyen la propagación de gérmenes.

## MEDIDAS
*preventivas*

La única manera de prevenir las paperas es con la vacuna. Como siempre, es importante mantener el sistema inmunológico del niño en el mejor estado posible (*ver Infección p. 20*).

### REMEDIOS CULINARIOS

■ Las compresas frías aplicadas en un lado de la cara alivian el dolor. Son igualmente efectivas si los testículos están afectados. Un baño tibio de esponja en todo el cuerpo ayudará a controlar la fiebre y reducirá la pérdida de líquidos. Repita tantas veces como sea necesario.

■ Mantener al paciente bien hidratado y nutrido no es fácil, dado que comer y beber resulta doloroso. Haga un consomé con apio bien colado, repollo, berros, zanahorias, chirivía, patata dulce y perejil, y déselo a tomar con un pitillo.

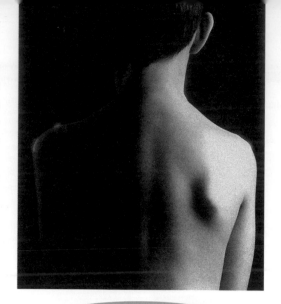

DERECHA *Precedida por sensación de calor en la garganta, la erupción típica de la escarlatina puede aparecer en la nuca, el tórax, el estómago, los brazos o las piernas.*

## DIAGNÓSTICO DE ESCARLATINA

- Fiebre
- Dolor de cabeza
- Vómito
- Erupción roja sin picazón, mejillas enrojecidas
- Lengua saburrosa con puntos rojos

**SISTEMA INMUNOLÓGICO**

# escarlatina

*En los niños, la escarlatina suele ser una secuela de amigdalitis, se presenta dolor de garganta, dolor al tragar, temperatura elevada y amígdalas inflamadas. Si a las 48 horas aparece una erupción en la nuca, el tórax, el estómago, los brazos y las piernas, casi con seguridad es escarlatina, enfermedad que cien años atrás constituía la causa de mortandad más frecuente en niños mayores de un año. Hoy en día es rara y la causa una infección bacteriana que dura alrededor de una semana. Como es infecciosa, mantenga a los niños alejados de quienes la hayan contraído.*

## LLAME AL MÉDICO

- Si cree que tiene escarlatina.

## PRECAUCIÓN

**La escarlatina puede tener complicaciones severas incluyendo fiebre reumática e inflamación de los riñones, por lo tanto, en caso de duda o si las complicaciones persisten, consulte al médico. Siempre lea cuidadosamente la información contenida en los empaques de los analgésicos y no exceda la dosis establecida.**

## MEDICINA CONVENCIONAL

Si usted o sus niños muestran síntomas de escarlatina, debe contactar al doctor. La fiebre se puede tratar con un analgésico común, pero si el doctor confirma que tiene escarlatina probablemente requerirá tratamiento con antibióticos.

*Posología ~*

**Adultos**

- Al comenzar la fiebre, suministre una o dos tabletas del analgésico cada 4 horas. Vea el empaque para detalles.

**Niños**

- Suministre dosis regulares de analgésico líquido. Consulte el empaque para detalles y siga el consejo médico.

## REMEDIOS HOMEOPÁTICOS

Debido a las serias complicaciones que puede tener esta enfermedad, se recomienda seguir un tratamiento ortodoxo. Sin embargo, la belladona, como complemento, alivia los síntomas.

BELLADONNA 6C para el enrojecimiento súbito de la cara y para la fiebre, palidez alrededor de la boca, pupilas dilatadas y alucinaciones.

**Posología**: seis dosis de una tableta cada 2 horas. Después, cada 4 horas según necesidad, máximo 3 días.

## NUTRICIÓN

 El dolor de garganta y la amigdalitis hacen difícil y doloroso el proceso de comer y la fiebre alta obliga a recuperar líquidos (*ver Fiebre p. 24*). El jugo de piña y de papaya tienen enzimas naturales de gran valor porque calman y sanan considerablemente la inflamación y los daños de las membranas de la boca y de la garganta

Tome en buenas cantidades sopa de brócoli, ajo, zanahoria y puerros, que ayuda a fortalecer los poderosos antioxidantes que aumentan la resistencia natural. La cebolla, el ajo y los puerros tienen propiedades antibacteriales que aceleran la recuperación.

En el caso de que se prescriban antibióticos, es importante reemplazar la flora intestinal que el medicamento destruye. Un vaso de yogurt probiótico dos veces al día mezclado con una cucharadita de miel, un banano, y 120 ml (4 onzas) de leche, en la mañana y en la noche, hará esta tarea.

ARRIBA *Tome muchos líquidos y reemplace la flora intestinal destruida por los antibióticos tomando malteada de yogurt.*

## REMEDIOS HERBALES

Ciertas hierbas pueden aliviar el malestar de la escarlatina.

■ Posología:
Como alternativa a la salvia (*ver Remedios culinarios*), haga gárgaras con 10-20 gotas de cúrcuma canadiense o extracto de mirra.

Para ayudar a reducir la fiebre y disminuir el malestar, tome infusión de nébeda, manzanilla, saúco (de media a dos cucharaditas de la mezcla por taza, dependiendo de la edad del niño).

Las tabletas de equinácea ayudarán a combatir la infección: tabletas de 100-600 mg diarios, dependiendo la edad.

ARRIBA *La resina del árbol de mirra mezclada con alcohol produce extracto de mirra que es antimicrobiana y refuerza la producción de glóbulos blancos que combaten la infección.*

### REMEDIOS CULINARIOS

■ El dolor de garganta puede aliviarse haciendo gárgaras con infusión de salvia. Mezcle una cucharadita de hojas de salvia maceradas (o dos cucharaditas de hojas secas) con agua hirviendo, cubra y deje reposar durante diez minutos. Utilícela como enjuague bucal cuando esté fría.

■ Compresas frías en el cuerpo alivian el dolor. Un baño tibio de esponja en todo el cuerpo ayudará a controlar la fiebre y a reducir la pérdida de líquidos. Repita cuando sea necesario.

## MEDIDAS
*preventivas*

La prevención de las enfermedades infecciosas infantiles sólo se consigue con una buena nutrición y un sistema inmunológico fuerte. Los brotes recurrentes de amigdalitis aumentan el riesgo de contraer escarlatina (*ver Amigdalitis p. 46*).

ABAJO *Consentir a los niños los tranquiliza, disminuye la ansiedad y ayuda a su recuperación.*

## DIAGNÓSTICO DE TOS FERINA

- Estornudos
- Ojos enrojecidos y llorosos
- Dolor de garganta
- Fiebre moderada
- Accesos de tos severa espasmódica que empiezan 2 semanas después de los síntomas generales y puede durar un mes
- Dificultad para respirar después del ataque de tos causando el silbido característico al inhalar

SISTEMA INMUNOLÓGICO

# tos ferina

## PRECAUCIÓN

**La tos ferina es una enfermedad severa y, aunque la mayoría de los niños se recuperan totalmente, pueden presentarse complicaciones que requieren atención médica, especialmente en niños menores de tres años.**

Esta enfermedad infantil infecciosa se contagia por la tos y el estornudo, es más infecciosa en los primeros años de vida. Se inicia con los síntomas de un resfriado común (mocos, ojos llorosos, tos, fiebre ligera), seguidos, dos semanas después, por espasmos incontrolables de tos que, con frecuencia, terminan en vómito. Dado que el niño no puede respirar durante los espasmos, se siente ahogado y el silbido típico que produce cuando intenta respirar es angustioso. En niños pequeños, la falta de oxígeno puede ser un riesgo real y la tos puede ocasionar un daño permanente en los pulmones. Sin embargo, los remedios caseros, ayudan a agilizar la recuperación, a mitigar algunos de los síntomas más angustiantes y a dar mayor comodidad al niño.

### MEDICINA CONVENCIONAL

Cuando se tiene contacto con alguien enfermo de tos ferina y no hay vacuna de por medio, es muy importante estar pendiente de los síntomas puesto que esta enfermedad sólo puede tratarse en sus comienzos antes de que empiecen los accesos de tos. Un tratamiento de antibióticos debe ser prescrito por un médico.

### REMEDIOS CULINARIOS

■ La tradicional receta casera de miel y ajo es tranquilizante. Añada dos dientes de ajo finamente picados, 225 g (8 onzas) de miel líquida, cubra y deje reposar durante la noche. Al día siguiente, añada una cucharadita de esta mezcla a una taza de agua tibia y désela a beber al niño a sorbos. Repita 4 veces al día.

■ Otro viejo remedio casero muy práctico es frotar las plantas de los pies con un diente de ajo cortado. El ajo penetra a través de la piel en el sistema circulatorio llevando rápidamente sus propiedades antibióticas al tejido pulmonar.

## AROMATERAPIA

 **INCIENSO**
*Boswellia sacra*

 LAVANDA
*Lavandula angustifolia*

SÁNDALO
*Santalum album*

El incienso es calmante, disminuye y profundiza la respiración. La lavanda también es tranquilizante para el paciente y para quien lo cuida. El sándalo es antiespasmódico, calmante y relajante.

**Aplicación:**

Queme estos aceites en la habitación del enfermo o empléelos para hacer masaje en el pecho y en la espalda.

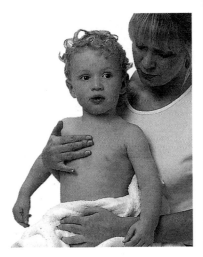

ARRIBA *Un masaje con aceite de lavanda es especialmente adecuado para niños pequeños. Antes de usarlo debe diluirlo.*

## REMEDIOS HOMEOPÁTICOS

**Esta es una enfermedad seria y requiere asesoría médica.**

**DROSERA 6C** para espasmos severos de tos que empiezan en la laringe, náuseas y vómito, que empeoran en la noche al acostarse. Use con líquidos fríos.

IZQUIERDA *La drosera proviene de la* Drosera rotundifolia. *Se recomienda para atacar los problemas del sistema respiratorio.*

**IPECACUANHA 6C** para la tos espasmódica, sofocante y con resoplidos. Flemas en el tórax difíciles de expulsar. Náuseas constantes. Hemorragia nasal y tos.

**ANTIMONIUM TARTARICUM 6C** para flemas muy adheridas al pecho. Tos que empeora después de comer.

**CUPRUM METALLICUM 6C** para tos espasmódica con vómito. Sensación de opresión en el pecho. **Posología:** una tableta cada 4 horas, máximo 2 semanas.

## REMEDIOS HERBALES

 Las infusiones, como complemento del tratamiento ortodoxo, ayudan a calmar y a reducir la tos.

■ **Posología:**

Combine una cocción de regaliz y helenio (1 cucharadita por cada taza) con una infusión de lechuga, manzanilla y tomillo (1 cucharadita por cada taza). Administre entre 15 ml (1 cucharada) y media taza de la mezcla (diluida con más agua, dependiendo de la edad).

Masajee el pecho con aceites de albahaca, hisopo y ciprés (dos gotas de cada uno en 5 ml o una cucharadita de aceite de almendras).

Suministre tabletas de equinácea que ayudan al sistema inmunológico (de 100-600 mg diarios, dependiendo de la edad).

## MEDIDAS *preventivas*

Evite el contacto con otros niños infectados, sus hermanos o padres.

El riesgo de contraer esta enfermedad se reduce enormemente con la vacunación que es segura y efectiva.

## OTRAS AYUDAS

**REFLEXOLOGÍA**: trabajar los reflejos del tracto respiratorio alivia los síntomas. Los reflejos de los pulmones se encuentran en los pulpejos de los pies. Incluya los reflejos de la tráquea, de la garganta y del diafragma. Trabaje firme y metódicamente toda el área durante unos minutos al día.

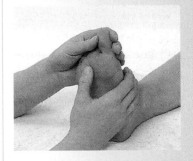

ARRIBA *Trabajar los reflejos de los pulmones, tráquea y bronquios en los pulpejos de los pies mejorará el funcionamiento del sistema respiratorio.*

## NUTRICIÓN

 Dele al niño suficientes líquidos, especialmente cuando hay vómito. Dele jugo de manzana tibio con miel y agua, jugo de piña y de casis con agua tibia, jugos tibios de verduras, infusión de jengibre con miel, sopas licuadas y livianas (consomé de pollo o verduras, o bebidas de extracto de levadura). Todo ello proveerá suficientes nutrientes y son calmantes. Aunque la leche sea lo único que el niño quiera, evite darle grandes cantidades durante los primeros días de la enfermedad. A medida que el niño mejore, lo ideal es darle pequeñas porciones de comida entre los accesos de tos: pequeñas porciones de huevos revueltos, pollo desmenuzado, arroz, puré de frutas mezclado con clavos, canela y miel, avena con abundante miel, puré de papa y zanahoria mezclado con una o dos cucharaditas de yogurt bajo en grasa y nuez moscada.

No lo obligue a comer, pero dele porciones pequeñas de líquido de manera regular, aún si tiene que dárselo a cucharaditas.

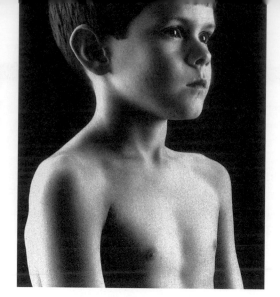

DERECHA *Los pequeños puntos en alto relieve de la varicela aparecen primero en el tronco, luego en la cara y en las extremidades.*

## DIAGNÓSTICO DE VARICELA

- Fiebre moderada
- En algunos casos, vómito y dolor generalizado
- Grupos de ampollas que producen piquiña y afectan la piel, los ojos y la boca. Las ampollas, gradualmente, forman costras

**SISTEMA INMUNOLÓGICO**

# varicela

### PRECAUCIÓN

**Siempre lea con cuidado la información en el empaque de los analgésicos y no exceda la dosis establecida.**

Esta enfermedad, altamente infecciosa, es causada por el virus del herpes zóster y es más común en los niños. Si usted ha estado en contacto con alguien infectado, pasarán 2 ó 3 semanas antes de desarrollar los síntomas. Aunque incómoda e irritante, usualmente el efecto colateral más serio son las cicatrices que deja la ampolla al reventar. En los adultos es una enfermedad muy severa, debilitante y puede conducir a una neumonía aguda. Es muy importante no rascarse para evitar cicatrices y que la infección se esparza. Mantenga las uñas de los niños muy cortas y, si es posible, protéjalas con guantes de algodón. Las cicatrices pueden ser tratadas aplicando en las noches unas pocas gotas de aceite de vitamina E.

### MEDICINA CONVENCIONAL

✚ Trate la fiebre con analgésicos y use loción de calamina para aliviar la piquiña de la piel. Las infecciones más severas se tratan con medicina antiviral, útil también en las etapas iniciales de la enfermedad en los adultos.

*Posología ~*

**Adultos**

■ De una a dos tabletas de analgésicos al inicio de la fiebre, repita cada 4 horas. Vea el empaque para detalles. Aplique loción o crema de calamina directamente sobre la piel.

**Niños**

■ Suministre dosis regulares de analgésico líquido, consulte el empaque para detalles y siga el consejo médico. Cuando sea necesario, aplique loción o crema de calamina directamente sobre la piel.

ARRIBA *Los guantes de algodón pueden evitar que el niño se rasque.*

## REMEDIOS HOMEOPÁTICOS

**RHUS TOXICODENDRON** 6C para piquiña intensa. Es más efectiva en aplicaciones calientes. Pequeñas ampollas acuosas. Este es el primer remedio que debe usar.

**ANTIMONIUM TARTARICUM** 6C para granos que aparecen lentamente. Sueño o sudoración. Tos sibilante en el pecho pero sin flema.

**ANTIMONIUM CRUD.** 6C para varicela y molestia estomacal. Irritabilidad y enojo. Llora cuando se toca o se baña. Lengua saburrosa.

**Posología:** una tableta cada 2 ó 4 horas hasta que mejore, máximo 5 días.

## REMEDIOS HERBALES

Las hierbas pueden aliviar la fiebre asociada con la varicela y calmar el salpullido.

■ **Posología:**

Para aliviar las fiebres y la irritabilidad, beba una infusión con partes iguales de consuelda, flor de saúco, manzanilla (de media a dos cucharaditas por taza, dependiendo la edad, tres veces al día).

Calme el salpullido con jugo de borraja (30 ml o 2 cucharaditas), infusión de álsine (100 ml o 3 ½ onzas) y hamamelis destilada (25 ml o 1 onza). Aplique con un copo de algodón.

Tome diariamente hasta 6 cápsulas de 200 mg de equinácea, para combatir la infección.

ARRIBA *La borraja florece al final de la primavera y el comienzo del verano. Para calmar la irritación, use la pulpa de las partes aéreas para extraer el jugo.*

## NUTRICIÓN

**Tome bastantes** líquidos, especialmente jugo de piña diluido en agua (50:50), infusión de manzanilla y agua. Un ayuno corto (24-48 horas) estimulará el recuento de glóbulos blancos y ayudará a combatir la infección.

ARRIBA *La piña contiene vitamina C, que ayuda a combatir la infección. En jugo es una bebida calmante y rica en la enzima bromelina.*

## AROMATERAPIA

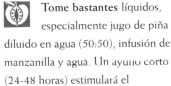

**LAVANDA**
*Lavandula angustifolia*

**MANZANILLA ROMANA**
*Chamaemelum nobile*

**EUCALIPTO**
*Eucalyptus radiata*

**BERGAMOTA**
*Citrus bergamia*

Un baño o masaje con estos aceites aliviarán la picazón. La vaporización le ayudará a detener la propagación del virus.

DERECHA *El aceite de eucalipto es antiviral y un buen analgésico local. También se utiliza para tratar picaduras de insectos e infecciones de la piel. No lo utilice en niños muy pequeños.*

**Aplicación:**

Utilice baños tibios, vaporizadores y atomizadores. Sumerja al niño en un baño tibio que contenga una gota de cualquiera de los aceites mencionados arriba (no todos) cada 2 horas. Los baños regulares también proporcionan gran alivio a los adultos con varicela cuyo estado puede ser bastante crítico.

## MEDIDAS *preventivas*

Los niños casi siempre se recuperan de la varicela sin mayor problema. Todo lo que tiene que hacer es asegurarse de que tengan buenas defensas, lo cual se logra con una dieta saludable.

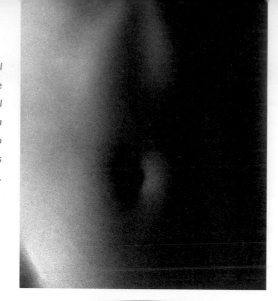

DERECHA *El salpullido rojo del herpes zóster puede aparecer en la cintura, el pecho, los hombros o la cara y llega acompañado por un dolor severo en los nervios del área afectada.*

## DIAGNÓSTICO DE HERPES ZÓSTER

- Ardor sobre un área de la piel en la que luego aparecen ampollas
- Generalmente afecta el área alrededor del brazo, de la cintura, un lado de la cara y un ojo

**SISTEMA INMUNOLÓGICO**

# herpes zóster

E l herpes zóster es causado por el mismo virus de la varicela (ver p. 40). Después de contrar varicela, algunos de los virus se quedan en los ganglios nerviosos, donde permanecen dormidos por años. El contacto con la varicela en la edad adulta, si nunca ha sufrido esta enfermedad o eventos estresantes, pueden catalizar el virus. Más del 20% de los adultos y las personas mayores, o aquellos con un sistema inmunológico débil, corren un riesgo mayor de contraerlo. Los remedios caseros pueden ser muy útiles para reducir la gravedad y la duración de un episodio de herpes.

Para algunos, el herpes zóster es una infección menor que llega y se va en un par de semanas. Para otros, este mal deriva en una terrible condición denominada neuralgia posherpética: un intenso dolor sobre el área originalmente afectada que hace insoportable el más leve contacto. Bañarse, afeitarse, comer o incluso el peso de una sábana, resulta tan doloroso que puede arruinar la normalidad de la vida durante meses o años. El uso de fuertes medicamentos e incluso la neurocirugía pueden ser inútiles.

## LLAME AL MÉDICO

- Si cree que tiene herpes zóster.

## PRECAUCIÓN

**El herpes que afecta los ojos puede causar serias complicaciones y debe ser monitoreado cuidadosamente por su médico.**

## REMEDIO CULINARIO

■ Un efectivo y tradicional remedio holandés para la neuralgia posherpética es: pique en trozos gruesos 5 cm (2 in) de puerro y muélalos en un mortero (o con la parte posterior de una cuchara de palo), hasta extraer su zumo. Cuélelo y con un copo de algodón aplíquelo sobre el área afectada. Repita en la mañana y en la tarde por lo menos durante una semana.

## MEDICINA CONVENCIONAL

 Si tiene síntomas necesita un tratamiento médico. Si el herpes afecta su visión puede causar un daño permanente, por lo tanto, debe consultar a su médico de inmediato.

Las medicinas antivirales son efectivas administradas a tiempo. Analgésicos fuertes ayudan.

## REMEDIOS HERBALES

El herpes zóster responde a remedios herbales.

■ **Posología:**

La equinácea (hasta 2 g diarios en tabletas) ayuda a combatir la infección viral.

Tomar hierba de san Juan en infusión ayuda a prevenir el riesgo de dolor en los nervios.

Una infusión que contenga iguales cantidades de pasiflora, toronjil y lechuga silvestre también ayudará a calmar el dolor y la incomodidad.

Aplique *Aloe vera* sobre las ampollas. Después, utilice cayenne, littoralis o hierba de san Juan en crema o en aceites para combatir el dolor, el cayenne es muy efectivo para esto.

## NUTRICIÓN

Los nutrientes clave son la vitamina B, los bioflavonoides y la vitamina C; **coma abundantes cantidades** de frutas cítricas con algo de la piel blanca y la piel entre los segmentos, cerezas, tomates y mangos, huevos, aves e hígado, nueces, semillas y cereales integrales, aceitunas, aceite de girasol y de alazor. No olvide que la bacteria presente en el yogurt probiótico permite producir vitamina B.

ARRIBA *Tanto el mango como el tomate contienen valiosos nutrientes.*

## AROMATERAPIA

🌿 EUCALIPTO
*Eucalyptus radiata*

🌿 ÁRBOL DE TÉ
*Melaleuca alternifolia*

🌿 LAVANDA
*Lavandula angustifolia*

🌿 MANZANILLA ROMANA
*Chamaemelum nobile*

🌿 BERGAMOTA
*Citrus bergamia*

Estos aceites son calmantes, antivirales y secan las ampollas. La bergamota también es antidepresiva, sirve para la tristeza y la depresión que se presentan antes de que se desarrolle la enfermedad. Es muy buena contra el virus del herpes zóster. El aceite de árbol de té ayudará a fortalecer el sistema inmunológico.

**Aplicación:**

Aplique los aceites suavemente sobre el área afectada y en la columna vertebral, que es donde se encuentran todas las terminaciones nerviosas y que pueden verse afectadas. Esto ayuda a que los aceites esenciales circulen dentro del sistema. Si resulta demasiado doloroso tocar el cuerpo, úselos en un baño, en un atomizador con agua o aplíquelos en el cuerpo con un pincel fino.

## OTRAS AYUDAS

**ACUPRESIÓN:** depende completamente del lugar que haya sido afectado por el virus. La acupresión tradicional es una de las pocas terapias que pueden ayudar a eliminar la neuralgia posherpética. Un practicante calificado sabrá determinar los puntos de acupresión apropiados en cada caso.

## REMEDIOS HOMEOPÁTICOS

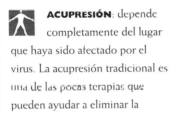

🌿 RHUS TOXICODENDRON **6C** para pequeñas ampollas dolorosas que producen picazón. Es mejor en aplicaciones calientes. Y es el remedio más común en los casos de herpes.

🌿 MEZEREUM **6C** para el ardor, los dolores musculares y escozor en la piel. Intensa picazón. Costras sobre los granos, con pus por debajo. Empeora con el calor y al rascarse. Neuralgia después del herpes, especialmente en la cara. Costras color café.

🌿 RANUNCULUS BULB. **6C** para dolores agudos y picazón que empeora con el roce. Granos con apariencia azulada que aparecen en grupos. Neuralgia en el pecho.

**Posología:** una tableta cada 4 horas hasta que las ampollas hayan cedido, máximo 5 días.

## MEDIDAS *preventivas*

Es muy difícil prevenir infecciones virales como el herpes. Sin embargo, el grupo de riesgo (personas de edad, aquellos con bajas defensas o que toman drogas inmunodepresoras), debe ser extremadamente cuidadoso y evitar el contacto con niños que tengan o que puedan tener varicela.

**SUPLEMENTOS:** *el primer signo de herpes zóster es una pequeña irritación, ardor o dolor en el nervio afectado. Normalmente se presenta en el tronco y alrededor de la cintura de donde deriva su nombre, herpes zóster, que significa "cinturón de fuego". Pero también puede afectar la cara, el contorno de los ojos y la parte inferior de la columna sobre el sacro. Un tratamiento temprano será más efectivo así como una buena nutrición y algunos suplementos. Puede ser muy útil tomar pequeñas dosis (0,5 g) del aminoácido esencial lisina, más vitaminas de complejo B.*

ABAJO *Flores de ranúnculo.*
*Se utiliza el bulbo.*

DERECHA *Los dolores de garganta son muy comunes durante los resfriados. Ambientes con polución también pueden causarlos.*

## DIAGNÓSTICO DE DOLOR DE GARGANTA

- Ronquera, que puede desaparecer
- Tos
- Puede presentarse por un resfriado, uso excesivo de la voz o por la polución

**SISTEMA INMUNOLÓGICO**

# dolor de garganta

**E**l dolor de garganta (faringitis) puede ser causado por una infección viral, por deshidratación, uso excesivo de la voz, gritar (laringitis) o puede ser un síntoma de otras enfermedades como una infección o inflamación de las amígdalas (ver Amigdalitis p. 46). Los dolores de garganta son muy comunes y, aunque incómodos, pocas veces son graves. Aquellos que acompañan una gripa o un resfriado responden mejor a los remedios caseros que a la mayoría de las medicinas.

ARRIBA *Las inhalaciones de vapor ayudarán a aliviar el dolor.*

## LLAME AL MÉDICO

■ Si nota algún cambio en la calidad de su voz y no regresa a la normalidad en una o dos semanas.

■ Si ha tenido ronquera por más de seis semanas.

## PRECAUCIÓN

**Los dolores de garganta recurrentes y crónicos pueden ser causados por el cigarrillo, el consumo excesivo de alcohol, el vómito repetitivo (como en casos de bulimia) o incluso a causa de una hernia.**

## MEDICINA CONVENCIONAL

✚ Las cuerdas vocales adoloridas necesitan descanso lo que significa no hablar. Las vaporizaciones son útiles pues reducen la inflamación, acelerando la recuperación. Se pueden hacer tantas veces como sea necesario. Muy rara vez se requieren antibióticos.

*Posología ~*

**Adultos**

■ De 1 a 2 cucharaditas (5-10 ml) de linctus o una tableta para la tos cada 4-5 horas. Lea el empaque para detalles o siga el consejo médico.

**Niños**

■ Una cucharadita (5 ml) de linctus o media tableta para la tos tres veces al día. Lea el empaque para detalles o siga el consejo médico.

**Adultos y niños**

■ Para hacer vaporizaciones, inclínese sobre un recipiente de agua hirviendo y coloque una toalla sobre la cabeza, para absorber el vapor. Puede ser más agradable si añade eucalipto u otros aceites (*ver Aromaterapia*). Compre un humidificador, ponga toallas mojadas sobre un calefactor o deje correr el agua caliente en la tina y siéntese con el niño en el baño lleno de vapor.

## REMEDIOS HERBALES

 Dentro de las hierbas calmantes, astringentes y antisépticas que se pueden usar en la garganta están la salvia, la alquémila, el romero, el tomillo, la agrimaria, la agrimonia y la equinácea.

■ **Posología:**
Prepare una infusión (de 2 a 3 cucharaditas por taza), cuele bien y haga gárgaras cada 30-60 minutos. Utilice las partes aéreas de la *Echinacea purpurea* o una decocción de la raíz de cualquiera de las tres especies de equinácea disponible. El *Aloe vera* añadido a las gárgaras también ayudará. Tome también tazas adicionales de infusión estándar (una cucharadita por taza) de cualquiera de las hierbas mencionadas.

### REMEDIOS CULINARIOS

■ El mejor amigo de la garganta es el grifo de la cocina. Cuatro a seis vasos de agua diarios son esenciales junto con el consumo de otras bebidas.

■ Agua caliente con una cucharadita llena de miel y el jugo de medio limón es uno de los remedios que más alivian. Tenga cerca una jarra de miel con media docena de dientes de ajo pelados. Una cucharadita o dos de esta mezcla varias veces al día es útil para la faringitis y para la laringitis.

■ Envuelva alrededor del cuello y de la garganta un pedazo de tela de algodón humedecido con agua fría, durante 20 minutos, tres veces al día.

## NUTRICIÓN

 Para un dolor de garganta agudo, especialmente cuando está acompañado de fiebre, ingiera por 24 horas solo fruta y jugo, esto estimula el sistema inmunológico y proporciona los nutrientes esenciales que sanan las membranas mucosas de la garganta.

**Tome abundante** jugo de piña y jugos cítricos diluidos en agua (50:50), coma aguacate y frutas, como piña, papaya y mango. Si le prescriben antibióticos, asegúrese de tomar buenas cantidades de yogurt probiótico para reconstruir la flora intestinal.

## OTRAS AYUDAS

**REFLEXOLOGÍA**: trabaje los reflejos de la garganta alrededor de los dedos gordos de pies y manos. Trabaje los linfáticos superiores, con el dedo índice, moviéndose desde el dedo hasta el tobillo o la muñeca y regrese dando suaves pellizcos.

**YOGA**: si siente la garganta caliente, carrasposa o seca, haga respiración Shitali o Sitkari por lo menos 12 veces, adoptando Nabho Mudra: inhale, doble la punta de la lengua hacia arriba y exhale. Esto ayuda a humedecer la garganta. Chupe dulces calmantes como los de caramelo.

## REMEDIOS HOMEOPÁTICOS

🌿 **BELLADONNA 30C** para apariciones repentinas. Garganta roja, seca, adolorida, inicialmente en el lado derecho. Dolor al tragar.

🌿 **PHYTOLACCA 30C** para dolor en los oídos al pasar saliva o

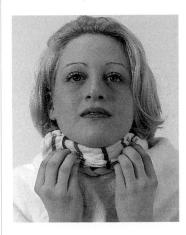

ARRIBA *Empape un trozo de tela de algodón delgado en agua fresca para hacer una compresa fría relajante.*

bebidas calientes. Amígdalas rojo oscuro, inflamación del lado derecho. Cuello rígido.

🌿 **LACHESIS 30C** para dolor inicial en el lado izquierdo. Sensación de rigidez en la garganta, sensibilidad al tacto. Dificultad para pasar saliva que empeora con bebidas calientes.
**Posología**: una tableta cada dos horas por seis dosis, cada cuatro horas hasta que mejore, máximo doce dosis.

🌿 **PHOSPHORUS 6C** para ronquera que empeora en la tarde. Dolor en la laringe e imposibilidad para hablar.

🌿 **CAUSTICUM 6C** para laringitis después de estar expuesto al frío. Ardor en la tráquea, tos, dificultad para expulsar la flema.
**Posología**: una tableta cada dos horas por seis dosis, luego cada cuatro horas, máximo tres días.

## MEDIDAS *preventivas*

Si su profesión implica el uso de la voz y sufre con frecuencia de laringitis, consulte a un experto en voz o a un terapista de lenguaje, quienes le enseñarán técnicas efectivas para utilizar la voz sin causar tensión a las cuerdas vocales. Si su problema son episodios recurrentes de amigdalitis, *lea la página 46.* Algunas veces los dolores de garganta crónicos continuos están relacionados con el goteo nasal de la rinitis crónica (ver *Sinusitis p. 130 y Fiebre del heno p. 128*).

**DIETA**: *para proteger la garganta, limite al mínimo el consumo de sal, beba sólo cantidades modestas de alcohol, deje de fumar, evite las bebidas muy calientes y las gaseosas que irritan las delicadas membranas de la garganta.*

## AROMATERAPIA

 🌿 **SÁNDALO**
*Santalum album*
🌿 **MIRRA**
*Commiphora molmol*
🌿 **ÁRBOL DE TÉ**
*Melaleuca alternifolia*
Estos aceites son antibacteriales, fungicidas, alivian el dolor y detienen la propagación del virus.
**Aplicación:**
Aunque se pueden hacer gárgaras con estos aceites, no saben especialmente bien, por eso es preferible usarlos en cremas para masajes en el área de la garganta después de lo cual cubra con un trapo caliente. Si los ganglios del cuello también están inflamados, agregue una gota de limón a la mezcla que disminuirá la inflamación en las glándulas linfáticas.

DERECHA *Las amígdalas son tejidos linfáticos ubicados a ambos lados de la parte posterior de la boca. Cuando están infectadas, se inflaman con fluidos, placas blancas y gérmenes muertos lo cual hace difícil tragar.*

## DIAGNÓSTICO DE AMIGDALITIS
- Dolor de garganta
- Dificultad para tragar
- Ganglios del cuello inflamados
- Fiebre

**SISTEMA INMUNOLÓGICO**

# amigdalitis

*La amigdalitis es una infección aguda de las amígdalas, usualmente causada por un virus, aunque puede ser causada por bacterias. Cuando las amígdalas se agrandan y se infectan, se enrojecen, se inflaman y pueden cubrirse de granos de pus amarillos y puede presentarse fiebre (ver p. 24). Las amígdalas son los guardianes de los pulmones y cuando se inflaman están atrapando organismos invasores antes de que ingresen al cuerpo. La amigdalitis ocurre con mayor frecuencia en los niños, especialmente cuando empiezan el colegio y quedan expuestos, por primera vez, a diferentes virus. Las infecciones graves pueden necesitar un tratamiento con antibióticos (efectivos sólo cuando la causa es bacteriana). Los remedios caseros son una poderosa ayuda para acelerar la recuperación y reducir el dolor.*

## LLAME AL MÉDICO
- Si no puede pasar saliva.

## NUTRICIÓN

 Durante un ataque de amigdalitis comer resulta difícil, pues tragar es doloroso. Tome sopas de verduras licuadas: zanahorias, batatas y brócoli, ricos en betacaroteno; tiras de repollo y tomates, ricos en vitamina C; puerro, cebollas y ajo, por sus cualidades antisépticas naturales. **Beba mucha** agua caliente, miel y limón junto con jugos de frutas sin dulce.

## MEDICINA CONVENCIONAL

La mayoría de las infecciones se curan sin ningún tratamiento, pero generalmente se prescriben antibióticos cuando los síntomas duran varios días, aunque sólo las infecciones bacterianas responden a ellos. Los analgésicos en tabletas alivian el dolor y la fiebre, y disueltas en agua, en gárgaras, son anestésicos. Las pastillas para la tos y las bebidas calientes pueden aliviar. Las infecciones recurrentes pueden eliminarse extirpando las amígdalas mediante cirugía. *Posología ~*

**Adultos**
- Tome antibióticos hasta cuatro veces al día, siga el consejo médico.

**Niños**
- Suministre jarabe antibiótico hasta cuatro veces al día. La dosis depende de la edad y del peso. Siga el consejo médico y haga el tratamiento completo. Las botellas generalmente contienen más líquido del requerido.

## REMEDIOS CULINARIOS

■ Dos de los ingredientes más antiguos vienen al rescate en caso de amigdalitis: el ajo y la miel. Pele y muela dos dientes de ajo y mézclelos en una jarra con miel aguada. Las cualidades antibacteriales del ajo se mezclan con las propiedades calmantes de la miel. Dar una cucharadita cada dos horas.

■ Los helados caseros de jugo de piña son fáciles de tragar y la enzima bromelina que contiene ayuda a reducir la inflamación de los ganglios y de las amígdalas.

1 La infusión de miel y ajo es muy buena por sus cualidades antisépticas. La miel, además, es calmante.

2 Ponga en un frasco de miel pura, ocho dientes de ajo pelados y molidos, y déjelos reposar varios días.

3 Retire los pedazos de ajo y tome cucharaditas de esta miel, una para los niños y cuatro para los adultos. Esto ayudará a estimular el sistema inmunológico.

## REMEDIOS HERBALES

Para los casos leves puede hacer gárgaras disolviendo salvia y equinácea (5 ml o una cucharadita de cada una) en jugo de piña tibio. También puede hacer gárgaras con infusión de hojas de frambuesa, siemprevivas de las cumbres, 10 gotas de tuja o cúrcuma canadiense en agua.

■ Posología:
Refuerse el sistema inmunológico con cápsulas de equinácea (hasta 600 mg cuatro veces al día).

Tome una mezcla de manzanilla, amor de hortelano y salvia (en cantidades iguales, dos cucharaditas de la mezcla por taza) para ayudar al sistema linfático.

## REMEDIOS HOMEOPÁTICOS

Existen muchos remedios para esta enfermedad, pero un homeópata calificado debe tratarlo cuando es recurrente.

✷ PHYTOLACCA **30**C para amígdalas rojo oscuro o púrpura con pus gris o blanco. Dolor de oído al tragar, más fuerte en el lado derecho, empeora con bebidas calientes.

✷ MERCURIUS **30**C para garganta roja, con campanilla inflamada. Ardor en la garganta. Tragar produce náuseas. Empeora con bebidas frías

✷ LACHESIS **30**C para amígdalas púrpura. Empeora después de dormir. Al pasar líquidos y saliva duele más el lado izquierdo, (más que con los sólidos). Puede comenzar al lado izquierdo y pasar hacia el lado derecho.

**Posología**: una tableta cada dos horas hasta tres dosis, luego cada cuatro horas, máximo dos días.

## AROMATERAPIA

✷ TOMILLO
*Thymus vulgaris*

✷ LAVANDA
*Lavandula angustifolia*

✷ ÁRBOL DE TÉ
*Melaleuca alternifolia*

El árbol de té y el tomillo atacan la infección, y la lavanda y el tomillo tienen efecto anestésico.

**Aplicación:**
Utilícelos en vaporizaciones o en compresas calientes sobre el área de la garganta. Si otros síntomas acompañan el problema, como dolor de oído, de cabeza o abdominal, busque otros remedios en la página de la enfermedad respectiva.

## OTRAS AYUDAS

**REFLEXOLOGÍA**: no haga esto mientras la garganta esté infectada. Los tratamientos regulares pueden estimular el sistema inmunológico y evitar recaídas. Los reflejos de las amígdalas se encuentran alrededor del dedo gordo del pie y de la mano, y en los tejidos circundantes.

## MEDIDAS
*preventivas*

Para niños con amigdalitis recurrente, refuerce el sistema inmunológico con los nutrientes apropiados (*Infección p.* 20). Si el niño sufre frecuentemente de dolor de oído secundario, *vea p.* 81, y si sufre de sinusitis, *vea p.* 130. Es aconsejable disminuir el consumo de productos lácteos.

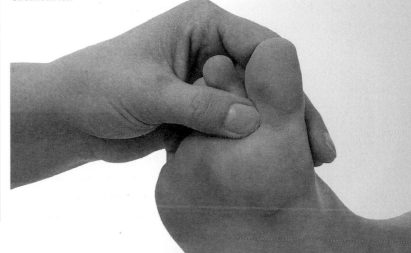

ABAJO *Trabajar sobre los reflejos de la garganta alivia el dolor en esa zona.*

DERECHA *La neuralgia se ubica, por lo general, en la parte baja de un lado de la cara, donde afecta el trigémino (neuralgia del nervio trigémino). También son vulnerables otras partes del cuerpo.*

**SISTEMA NERVIOSO**

# neuralgia

### REMEDIO CULINARIO
■ Todos los tejidos nerviosos necesitan vitamina B. La tradicional sopa de pollo casera enriquecida con Marmite, cebada y arroz integral, es un medio simple, nutritivo y delicioso de obtenerla.

La neuralgia es un dolor en el tejido nervioso que se refleja en las terminaciones del sistema, cerca a la superficie de la piel. Casi siempre comienza con un dolor penetrante y, al poco tiempo, se convierte en un dolor fuerte y continuo. Las formas más comunes de neuralgia son la posherpética (dolor extremo que aparece después de un herpes zóster y puede durar desde unos pocos días hasta varios años, ver p. 42), y la neuralgia del nervio trigémino, que afecta un lado de la cara. Esta dolencia puede ser tan dolorosa que bañarse, afeitarse e inclusive el peso de una sábana resulta insoportable. En el tratamiento para la neuralgia, los remedios caseros no son especialmente exitosos como tampoco lo son las fuertes drogas que normalmente se prescriben. La mejor salida es una combinación del tratamiento ortodoxo, acupuntura y autoayuda.

ABAJO *Cocine un pollo a fuego lento para obtener la sustancia de una deliciosa sopa.*

## MEDICINA CONVENCIONAL

✚ El calor o el masaje ayudan. Los analgésicos pueden no ser suficientes para controlar el dolor, razón por la cual, su médico puede prescribirle drogas que utiliza en pacientes con depresión o epilepsia. En casos difíciles, su médico puede remitirlo a una clínica del dolor, en donde un especialista recomendará una combinación de tratamientos, incluyendo terapia de comportamiento y acupuntura.

*Posología ~*

**Adultos**
■ Tome de una a dos tabletas de analgésicos cuando aparezca el dolor, repita cada cuatro horas. Lea el empaque para detalles.

**Niños**
■ Suministre dosis regulares de analgésicos líquidos, consulte el empaque para detalles o siga el consejo médico.

## REMEDIOS HERBALES

 Un remedio simple con el que puede encontrar alivio, es frotar el zumo de un limón tibio o aceite de limón sobre el área. Las cremas e infusiones de aceite de cayenne son útiles para uso externo, especialmente para los casos posherpéticos, y las hierbas de uso interno ayudan a restaurar y a reparar los nervios.

■ **Posología:**
Beba una combinación de hierba de san Juan, littoralis y manzanilla (en cantidades iguales, dos cucharaditas de la mezcla por taza) o pruebe con la valeriana de fácil uso en tintura o tabletas.

ARRIBA *Caliente un poco de zumo de limón y frótelo sobre el área sensible con un pedazo de algodón. Esto le ayudará a aliviar el dolor.*

## REMEDIOS HOMEOPÁTICOS

🌿 SPIGELIA 6C para dolor como agujas calientes en el lado izquierdo. Dolor sobre el ojo izquierdo o al agacharse.

IZQUIERDA Spigelia anthelmia, *o espigelia, es una hierba de las Indias occidentales y de Suramérica.*

🌿 CAUSTICUM 6C para neuralgia facial en el lado derecho. Empeora con el viento o con los cambios de clima. Dolor en la quijada, empeora al abrir la boca.

🌿 ACONITE 6C para utilizar en las primeras etapas. Dolor intenso después de salir al viento frío y seco, normalmente en el lado izquierdo. Hormigueo y entumecimiento.

**Posología:** una tableta cada hora hasta seis dosis, luego cada 4 a 6 horas, máximo tres días.

## OTRAS AYUDAS

**ACUPRESIÓN**: no suele ser una opción dada la complejidad, pero el tratamiento realizado por un profesional es una de las mejores terapias.

**REFLEXOLOGÍA**: trabaje el reflejo de la columna a lo largo del arco longitudinal medio (el borde del hueso de la parte interna del pie), y utilice los gráficos de las p. 214-215, trabaje los reflejos del área correspondiente. Para la neuralgia facial, trabaje las áreas sensibles en el dedo gordo del pie.

## NUTRICIÓN

 **Coma muchas** papas e hígado si no está embarazada, nueces de Brasil, leche, huevos, aves, pan integral, frutos secos, vegetales verdes y de raíz, legumbres y pescado, todos ricos en vitamina B, esencial en la dieta de quien sufre de neuralgia. Si masticar resulta doloroso, prepare una sopa con muchos ingredientes que contengan vitamina B para beber en taza o, si resulta más fácil, con un pitillo grueso.

ABAJO *Las nueces, semillas, frutos secos y arroz integral son ricos en vitamina B. Quienes sufren de neuralgia deben incluirlos en su dieta.*

## AROMATERAPIA

🌿 LAVANDA
*Lavandula angustifolia*
🌿 MANZANILLA ROMANA
*Chamaemelum nobile*
🌿 MEJORANA
*Origanum majorana*
🌿 ROMERO
*Rosmarinus officinalis*
Estos aceites son calmantes y ayudan a aliviar el dolor y la tensión de la neuralgia.

**Aplicación:**
Se utilizan mejor en una compresa fría sostenida sobre el área afectada. Debe ser consciente de que la condición se agrava por el estrés, de manera que revise los aceites para el estrés (*p.* 60), encuentre alguno de su gusto para bañarse o para utilizarlo en el área afectada.

### PRECAUCIÓN

**No utilice romero si sufre de hipertensión.**

## MEDIDAS
*preventivas*

Desafortunadamente no es posible prevenir esta enfermedad tan dolorosa. Aunque es una repercusión común del herpes zóster, con frecuencia ocurre sin ninguna razón conocida. Existen, sin embargo, otras causas, que a menudo se pasan por alto, y que pueden evitarse. Problemas con la articulación entre los huesos de la mandíbula superior e inferior o una mala oclusión de los dientes, pueden causar neuralgia facial y trigeminal. Una visita regular a su dentista puede prevenirlo.

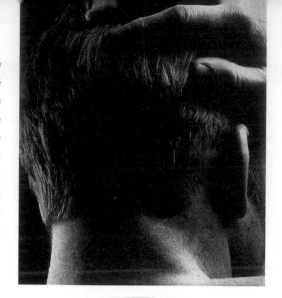

DERECHA *Los dolores de cabeza van desde leves e inoportunas molestias hasta dolores que causan presión en el cráneo e incapacitan. Pueden responder a estrés, tensión ocular, exceso de alcohol o de sol, alergias a los alimentos y mala postura.*

## DIAGNÓSTICO DE DOLOR DE CABEZA

- Dolor del cuero cabelludo, del cuello y de los músculos de los hombros. Posibles causas: *estrés, tensión, mala postura*
- Dolor de cabeza frontal. Posibles causas: *presión ocular, sinusitis*
- Dolor de cabeza con palpitación de un lado, náuseas o vómito, normalmente precedido por visión borrosa. Posible causa: *migraña*

## SISTEMA NERVIOSO

# dolor de cabeza

Los dolores de cabeza son una de las razones más comunes de consulta al médico, aunque rara vez anuncian una enfermedad subyacente. Pese a que por lo regular acompañan infecciones agudas, sobre todo cuando hay fiebre, muchos de los dolores de cabeza rutinarios son de origen mecánico. El estrés, la ansiedad, la mala postura, los lugares de trabajo mal diseñados y el cada vez mayor uso de computadores, tanto en casa como en el trabajo, desarrollan una gran tensión en el cuello y en los hombros. Éstas son, sin duda, las principales causas de los dolores de cabeza cotidianos.

## LLAME AL MÉDICO

- Si el dolor de cabeza es el resultado de un golpe en la cabeza.
- Si hay entumecimiento, confusión o sueño repentino.
- Si está acompañado de fiebre, empeora al inclinar la cabeza, rigidez en el cuello, náuseas, incomodidad con la luz, sueño o confusión.
- Si tiene un repentino y severo dolor de cabeza, como si se la golpearan.
- Si los analgésicos comunes no le ayudan y el dolor es severo.
- Si el equilibrio, el habla, la memoria o la visión se ven afectados.
- Si despierta con dolores de cabeza que empeoran cuando tose o estornuda.
- Si tiene dolores de cabeza suaves y recurrentes.

## PRECAUCIÓN

**Siempre lea los empaques de los analgésicos cuidadosamente y no exceda la dosis establecida.**

## MEDICINA CONVENCIONAL

Beba abundante agua y tome un baño caliente para aliviar la tensión. Una vez que el dolor de cabeza haya comenzado, descanse en una habitación tranquila y oscura y tómese un analgésico.

*Posología* ~

**Adultos**

Tome de una a dos tabletas de analgésico al comenzar el dolor, luego cada cuatro horas.

**Niños**

Suministre dosis regulares de analgésico líquido. Siga el consejo médico.

## NUTRICIÓN

Un dolor de cabeza puede ser causado por bajos niveles de azúcar en la sangre, coma, mínimo, tostadas integrales y un banano al desayuno o una taza de cereal. Siempre tenga a mano un banano y frutos secos para comer en el día. Tenga cuidado con los cambios drásticos en sus patrones de alimentación. Las dietas bajas en calorías también causan dolor de cabeza. El catarro (*p. 122*) y la sinusitis (*p. 130*) son otras causas. Es importante diferenciar entre dolores de cabeza comunes y migraña (*p. 52*).

## REMEDIO CULINARIO

- Las infusiones herbales son una buena ayuda: utilice flores de tilo o de romero para los dolores de cabeza causados por tensión, menta para aquellos causados por excesos, y manzanilla para los que son producto del agotamiento.

## EJERCICIO

CUALQUIER ACTIVIDAD, especialmente al aire libre, ayuda. También son importantes los ejercicios lentos, suaves y de estiramiento para relajar los músculos del cuello y de los hombros. Deben hacerse varias veces al día a intervalos regulares, evitando movimientos repentinos y torpes. Estos ayudan especialmente cuando hay artritis en las articulaciones del cuello, causa común de los dolores de cabeza.

1. Encoja los hombros hacia adelante y hacia atrás y luego gire el cuello lentamente de un lado para el otro.
2. - 3. Mueva la quijada hacia el pecho y luego elévela tanto como pueda.
4. 5. Mueva la cabeza hacia ambos lados, tocando los hombros con ésta.

## REMEDIOS HERBALES

 Existen varias hierbas relajantes.

**Posología:**
Los dolores de cabeza causados por tensión normalmente responden a la infusión de betónica y de escutelaria (una cucharadita de cada una por taza).

Utilice romero o una dosis baja de ginseng coreano (200 mg diarios) para dolores de cabeza asociados con el cansancio y sobreesfuerzo.

Los asociados con la depresión se alivian con avena y littoralis (una cucharadita de cada una por taza).

La lavanda es buena para dolores de cabeza con ardor (los disminuye una bolsa de hielo), unas pocas gotas sobre la lengua o en infusión le ayudarán.

## OTRAS AYUDAS

**ACUPRESIÓN:** esta técnica ayuda a sentir alivio instantáneo. Para dolores de cabeza generales, trabaje el punto 41; para dolor en la frente o alrededor de los ojos, los puntos 45 y 46; si el dolor es en las sienes, el punto 47; para la parte posterior de la cabeza, el punto 42; para la mayoría de dolores de cabeza trabaje los puntos 4 y 18.

**TÉCNICA DE ALEXANDER:** mejora la postura, para evitar la acumulación de tensión en el cuello y los hombros, causas comunes de dolor de cabeza. Encuentre momentos para relajarse.

**REFLEXOLOGÍA:** los reflejos de la cabeza y del cuello se encuentran en los dedos gordos del pie y de la mano. Para aliviar los síntomas, trabaje estas áreas. Rote los dedos gordos del pie varias veces y explore los reflejos de la glándula pituitaria y los cervicales.

**YOGA:** para reducir el riesgo de futuros dolores de cabeza, mantenga los hombros, cuello y cara relajados. Cuando practique yoga, sea consciente de estas áreas y haga los movimientos con fluidez, sin tensión. Si le comienza el dolor de cabeza, alterne la respiración por cada fosa nasal y cúbrase los ojos con las manos.

## AROMATERAPIA

🌿 LAVANDA
*Lavandula angustifolia*
🌿 MENTA
*Mentha x piperita*
🌿 EUCALIPTO
*Eucalyptus radiata*
🌿 ALBAHACA
*Ocimum basilicum*

La lavanda es calmante y analgésica. La menta y la albahaca despejan la cabeza, y el eucalipto, los senos nasales.

**Aplicación:**
Póngalas sobre una toalla con agua fría y utilícelas en compresas. Para los dolores de cabeza causados por gripa, vierta lavanda sobre la llema de sus dedos y masajee las sienes. Una vaporización con eucalipto ayudará. Si el dolor de cabeza es causado por hiperactividad, utilice un par de gotas de albahaca sobre un pañuelo; sobre la almohada, lo calmarán en la noche.

## MEDIDAS *preventivas*

**AMBIENTE:** *no trabaje largas horas en una atmósfera recargada. Puede crear su propio microclima poniendo plantas verdes cerca de su escritorio y utilizando una combinación de ionizador y humificador en su casa o lugar de trabajo.*

**MASAJE:** *un masaje es una verdadera ayuda y es virtualmente incapaz de hacer daño alguno. Dado que no es fácil aplicarse un automasaje en el cuello y los hombros, compre rodillos de mango largo que facilitan la tarea.*

**NUTRICIÓN:** *evite el exceso de alcohol y la cafeína que causan dolores de cabeza. El bajo consumo de líquidos es una de las causas más comunes de este mal. Tome por lo menos un litro de agua diaria, así como otras bebidas.*

## REMEDIOS HOMEOPÁTICOS

🌿 BRYONIA 30C para un fuerte dolor de cabeza que presiona el ojo izquierdo. El dolor empeora con el movimiento (incluso el del ojo), con la luz o con la tos. Mejora con presión.
🌿 NUX VOMICA 30C para un fuerte dolor de cabeza, en el cuero cabelludo, o resaca. Mejora con calor y el reposo. Empeora al moverse o con bebidas.
🌿 GELSEMIUM 30C para cabeza pesada y adolorida. Presión. La persona está fría. Mejora al orinar.
**Posología:** una tableta cada 4 horas, máximo 6 dosis.

IZQUIERDA *Para dispersar la tensión por un dolor de cabeza, use gotas de aceite de menta para masajear el cuello y los hombros.*

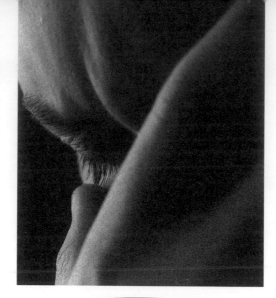

DERECHA *Los dolores causados por migraña son severos, recurrentes y pueden llegar acompañados por otros efectos colaterales desagradables como vómito. Ciertos alimentos pueden desencadenar un episodio.*

## DIAGNÓSTICO DE MIGRAÑA

- Dolores de cabeza severos, que normalmente comienzan con visión distorsionada
- El dolor viene acompañado de palpitaciones en un lado de la cabeza, normalmente cerca a un ojo y algunas veces de náuseas o vómito
- Es posible que experimente punzadas o debilidad en algunas partes del cuerpo

**SISTEMA NERVIOSO**

# migraña

### REMEDIOS CULINARIOS

■ Siembre manzanilla amarga en una matera, pero asegúrese de obtener la variedad correcta: *Tanacetum parthenium*. Un par de hojas en un sándwich cada día ayuda a prevenir los ataques de migraña. Sin embargo, no mastique las hojas solas, pues son amargas y pueden causar úlceras bucales.

■ El jengibre (*Mareo p. 190*) ayuda a evitar el vómito pero debe tomarse al primer signo de migraña antes de que aparezcan los síntomas.

■ Cuando los síntomas aparecen y para detener la migraña, tome dos o tres vasos de agua fría del grifo.

Las personas que sufren dolores de cabeza, especialmente aquellos producidos por tensión o estrés, tienden a llamarlos migraña pues surte mayor efecto en los jefes y amigos. Sin embargo, la verdadera migraña es inconfundible por la distorsión visual, náuseas, vómito violento y un dolor literalmente enceguecedor. Aunque en la actualidad existe una gran variedad de tratamientos, la autoayuda puede ser la mejor solución a largo plazo. Lo peor de una migraña es que es un mal no sólo médico sino social, dado que las personas que la sufren tienden a aislarse avergonzadas de su enfermedad y de tener que cancelar siempre citas importantes. Esta misma preocupación puede causar migraña.

Las migrañas son mucho más comunes en mujeres durante el periodo menstrual que en hombres, lo cual demuestra un vínculo hormonal con este tipo de dolor. Tienden a comenzar después de la pubertad y a aumentar dramáticamente después de la menopausia. Sin embargo, puede presentarse en cualquier momento de la vida y puede ser hereditaria. Los niños que sufren gravemente de mareo (p. 190) tienen una gran tendencia a desarrollar migraña más adelante, cuando son adultos.

ARRIBA *Las mujeres son más propensas a la migraña que los hombres.*

## MEDICINA CONVENCIONAL

Evite todo lo que pueda precipitar una migraña. En el momento en que empiece tome analgésicos solubles combinados con un antiemético prescrito por su médico. Las prescripciones modernas pueden evitar un ataque. Si es posible, recuéstese en una habitación oscura y beba mucha agua.

*Posología ~*

**Adultos**

■ Tome de una a dos tabletas de analgésico al inicio del dolor, repita cada cuatro horas. Lea el empaque para detalles.

**Niños**

■ Suministre dosis de analgésico líquido. Consulte el empaque para detalles o siga el consejo médico.

## REMEDIOS HERBALES

La lavanda y la betónica son hierbas útiles.

■ **Posología:**
Combine cantidades iguales de ambas hierbas en una infusión y tómela a sorbos mientras tenga el dolor.

La esencia de manzanilla amarga es más sabrosa que las hojas: añada diez gotas a un poco de agua y tómela a intervalos de 15 minutos durante un ataque.

También ayuda tomar valeriana (un fuerte sedante).

### PRECAUCIÓN

**Evite la manzanilla amarga si toma drogas prescritas para licuar la sangre, como warfarina o heparina, dado que pueden reducir la habilidad de coagulación de la sangre.**

### EJERCICIO

SÓLO OCASIONALMENTE UNA MIGRAÑA puede ser producto del ejercicio. De no ser así, la actividad física es benéfica, pues mejora la eficiencia del sistema cardiovascular. Definitivamente, existe un vínculo entre el flujo de sangre hacia el cerebro y la migraña.

## NUTRICIÓN

Los naturistas han descubierto un vínculo entre la migraña y los alimentos. Los causantes más comunes son los chocolates, las frutas cítricas, el queso y la cafeína, el vino tinto seco, los alimentos con levadura, los fermentados, el arenque en salmuera, los encurtidos y el chucrut. Muchos de estos contienen tiramina que irrita los vasos sanguíneos del cerebro.

## OTRAS AYUDAS

**ACUPRESIÓN**: los puntos 1 y 4 ayudan al cuerpo a eliminar toxinas de una forma más eficiente. Trabájelos a diario, así no tenga migraña. Durante un episodio, utilice los mismos puntos pero añada los puntos 41, 47 y 51 para aliviar el dolor.

**TÉCNICA DE ALEXANDER**: practicada regularmente cura algunos de los factores que producen la migraña, como el estrés, la tensión muscular y la deficiencia respiratoria o circulatoria.

**REFLEXOLOGÍA**: si la migraña está relacionada con desórdenes digestivos, trabaje el tracto digestivo. Ejercite los lados del dedo gordo del pie y de la mano.

Rótelos varias veces y libere la tensión en el cuello dando un masaje en la base.

**YOGA**: si siente venir una migraña, recuéstese en una habitación oscura en la postura de relajación: imagine que cada vez que exhala es tensión que se disuelve.

DERECHA *La meditación ayuda a disipar el estrés.*

## AROMATERAPIA

🌿 LAVANDA
*Lavandula angustifolia*

🌿 TORONJIL
*Melissa officinalis*

🌿 MENTA
*Mentha x piperita* (si la migraña está acompañada de náuseas y de vómito).

La lavanda es calmante y analgésica. La menta despeja la cabeza y estimula el cerebro. El toronjil es antidepresivo y sedante.

**Aplicación:**
Mezcle unas gotas de estos aceites en agua fresca y viértala sobre una toalla para usarla en compresas sobre la frente o la nuca, en la base del cráneo. También puede añadir menta o toronjil a la lavanda, o utilizarlos solos. Como alternativa, ponga un poco de lavanda en la llema de sus dedos y masajee las sienes.

**DIARIO DE ALIMENTACIÓN**: *lleve un diario detallado de todo lo que come y bebe durante mínimo tres semanas o más, para cubrir, por lo menos, tres episodios de migraña. Al analizar los alimentos que consumió tres horas antes de que comenzara un episodio podrá identificar qué debe eliminar de la dieta. Más adelante, puede empezar a añadir alimentos nuevamente. No debe pasar mucho tiempo sin comer y evite los dulces.*

**ESTRÉS**: *es muy común, especialmente entre los hombres, que una migraña haga su aparición hacia el fin de semana cuando se relajan. Yoga, ejercicios de relajación o meditación ayudan a superar este problema.*

**ALCOHOL**: *evite los vinos tintos y los fortificados, como el porto, el jerez y Madeira puesto que contienen altas concentraciones de tiraminas.*

## REMEDIOS HOMEOPÁTICOS

Es aconsejable consultar a un homeópata calificado para el tratamiento.

🌿 IRIS 30C para visión borrosa, dolor de cabeza del lado derecho y náuseas. Mejora con movimientos suaves. Por lo general ocurre los fines de semana.

🌿 SANGUINARIA 30C para dolores de cabeza con palpitaciones que comienzan en la parte de atrás de la cabeza y se extienden hacia el ojo derecho. Mejora al vomitar y al dormir. Empeora con la luz, el ruido y el ayuno. Comienza en las mañanas y mejora durante el día.

🌿 GLONOINE 30C para oleadas de dolor de cabeza, congestión y palpitaciones. Mareo al estar de pie. Mejora al vomitar. Destellos de luz. Empeora con el movimiento o la tensión.

Posología: una tableta cada 30 minutos, máximo 6 dosis.

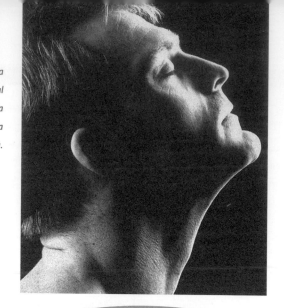

DERECHA *La fatiga física causa fatiga mental lo cual hace más difícil reunir la fuerza requerida para rectificar el problema.*

## DIAGNÓSTICO DE FATIGA

- Agotamiento
- Dormir más de lo usual y despertar cansado
- Inhabilidad para concentrarse

**SISTEMA NERVIOSO**

# fatiga

L a fatiga extrema o SCP (Síndrome de Cansancio Permanente), se ha convertido en un problema casi epidémico en Gran Bretaña y en Estados Unidos. No debe confundirse con el síndrome de fatiga crónica o EM (Encefalomielitis Miálgica, ver p. 56), en la cual la fatiga es un síntoma de una compleja enfermedad. Es importante descartar la presencia de enfermedades subyacentes (anemia, pérdida continua de sangre, problemas de tiroides, diabetes, fiebre glandular, etc.). En la ausencia de un diagnóstico más específico, la fatiga extrema puede ser causada por una nutrición deficiente, insomnio (ver p. 62), ronquidos, apnea del sueño, ansiedad o depresión.

### LLAME AL MÉDICO

- Si los síntomas persisten por más de 2 semanas.

### REMEDIO CULINARIO

- El remedio culinario por excelencia para el agotamiento (inmortalizado por Charles Dickens en su libro *Oliver Twist*) es la avena. Añada dos cucharaditas llenas de avena en hojuelas a 600 ml de agua hirviendo y revuelva constantemente hasta que vuelva a hervir. Deje reposar por 20 minutos, revuelva ocasionalmente, cuele con un colador fino, agregue 5 ml (una cucharadita) de miel y 15 ml (una cucharada) de crema. Tome un plato diario.

### MEDICINA CONVENCIONAL

Trate de dormir regularmente de 8 a 9 horas cada noche. Haga ejercicio de manera regular y mantenga una dieta balanceada, evitando el consumo excesivo de alcohol. Considere tomar tiempo libre de las actividades domésticas o laborales.

Si los síntomas persisten durante más de dos semanas, consulte a su médico quien ordenará exámenes de sangre para descartar cualquier causa física.

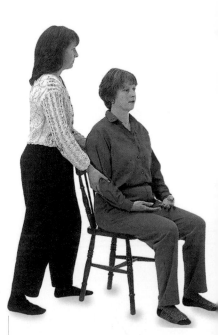

ARRIBA *Un maestro en la técnica de Alexander verificará que la postura no esté contribuyendo a la fatiga por el uso incorrecto de los músculos.*

## EJERCICIO

AUNQUE PAREZCA CONTRADICTORIO, el ejercicio es realmente importante puesto que estimula la producción de adrenalina del cuerpo, la hormona de la actividad. Inicie lentamente con 2 ó 3 caminatas diarias de 10 minutos y gradualmente aumente a tres caminatas rápidas, pero sin sobreesforzarse. Dedique de 3 a 4 seciones semanales para hacer ejercicio fuerte. Puede sentirse cansado físicamente, pero dejará de sentirse fatigado permanentemente.

## REMEDIOS HERBALES

 ■ Posología:

Los tónicos herbales son efectivos para combatir la fatiga, por sus componentes energéticos.

El ginseng coreano (600 mg diarios) es popular, pero puede resultar muy estimulante, es conveniente restringir su uso en mayores de 40 años. El ginseng americano o codonopsis es más suave. Las mujeres prefieren el Dang Gui.

Tomar ginseng siberiano (600 mg diarios) mientras trabaja ayuda a lidiar con el estrés.

ARRIBA *Puede ser conveniente comprar el gingseng coreano en cápsulas. Se utiliza la raíz de la planta de ginseng. No lo tome por más de 4 semanas.*

## NUTRICIÓN

 El primer requisito es una dieta balanceada con alimentos que contengan todos los nutrientes esenciales.

Las fuentes ricas en hierro como el hígado (evitar durante el embarazo), otras vísceras, dátiles, uvas pasas, huevos, vegetales de hojas verde oscuro y sardinas, deben ser prioridades. **Coma muchos** alimentos ricos en vitamina C y en hierro para mejorar la absorción: tomates con sardinas, zumo de naranja con huevos cocidos, vegetales verdes con hígado.

**Evite** totalmente las bebidas energizantes comerciales, que sólo proveen azúcar, y no se exceda en las proteínas. Son necesarios los alimentos a base de féculas pero no los bizcochos, las tortas y los dulces. Consuma porciones pequeñas de carne, suficientes papas (no siempre fritas) y muchas ensaladas o vegetales, porciones grandes de pasta con un poco de salsa boloñesa, un plato de risotto con abundante arroz o una selección de vegetales con pollo.

## AROMATERAPIA

 🐾 ROMERO
*Rosmarinus officinalis*
🐾 LIMONCILLO
*Cymbopogon citratus*
🐾 ALBAHACA
*Ocimum basilicum*
🐾 MENTA
*Mentha x piperita*

El romero, la albahaca y la menta son útiles para la fatiga mental y estimulan el cerebro. El limoncillo aumenta la resistencia del cuerpo a la fatiga y proporciona un refuerzo adicional de energía.

Aplicación:
Emplee estos aceites en el baño, en lociones para masajes, en vaporizadores o sobre un pañuelo.

### PRECAUCIÓN

**No utilice el aceite de menta o de romero en la noche, puesto que son estimulantes y pueden alterar el patrón de sueño.
El romero no debe ser empleado por alguien que sufra de hipertensión o de epilepsia.**

## OTRAS AYUDAS

 **TÉCNICA DE ALEXANDER:**
dado que inconcientemente contraemos unos músculos y dejamos de utilizar otros, unos se fatigan en detrimento de los otros. Aplicar la técnica de Alexander ayuda a devolver ese equilibrio.

**REFLEXOLOGÍA**: un tratamiento completo de reflexología del pie es una excelente manera de reforzar los niveles de energía. Si necesita un periodo de sueño profundo el ritmo debe ser lento y regular, para evitar despertares súbitos.

**YOGA**: inicie con relajación y movimientos suaves de la espalda junto con respiraciones largas y profundas. Si gradualmente siente más energía, continúe con las posiciones arrodillado, sentado y de pie. Emplee Shitali y Sitkari. Inhale energía y exhale fatiga.

## MEDIDAS
*preventivas*

**SUPLEMENTOS**: *un suplemento diario de hierro y de zinc, debe convertirse en rutina para cualquier persona que consuma antidepresivos o tranquilizantes prescritos. La coenzima Q10 es un enlace para la conversión de alimentos en la cadena energética y debe tomarse diariamente.*

**PASABOCAS**: *para evitar la fatiga lo importante no es lo que coma sino cuándo lo hace. Es importante mantener nivelado el azúcar en la sangre para lo cual debe comer pequeñas porciones con frecuencia. Asegúrese de comer alimentos ricos en almidones, por lo menos, cada 3 horas.*

*Las nueces, semillas, cereales y frutos secos son excelentes fuentes de energía y de nutrientes.*

## REMEDIOS HOMEOPÁTICOS

Es recomendable consultar a un homeópata calificado.

🐾 NUX VOMICA 30C indicado para personas competitivas, ambiciosas, adictas al trabajo que se fatigan por el exceso o abuso del mismo.

🐾 SEPIA 30C utilizada con frecuencia por mujeres extenuadas y lloronas. Sensación de distanciamiento de la familia. Depresión. No le agrada tener compañía. Susceptible al frío. Puede mejorar con el ejercicio.

🐾 KALI PHOSPHORICUM 30C para la fatiga física y mental asociada a nerviosismo. Después de estudiar para los exámenes todo esfuerzo resulta inmenso. Empeora con el esfuerzo físico o mental.

Posología: una tableta dos veces al día, máximo 5 días.

DERECHA *La EM, de causa desconocida, es una enfermedad moderna. Los afectados experimentan tal pérdida de energía que la vida cotidiana se vuelve imposible.*

## DIAGNÓSTICO DE SÍNDROME DE FATIGA CRÓNICA

- Fatiga desde un momento específico en adelante
- Inexplicable debilidad muscular generalizada
- Con frecuencia se asocia con dolor articular o muscular, olvidos y dificultad para concentrarse, cambios de ánimo y depresión

**SISTEMA NERVIOSO**

# síndrome de fatiga crónica *EM*

## REMEDIOS HERBALES

Estimulantes inmunológicos herbales como la equinácea y el tragacanto ayudan a largo plazo. Los tónicos herbales tradicionales (ginseng, damiana o gotu kola) proveerán energía durante el periodo de recuperación. Pero tomarlos prematuramente causarán más fatiga al sistema.

■ **Posología:**
Emplee gotas de escencia de genciana o ajenjo antes de las comidas para mejorar la digestión. Una infusión con partes iguales de littoralis, betónica y avena en hojuelas, ayudarán a la depresión.

Un plato diario de sopa de hongos shiitakes actúa como un tónico y restaurador inmunológico.

Tome 1 g diario de aceite de primavera como suplemento alimenticio.

*Son muchos los libros que se han escrito sobre esta controvertida condición, pero dado que los médicos la consideran una enfermedad psicológica, por lo general, se trata inadecuadamente. Se caracteriza por fatiga, inhabilidad para permanecer despierto, dolor muscular, cambios en el ánimo, pérdida de la concentración, del entusiasmo y del apetito, todo lo cual deriva en depresión severa. Independientemente del tratamiento que se prescriba, la única salida exitosa a largo plazo es combinar el tratamiento con autoayuda. El apoyo de la familia y de los amigos es fundamental. Una alimentación saludable es la base para la recuperación y cualquier régimen dietético extremo debe evitarse.*

## MEDICINA CONVENCIONAL

Puesto que se desconoce la causa, no existe una medicina convencional específica que haya demostrado ser más efectiva que otra. La mayoría de los médicos recomiendan hacer ejercicio progresivo, con periodos de reposo cuando los síntomas son muy severos. Siga una dieta saludable, tome medidas para disminuir el estrés y considere la posibilidad de buscar ayuda profesional.

ARRIBA *Es vital garantizar el control de la nutrición, para permitirle al cuerpo una mejor recuperación.*

## OTRAS AYUDAS

 **TÉCNICA DE ALEXANDER:**
aplicar el principio de Alexander en las actividades diarias le permitirá tener energía sin riesgo de fatiga. Ayuda también con los dolores musculares, la respiración y los cambios de ánimo.

**REFLEXOLOGÍA:** para reforzar los niveles de energía trabaje los reflejos en la siguiente frecuencia: 10 minutos todo el pie izquierdo, luego el derecho, 5 minutos la mano derecha, y después la izquierda. Hágalo cada 3 ó 4 días.

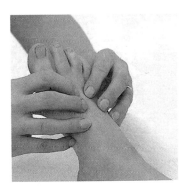

ARRIBA *La mayoría de los reflejos del sistema linfático están localizados en la parte superior del pie. Un reflexólogo trabajará esta área para reforzar el sistema inmunológico.*

**YOGA:** reclínese en posición de relajación. Respire doce veces, lentamente, y relájese completamente. Luego, respire otras doce veces imaginándose que con cada inhalación la energía entra y fluye libremente. Realice esto hasta tres veces al día.

## NUTRICIÓN

 Es esencial mantener los niveles de azúcar estables, por eso, no pase más de 3 horas sin comer y cuando deba hacer un esfuerzo consuma alimentos naturales ricos en azúcares como frutos secos. Tome diariamente una dosis de un suplemento vitamínico y de minerales que le ayudarán a enfrentar los brotes inevitables de depresión (efecto y no causa) y emplee el suplemento herbal hipérico.

**Coma suficiente** arroz, pan y pasta integrales, y papas por su energía; hígado y todos los vegetales verde oscuro por la vitamina B; y frutas cítricas y ensaladas por la vitamina C.

**Evite** el alcohol, la cafeína, el azúcar, los confites y los alimentos de bajo valor nutricional.

## AROMATERAPIA

 Los aceites que elija dependen de los síntomas.

**Para la fatiga muscular:**
- TOMILLO
*Thymus vulgaris*
- LIMONCILLO
*Cymbopogon citratos*
- MEJORANA
*Origanum majorana*

**Para el insomnio:**
- ESCLAREA
*Salvia sclaria*
- VALERIANA
*Valeriana fauriei*
- MEJORANA
*Origanum majorana*
- MANZANILLA ROMANA
*Chamaemelum nobile*
- LAVANDA
*Lavandula angustifolia*

**Para la depresión:**
- NEROLÍ
*Citrus aurantium*
- ROSA
*Rosa centifolia/Rosa damascena*

Los aceites para la fatiga muscular y el insomnio calientan, son suavizantes y estimulantes. Los de la depresión calientan y levantan el ánimo.

**Aplicación:**
Utilice estos aceites para masajes, inhalaciones y en el baño. Para identificar sus problemas y conseguir los aceites, no siempre fáciles de encontrar, busque ayuda profesional de un aromaterapeuta.

## EJERCICIO

DURANTE la recuperación es necesario aumentar en forma progresiva la cantidad de actividad física y mental. Descanse lo suficiente y aprenda técnicas como la meditación, relajación o yoga, fáciles de practicar en casa. Cuando sienta ganas, haga tanto ejercicio como pueda tolerar pero ignore a los amigos y familiares bien intencionados que lo inciten a hacer una caminata rápida o a trotar. El ejercicio excesivo antes de estar restablecido, hará que el progreso obtenido se pierda. Mantenga activa la mente leyendo, jugando cartas o ajedrez. Los rompecabezas son terapéuticos.

## MEDIDAS *preventivas*

El consenso dice que la causa una infección viral que aparece durante o inmediatamente después de alguna infección aguda como la influenza, la gastroenteritis o aun un resfriado severo. La única medida preventiva es mantener un adecuado y eficiente sistema inmunológico, lo cual se consigue con un estilo de vida saludable y una dieta nutritiva y de calidad.

## REMEDIOS HOMEOPÁTICOS

 Este es un problema complejo de tratar, debe consultar a un homeópata calificado. Los siguientes remedios son sólo sugerencias útiles para tratar la fatiga.
- CARBOLIC ACID 6C para la fatiga física y mental. Sentido del olfato muy desarrollado. Dolor de cabeza en ciertas secciones. Agrieras y náuseas.
- PICRIC ACID 6C para sensación de cansancio y pesadez. Crisis después de un esfuerzo mental. El dolor de cabeza disminuye al presionar la cabeza con una banda. Miedo a perder los exámenes.
- CALCAREA CARBONICA 6C para el escalofrío, cabeza sudorosa, especialmente en la noche. Trabajo excesivo, concienzudo, que requiere esfuerzo. Dolor de garganta.

**Posología:** una tableta diaria, máximo dos semanas.

DERECHA *Los síntomas principales del DAE son depresión y letargo a medida que el otoño avanza hacia el frío invierno, cuando los días son más cortos.*

## DIAGNÓSTICO DE DESORDEN AFECTIVO ESTACIONAL

- El ánimo cambia con las estaciones: por lo regular depresión durante el invierno y entusiasmo en la primavera
- Asociado a menudo con la ansiedad por carbohidratos, letargo e insomnio

**SISTEMA NERVIOSO**

# desorden afectivo estacional *DAE*

ARRIBA *Los días fríos y desolados producen desaliento en la mayoría de nosotros, pero quienes padecen de DAE, experimentan gran depresión que no pueden contener.*

El DAE es mucho más que melancolía invernal. Cuando la luz solar entra a la retina, en la parte posterior del ojo, afecta la glándula pineal reduciendo la producción de melatonina, una hormona que circula por el cuerpo. Durante los meses de invierno en Gran Bretaña, el norte de Europa y el norte de Estados Unidos, la luz solar es escasa y la melatonina se libera preparándonos para la hibernación durante la cual tendemos a ser más lentos, comer más y ganar peso. La falta de luz afecta más a algunas personas, que se vuelven extremadamente depresivas y muestran los severos síntomas del desorden afectivo estacional.

## MEDICINA CONVENCIONAL

En algunos casos, ayuda exponerse a una fuente de luz brillante durante varias horas al día.

## REMEDIOS HERBALES

La hierba de san Juan y el toronjil son antidepresivos efectivos para aliviar los síntomas. La albahaca también es estimulante.

■ **Posología:**
Coma albahaca fresca, disponible durante el invierno en los supermercados, e inhale de forma regular el aroma de las hojas maceradas o unas cuantas gotas de aceite sobre un pañuelo.

El ginseng siberiano ayuda al organismo a manejar el estrés adicional: tome 600 mg diarios durante 4 a 6 semanas al inicio del invierno antes de que los síntomas empeoren.

## REMEDIOS HOMEOPÁTICOS

 Al igual que el síndrome de fatiga crónica éste es un problema complejo. Consulte a un homeópata calificado. Los siguientes remedios sólo son una guía:

☙ SEPIA 30C para personas que no quieren ser molestadas ni siquiera por la familia. Se sienten excluidos y deprimidos. Sentimiento de culpa y llanto. Lentitud mental y sarcasmo. Mejora con el ejercicio.

☙ AURUM 30C para personas deprimidas, lloronas, malhumoradas. Emociones extremas. Crítica y autocrítica.

☙ HELLEBORUS 30C para personas con la mente en blanco, memoria deficiente y aislamiento. Lentas para responder, culpa.
**Posología**: una tableta diaria, máximo cinco días.

ARRIBA *La sepia se prepara con la tinta del molusco que lleva este nombre.*

## NUTRICIÓN

 Evite pasar más de 3 horas sin comer. **Coma muchas** almendras, duraznos, banano, brócoli, espinacas, arroz integral, semillas de ajonjolí y de girasol, pan integral, papas, pasta, avena cocida y buenas cantidades de pescado, aves, carne magra, productos lácteos bajos en grasa, frutas y verduras.

## EJERCICIO

EL EJERCICIO es un factor importante para sobreponerse al DAE. Tome aire fresco y expóngase a la luz del sol lo más que pueda: una o dos caminatas fuertes de diez minutos al día pueden hacer la diferencia. El ejercicio también estimula la producción de endorfinas en el cerebro.

## OTRAS AYUDAS

**REFLEXOLOGÍA**: cuando los síntomas del DAE persisten se alivian trabajando los reflejos del sistema endocrino. Presione firmemente con el pulgar los puntos sensibles por 15 segundos. Haga esto tres veces.

**YOGA**: medite bajo la luz solar sintiendo su calor y su energía, luego imagine que esa luz brillante se irradia desde el plexo solar hacia todo el cuerpo. Practique el saludo al sol diariamente con visualizaciones y posturas expansivas y vigorosas, como el guerrero, el triángulo, el perro hacia arriba y el arco.

## AROMATERAPIA

Sin importar la forma en que el DAE le afecte, examine los aceites que se listan en Estrés (p. 60) y utilícelos en la forma que considere que mejorarán su condición.

Estrés (p. 60)

## MEDIDAS
### preventivas

**DIETA**: *el primer paso es evitar los alimentos que desgastan energía. Ya tiene bastante con sentirse miserable todo el tiempo como para además beber o comer cosas que priven al cuerpo de la poca energía que tiene. Reserve los carbohidratos refinados (azúcar, harina, tortas, bizcochos, dulce y pudines) para ocasiones especiales. Evite el exceso de grasa animal y no ingiera más de una bebida alcohólica al día, dado que el exceso de alcohol elimina las vitaminas B y C: una copa de vino tinto o 300 ml de cerveza estarán bien. La cafeína del té, del café, del chocolate y de las gaseosas interfieren con la absorción de hierro y la nicotina no sólo reduce los niveles de oxígeno en la sangre sino que interfiere con la absorción de la vitamina B.*

**SUPLEMENTOS**: *proporciónele a su cuerpo y mente un refuerzo de vitaminas A, C y E, un suplemento de complejo B y los minerales hierro, zinc y selenio. Tome una dosis regular de la coenzima Q10 que ayuda a liberar energía de los alimentos durante los meses de invierno.*

**LUZ**: *el DAE responde bien al tratamiento con luz de alta intensidad. La luz se mide en unidades denominadas luxes. La oficina promedio tiene una intensidad de 500 luxes, una casa 300 luxes, mientras que si mira a través de la ventana a un jardín ligeramente iluminado, está adquiriendo 2.500 luxes. Este último es el nivel que requiere para combatir la depresión y mantener bajos los niveles de melatonina. Es posible obtener esta luz con lámparas especiales que puede ubicar en la cocina de su casa o en su lugar de trabajo.*

## REMEDIO CULINARIO

Si usted sufre de DAE o se siente cansado después de los meses de invierno, existen numerosas hierbas y especias que pueden ayudarlo. El perejil, tomillo, romero, menta, salvia, rábano, jengibre y canela son buenos estimulantes, úselos en las comidas y en infusiones, cuando pueda.

① Vierta 2 cucharaditas de la hierba fresca de su elección picada (o una cucharadita de hierba seca) en una taza de agua hirviendo.

② Tape, deje reposar 10 minutos y cuele.

③ Agregue un poco de miel y bébala lentamente, mientras se relaja durante 20 minutos. Puede hacer lo mismo con una raíz de 1 cm (media pulgada) de jengibre pelado.

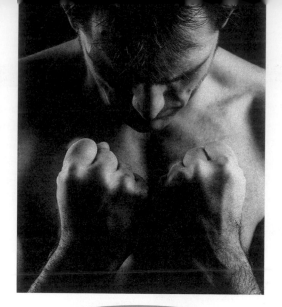

DERECHA *La hipertensión, las enfermedades del corazón, el dolor de cabeza, los problemas de la piel, las úlceras y aun un derrame, pueden ser el resultado final de un estrés prolongado.*

## DIAGNÓSTICO DE ESTRÉS

- Innumerables enfermedades menores, con frecuencia al mismo tiempo
- Taquicardia
- Diarrea
- Inquietud o sensación de depresión
- Dificultad para dormir
- Aumento o disminución del apetito
- Irritabilidad, intranquilidad

### SISTEMA NERVIOSO

# estrés

## LLAME AL MÉDICO

- Si ha sentido estrés constante durante más de 2 semanas.

### REMEDIOS CULINARIOS

- La mayoría de las hierbas que se utilizan a diario en la cocina tienen un poderoso efecto calmante. Dentro de las mejores están el romero, el tomillo, el toronjil, la albahaca, la luisa, la mejorana y la nuez moscada. Úselas frecuentemente en la preparación de platos.
- Un sándwich de tomate, lechuga y albahaca ayuda a aliviar el estrés, especialmente a la hora de ir a la cama, cuando provoca problemas de sueño.

Es importante entender que un poco de estrés estimula nuestro desempeño y nuestras relaciones y por lo tanto es un ingrediente esencial de la vida diaria. Lo que varía es la forma en que cada persona se enfrenta y se adapta a los diferentes niveles de estrés, pero una vez reconocidos es fácil aprender las destrezas necesarias para enfrentarlo. Cualquiera que sea la causa, el organismo responde al estrés de la misma forma: libera grandes cantidades de adrenalina preparándolo para "huir o pelear". La dificultad se presenta cuando, como en muchas situaciones de la vida moderna, no se puede hacer nada. En muchas ocasiones la orientación, la psicoterapia y las técnicas de relajación ayudan, pero los remedios caseros también desempeñan un papel importante.

## MEDICINA CONVENCIONAL

Después de un episodio de estrés intenso, trate de reorganizar la situación que lo produjo para evitar nuevos enojos. Coma con regularidad, haga ejercicio, considere el yoga, la meditación, terapias de relajación y evite el alcohol y el cigarrillo. Si los síntomas se vuelven inmanejables, es posible que su médico lo remita a un especialista. Las drogas para controlar los síntomas o para subir el ánimo no son la panacea pero son útiles en la medida en que pueden disminuir los síntomas, y le permiten ayudarse a sí mismo.

ARRIBA *El ejercicio levanta el ánimo y disipa los síntomas físicos del estrés.*

## REMEDIOS HERBALES

Las infusiones de hierbas relajantes como betónica, toronjil, lavanda, manzanilla, littoralis o escutelaria son ideales para calmar la tensión y el estrés. La valeriana, un tranquilizante natural que no produce somnolencia, es ideal para calmar la tensión. Tiene sabor fuerte, quizá sea mejor usarla en tabletas.

■ **Posología:**
Una a dos cucharadita de hierbas relajantes por taza de té.

El ginseng siberiano ayudará al cuerpo a soportar el estrés: tome 600 mg diarios la semana anterior a sucesos potencialmente estresantes.

## REMEDIOS HOMEOPÁTICOS

Es recomendable consultar a un homeópata calificado. ❧ DYS. CO. (BACH) 30C para ansiedad antes de un evento como un examen. Reacción ante la crítica, incapacidad de estarse quieto.
**Posología:** una tableta cada doce horas, máximo tres dosis.

❧ NUX VOMICA 30C para personas competitivas e impacientes. Síntomas de dolor abdominal con retorcijón. Gusto por el café, los condimentos, el alcohol y las grasas. Estrés por exceso de trabajo en la oficina.
**Posología:** una tableta dos veces al día, máximo cinco días.

## NUTRICIÓN

Nunca será demasiado enfatizar en la necesidad de una buena nutrición para calmar el estrés. La serotonina y el triptófano tienen efectos calmantes sobre la mente y el cuerpo, y se encuentran, la primera en las nueces (especialmente nueces de nogal), los dátiles, el higo, la piña, la papaya, el maracuyá, el tomate, el aguacate y la berenjena; y el segundo en la papa, el fríjol, la pasta, el arroz y el pan integral. La avena cocida y el *muesli* son buenos para comenzar el día. Obtenga proteínas consumiendo cantidades modestas de pescado, aves y productos lácteos bajos en grasa, así como granos y cereales. La vitamina B y el hierro también son vitales cuando se lleva una vida estresante.

## EJERCICIO

EL EJERCICIO es, sin lugar a dudas, uno de los recursos más efectivos para reducir los niveles de estrés en el cuerpo. Los dolores de cabeza relacionados, los problemas digestivos y menstruales, el insomnio, la hiperactividad mental y física, y los dolores musculares, pueden eliminarse con ejercicio. No se estrese más tratando de cumplir con un régimen demasiado estricto o con una rutina muy pesada. Cualquier actividad que disfrute será de gran beneficio pues quema la adrenalina adicional y libera endorfinas.

## AROMATERAPIA

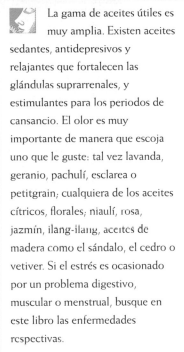

La gama de aceites útiles es muy amplia. Existen aceites sedantes, antidepresivos y relajantes que fortalecen las glándulas suprarrenales, y estimulantes para los periodos de cansancio. El olor es muy importante de manera que escoja uno que le guste: tal vez lavanda, geranio, pachulí, esclarea o petitgrain; cualquiera de los aceites cítricos, florales; niaulí, rosa, jazmín, ilang-ilang, aceites de madera como el sándalo, el cedro o vetiver. Si el estrés es ocasionado por un problema digestivo, muscular o menstrual, busque en este libro las enfermedades respectivas.
**Aplicación:**
Cualquiera que sea el aceite que escoja, intente no crear un régimen difícil de seguir o que ocasione más estrés. Ponga el aceite en la tina, en un pebetero o en una loción para hacer masajes.

ARRIBA *Existe toda una variedad de aceites con propiedades terapéuticas, hay mucho de donde escoger, pero siempre elija el olor que más le guste.*

## MEDIDAS *preventivas*

Planear la agenda para minimizar el exceso de compromisos y aprender a decir "no", son los primeros pasos para evitar el estrés. Yoga, meditación, ejercicios de relajación, masajes, aromaterapia y baños relajantes, protegen contra el estrés.

**DIETA**: *es importante evitar el consumo excesivo de irritantes mentales como el alcohol y la cafeína de las gaseosas, del café, del té y del chocolate. Evite tomar drogas innecesarias que modifican el comportamiento. Aunque en algunas ocasiones son necesarias, en muchos casos la autoayuda, los remedios caseros y las terapias naturales son incluso más efectivas y no tienen ningún efecto colateral.*

## OTRAS AYUDAS

**TÉCNICA DE ALEXANDER**: el estrés normalmente viene acompañado de una acumulación de tensión en los músculos, mala postura y mala respiración. La técnica de Alexander no elimina estos factores, pero le permiten ser más consciente de las reacciones de su cuerpo y le enseñan a controlarse en situaciones de estrés.
**REFLEXOLOGÍA**: un tratamiento completo de reflexología del pie alivia los síntomas relacionados. Un tratamiento lento, suave y rítmico relaja, pero si se necesita estimulación y energía, éste debe ser vigoroso y estimulante. Hágalo dos veces a la semana.
**YOGA**: concéntrese en movimientos lentos y coordinados con inhalaciones y exhalaciones largas. Practique el Aruloma Ujjayi: inhalación por las dos fosas nasales, exhalación por una sola fosa nasal, alternando.

DERECHA *No se acueste pensando en ovejas que saltan sobre frascos de píldoras para dormir: un pensamiento positivo y relajante antes de ir a la cama y una valoración de sus actividades diarias le ayudarán.*

## DIAGNÓSTICO DE INSOMNIO

● Dificultad para quedarse dormido. Puede ocurrir en cualquier momento durante las horas normales de sueño

**SISTEMA NERVIOSO**

# insomnio

*N*adie se escapa de una mala noche de sueño. La indigestión, el dolor de muela, el dolor de espalda, la ansiedad por un evento próximo, demasiado calor o frío, son algunos de los factores que pueden conspirar para robarnos el sueño. El verdadero insomnio, sin embargo, es un estado habitual de poco sueño que se repite noche tras noche, usualmente durante algunos meses o incluso durante años. Preocuparse por el insomnio hasta la obsesión es más perjudicial que la misma falta de sueño y no siempre es necesario tomar píldoras para dormir, tranquilizantes o alcohol. Una mejor higiene del sueño y un buen uso de los remedios caseros le ayudarán a conciliar el sueño.

## REMEDIOS CULINARIOS

■ Todo lo que necesita es una botella de leche, un frasco de miel, una tajada de pan y una lechuga. La leche con miel es la ayuda tradicional para dormir, el sándwich de lechuga lo noqueará antes de llegar a la oveja número 8, y la lechuga fue utilizada hasta por los romanos con ese propósito. La levadura del pan estimula al cerebro a liberar triptófano, sustancia relajante natural.

■ La infusión de manzanilla y de flores de tilo también calman a quienes sufren de insomnio.

## MEDICINA CONVENCIONAL

✚ Deje de trabajar por lo menos una hora antes de irse a la cama, tome una bebida con leche caliente y un baño no demasiado caliente. Evite el alcohol. Váyase a la cama pero si no ha conciliado el sueño después de 30 minutos, levántese y realice una actividad relajante como leer el periódico o una revista.

Después de 30 minutos regrese a la cama. Repita cuantas veces sea necesario. Durante el día (nunca antes de ir a la cama), haga ejercicios aeróbicos, por lo menos tres veces a la semana. Si los síntomas persisten busque consejo médico.

IZQUIERDA *Un vaso de leche caliente y un sándwich de lechuga lo ayudarán.*

## EJERCICIO

LA MAYORÍA de personas que sufren de insomnio crónico aseguran estar muy cansadas para hacer ejercicio, pero es precisamente el ejercicio regular el que estimula al cerebro a liberar endorfinas. No importa qué tan cansado se sienta, el ejercicio le ayudará a dormir mejor, mientras no existan condiciones médicas subyacentes, caso en el cual el ejercicio no es aconsejable.

## REMEDIOS HERBALES

Un remedio simple apropiado para todas las edades es la amapola californiana que puede cultivar en el jardín, induce el sueño y no tiene los efectos colaterales asociados con otras clases de amapolas.

■ Posología:
Utilice amapola californiana fresca o seca en infusión.

También vale la pena intentar con pasiflora, lavanda y betónica. Utilice cantidades iguales en una infusión para beber en la noche.

Las flores de prímula son un remedio tradicional y efectivo para el insomnio asociado con hiperactividad. Ponga de 20 a 40 gotas de esencia en leche caliente antes de ir a la cama.

ARRIBA *Campo de amapolas californianas. Cultívelas en su jardín en un lugar soleado, séquelas y almacénelas.*

## REMEDIOS HOMEOPÁTICOS

PASSIFLORA **30**C para sueño sin descanso y con sobresaltos, intente primero este remedio.

NUX VOMICA **30**C para personas que trabajan demasiado, despiertan muy temprano pensando en el trabajo y se quedan dormidas justo antes de tener que levantarse. Despertar con sensación de resaca.

ARSENICUM ALBUM **30**C para sueño ansioso y sin descanso.

Duerme con la cabeza levantada, especialmente si es una persona tranquila.

COFFEA **30**C para quienes se despiertan muy temprano con la mente llena de ideas y después cabecean. Despertar repentino, un sueño perturbado.

Posología: una tableta antes de acostarse durante diez días o hasta que mejore.

## NUTRICIÓN

Los alimentos que consume desempeñan un papel importante en el patrón del insomnio. Ir a la cama muy lleno o con hambre interfiere con los hábitos normales de sueño y conducen al insomnio. Comer muy tarde, especialmente proteínas animales, es un gran error pues éstas estimulan la producción de las hormonas del movimiento. Por el contrario, los alimentos con almidones permiten la producción de hormonas de crecimiento y reparadoras, que funcionan mejor durante el sueño. El ideal es preparar comidas a base de arroz, pasta, papas, vegetales de raíz y granos, dejando las comidas a base de carnes para el mediodía.

**Coma** menudencias (evite el hígado en caso de embarazo), pescado, aves, huevos, papas, arroz integral, cereales de grano entero, pan integral y productos de soya, todos fuentes de vitamina B6. Las hierbas para cocinar también pueden ser de gran ayuda, incluya en sus comidas salvia, hinojo, romero y albahaca.

## AROMATERAPIA

LAVANDA
*Lavandula angustifolia*

ESCLAREA
*Salvia sclarea*

NARANJA
*Citrus aurantium/citrus sinensis*

MEJORANA
*Origanum majorana*

ALBAHACA
*Ocimum basilicum*

Estos aceites son calmantes. La albahaca aclara la mente, la mejorana es relajante muscular y calienta.

Aplicación:
Utilícelos en baños calientes o vierta un par de gotas sobre la almohada, en un pebetero o en la roseta de una bombilla en su habitación. Utilice los aceites combinados y encuentre los que más le gustan. Los olores son un factor muy importante, aquellos desagradables no conducirán al sueño.

### PRECAUCIÓN

**La esclarea es un poderoso sedante, no conduzca después de usarla. También puede tener un efecto desagradable combinada con alcohol.**

## OTRAS AYUDAS

**ACUPRESIÓN**: los puntos 34 y 38 ayudarán.

**TÉCNICA DE ALEXANDER**: reducir la tensión innecesaria y evitar su acumulación es parte de lo que enseña la técnica. Practicarla acostado, especialmente en posición semisupina antes de ir a la cama mejora la calidad del descanso significativamente. ¡Incluso puede hacerlo dormir!

**REFLEXOLOGÍA**: un tratamiento completo de reflexología del pie generalmente lo relaja lo suficiente para tener una buena noche de sueño. El tratamiento debe ser lento y rítmico y la presión debe ser suave.

**YOGA**: antes de ir a la cama, realice una práctica tranquila y meditativa. Incorpore la postura del gato y una o dos posturas acostado, todas con respiraciones lentas. Termine sentado o acostado. Pida ayuda a Dios o a su ser interior con el problema que lo agobia y dé gracias por el día.

## MEDIDAS *preventivas*

Este es uno de los casos en los que prevenir es mejor que curar. El primer paso consiste en reconocer que el insomnio no es una enfermedad, nadie se muere de eso pero tampoco tiene que dejarse dominar por él.

**HÁBITOS DE SUEÑO**: *una rutina de sueño regularizada es vital y depende de ir a la cama y levantarse a la misma hora todos los días. El insomnio es muy raro entre quienes deben levantarse a las 6 a. m. Si su patrón de sueño se ha visto perturbado por una enfermedad, una hospitalización o un cambio de horario, es vital que intente volver a la normalidad tan pronto como sea posible. Si duerme durante el día será mucho más difícil hacerlo.*

**CAFEÍNA**: *la mayoría de las personas saben que tomar demasiado café las mantiene despiertas pero olvidan que el té, las gaseosas, el chocolate y la cocoa tienen cantidades considerables de cafeína. Quienes sufren de insomnio deberían evitarla en todas sus formas a partir de la hora del almuerzo.*

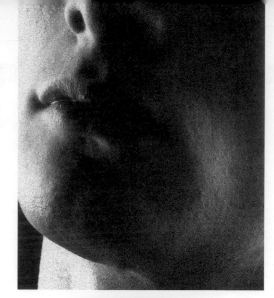

DERECHA *El acné produce más angustia cuando ocurre en la cara porque no puede ocultarse, pero también puede surgir en los hombros, la espalda y el pecho.*

DERECHA *El acné produce más angustia cuando ocurre en la cara porque no puede ocultarse, pero también puede surgir en los hombros, la espalda y el pecho.*

## DIAGNÓSTICO DE ACNÉ

- Espinillas
- Granos
- Piel grasosa

**LOS SENTIDOS**

# acné

El acné es un problema de piel que afecta alrededor del 80% de las personas entre los 12 y 24 años de edad. Es el resultado de una acumulación de aceite o secreción sebácea que se expulsa por los poros. Los poros se bloquean y se infectan causando granos. Es más común en niños que en niñas y se activa en la adolescencia por la fluctuación de los niveles hormonales. Pese a que la alimentación no es una de sus causas, la dieta es importante en la curación de los granos rojos con pus que aparecen en la cara, el cuello, la parte superior de los hombros y la espalda.

## REMEDIOS HERBALES

Combine hierbas limpiadoras de uso interno con limpiadores antisépticos externos, baños de vapor o lociones.

■ **Posología:**
Tome tres tazas diarias de una infusión preparada con de 10 g (¼ oz) de agrimonia, hojas de bardana y pétalos de caléndula en 500 ml (18 oz) de agua.

Aplique una loción de 50 ml (2 oz) de hamamelis destilada y agua de rosas con 5 ml (una cucharadita) de aceites de árbol de té y tomillo.

Un remedio tradicional es simplemente frotar un diente de ajo sobre el área afectada.

## EJERCICIO

NO HAY UN ejercicio específico que ayude con el acné pero toda actividad que mejore la circulación y la respiración será benéfica para la piel.

## MEDICINA CONVENCIONAL

Los tratamientos varían de acuerdo con la severidad de la condición y del área afectada. El objetivo es destapar los poros bloqueados, matar gérmenes y reducir la inflamación. El acné suave puede curarse sólo con una loción que seque la piel. En casos más graves, se puede aplicar una preparación de antibiótico sobre la piel y una loción astringente. Si el acné persiste, los antibióticos en tabletas son más efectivos. En los casos severos, un derivado de vitamina A será de gran ayuda pero debe ser prescrito por un dermatólogo. La mayoría de tratamientos tardan de 3 a 6 meses en dar resultados y puede ser necesario seguirlos un poco más para prevenir que el acné reaparezca.

*Posología ~*

**Adultos y niños**

■ Aplique lociones y cremas en toda el área y no sólo sobre los granos, dos veces al día. Las tabletas se toman una vez al día o con mayor frecuencia. Siga el consejo médico.

## OTRAS AYUDAS

**REFLEXOLOGÍA**: en las sesiones regulares trabaje los reflejos del sistema endocrino, el hígado, los riñones, el colon y el diafragma.

**YOGA**: desde el punto de vista del yoga, el acné es un problema de exceso de calor. Enfríe el sistema por medio de posturas finales, como inclinarse hacia adelante; enfatice las exhalaciones prolongadas y practique Shitali o Sitkari. Debe reducir el estrés en el hígado, no consuma alimentos fritos ni azúcares.

## AROMATERAPIA

 **LAVANDA**
*Lavandula angustifolia*

**BERGAMOTA**
*Citrus bergamia*

**ÁRBOL DE TÉ**
*Melaleuca alternifolia*

Estos aceites son bactericidas, relajantes y ayudan a aliviar el estrés causado por el acné. La lavanda también calma la piel y las emociones. El árbol de té fortalece el sistema inmunológico encargado de evitar que las infecciones penetren por los granos abiertos.

**Aplicación:**

Aplique lavanda pura con un copo de algodón directamente sobre el grano. El árbol de té, la bergamota y la lavanda se pueden utilizar en una compresa o en un vaporizador facial. El uso de estos tres aceites juntos o por separado en un baño es especialmente útil en los adolescentes que no quieran una rutina recargada. Una toalla facial sobre la cara consigue el mismo efecto de una compresa. Asegúrese de tomar bastante agua para limpiar todo el sistema.

### PRECAUCIÓN

**No aplique directamente sobre la piel un aceite distinto al de lavanda.**

## NUTRICIÓN

La dieta debe ser baja en grasas animales y alta en nutrientes que estimulen el sistema inmunológico. Consuma el mínimo de azúcar para reducir la producción de secreciones sebáceas (una grasa protectora natural de la piel), y para privar a las bacterias de su alimento favorito.

**Coma muchos** vegetales verde oscuro y amarillo (betacaroteno), frutas cítricas (vitamina C), y nueces, semillas y aceites vegetales (vitamina E). Coma, todos los días, un poco de repollo para regular los niveles hormonales y obtener betacaroteno y vitamina C.

**Evite** los alimentos altos en grasa y azúcar. Elimine el chocolate, los helados, la sal, las hamburguesas y todos los embutidos.

Sométase mensualmente a un programa de desintoxicación de tres días a base de fruta fresca, vegetales y ensaladas y tome abundante agua, jugos de vegetales sin sal e infusiones. Después del tercer día, añada granos enteros y vegetales cocidos, y regrese a su dieta habitual.

La dieta diaria debe ser rica en granos enteros y productos frescos con cantidades limitadas de lácteos. Los carbohidratos complejos como la papa, el arroz y el pan integral, y los granos pueden consumirse en abundancia. Acuda a las proteínas de los alimentos vegetarianos o al pescado y las aves magras. Las frutas tropicales, mangos, papayas, piñas y kiwis, son excelentes por su alto contenido de enzimas.

Repollo

Zanahoria

Piña

Papaya

Brócoli

Mango

Col rizada

Kiwi

ARRIBA *Las frutas y las verduras son vitales no sólo por su alto contenido de vitaminas sino porque tienen la cualidad de limpiar el organismo.*

## MEDIDAS *preventivas*

El acné no sólo afecta el cuerpo. Los casos severos conducen a depresión y aislamiento social y deben recibir tratamiento especial de un dermatólogo. En cualquier caso, ayuda tomar medidas preventivas.

**SUPLEMENTOS**: *dosis diarias de vitamina A (500 μg), zinc (5 mg) y aceite de primavera (1.500 mg). Para episodios premenstruales, tome a diario durante diez días antes de que empiece el periodo 50 mg de vitamina B6.*

**HIGIENE**: *un baño facial de aceite de árbol de té y limpieza diaria con yogurt probiótico que contenga una cucharada de sal marina pura, son buenos. Pese a que los cosméticos pueden ser útiles para cubrir la piel inflamada, es necesario evitarlos cuando están hechos con aceites pesados. Pellizcarse la piel puede empeorar las cosas pues esparce la infección y ocasiona cicatrices.*

ARRIBA *El uso de estropajo estimula el flujo de sangre hacia la piel.*

**HIDROTERAPIA**: *después de la ducha, estimule el flujo de sangre hacia la piel pasando vigorosamente por ésta un estropajo o un cepillo para la espalda y agua fría.*

**ASOLEARSE**: *el acné normalmente mejora durante los meses de verano debido al efecto antibacterial de la luz ultravioleta. Permita que la luz del día bañe la piel temprano en la mañana, entrada la tarde durante el verano y a cualquier hora durante el invierno, pero nunca cuando haya riesgo de quemarse.*

## REMEDIOS HOMEOPÁTICOS

 **Es recomendable consultar a un homeópata calificado.**

**KALI BROMATUM 6C** para acné en la cara (mejillas y frente). Granos azul rojizo que segregan pus y dejan cicatriz.

**CALCAREA SULPHURICUM 6C** para abundancia de granos, forúnculos en la cara y alrededor de las orejas que segregan pus. Sanan lentamente. El pus forma una costra sobre la piel. Granos en el cuero cabelludo.

**SULPHUR 6C** para granos en la frente y en la nariz. La piel empeora al lavarla, sensibilidad al aire frío. Los granos que se rascan segregan pus. Intolerancia al calor. **Posología**: una tableta al día, máximo dos semanas.

## DIAGNÓSTICO DE FORÚNCULO

- Inflamación localizada
- Piel roja y caliente en el área afectada
- Dolor, normalmente con palpitaciones
- Posiblemente arroja pus amarillo

LOS SENTIDOS

# forúnculos

Un forúnculo le puede dar a cualquiera en cualquier momento. Es un episodio ocasional doloroso que no reviste gravedad si es tratado de manera adecuada. Los forúnculos repetitivos, sin embargo, pueden ser el signo de una enfermedad subyacente (como diabetes) o de defensas bajas.

## REMEDIOS HERBALES

 Aplique un ungüento de olmo norteamericano o prepare un cataplasma de olmo mezclando una cucharadita de la hierba en polvo en agua caliente. Con infusión de caléndula haga una pasta espesa y aplíquela. Internamente, el ajo o la equinácea (2 cápsulas x 200 mg, dos veces al día) aumentarán las defensas.

## OTRAS AYUDAS

**REFLEXOLOGÍA**:

es posible que un tratamiento regular de reflexología estimule todo el sistema de eliminación y, por consiguiente, resulte benéfico para eliminar el acné.

## MEDICINA CONVENCIONAL

Los forúnculos brotan espontáneamente y puede necesitar drenaje para eliminar el pus. Un tratamiento con antibióticos en una etapa temprana, algunas veces, previene su desarrollo. Es importante limpiar muy bien con agua y jabón cualquier cortada.

*Posología ~*
**Adultos**
■ Tome antibióticos tres o cuatro veces al día, de 3 a 7 días. Siga el consejo médico.
**Niños**
■ Suministre jarabe antibiótico hasta cuatro veces al día y busque consejo médico.

## AROMATERAPIA

ARBOL DE TÉ
*Melaleuca alternifolia*
LAVANDA
*Lavandula angustifolia*
BERGAMOTA
*Citrus bergamia*
ENEBRO
*Juniperus communis*
**Aplicación:**
Utilice árbol de té, lavanda y bergamota en una compresa caliente, y enebro y lavanda en un baño.

### REMEDIO CULINARIO
■ El cataplasma tradicional de pan es la mejor manera de tratar un forúnculo (*ver Remedios culinarios p. 189*).

## REMEDIOS HOMEOPÁTICOS

 BELLADONNA **6**C para aparición repentina, dolor, calor y palpitaciones. Pus.
HEPAR SULPHURIS CALCAREUM **6**C para dolores suaves al más pequeño roce como sucede con las espinillas. Mal humor. Aparece la cabeza del forúnculo.
SULPHUR **6**C para un cultivo de forúnculos.
**Posología**: una tableta cada 4 horas, durante 2 ó 3 días.

## NUTRICIÓN

 Consuma muchos alimentos ricos en vitamina C, como pasas de Corinto, frutas cítricas, kiwis, jugos frescos. Hígado, zanahorias, brócoli y espinaca por la vitamina A, semillas de calabaza y mariscos por su alto contenido de zinc, y ajo por sus propiedades antibacteriales. Evitar los alimentos altos en azúcar y grasas reduce el riesgo de forúnculos.

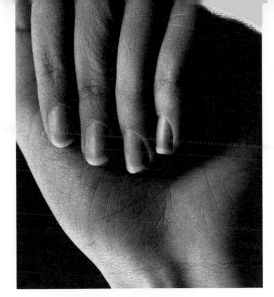

DERECHA *La verruga común
es frecuente en los niños y
aparece generalmente en
las manos. Es una molestia
más que un peligro. Las
verrugas plantares, sin
embargo, pueden ser
dolorosas.*

## DIAGNÓSTICO DE VERRUGAS

- La mayoría de las verrugas no tienen ningún síntoma pero pueden causar dolor si están ubicadas en las plantas de los pies
- Pueden esconderse a la vista, dependiendo del lugar

LOS SENTIDOS

# verrugas

Causadas por el virus papiloma humano, por lo general, se propagan desde otra parte del cuerpo o se contagian de otra persona. Al morir el virus, la verruga con frecuencia desaparece. Pueden ser pequeñas e irritantes, o grandes y muy dolorosas. Las verrugas genitales se presentan en grupos; en las mujeres embarazadas, ponen en riesgo al bebé. Las verrugas genitales son de transmisión sexual, por lo cual la pareja debe recibir atención médica.

## REMEDIOS HERBALES

La tuja es fuertemente antiviral y fungicida.

■ **Posología:**
Un par de gotas de esencia sobre la verruga en la noche y la mañana la harán desaparecer rápidamente. Tome 5 gotas de esencia en un poco de agua, dos veces al día.

Otras hierbas útiles son el aceite de árbol de té, la caléndula, el *Aloe vera*, los puerros caseros y la savia de celidonia mayor picada.

## AROMATERAPIA

🐾 LIMÓN
*Citrus limon*
🐾 ÁRBOL DE TÉ
*Melaleuca alternifolia*
Ambos aceites son antisépticos, el árbol de té es además antiviral.

**Aplicación:**
Con la ayuda de un palillo de dientes, aplique una gota de aceite puro sobre la verruga. Cúbralo con esparadrapo o gasa y repita la operación por lo menos dos veces al día. Alterne los aceites después de 2 ó 3 semanas.

## MEDICINA CONVENCIONAL

La mayoría de las verrugas desaparecen sin ningún tratamiento pero dado que son potencialmente contagiosas y algunas veces dolorosas, muchas personas optan por tratarlas. El primer paso en todo tratamiento para las verrugas es intentar destruir el tejido verrugoso sin dañar la piel que la rodea. Cúbrala para evitar el contagio.

Antes de aplicar un tratamiento, lime la superficie de la verruga para remover la piel dura.
Cuando la verruga es persistente y se esparce, busque consejo médico.

*Posología ~*

**Adultos y niños**
Aplique el tratamiento a diario después de limar la superficie con piedra pómez o una lima.
Lea el empaque para detalles.

## REMEDIOS HOMEOPÁTICOS

🐾 THUJA **6C** para verrugas grandes y dolorosas, con aspecto de coliflor, en las manos y en los dedos. Uñas deformes.
🐾 CAUSTICUM **6C** para verrugas sobre las manos, la cara y los labios. Sangrado fácil. Verrugas inflamadas y duras cerca o debajo de las uñas.
🐾 NITRIC ACID **6C** para verrugas grandes, suaves y amarillas, especialmente sobre los párpados y la nariz.
🐾 DULCAMARA **6C** para verrugas grandes y suaves sobre la cara o la palma de la mano.

**Posología:** una tableta dos veces al día hasta mejorar. Máximo por tres semanas.

### REMEDIO CULINARIO
■ Frote las verrugas simples, no genitales, con un diente de ajo cortado, un tallo de diente de león cortado o zumo de limón. Repita dos veces al día por una o dos semanas.

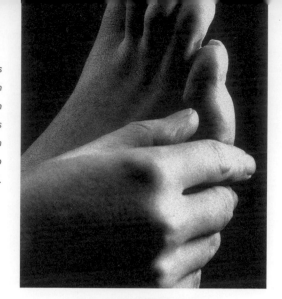

DERECHA *Los callos generalmente aparecen en los pies pero también pueden hacerlo en las manos después de un trabajo manual pesado y repetitivo.*

## DIAGNÓSTICO DE CALLOS

- Un área de piel dura y gruesa, generalmente en los dedos de los pies
- Los callos pueden ser dolorosos

LOS SENTIDOS

# callos

## PRECAUCIÓN

**No utilice herramientas para remover los callos. Consulte a un podólogo calificado.**

## MEDICINA CONVENCIONAL

Lime suavemente el callo, tarea que se facilita después de un baño cuando la piel está húmeda y suave. Cubrir el callo con una cura diseñada para evitar la presión del mismo, alivia el dolor. Si no mejora busque consejo de un podólogo.

Los callos de los pies son el resultado inevitable de utilizar zapatos que no calzan bien. Las deformidades en el pie también pueden generar áreas de presión excesiva o una mala distribución del peso al caminar o al estar de pie. En ambos casos aparecen callos, áreas de piel gruesa y dura que deben ser tratados por un podólogo calificado, por ningún motivo debe maltratarlos usando las herramientas patentadas para removerlos. El trabajo en el jardín y las labores manuales pueden producir callos sobre las palmas de las manos y en los dedos.

## REMEDIOS HOMEOPÁTICOS

**ANTIMONIUM CRUDUM 6C** para uñas gruesas y deformes, bultos en las manos y plantas de los pies. Callosidades causadas por presión suave. Callos inflamados. Pies muy sensibles.

**GRAPHITES 6C** para uñas que crecen hacia adentro y se encarnan. Callosidades en las manos, piel cuarteada que descarga una sustancia pegajosa.

**FERRUM PICRICUM 6C** para callos con decoloraciones amarillentas. Presencia de verrugas.

**Posología**: una tableta dos veces al día, máximo dos semanas.

ARRIBA *La jardinería representa un factor de riesgo específico para la aparición de callos en las manos. Los jardineros deben protegerlas con guantes gruesos y el uso de una crema protectora.*

## EJERCICIO

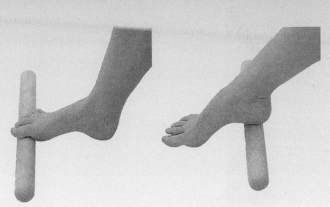

SI LOS CALLOS son el resultado de un arco caído o de alguna lesión en el pie o en el tobillo que dificulta caminar, es posible ejercitar las articulaciones y los músculos de los pies utilizando un rodillo de madera. Ubique el rodillo en el piso en ángulo recto con respecto al pie y empiece con los dedos sobre el rodillo y el talón en el piso. Ejerciendo un poco de presión sobre el rodillo, mueva el pie hacia adelante hasta que el talón esté sobre el rodillo y los dedos de los pies sobre el piso, enfrente. Repita 20 veces con cada pie. Después, gire el rodillo y ubíquelo a lo largo del pie sosteniéndolo con los dedos y haga rodar el rodillo de izquierda a derecha. Repita 20 veces y haga lo mismo con el otro pie.

## REMEDIOS HERBALES

 Existen numerosos remedios herbales para tratar los callos: puerros caseros macerados, cebollas, dientes de ajo o zumo y cáscara de limón aplicados sobre el área afectada. La inflamación puede ser aliviada con crema de hierba de san Juan o con aceite de consuelda. La presión en el área se disminuye con gruesos anillos de fieltro. Siempre se ha creído que masajear los pies con hojas frescas de llantén mayor previene los callos.

### REMEDIO CULINARIO

■ Para los callos, ponga ajo macerado en un pedazo de gasa, fíjela sobre el callo con esparadrapo.

## AROMATERAPIA

🌿 MANZANILLA ROMANA
*Chamaemelum nobile*

🌿 LAVANDA
*Lavandula angustifolia*

🌿 ACEITE VEGETAL DE BUENA CALIDAD (o aceite de caléndula, disponible en distribuidoras autorizadas). Estos aceites son antiinflamatorios, por lo cual calman el dolor. Los aceites vegetales de buena calidad reducen las áreas de piel dura.

### Aplicación:

Utilícelos en un masaje diario mezclado con un aceite vegetal de buena calidad. Si hay inflamación y el área afectada está demasiado sensible al tacto, los baños de pies o de manos serán más efectivos.

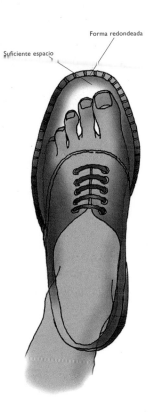

ARRIBA *Para evitar problemas en el futuro, compre zapatos de la talla correcta.*

## MEDIDAS
*preventivas*

**ZAPATOS**: *la punta de los zapatos debe ser redonda y no puntiaguda, y debe haber, por lo menos, 2,5 cm entre la punta del dedo más largo del pie y la punta de la parte interna del zapato. Muchas mujeres tienden a comprar zapatos de media a una talla más pequeños y sus pies pagan el precio. Evite zapatos de tacón alto y de fiesta porque empujan el pie hacia los dedos apretándolos entre sí, lo deforman y ejercen presión. Los zapatos de cordones sostienen el pie sobre el talón y aseguran una distribución apropiada del peso.*

**CUIDADO DE LOS PIES** *por lo menos dos veces a la semana, sumerja los pies en agua caliente con jabón durante diez minutos y haga un cuidadoso masaje en las áreas callosas con una piedra pómez. Seque muy bien y aplique una buena cantidad de crema humectante.*

1 Hágase una pedicura dos veces a la semana. Primero, sumerja los pies en agua caliente con jabón durante diez minutos.

2 Utilice una piedra pómez para frotar suavemente la piel dura, lo cual elimina la necesidad de utilizar herramientas para removerla.

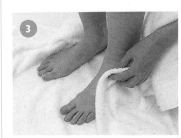

3 Seque los pies completamente pues esto ayuda a evitar las infecciones por hongos (como el pie de atleta).

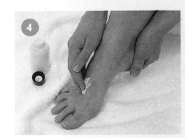

4 Utilice una buena cantidad de humectante en los pies. Camine descalzo tanto como le sea posible.

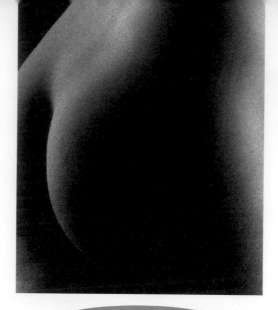

DERECHA *Los muslos y nalgas son las áreas en donde las mujeres, a diferencia de los hombres, tienen una mayor concentración de grasa, razón por la cual es allí en donde tienen más celulitis.*

## DIAGNÓSTICO DE CELULITIS

- Apariencia de naranja de la piel, con hoyos sobre ésta, normalmente en la parte superior de los muslos, las nalgas y los brazos

LOS SENTIDOS

# celulitis

ARRIBA *Nadar es un gran ejercicio porque asegura que ambos brazos y piernas se ejerciten. Aumente gradualmente la duración de cada sesión.*

## EJERCICIO

ES UNA DE LAS principales medidas para prevenir y tratar la celulitis que aparece por lo general en las nalgas, los muslos y la parte posterior de los brazos. Por lo tanto, montar en bicicleta, nadar, saltar y una enérgica caminata balanceando los brazos serán de gran ayuda. Veinte minutos tres veces al día es el mínimo para ver los resultados.

Es mucho lo que se ha discutido y escrito sobre la diferencia entre una dolencia y una enfermedad. La piel como cáscara de naranja que caracteriza la celulitis, no es el resultado de una acumulación de toxinas, sino un fenómeno que le sucede a la mayoría de las mujeres y casi exclusivamente a ellas (98%). Esto sucede porque la piel externa de la mujer es más delgada que la de los hombres, el tejido bajo la dermis es más fino y la composición de las células grasas en la capa subcutánea es diferente. La causa de la celulitis es una combinación de cambios hormonales, estructura de la piel y depósitos de grasa, y aunque aparece en mujeres de todas formas y tamaños, es innegable que es más común en aquellas que sufren de sobrepeso. Pese a ser un problema solamente cosmético, la celulitis causa angustia considerable a quienes la sufren y puesto que el número total de células grasas de una mujer es parcialmente determinado por la nutrición de su madre durante el embarazo, hay ciertas mujeres más propensas a padecerla que otras.

## MEDICINA CONVENCIONAL

La celulitis puede mejorar mediante el ejercicio regular y perdiendo el exceso de peso. Tiende a empeorar durante el embarazo.

No hay evidencia que demuestre que la aplicación de costosos humectantes y aceites tenga un efecto positivo.

## NUTRICIÓN

 Perder peso es el primer paso para reducir la celulitis, pero no lo haga demasiado rápido, pues empeora la situación. No haga dietas de impacto o regímenes ridículos de reemplazo de comidas por píldoras. Simplemente, aliméntese bien (*ver Problemas de peso p. 160*) y reduzca los carbohidratos refinados del azúcar, tortas, dulces y gaseosas.

**Coma mucho** arroz integral, avena, granos, pan integral y pasta por sus contenidos de fibra soluble, pimientos dulces, brócoli, espinaca y batata por los betacarotenos.

**Reduzca** el consumo de sal y tome alcohol moderadamente.

## AROMATERAPIA

 🌿 ENEBRO
*Juniperus communis*

🌿 HINOJO
*Foeniculum vulgare*

🌿 ROMERO
*Rosmarinus officinalis*

El hinojo es diurético, el enebro elimina toxinas y el romero estimula el sistema linfático encargado de remover los productos de desecho. Si sospecha un desequilibrio hormonal, puede utilizar geranio que también es diurético.

**Aplicación:**

Utilice estos aceites para masajes y baños, incluidos los de los pies. Tenga en cuenta que los beneficios se verán a largo plazo, puesto que no existe una solución inmediata. La piel se sentirá mejor antes de verse mejor. Recuerde que el estrés puede ser un factor (*ver p. 60*).

ARRIBA *Las semillas de hinojo, una hierba de hojas plumosas, se utilizan en medicina.*

### PRECAUCIÓN

**Quienes sufren de hipertensión o de epilepsia no deben utilizar aceite de romero o de hinojo.**

DERECHA *El aceite esencial de enebro es estimulante y rubefaciente. Es un ingrediente presente en las cremas limpiadoras para la piel.*

## REMEDIOS HERBALES

Existen muchos productos herbales que pretenden reducir la celulitis, la mayoría basados en estimulantes metabólicos como el alga marina, que estimula la pérdida de peso, pero no debe usarse más de 2 ó 3 semanas. Evite los productos a base de poderosos laxantes como el sen, la cáscara sagrada o raíz de ruibarbo, diseñados para causar una pérdida de peso repentina. Muchas limpiadoras para la piel, están hechas a base de aceites rubefacientes, como el enebro o el pimiento, que incrementan el flujo sanguíneo hacia la superficie, revitalizando los tejidos.

## MEDIDAS
*preventivas*

Manténgase activo, regule su peso y evite los alimentos altos en grasas, azúcares y sal.

**CUIDADO DE LA PIEL**: *estimule la circulación hacia la piel frotándose vigorosamente en la ducha con un estropajo o un cepillo suave. Un masaje enérgico (siempre en la dirección del corazón) en el área en donde se ha acumulado celulitis estimula el flujo linfático, aunque este no siempre la elimina. Utilizar un gel con extracto de castaño de Indias ha demostrado que incrementa la efectividad del cepillado.*

## OTRAS AYUDAS

**REFLEXOLOGÍA**: un enérgico tratamiento de reflexología sobre todo el pie cada 3 ó 4 días estimula la circulación.

**YOGA**: la circulación en los muslos se verá beneficiada por las posturas del bailarín, el zapatero, la langosta y la venia, así como por todas las posturas de pie.

ARRIBA *Las posiciones media langosta (izquierda) y langosta completa (derecha) se pueden hacer de varias maneras, tonifican los glúteos y fortalecen la parte inferior de la espalda.*

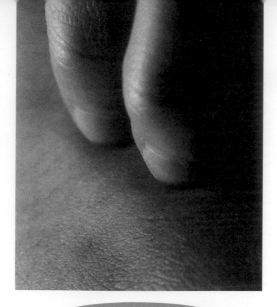

DERECHA *La dermatitis puede ocurrir en cualquier parte del cuerpo y es causada por el contacto frecuente con alguna sustancia. Los estilistas son propensos a ella debido a que deben entrar en contacto con champú muchas veces al día.*

## DIAGNÓSTICO DE DERMATITIS

- Comienza con picazón en una zona de la piel cubierta de pequeñas ampollas
- El área puede quedar en carne viva si se rasca
- Normalmente empieza después de un contacto prolongado con un irritante suave como jabón o detergente

**LOS SENTIDOS**

# dermatitis

Por lo general, la dermatitis es una reacción alérgica de la piel que produce una inflamación local aguda y que puede ser el resultado del contacto con sustancias irritantes como metales, perfumes, cosméticos o incluso plantas. Puede ser parte de una condición alérgica general o "atópica", generalmente relacionada con asma y con fiebre del heno (ver p. 132 y 128). Aun si la dermatitis causada por contacto directo está en un área específica puede propagarse a otras partes del cuerpo. La autoayuda y sencillos remedios caseros son necesarios en el tratamiento y control.

## LLAME AL MÉDICO

■ Si la dermatitis segrega líquido y produce costra, pues puede ser señal de infección.

## REMEDIO CULINARIO

■ La avena es un emoliente maravilloso y calmante para las inflamaciones de la piel. Ponga en una bolsa de tela 4 cucharaditas de hojuelas de avena sin cocinar, cuélguela debajo de la llave de la ducha mientras se baña y luego use la bolsa a manera de esponja para limpiar la piel. Los aceites naturales y las vitaminas calman las áreas inflamadas y estimulan el crecimiento de piel nueva. Úsela tres o cuatro veces antes de reemplazar las hojuelas.

## MEDICINA CONVENCIONAL

Humecte la piel con regularidad. Si la dermatitis es severa, consulte a un médico, puesto que puede necesitar un tratamiento con esteroides.

*Posología~*

**Adultos y niños**

■ Elija un humectante sin perfume y aplíquelo tantas veces como le sea posible.

## OTRAS AYUDAS

**ACUPRESIÓN**: el punto 38 ayuda a reducir la comezón pero no es un tratamiento en sí mismo.

**REFLEXOLOGÍA**: es posible que un tratamiento completo y regular de reflexología aumente la resistencia al contacto o a la alergia a los alimentos y reduzca el estrés. Antes de hacerlo, limpie las áreas afectadas de las manos y de los pies con hamamelis.

ARRIBA *Las sustancias que causan la dermatitis son muy diversas. Los culpables más comunes son el metal, los cosméticos, las plantas y los guantes de caucho.*

## NUTRICIÓN

 Tanto los componentes naturales de los alimentos como la variedad de aditivos que contienen son causa frecuente de muchas formas de dermatitis. La constante manipulación de alimentos también puede ocasionar episodios de dermatitis en las manos. El ajo, el pescado crudo y los mangos son causas comunes. Los cocineros profesionales suelen sufrir este tipo de reacciones alérgicas.

El primer paso hacia la recuperación es evitar el consumo de todo aditivo artificial. Lleve un diario de todo lo que come y bebe anotando los momentos en que la condición mejora o empeora para identificar la causa. Los alimentos irritantes más comunes (en orden descendente) son la leche y sus

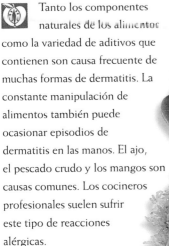

ARRIBA *Los tomates, pimientos, avena en hojuelas, germen de trigo y arroz integral, potencian los nutrientes esenciales de la dieta. Inclúyalos en sus comidas tanto como pueda junto con frutas, vegetales, pescados grasos y nueces.*

derivados, los mariscos, los huevos, las frutas cítricas, las fresas, las carnes rojas y los derivados del trigo.

Es muy importante consumir buenas cantidades de vitaminas A y E, betacaroteno y ácidos grasos esenciales que puede obtener de un vaso grande de jugo de zanahoria diario. Coma mucho brócoli, espinaca, perejil, tomates, albaricoques, semillas y aceite de girasol, pescados grasos, nueces, productos de soya, pimientos, avena, germen de trigo y arroz integral. Beba mucha agua, coma perejil y apio para estimular a los riñones para que eliminen las toxinas por la orina y no por la piel.

## REMEDIOS HOMEOPÁTICOS

🌿 RHUS TOXICODENDRON **6C** para pequeñas ampollas acuosas. Comezón, se calma con el agua caliente. Salpullido de "zumaque venenoso".

🌿 KALI ARSENICOSUM **6C** para picazón intolerable. Empeora con el calor, en la noche y al desvestirse. Piel seca y escamosa.

🌿 KREOSOTUM **6C** para dermatitis

en las manos, la parte posterior de los dedos, la cara y los párpados. Pica mucho. Empeora en la tarde. Mejora con el calor.

🌿 PETROLEUM **6C** para piel áspera, seca y cuarteada. Arde y pica. Piel roja en carne viva, sangra.

**Posología**: una tableta diaria, máximo dos semanas.

*Ver Eccema p. 74.*

## REMEDIOS HERBALES

 La borraja y otras hierbas son útiles para calmar la dermatitis por contacto.

◼ **Posología:**
Utilice una loción con iguales cantidades de zumo de borraja y hamamelis destilada. Haga el zumo de borraja sacando la pulpa de las hojas. También se encuentra en el comercio.

Las cremas de primavera o de consuelda son buenas, así como la aplicación de la savia extraída de una hoja de *Aloe vera*.

El ajo, por ser antihistamínico combate la reacción alérgica, utilícelo en la comida o tome una cápsula de 1 g diaria. La infusión de bardana y de amor de hortelano son calmantes.

## AROMATERAPIA

🌿 ARBOL DE TÉ
*Melaleuca alternifolia*

🌿 LAVANDA
*Lavandulia angustifolia*

🌿 MANZANILLA ROMANA
*Chamaemelum nobile*

El árbol de té es antiviral, fungicida y antibacterial, por lo tanto ayuda a evitar que la infección se extienda. La lavanda y la manzanilla son calmantes, antiinflamatorias y analgésicas.

**Aplicación:**
Utilícelos en un baño y como crema tópica sobre la piel. El árbol de té también puede ser utilizado en el lavado de las toallas y ropa interior para detener la propagación de la infección. Separe sus toallas de las del resto de la familia (*ver Eccema p. 74 y Estrés p. 60*).

## MEDIDAS
*preventivas*

**METALES**: *para dermatitis por contacto, evite el contacto con minerales como el níquel utilizado en la mayoría de joyas de fantasía, las aleaciones de plata, las láminas de oro, el oro enrollado, las cremalleras, los clips, los taches (los jeans son una causa común), los ganchos y argollas, las correas de los relojes y las hebillas.*

**COSMÉTICOS**: *los perfumes, los jabones, los detergentes, las sales de baño y los cosméticos, incluyendo el esmalte para uñas, son causas comunes de la dermatitis por contacto. Por lo tanto, compre productos hipoalergénicos y evite los tintes de cabello. Es común que la dermatitis surja sin avisar y después de varios años de uso de un producto.*

*Humectar la piel es vital en su rutina diaria. No permita que lo disuada la idea de que la lanolina causa alergias (hay mayor posibilidad de que sea alérgico a las fresas), ya que es el mejor de todos los humectantes y el 95% de la población la tolera sin problemas.*

**OTROS IRRITANTES**: *los guantes de caucho, muchas de las cremas medicadas, los ungüentos y algunas plantas, especialmente el zumaque venenoso, las prímulas, los crisantemos, los euforbios y la ruda, pueden causar reacciones instantáneas. Si es susceptible a ellas, evítelas.*

**SUPLEMENTOS**: *se ha demostrado que 3 g al día de aceite de primavera son altamente efectivos. Cuando el problema persiste, continúe con una dosis diaria de 1 g y agregue una vitamina de complejo B y 5.000 UI de vitamina A.*

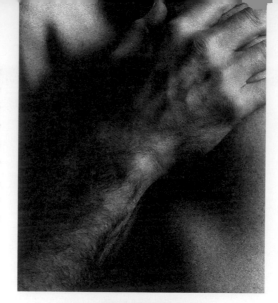

## DIAGNÓSTICO DE ECCEMA

- Comienza con picazón en un área de la piel cubierta con pequeñas ampollas
- En un eccema de larga duración, el área puede engrosarse y aparecer acentuada en la piel
- En algunos casos los eccemas causan piel escamosa. En el cuero cabelludo producen caspa

**LOS SENTIDOS**

# eccema

Las personas que desafortunadamente sufren de asma, fiebre del heno y eccema se denominan atópicas. Es posible que tengan que soportar todos estos males y, por lo general, los trasmiten a sus hijos, pues estos problemas tienden a ser hereditarios, y aunque algunos individuos o generaciones pueden ser pasados por alto, las enfermedades atópicas están presentes en el árbol genealógico. Existen muchas similitudes entre el eccema y la dermatitis (ver p. 72), de hecho, algunas dermatitis son eccemas.

### LLAME AL MÉDICO

- Si el eccema supura y presenta costras, estos son signos de infección.

### REMEDIO CULINARIO

- La avena o el germen de trigo son calmantes y alivian la incomodidad causada por un eccema. Ponga 4 cucharaditas llenas de cualquiera de los cereales en 30 cm (12 in) de muselina o de algodón delgado, una las cuatro puntas y haga un nudo para formar una bolsa. Cuélguela bajo la llave de la ducha de manera que la sustancia de los emolientes se disuelvan con el agua, después utilícela como esponja en lugar del jabón. Este es un remedio efectivo, rico en vitamina E y en emolientes.

### MEDICINA CONVENCIONAL

Humecte la piel con regularidad. Si el eccema es severo, consulte a un médico puesto que es posible que necesite un tratamiento con esteroides.
*Posología ~*
**Adultos y niños**
- Elija una humectante sin perfume y aplíquelo tantas veces como le sea posible.

### REMEDIOS HOMEOPÁTICOS

Existen muchos remedios para esta condición, para encontrar el mejor para usted consulte a un homeópata.

🌿 CLEMATIS 6C para eccemas que comienzan con granos con agua, luego queman y pican. Empeora con el calor y el agua fría.

🌿 ARSENICUM ALBUM 6C para piel seca, áspera y escamosa. Arde. Rascarse alivia por un corto lapso.

🌿 GRAPHITES 6C para piel áspera en la sección de los codos, rodillas y detrás de las orejas. Destila un fluido pálido. Comisura de los labios partida. Piel seca y dura.

🌿 SULPHUR 6C para ardor en la piel seca y descamativa. Cuero cabelludo seco. La rasquiña empeora al rascarse y con el agua.
**Posología**: una tableta dos veces al día, por dos semanas o hasta mejorar. Repita si es necesario.

ARRIBA *La clemátide, fuente del remedio, es una planta trepadora con hermosas flores en forma de estrella.*

## OTRAS AYUDAS

 **ACUPRESIÓN**: el punto 38 ayuda a aliviar la piquiña intensa de la piel.

**REFLEXOLOGÍA**: un tratamiento completo y regular, aumenta la resistencia al contacto y a la alergia a ciertos alimentos y reduce el estrés. Antes de hacerlo, limpie las áreas afectadas de las manos y los pies con hamamelis.

ARRIBA *La acupresión sobre el punto 38 ayuda a aliviar uno de los síntomas más molestos, la picazón que lleva al paciente a rascarse empeorando el problema.*

## REMEDIOS HERBALES

Los herbalistas normalmente tratan un eccema atópico con hierbas limpiadoras y una cantidad limitada de cremas para reducir la incomodidad.

■ Posología:

Una mezcla de cantidades iguales de trébol rojo, pensamiento, hojas de bardana, fumaria y ortiga, disminuye la inflamación, estimula la digestión y la circulación y elimina cualquier toxina que esté contribuyendo al problema. Tome dos cucharaditas de la mezcla en una taza de agua hirviendo, tres veces al día.

La primavera tomada (2 g diarios) o en crema para uso tópico, y las cremas de álsine, malvavisco y manzanilla también son muy benéficas.

## NUTRICIÓN

 La alimentación es el primer recurso para evitar los síntomas, pero no representa una solución para este trastorno. Las causas varían según la persona, pero en niños asmáticos, con frecuencia, están implicados los aditivos químicos, los colorantes, los saborizantes, los preservativos y los realzadores de sabor que deben, por lo tanto, evitarse. La exposición temprana a la leche de vaca es, por lo general, la causa original del eccema infantil y puede ser el resultado tanto de un alto consumo por parte de la madre durante el embarazo o durante la lactancia, como del tetero. Evite darle leche de vaca a los bebés

Todos los productos lácteos y las frutas críticas pueden causar eccema pero los alimentos que lo detonan varían según la persona, y las reacciones alérgicas pueden aparecer con cualquier alimento, desde mariscos hasta fresas, chocolate o nueces.

Llevar un diario de la dieta y anotar cuándo la condición mejora o empeora, permite identificar los alimentos que debe excluir. En el caso de que sean pocos los alimentos que la ocasionan y no representen un valor nutricional importante, la dieta de exclusión a largo plazo (especialmente para niños) puede aplicarse, siempre bajo supervisión profesional.

## AROMATERAPIA

🌿 LAVANDA
*Lavandula angustifolia*

🌿 MANZANILLA ROMANA
*Chamaemelum nobile*

🌿 GERANIO
*Pelargonium graveolens*

🌿 ENEBRO
*Juniperus communis*

🌿 ROSA
*Rosa damascena/Rosa centifolia*

🌿 CEDRO
*Cedrus atlantica*

Todos estos aceites son antiinflamatorios y calman los diferentes síntomas del eccema. El enebro además tiene un efecto desintoxicante, útil si el cuerpo necesita eliminar toxinas. Es posible que al iniciar, la condición empeore, pero persevere.

Aplicación:

Mezcle aceite o crema acuosa a base de caléndula (disponible en cualquier tienda de productos naturales) con estos aceites y frótela suavemente sobre el área afectada. Puede necesitar probar la fórmula hasta que encuentre una que le sirva. Para alergias *vea p.* 22 y para estrés *vea p.* 60. Use ropa confeccionada con fibras naturales.

ARRIBA *El aceite de rosas que se destila a partir de los pétalos frescos y que tiene un fuerte aroma, es aconsejable para quienes sufren de eccemas.*

### PRECAUCIÓN

**Antes de aplicar aceites esenciales sobre una piel herida o supurante pida ayuda profesional.**

## MEDIDAS *preventivas*

**HIGIENE DE LA HABITACIÓN**: *una causa muy común del eccema es la reacción alérgica al excremento de los ácaros que se encuentran en la cama en cantidades hasta de 5 millones. Por esta razón, es necesario tomar medidas para reducir la población de ácaros en la habitación de un enfermo de eccema (Asma p. 132).*

**SUPLEMENTOS**: *los suplementos pueden desempeñar un papel clave para reducir los procesos inflamatorios que causan el eccema y estimular el consumo de nutrientes que permiten tener una piel sana: de 1 a 3 g de aceite de primavera junto con un suplemento de complejo B y 7.500 μg de betacaroteno diario.*

**ROPA**: *evite usar lana que acalora y empeora la rasquiña. El algodón y las telas industriales son más frescas. Mantenga las uñas cortas sobre todo en los bebés, que pueden causarse mayor daño en la piel al rascarse.*

### EJERCICIO

HAGA EJERCICIO con precaución porque el sudor irrita la piel sensible del eccema. También debe evitar el cloro de las piscinas.

DERECHA *Un salpullido de urticaria es una reacción alérgica mediante la cual el fluido de los vasos sanguíneos de la piel se filtra a los tejidos circundantes y los inflama. Puede surgir en cualquier parte del cuerpo.*

## DIAGNÓSTICO DE URTICARIA

- Salpullido con picazón similar al que produce el zumaque venenoso y puede afectar desde una pequeña área de la piel hasta todo el cuerpo. Tiende a ir y venir sin dejar marcas
- Así como puede desaparecer a los pocos días también puede durar varios meses

**LOS SENTIDOS**

# urticaria

La urticaria, término médico, también se conoce como salpullido de ortiga dado que su apariencia es similar a las erupciones de la piel causadas por la ortiga. Esta reacción alérgica puede ser causada por alimentos, por contacto con plantas (no necesariamente la ortiga), con cosméticos, con el amplio rango de químicos de limpieza domésticos, con alcohol, por una exposición repentina al aire frío o caliente y, muy a menudo, por la luz del sol. Los aditivos y colorantes de los alimentos son causas frecuentes, aunque estas irritantes erupciones también pueden ser ocasionadas por estrés y ansiedad.

## LLAME AL MÉDICO

- Si el salpullido persiste o se propaga.

### REMEDIO CULINARIO

- A no ser que la urticaria haya sido causada por la exposición a temperaturas frías, colocar una bolsa con hielo sobre el área afectada puede ayudar a disminuir la picazón.

## MEDICINA CONVENCIONAL

Si se conocen las causas del salpullido es fácil evitarlo. De no ser así, lo único que se puede hacer es intentar reducir los síntomas. El salpullido será menos incómodo si se mantiene fresco y los antihistamínicos pueden prevenir su desarrollo, pero hay que tener en cuenta que algunos de ellos producen somnolencia. Para calmar una piel caliente y con picazón, use loción de calamina.

*Posología ~*

**Adultos**

- La mayoría de tabletas antihistamínicas se toman una vez al día. Consulte los detalles en el empaque o siga el consejo médico. Aplique loción o crema de calamina sobre la piel.

**Niños**

- La dosis de jarabe antihistamínico depende de la edad del niño. Consulte el empaque o siga el consejo médico. Aplique loción o crema de calamina sobre la piel.

## NUTRICIÓN

El único tratamiento efectivo a largo plazo es identificar y evitar los alimentos que causan la alergia mediante una dieta de exclusión (*p. 211*). Los alimentos irritantes más comunes son los mariscos, el chocolate, las fresas, los huevos, las nueces, los productos lácteos, el trigo (muy rara vez) y con más frecuencia los aditivos de alimentos en especial la tartrazina.

## OTRAS AYUDAS

**REFLEXOLOGÍA**: trabajar los reflejos del área afectada es muy útil para aquellos que sufren de urticaria. Si el estrés es la causa, incluya un tratamiento de relajación y trabaje los puntos del diafragma y del plexo solar.

**YOGA**: esta afección normalmente está relacionada con estrés. Explore diferentes maneras de relajación para encontrar la técnica que más le convenga. Termine la práctica con doce respiraciones alternando la inhalación por las dos fosas nasales y haciendo exhalaciones lentas y prolongadas.

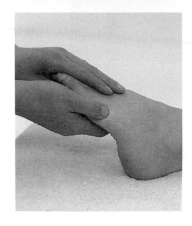

ARRIBA *Para un ataque de urticaria ocasionado por un día bajo el sol, trabaje los reflejos del brazo.*

## REMEDIOS HOMEOPÁTICOS

**Las reacciones alérgicas severas requieren atención médica.**

**URTICA URENS 30C** para urticaria con dolores articulares o granos rojos de cabeza blanca que pican mucho. Reacción alérgica, especialmente a los mariscos. Empeora con un baño frío.

**APIS 30C** para inflamación e hinchazón de la piel que se siente como si se fuera a rasgar. Ardor y picazón que empeoran en la noche. Urticaria producida por picadura de insectos y de abejas.

**Posología**: una tableta cada quince minutos hasta que mejore, máximo diez dosis

## REMEDIOS HERBALES

**Alivie las afecciones menores u ocasionales con crema de manzanilla o zumo de borraja, y con remedios tradicionales como hojas de romaza, rodajas de cebolla y hojas de repollo maceradas.**

**Posología:** Para problemas persistentes asociados con alergias por alimentos, prepare una infusión de agrimonia y manzanilla (dos porciones de cada una) con pensamiento y ortiga (una porción de cada una), para combatir la acción de la histamina y mejorar la resistencia del intestino a los alérgenos. Tome dos cucharaditas de la mezcla en una taza, tres veces al día.

IZQUIERDA *El zumo de borraja es un excelente tónico para las glándulas adrenales.*

## AROMATERAPIA

 **MANZANILLA ROMANA**
*Chamaemelum nobile*

**LAVANDA**
*Lavandula angustifolia*

**TORONJIL**
*Melissa officinalis*

La manzanilla y la lavanda calman la irritación, el toronjil y la manzanilla, la reacción alérgica.

**Aplicación:**

Utilice una crema para frotar suavemente el área irritada; en atomizador si el área está muy sensible, o en agua para usarla con una esponja sobre el área afectada o en un baño.

ARRIBA *El brócoli es rico en betacaroteno y también protege contra el cáncer.*

DERECHA *Los calabacines son recomendables para los problemas de piel.*

## MEDIDAS *preventivas*

Toda persona que tenga urticaria debe utilizar ropa suelta, especialmente la ropa interior, y evitar los materiales sintéticos y las telas que "raspan". Algunos descubren que tomar 1.500 mg de vitamina C al día previene, o por lo menos, disminuye la severidad de su dolencia.

**EVITE LA ASPIRINA**: *la aspirina y sus derivados, como las drogas antiinflamatorias no esteroides (AINES), que por lo general se prescriben para la artritis y que hoy en día se venden para toda clase de dolencias, desde un dolor de muela hasta un cólico menstrual, son sospechosas de causar esta condición. Quienes hayan identificado la aspirina como causa, deben eliminar todos los alimentos que la contienen: la mayoría de bayas, las frutas frescas y secas y algunas nueces y semillas. Los productos lácteos, los vegetales, las aves, los pescados, las carnes, los cereales y las legumbres contienen muy poca o no contienen aspirina.*

**ALERGIA A LA LUZ DEL SOL**: *cuando el salpullido de urticaria es causado por el sol, es necesario consumir grandes cantidades de alimentos ricos en betacaroteno. Las fuentes más ricas en este elemento son las frutas y los vegetales rojos y verde oscuro.*

DERECHA *La soriasis normalmente se manifiesta en el tronco y las extremidades. Algunas veces aparece después de una enfermedad y puede ser hereditaria.*

● Amplias áreas de piel roja cubiertas por escamas blanco plateadas

LOS SENTIDOS

# soriasis

**L**a soriasis es una condición crónica de la piel que tiende a ser hereditaria y afecta a una de cada 50 personas en Gran Bretaña y Estados Unidos. No es común en las personas de color. Ocurre cuando las células de la piel se reproducen más rápido de lo normal: el ciclo normal de reproducción de las células es de 311 horas, con soriasis es de sólo 36 horas. Aunque puede aparecer a cualquier edad, es más frecuente a finales de los veinte y comienzos de los treinta, en los fumadores y en quienes beben mucho licor. Puede comenzar con una infección de garganta, especialmente en los niños, después de un evento estresante o como reacción a alguna droga. Esta erupción, única por sus tonos plateados, normalmente comienza en las rodillas y en los codos pero puede avanzar a otras partes del cuerpo. La soriasis no es una reacción alérgica, a diferencia de los eccemas (p. 74).

### REMEDIOS CULINARIOS

■ Suavizar y humectar la piel son vitales para aliviar esta condición. Llene una bolsa de muselina con germen de trigo y cuélguela debajo de la llave de la ducha, luego utilice la bolsa como esponja durante el baño. La vitamina E del germen de trigo se disuelve en el agua y actúa como suavizante y calmante.

■ No tome baños muy calientes.

## MEDICINA CONVENCIONAL

✚ Mantenga la piel humectada utilizando aceites para baño como sustitutos del jabón o de las lociones. Humedezca el aire colocando una vasija con agua cerca a la calefacción. Si los síntomas persisten, busque consejo médico.

Los tratamientos incluyen lociones, champús y cremas prescritos para aplicar sobre la piel. En el caso de que la persona no mejore con las cremas, el tratamiento con luz ultravioleta es útil.

*Posología ~*

**Adultos y niños**

■ Elija una crema humectante sin perfume y aplíquela tantas veces como le sea posible.

## REMEDIOS HERBALES

 Pequeñas áreas con soriasis responden bien a la crema de amor de hortelano.

■ **Posología:**
Añada una taza de infusión de amor de hortelano a una taza de ungüento emulcionante (disponible en los tiendas naturistas) y revuelva hasta que se enfríe y espese. Las infusiones limpiadoras ayudarán:

una mezcla en cantidades iguales de raíces de lirio azul, bardana y romaza amarilla para una decocción (una cucharada por taza) o dos cucharaditas por taza para una infusión de amor de hortelano, flores de trébol rojo y hojas de bardana. Si hay estrés, añada escutelaria o pasiflora.

## REMEDIOS HOMEOPÁTICOS

 Existen muchos remedios, consultar a un homeópata calificado puede ser de gran ayuda.

🎗 SEPIA **6C** para soriasis sobre codos, dorso y palmas de las manos con picazon que no se alivia al rascarse. Escamas.

🎗 ARSENICUM IODATUM **6C** para escamas secas que pican, y que se caen dejando la superficie húmeda

y roja. Engrosamiento de la piel. Soriasis sobre las muñecas y las palmas.

🎗 PETROLEUM **6C** para piel seca, áspera y cuarteada. Punta de los dedos cuarteados. Empeora en invierno. Picazón en la noche. Soriasis sobre las manos.

**Posología:** una tableta dos veces al día, tome por dos semanas o hasta mejorar. Repita si es necesario.

## NUTRICIÓN

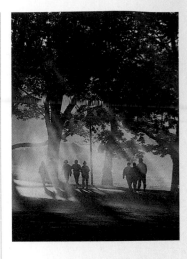 El zinc, el betacaroteno, la vitamina D y los ácidos grasos del Omega 3, son nutrientes esenciales. Por su vitamina D y ácidos grasos, consuma mucho pescado graso; por su betacaroteno coma naranja, frutas y vegetales rojos y verde oscuro y por su zinc mariscos, ostras y semillas de calabaza. Aunque la soriasis no es una condición alérgica, ciertos alimentos pueden agravar la condición, como el pescado, los

mariscos, las frutas cítricas, la carne roja, los productos lácteos, la cafeína y el alcohol. Esto aplica sólo para un pequeño porcentaje de quienes la padecen. Si nota que cualquiera de estos alimentos empeora la piel, evítelos.

**No consuma** hígado y otras menudencias que incrementan la producción de prostaglandinas, químicos complejos normalmente benéficos, pero que pueden agravar la situación.

ARRIBA *El pescado graso, los mariscos y las ostras son especialmente ricos en nutrientes.*

## AROMATERAPIA

 🎗 LAVANDA
*Lavandula angustifolia*
🎗 ALBAHACA
*Ocimum basilicum*
🎗 BERGAMOTA
*Citrus bergamia*
🎗 VETIVER
*Vetiveria zizanoides*

La conexión cuerpo-mente es vital, pues toda la situación puede convertirse en un círculo vicioso: el estrés que produce el aspecto desagradable de la soriasis sólo consigue aumentar la dolencia, razón por la cual es muy importante romper el círculo con estos aceites que calmen el estrés.

**Aplicación:**
Los aceites básicos son esenciales: aceite de aguacate sin refinar o simplemente un aguacate común y aceite de zanahoria. Puede añadir sólo unas pocas gotas si no quiere que su crema de base resulte muy grasosa. Masajes profesionales regularmente o un automasaje, también serán realmente útiles.

## OTRAS AYUDAS

 **ACUPRESIÓN**: no es apropiada la autoayuda por medio de la acupresión para esta condición. Un profesional en esta área puede ser de gran ayuda.

**REFLEXOLOGÍA**: un tratamiento regular de reflexología ayuda a aliviar algunos de los síntomas de la soriasis.

**YOGA**: el estrés normalmente empeora esta condición, de manera que incorpore en su práctica diaria un tiempo de relajación suficiente y, por lo menos, doce respiraciones lentas. La exhalación debe durar el doble de tiempo que la inhalación.

ARRIBA *Tomar el sol es siempre saludable pero use protector solar y ropa adecuada.*

## MEDIDAS *preventivas*

No existe una manera específica para prevenir la soriasis pero es posible controlarla siguiendo los consejos nutricionales ya expuestos. Los suplementos de vitamina D, betacaroteno y zinc también pueden desempeñar un papel en el control de esta enfermedad.

**LUZ DEL SOL**: *siempre se ha sabido que el sol es aconsejable para la soriasis. En los casos severos se usan lámparas ultravioleta y drogas que incrementan la sensibilidad de la piel a los rayos solares. Hay que tener en cuenta el riesgo de cáncer en la piel, es importante tomar precauciones en los países cálidos y en verano.*

**RELAJACIÓN**: *el estrés es uno de los factores que aumenta la severidad de la soriasis. Técnicas de relajación como yoga, meditación y control de estrés tienen mucho que ofrecer.*

**CALEFACCIÓN**: *evite la calefacción central siempre que sea posible ya que tiende a empeorar la piel seca.*

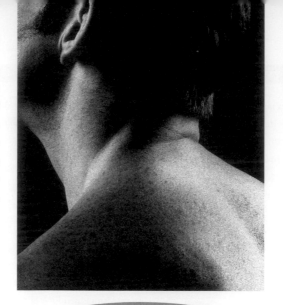

DERECHA *El hongo de la tiña vive sobre la piel en cualquier parte del cuerpo, pero se acomoda particularmente en las áreas húmedas y calientes como las axilas, la ingle y los pies.*

## DIAGNÓSTICO DE TIÑA

- Una o más áreas circulares de piel escamosa, de aspecto anormal, que producen picazón
- El centro del área se ve normal, dándole la apariencia de anillo

LOS SENTIDOS

# tiña

ARRIBA *Cuando su pequeño y amigable felino se frota sobre usted puede estar dándole algo más que afecto: los gatos trasmiten la tiña.*

La tiña es una infección inflamatoria de la piel causada por hongos o moho (el 90% de las micosis son causadas por los mohos Microsporum epidermophyton y M. trichophyton). Las infecciones de tiña, que tienen forma circular con los bordes elevados pueden aparecer sobre la piel o las uñas, la ingle, los pies y, algunas veces, en el cuero cabelludo. En estos casos, los remedios caseros funcionan muy bien. La tiña es una enfermedad común y altamente contagiosa, propagada por contacto físico directo. Por lo general la contagian los caballos, los animales de finca y especialmente los gatos (Microsporum canis).

## MEDICINA CONVENCIONAL

La tiña sobre el cuerpo puede ser tratada efectivamente con cremas fungicidas. Si el salpullido no ha desaparecido después de dos semanas, consulte a su médico. La tiña que afecta el cuero cabelludo o las uñas puede ser más difícil de tratar y debe ser analizada por su médico.

*Posología* ~

**Adultos y niños**

- La mayoría de cremas se aplican dos veces al día. Lea el empaque para detalles.

## REMEDIOS HOMEOPÁTICOS

TELLURIUM **6C** para la tiña en las extremidades inferiores con énfasis en el lado izquierdo. La piquiña empeora después de ir a la cama. Aros que se entrelazan.

SEPIA **6C** para tiña en lugares aislados, en especial la parte superior del cuerpo. Puede ocurrir cada primavera.

**Posología**: una tableta diaria. Máximo 2 semanas.

## AROMATERAPIA

 🌿 ÁRBOL DE TÉ

*Melaleuca alternifolia*

🌿 MIRRA

*Commiphora molmol*

🌿 LAVANDA

*Lavandula angustifolia*

Puesto que la tiña es una infección causada por hongos, los aceites con cualidades fungicidas tales como el árbol de té y la mirra son los más importantes. Si sólo tiene aceite de lavanda úselo, pues contiene un suave efecto fungicida.

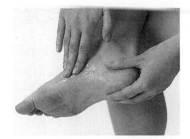

ARRIBA *El aceite de árbol de té es antibacterial y fungicida.*

**Aplicación:**

Aplique en compresas, en atomizadores con agua procurando que no caiga en los ojos, o en un masaje. Recuerde que la tiña es infecciosa, por lo tanto, asegúrese de mantener una buena higiene, especialmente si es usted quien aplica los aceites. Úselos para lavarse las manos.

### REMEDIOS HERBALES

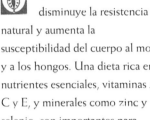 El árbol de té, el tomillo y la caléndula, tienen cualidades fungicidas efectivas.

■ **Posología:**

Aplique cremas de árbol de té, tomillo o caléndula sobre las áreas afectadas, tres o cuatro veces al día. Si el cuero cabelludo se ve afectado, utilice una infusión de caléndula en forma de bálsamo o añada cinco gotas de aceite de árbol de té o tomillo al agua que va a utilizar después de retirar el champú, ojalá con infusión de jabonera, que es astringente.

Para uso interno, tome una infusión de amor de hortelano y álsine (una cucharadita de cada una por taza).

### NUTRICIÓN

Una nutrición deficiente disminuye la resistencia natural y aumenta la susceptibilidad del cuerpo al moho y a los hongos. Una dieta rica en nutrientes esenciales, vitaminas A, C y E, y minerales como zinc y selenio, son importantes para mantener las defensas naturales del cuerpo. El consumo regular de ajo actúa como un fungicida sistemático y es especialmente útil si la tiña ha afectado las uñas de las manos o de los pies.

## MEDIDAS *preventivas*

**HIGIENE**: *separe las toallas, franelas y ropa de cama del enfermo, del resto de la familia, y use altas temperaturas en la lavadora para matar los hongos.*

**ROPA**: *si la tiña afecta los pies o las uñas de los dedos, use zapatos de cuero o de tela, medias de algodón y cámbieselas dos veces al día. Lave los pies y séquelos dándoles palmaditas en lugar de frotarlos. Si la infección es en la ingle, utilice sólo ropa interior de algodón, lave el área por lo menos una vez al día (más veces en clima caliente y húmedo) y nuevamente seque dando palmaditas y no frotando.*

---

### REMEDIO CULINARIO

■ El ajo y el vinagre de sidra, que no deberían faltar en ninguna cocina, son remedios excelentes para la tiña. Combinados y en infusión, pueden utilizarse para sumergir los pies o las manos o como loción para aplicar en cualquier otra área infectada.

① *Preparación de una loción contra la tiña: pele dos dientes de ajo y macérelos en un recipiente.*

② *Vierta 600 ml de agua hervida que se haya dejado enfriar levemente.*

③ *Añada 15 ml (1 cucharada) de vinagre de sidra. Deje reposar durante diez minutos y aplique sobre el área.*

## DIAGNÓSTICO DE PROBLEMAS DE CABELLO

- Cuero cabelludo descamativo. Posible causa: *caspa*
- Entradas en la frente en los hombres. Posible causa: *calvicie masculina hereditaria*
- En la mujer, escasez de pelo generalizada que empieza 3 a 4 meses después del parto. Posible causa: *cambios hormonales*
- Parches sin cabello, a menudo con cabellos cortos visibles. Posible causa: *alopesia*
- Pelo seco y escaso. Posible causa: *deficiencia de la glándula tiroides*

### LOS SENTIDOS

# problemas de cabello

En el cabello está reflejada la salud, por eso, los problemas en esta área pueden estar anunciando una enfermedad subyacente. Sin embargo, la mayoría de las dificultades se reducen a un mal cuidado. La salud del cabello depende de la nutrición, pero el constante uso y abuso de secador, colorantes, permanentes, y productos cosméticos, se combinan para que el cabello se vea opaco, quebradizo y sin brillo. Ahorre dinero y revitalícelo con fáciles remedios caseros. No hay que preocuparse por la caída del cabello después del parto porque vuelve a crecer. Sucede lo mismo, tanto a hombres como a mujeres después de una enfermedad delicada.

## EJERCICIO

TODO EJERCICIO que estimule la circulación de una forma regular ayudará a mantener un cabello saludable. Aunque no hay evidencia científica al respecto, las posturas de yoga parado de cabeza y parado de hombros estimulan el flujo sanguíneo hacia el cuero cabelludo llevando nutrientes adicionales hacia los folículos pilosos.

## MEDICINA CONVENCIONAL

El excesivo crecimiento del vello puede tratarse con decolorantes, pero tenga en cuenta que ponen de color naranja el vello oscuro. Otros tratamientos como la electrólisis es dolorosa y costosa, pero permanente. Procedimientos como retirar el vello con cera deben repetirse continuamente para evitar que se enconen. El cabello que se pierde después del embarazo o a causa de la *Alopecia areata*, tiende a volver a crecer y puede no necesitar tratamiento. Es posible que su médico ordene algunos exámenes de sangre para descartar un mal funcionamiento de la glándula tiroides. Para la calvicie masculina también hay tratamientos, son más costosos y no pueden suspenderse, pues si lo hace el cabello vuelve a caerse y sale delgado y liso. La caspa puede controlarse con champú o loción. En casos severos consulte a un médico.

*Posología ~*

**Adultos y niños**

Para la calvicie masculina, aplique una solución de minoxidil, dos veces al día. Para la caspa, utilice un champú detergente suave, una a dos veces por semana. Los productos que contienen ketoconazol son los más eficaces. Si está utilizando decolorante, aplíquelo sobre piel velluda y espere de 10 a 15 minutos. Lea el empaque para más detalles.

## REMEDIOS CULINARIOS

■ Para un brillo adicional, lave el cabello claro con jugo de limón diluido, y el oscuro con una solución de vinagre.

■ Para un cuero cabelludo seco y descamativo, caliente media taza de aceite de oliva sobre un recipiente de agua hirviendo, no sobre la estufa, y haga un masaje después de lavarse el cabello. Envuélvalo en una toalla durante media hora y lávelo nuevamente con champú.

## REMEDIOS HOMEOPÁTICOS

**KALI SULPHURICUM 6C** para la caspa escamosa amarilla, húmeda o pegajosa. Caída que deja vacíos.

**GRAPHITES 6C** para costras en el cuero cabelludo y para eccemas detrás de las orejas por humedad. Destila un líquido pegajoso.

**OLEANDER 6C** para escamas blancas. Cuero cabelludo seco y con piquiña. La soriasis o costra láctea (en bebés), empeora al comer naranjas.

**Posología**: una tableta dos veces al día. Máximo 2 semanas.

ARRIBA *El remedio homeopático oleander, se obtiene de la planta Nerium oleander.*

## REMEDIOS HERBALES

Las hierbas son efectivas para tratar problemas de cabello.

■ **Posología:**
Para caspa, haga una infusión (1 a 2 tazas) de romero u ortiga y úsela como enjuague después del champú.

La pérdida de cabello algunas veces se controla con masajes en el cuero cabelludo con senecio formosus, romero o abrótano.

Para la resequedad, tome hierbas limpiadoras en infusión, como malvavisco y bardana (una cucharadita de cada una por taza). La picazón se alivia con enjuagues de infusiones de manzanilla o de nébeda.

## OTRAS AYUDAS

**REFLEXOLOGÍA**: los reflejos del cabello y del cuero cabelludo son las uñas. Ayuda frotar las uñas de una mano contra la otra durante 5 minutos diarios. Para la pérdida de cabello causada por estrés trabaje los reflejos adrenales y del diafragma.

**YOGA**: las posiciones invertidas como el perro hacia abajo, parado de hombros, inclinarse hacia adelante y la invertida, ayudan.

El perro hacia abajo. Sosténgase sobre las manos y las rodillas, muévase hacia atrás hasta quedar de pie, estire los brazos y lleve la quijada al pecho. Sostenga y regrese a la posición inicial.

La posición invertida incrementa el flujo de sangre hacia el cuero cabelludo. Utilice una pared como apoyo. No lo haga si tiene problemas cardiacos o hipertensión.

## NUTRICIÓN

La nutrición es una condición esencial para mantener un cabello saludable. La anemia es una de las causas más frecuentes de la pérdida de cabello.

**Consuma alimentos** ricos en hierro como el hígado (no si está embarazada) y demás menudencias, cereales de grano entero, vegetales de hojas verde oscuro, huevos, dátiles y uvas pasas. No olvide que la vitamina C mejora la absorción del hierro, coma frutas y verduras. La vitamina E es importante para el crecimiento del cabello, coma con regularidad aguacates, nueces, semillas y aceite de oliva.

**Reduzca** el consumo de grasas animales y de azúcar, que aumentan la producción de secreción sebácea y de grasa en el cuero cabelludo.

## AROMATERAPIA

**ROMERO**
*Rosmarinus officinalis*

**MANZANILLA ROMANA**
*Chamaemelum nobile*

**LIMÓN**
*Citrus limon*

**TORONJA**
*Citrus x paradisi*

**CEDRO**
*Cedrus atlantica*

La aromaterapia mejora la condición del cuero cabelludo y ayuda a crecer el cabello. El romero se usa para cabello oscuro y la manzanilla para cabello claro. El limón, la toronja, el cedro y el romero estimulan la circulación y equilibran las secreciones del cuerpo reduciendo la caspa.

**Aplicación:**
Añada dos gotas del aceite que elija al enjuague o a un buen aceite vegetal para un masaje en el cuero cabelludo. Cubra el pelo con un plástico transparente y envuélvalo con una toalla caliente y deje que los aceites esenciales actúen de 2 a 3 horas, o toda la noche si lo puede soportar. Luego lávelo con un champú suave, no uno medicado, dado que estos alteran el equilibrio de las secreciones sebáceas, que cubren el cabello haciéndolo ver brillante y saludable.

## MEDIDAS
*preventivas*

**PARA EL CRECIMIENTO**: *la calvicie masculina es hereditaria, el hijo o nieto de quien perdió el cabello a muy temprana edad, probablemente será calvo. Existen actualmente drogas autorizadas que estimulan el crecimiento del cabello pero tienen efectos colaterales y los resultados son desalentadores. Aunque las píldoras no son sustitutos de una dieta balanceada, algunos suplementos de vitaminas y minerales formulados pueden mantener en buenas condiciones el cabello y desacelerar la marcha del tiempo genético.*

**CUIDADOS**: *use un cepillo de buena calidad porque las cerdas de nailon y los dientes gruesos pueden dañar tanto el cabello como el cuero cabelludo, especialmente si se utilizan cuando está mojado y vulnerable.*

### PRECAUCIÓN

**Si sufre de hipertensión evite el aceite de romero. Las pieles sensibles deben usar el limón y la toronja en dosis bajas porque pueden producir irritación.**

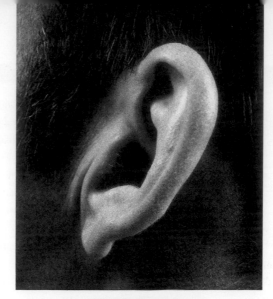

DERECHA *Un dolor de oído generalmente es el resultado de la propagación de una infección de la garganta hacia el oído medio.*

## DIAGNÓSTICO DE DOLOR DE OÍDO

- Dolor punzante y fiebre, a menudo durante o después de una gripa, puede empeorar en los aviones. Los niños menores gritan y se tocan la oreja. Posibles causas: *infección de oído medio o catarro*
- Dolor después de una laringitis o después de nadar. Posible causa: *infección del oído externo*

# dolor de oído

Este es un problema muy común, especialmente en los niños pequeños y, generalmente, es causado por una infección. Las trompas de Eustaquio que comunican la parte posterior de la nariz y la garganta con el oído medio, permiten el acceso de bacterias a esta sensible región. Los tejidos del oído son muy finos y se dañan fácilmente al rascarlos o limpiarlos con demasiada fuerza. Un oído infectado se inflama y produce secreción. El dolor puede venir de otro lugar del cuerpo, un ejemplo clásico es el dolor de oído en los niños después de una cirugía de amígdalas. Aunque no en todos los casos son necesarios los antibióticos, el dolor de oído en los niños siempre debe ser atendido seriamente y consultado con el médico. Los remedios caseros ayudan y, en muchos casos, evitan la aplicación de medicinas fuertes.

## LLAME AL MÉDICO

■ Si el dolor de oído persiste en niños pequeños.

■ Si tiene un dolor de oído severo.

## PRECAUCIÓN

**Siempre lea el empaque de los analgésicos cuidadosamente y no exceda la dosis establecida.**

## MEDICINA CONVENCIONAL

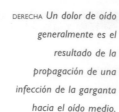 Para prevenir el daño del canal del oído, evite limpiarlos con copitos de algodón o rascarse demasiado fuerte. Un analgésico, por lo general alivia el dolor pero si éste persiste o si nota alguna secreción, consulte a su médico. Mientras tanto, mantenga el oído seco tapándolo con un pedazo de algodón al bañarse.

*Posología ~*
**Adultos**
■ De una a dos tabletas de analgésico al comienzo del dolor. Repita cada 4 horas.
**Niños**
■ Suministre dosis regulares de analgésico líquido, consulte el empaque para detalles o siga el consejo de su médico.

## REMEDIO CULINARIO

■ Llene un calcetín con salvado y caliéntelo en el microondas o en el horno a fuego lento dentro de un recipiente resistente al calor. Envuelva el calcetín en una toalla y utilícela en una compresa caliente sobre el oído afectado. El calor calma y alivia el dolor, el salvado retendrá el calor por algún tiempo.

## REMEDIOS HERBALES

 Es muy importante evitar poner cualquier sustancia en el oído si existe el más mínimo riesgo de que el tímpano del oído esté perforado.

■ **Posología:**
Los aceites herbales calientes (como infusión de verbasco o hierba de san Juan) son útiles en gotas o ponga una bolsa de té de manzanilla caliente sobre el oído.

## AROMATERAPIA

🌿 LAVANDA
*Lavandula angustifolia*

🌿 MANZANILLA ROMANA
*Chamaemelum nobile*

ARRIBA *Las flores de manzanilla romana producen un aceite analgésico y antiséptico.*

La manzanilla es benéfica para aliviar un dolor suave y la lavanda para uno agudo.

**Aplicación:**
Ponga una gota de lavanda sobre un pedazo de algodón y úselo como tapón en el oído o en una compresa caliente de manzanilla en el lado afectado de la cara.

### PRECAUCIÓN

**No aplique aceite esencial directamente dentro del oído. Si no hay mejoría en 24 horas, segrega pus o hay fiebre, busque consejo médico.**

## NUTRICIÓN

Los niños que sufren de recurrentes dolores de oído pueden responder a una dieta libre de productos lácteos por un corto período, ya que reduce la cantidad de moco que produce el cuerpo. Aunque no hay evidencia científica, los naturistas han hecho uso exitoso de esta dieta desde comienzos del siglo XX. Se debe tomar mucho jugo de piña por sus enzimas curativas y jugos cítricos por su vitamina C, que contrarresta la infección. Por lo general, un niño con dolor de oído apenas comerá debido al dolor que causa comer o masticar.

Las especias descongestionantes como canela, jengibre, ají, rábano y mostaza son de gran ayuda para los adultos.

### PRECAUCIÓN

**Si su niño se encuentra en una dieta de reducción de productos lácteos, busque consejo profesional para asegurarse de que no haya deficiencias nutricionales.**

## REMEDIOS HOMEOPÁTICOS

 En caso de dolor recurrente consulte a un homeópata y si empeora, a un médico.

🌿 PULSATILLA **6**C para un dolor fuerte que surge del tímpano del oído y empeora con el calor. Secreción gruesa, blanda y con dolor. Los niños se sienten muy mal y requieren afecto.

🌿 CHAMOMILLA **6**C para un dolor agudo que desespera. Irritabilidad, mejora al moverse.

## OTRAS AYUDAS

**ACUPRESIÓN**: el punto 42, justo detrás de la punta del mastoides en la parte inferior trasera de la oreja, alivia el dolor.

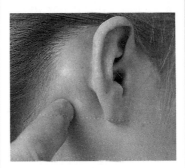

ARRIBA *El punto de acupresión número 42 ayuda a aliviar el dolor.*

**REFLEXOLOGÍA**: trabaje los reflejos del oído, nariz, garganta y trompas de Eustaquio en las membranas entre los dedos de las manos y de los pies, especialmente entre el tercero, cuarto y quinto dedo.

DERECHA *Las especias ayudan a despejar las vías congestionadas, que a menudo causan el dolor de oído.*

🌿 BELLADONNA **6**C dolor de oído repentino con palpitaciones, que empeora con el calor. Hipersensibilidad al escuchar. Cara caliente y roja. Piel seca. Puede delirar.

🌿 ACONITE **6**C para las etapas iniciales de dolor, el cual puede ser peor en el oído izquierdo.

**Posología**: una tableta cada 4 horas por 2 ó 3 días o hasta mejorar.

## MEDIDAS
*preventivas*

**HABITACIONES**: *en los niños propensos a esta dolencia es importante mantener los senos nasales tan despejados como sea posible. Una mezcla de aceites de lavanda y eucalipto en un aromatizador (eléctrico, no de vela) en la habitación, y unas pocas gotas de aceite descongestionante sobre la almohada, le ayudarán. Mantenga la calma y la habitación libre de ácaros (ver Asma p. 132), bien ventilada y no muy caliente.*

**NUTRICIÓN**: *los niños propensos deben seguir una dieta rica en alimentos frescos bajos en azúcar refinada, grasa animal y productos lácteos.*

El jengibre es anticatarral y ayuda a la circulación

La canela es aromática y calienta

La mostaza es analgésica y expectorante

El ají en polvo es estimulante y rico en vitamina A

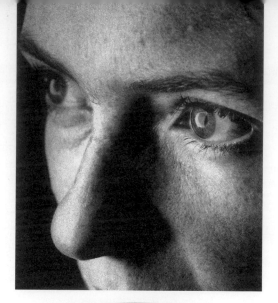

DERECHA *La parte blanca del ojo y la parte interna de los párpados están cubiertas por una membrana llamada conjuntiva. La inflamación de esta membrana se llama conjuntivitis.*

## DIAGNÓSTICO DE CONJUNTIVITIS

- Los síntomas pueden afectar uno o ambos ojos
- Ojos rojos
- Sensación de arena en los ojos
- Picazón
- Presencia de una secreción acuosa o viscosa

**LOS SENTIDOS**

# conjuntivitis

La inflamación aguda de la membrana mucosa que cubre la superficie del ojo y reviste los párpados es causada por una infección o por una alergia. Un cuerpo extraño en el ojo también causa síntomas similares. La conjuntivitis puede ser seria y es altamente infecciosa.

### REMEDIO CULINARIO

■ Rodajas delgadas de cohombro o bolsas de té frías sobre los ojos cerrados durante seis minutos, ayudan a aliviar la inflamación.

### REMEDIOS HERBALES

 Los baños herbales para los ojos son calmantes.

■ **Posología:**
Ponga una cucharadita de la hierba en una taza de agua hirviendo, cocine a fuego lento durante cinco minutos y cuele bien, déjela enfriar y lave con ella los ojos. Utilice las flores de saúco, caléndula, eufrasia o manzanilla, pétalos de rosa, hojas de frambuesa o fumaria.

Tome equinácea (6 cápsulas de 200 mg diarios) para combatir la infección y fortalecer el sistema inmunológico.

### AROMATERAPIA

 Ningún aceite esencial puede ser aplicado en el área cercana a los ojos.

### MEDICINA CONVENCIONAL

Para infecciones menores, lávese los ojos con agua hervida y fría. Si la condición persiste, son de gran ayuda las gotas antibióticas o los ungüentos. En los casos de conjuntivitis alérgica, las gotas antihistamínicas para los ojos, alivian los síntomas.

*Posología ~*

**Adultos y niños**

■ Aplique antibióticos o ungüentos en el interior del párpado inferior. Consulte el empaque o busque consejo médico. Continúe las aplicaciones durante 48 horas después de que los síntomas hayan desaparecido.

### NUTRICIÓN

Los alimentos ricos en betacaroteno y vitamina A son importantes para las dolencias oculares. Consuma naranja, frutas y vegetales de hojas rojas y verde oscuro e hígado.

### OTRAS AYUDAS

**REFLEXOLOGÍA**: los reflejos de los ojos están entre el segundo y tercer dedo de las manos y de los pies. Localice el área sensible y masajee cada lado durante 5 minutos, cuatro veces al día.

### REMEDIOS HOMEOPÁTICOS

 APIS 6C para párpados inflamados, rojos e hinchados. Ojos rojos, intolerancia a la luz.

ARGENTUM NITRICUM 6C, para secreción amarilla o blanca, ojos rojos, bebés con ojos viscosos.

PULSATILLA 6C, para secreción blanca o amarilla, párpados inflamados. Picazón y ardor.

EUPHRASIA 6C, para ojos rojos y llorosos. Las lágrimas arden, párpados inflamados.

**Posología**: una tableta cada 4 horas, máximo dos días.
Use dos gotas de tintura de eufrasia diluidas en agua hervida fría para lavar el ojo.

ARRIBA *La eufrasia se conoce en inglés como "eyebright", ojos claros.*

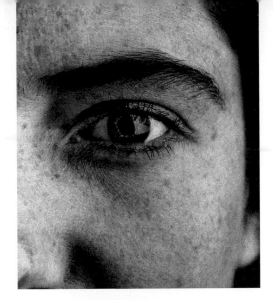

*DERECHA Un orzuelo es un pequeño grano en la raíz de una pestaña, causado por una infección bacteriana. Es contagioso, por lo tanto, lávese las manos después de tocarlo y no comparta la toalla.*

## DIAGNÓSTICO DE ORZUELO

- Comienza con un bulto doloroso cerca a una pestaña
- El dolor puede volverse severo, producir palpitaciones y segregar pus

LOS SENTIDOS

# orzuelo

Un orzuelo es un absceso en la glándula ubicada en la parte inferior de las pestañas que brota en la parte externa del párpado causando inflamación. La infección puede propagarse hacia el ojo, por lo cual, no puede ser tratado a la ligera. Es común en personas con una salud general deficiente.

## REMEDIOS CULINARIOS

- Las compresas son muy calmantes: sumerja una bolsa de té ya usada en agua fría y póngala sobre el ojo cerrado durante 10 minutos.
- Mezcle una cucharadita de bicarbonato de sodio en 600 ml de agua caliente y lave el párpado afectado con copos de algodón. Use un copo nuevo cada vez.

## REMEDIOS HERBALES

Las decocciones de caléndula o eufrasia pueden ser utilizadas para lavar el área afectada. Un poco de crema de caléndula también ayudará.

■ Posología:
Para asegurar una mezcla esterilizada para lavar el ojo, cuele la decocción durante cinco minutos.

Si los orzuelos son recurrentes y se relacionan con estrés o exceso de trabajo, tome ginseng siberiano.

## MEDICINA CONVENCIONAL

Un orzuelo, por lo general, mejora sin ningún tratamiento salvo analgésicos según necesidad. Si no hay mejoría, los antibióticos, pueden ser necesarios.

*Posología ~*

**Adultos**
De una a dos tabletas de analgésico al inicio. Repita cada cuatro horas.

**Niños**
Suministre dosis regulares de analgésico líquido. Consulte el empaque para detalles.

## NUTRICIÓN

Los alimentos ricos en zinc, betacaroteno y vitamina C son importantes para reforzar el sistema inmunológico. Una alta dosis de suplemento de estas vitaminas será útil.

## AROMATERAPIA

Un poco de aceite básico de lavanda sobre las mejillas ayudará, pero no aplique aceite sobre el orzuelo o en ninguna parte cerca del ojo.

## OTRAS AYUDAS

**REFLEXOLOGÍA**: los reflejos de los ojos se encuentran entre el segundo y el tercer dedo de las manos y de los pies. Presione firmemente con el pulgar y trabaje las áreas sensibles y el sistema inmunológico-linfático.

## REMEDIOS HOMEOPÁTICOS

PULSATILLA 6C para orzuelos en el párpado superior. También para los casos de secreción cremosa en el ojo.

STAPHYSAGRIA 6C para orzuelos recurrentes que dejan un área dura e inflamada en la piel.

Posología: una tableta cada cuatro horas hasta que el orzuelo mejore, máximo cuatro días.

DERECHA *El mal aliento normalmente se debe a una deficiente higiene dental, pero también puede ser causado por catarro, estreñimiento, baja producción de saliva, fumar y tomar licor.*

**DIAGNÓSTICO DE MAL ALIENTO**
● Olor desagradable en el aliento

LOS SENTIDOS

# mal aliento *halitosis*

### REMEDIOS CULINARIOS
■ Mastique unas pocas semillas de alcaravea, hojas de menta o granos de café.
■ Utilice un enjuague bucal de tomillo (*ver p. 92*).

Las semillas de alcaravea son aromáticas, ayudan a la digestión y evitan la flatulencia

Las hojas de menta son refrescantes y estimulan los jugos gástricos

A nivel médico, el mal aliento no es muy significativo. Algunas veces, sin embargo, puede ser un signo de una enfermedad más seria: olor a pescado causado por una deficiencia hepática, olor a amoniaco por una enfermedad de los riñones o el típico olor a acetonas o a peras maduras que acompaña un coma diabético.

Casi siempre la halitosis es el resultado de una mala higiene bucal, acumulación de placa, encías infectadas, absceso en un diente, caries o malas técnicas de cepillado. Puesto que el temor al mal aliento ha tomado proporciones obsesivas, los dentistas en el Reino Unido, Israel y Estados Unidos utilizan medidores de olor que les permiten determinar el estado del problema y demostrar a quienes sufren de halitofobia (miedo a tener mal aliento) que en el momento no lo sufren. Vale la pena anotar que la pérdida de dientes se debe más a enfermedades de las encías que a las caries (ver Gingivitis p. 92). Siga los siguientes consejos.

### MEDICINA CONVENCIONAL

✚ Cuide los dientes y encías cepillándolos regularmente, use seda dental y visite regularmente al dentista. Todo ello evitará que sean los dientes los responsables de olores desagradables en la boca. Hábitos sanos de alimentación, por lo general, evitan el problema, pero si no existe una causa aparente es importante que busque consejo médico.

## REMEDIOS HERBALES

 Identificar la causa del mal aliento es importante.

■ **Posología:**

Si se trata de un exceso de acidez, la infusión de ulmaria ayuda; si lo produce una digestión lenta, use agrimonia o semillas de alholva (una cucharadita de la hierba en una taza de agua hirviendo); cuando el mal aliento está asociado con el catarro, haga inhalaciones de aceite de árbol de té o de menta.

Mastique unas pocas semillas de ligústico o de hinojo.

Preparare un efectivo enjuague bucal en atomizador añadiendo 5 ml (una cucharadita) de aceites de árbol de té y romero a 100 ml (3 ½ oz) de agua hirviendo.

ARRIBA *La ulmaria (Filipendula ulmaria) reduce la acidez estomacal. Prepare una infusión con dos cucharaditas de hierba seca en agua hirviendo, y deje reposar diez minutos.*

## REMEDIOS HOMEOPÁTICOS

 Cerciórese de que no exista enfermedad subyacente.

❀ MERCURIUS 6C para aliento fétido, con sensación metálica. Babea la almohada en la noche. Encías que sangran.

❀ PULSATILLA 6C para halitosis en la mañana. Boca seca con sabor grasoso. No hay sed. Los alimentos tienen un sabor amargo.

❀ KALI BICHROMICUM 6C para aliento ofensivo, sensación de un cabello en la lengua. Catarro con saliva espesa y amarilla.

Posología: una tableta dos veces al día, máximo dos semanas.

## OTRAS AYUDAS

 **REFLEXOLOGÍA**: si el mal aliento se debe a un problema digestivo, trabaje los reflejos digestivos en las palmas de las manos y en las plantas de los pies.

**YOGA**: analice su dieta y estilo de vida, algo, probablemente, necesita un cambio. Mantenga la boca limpia así: primero haga gárgaras cada mañana con agua con sal, luego raspe la lengua suavemente con una cuchara al revés. Haga un masaje en las encías y repita las gárgaras.

## AROMATERAPIA

 ❀ ÁRBOL DE TÉ
*Melaleuca alternifolia*

❀ MENTA
*Mentha x piperita*

❀ TOMILLO
*Thymus vulgaris*

❀ LIMÓN
*Citrus limon*

❀ NIAULÍ
*Melaleuca viridiflora*

Estos aceites destruyen las bacterias o infecciones virales presentes en la boca o garganta, causantes del mal aliento, y refrescan el área.

Aplicación:

Utilice en enjuague bucal o gargarismos.

### PRECAUCIÓN

**No suministre estos enjuagues bucales a niños.**

## NUTRICIÓN

 Es común pensar que el estreñimiento causa mal aliento, lo cual se puede remediar siguiendo el consejo apropiado (*Estreñimiento p. 156*). Las infecciones en los senos nasales, el catarro y las enfermedades crónicas de pecho también pueden ser responsables (*Catarro p. 122, Sinusitis p. 130*). Algunas personas encuentran desagradable el olor del ajo, la cebolla, el curry y otros alimentos muy condimentados, aunque son saludables, evítelos si siente que debe hacerlo.

Tome todos los días yogurt probiótico, mucha agua y cantidades adecuadas de fibra (manzanas, peras, zanahorias, cereales de grano entero y granos), que mejoran la función digestiva y ayudan a eliminar el mal aliento.

## MEDIDAS
*preventivas*

**CUIDADO DE LOS DIENTES**: *visite a su dentista regularmente. Cepille los dientes después de comer y antes de ir a la cama. Si esto no es posible siempre, utilice goma de mascar sin azúcar después de las comidas para estimular la producción de saliva, neutralizar los ácidos y prevenir la formación de placa, que produce caries. Utilice seda dental y cambie su cepillo de dientes, por lo menos, cada tres meses. Evite el exceso de alimentos y bebidas con altos contenidos de azúcar, especialmente las ácidas gaseosas, incluyendo las dietéticas.*

IZQUIERDA *El olor de la cebolla y de otros miembros de esa familia, como el ajo, se impregnan en el aliento.*

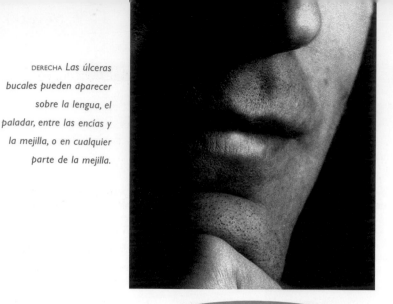

*DERECHA Las úlceras bucales pueden aparecer sobre la lengua, el paladar, entre las encías y la mejilla, o en cualquier parte de la mejilla.*

## DIAGNÓSTICO DE ÚLCERA BUCAL

- Cráteres blancos de bordes rojos, brillantes y dolorosos
- Aparecen una o varias úlceras y se vuelven recurrentes

LOS SENTIDOS

# úlcera bucal

Brote doloroso e irritante que generalmente aparece en la parte interna de los labios (especialmente en el inferior) y las mejillas, también pueden aparecer sobre las encías y el paladar. Su nombre médico es úlceras aftosas y aunque por lo general son causadas por una lesión (mordisco en la mejilla o el labio, caja de dientes mal adaptada o el borde desgastado de un cepillo de dientes dañado), también pueden aparecer sin causa aparente. En algunos casos están asociadas con un desorden subyacente del tracto digestivo.

## LLAME AL ODONTÓLOGO

■ Si tiene una úlcera que reincide en el mismo lugar puesto que su origen puede ser traumático y causado por un problema dental.

■ Si una úlcera no sana después de tres semanas.

*ARRIBA Haga una infusión con dos cucharaditas de hojas de frambuesa en una taza de agua hirviendo, déjela enfriar, cuélela y úsela como enjuague.*

## MEDICINA CONVENCIONAL

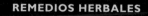 La mayoría de úlceras bucales mejoran sin tratamiento después de unos pocos días pero otras pueden durar hasta dos semanas. Las pastillas o ungüentos que contienen anestésicos locales alivian el dolor y pueden usarse con una pasta de esteroides que acelera el proceso de curación. Intente enjuagar la boca con agua tibia con sal. Evite alimentos picantes, ácidos o condimentados.

*Posología ~*
**Adultos y niños**

■ Aplique sobre la úlcera y a intervalos regulares una pasta que contenga esteroides combinada con una pastilla o ungüento con anestésico local. Consulte el empaque para detalles. Los enjuagues bucales de agua con sal, tres o cuatro veces al día pueden ser de gran ayuda.

## REMEDIOS HERBALES

Además de la salvia (*ver Remedios culinarios*), otras hierbas adecuadas para enjuagues bucales son: el romero, la caléndula, las hojas de frambuesa, los clavos y la manzanilla.

■ Posología:
La mirra y la cúrcuma canadiense tienen un sabor amargo pero pueden ser muy efectivas: compre las tinturas en una tienda naturista y añada de 10 a 20 gotas de cualquiera de las hierbas a una taza de agua caliente.

Para úlceras recurrentes, fortalezca las defensas con cápsulas de ajo.

## REMEDIOS CULINARIOS

■ La vieja receta de las amas de casa del sur de Europa es el remedio más efectivo, aunque no el más agradable: corte un diente de ajo por la mitad, exprímalo hasta que el aceite aparezca en la superficie, y frótelo sobre la úlcera bucal dos o tres veces al día. Aunque es doloroso y pica, la úlcera desaparecerá en 24 horas.

■ Un enjuague bucal con salvia es calmante, antiséptico y ayuda a prevenir infecciones.

1 Ponga una cucharadita de hojas frescas de salvia picadas o dos cucharaditas de hierba seca en una taza.

2 Añada agua hirviendo, cubra y deje reposar por diez minutos.

3 Cuele las hojas y cuando el agua esté fría, úsela como enjuague bucal.

ARRIBA *El ajo es un antiséptico y antibiótico natural que se utiliza con ese propósito desde la antigüedad.*

## OTRAS AYUDAS

**REFLEXOLOGÍA**: los reflejos de la boca, dientes y encías se encuentran en las articulaciones de los dedos de las manos y de los pies. Preste atención al tracto digestivo sobre las plantas o palmas, y al sistema inmunológico-linfático.

## NUTRICIÓN

Puesto que esta condición está a menudo relacionada con el estrés es importante seguir una dieta rica en vitamina B, que encuentra en las carnes, las aves, el germen de trigo, la levadura de cerveza, los vegetales de hojas verdes, los cereales de grano entero y el pan integral.

Evite alimentos salados, crujientes, los pasabocas de coctel, las nueces saladas, el vinagre, los encurtidos, el ají y el curry muy picante, puesto que dañan las delicadas membranas mucosas de la boca y aumentan el dolor de las úlceras bucales.

## AROMATERAPIA

**MIRRA**
*Commiphora molmol*
La mirra ayuda a eliminar la infección y detiene la propagación. Si no consigue aceite esencial de mirra, busque tintura de mirra en reemplazo de la solución de mirra y vodka.

**Aplicación:**
Vierta dos gotas de mirra en 5 ml (una cucharadita de vodka), y frote sobre la úlcera bucal. Esta mezcla también se puede usar como enjuague bucal con agua caliente.

## MEDIDAS *preventivas*

**SUPLEMENTOS**: *quienes sufren regularmente de úlceras bucales deben tomar una dosis diaria de 5.000 UI de vitamina A, 200 mg de vitamina E y 10 mg de vitamina B2. También es de gran ayuda chupar diariamente una pastilla de vitamina C y zinc; cuando aparezcan las úlceras, conviene tomar tres o cuatro. Si la dolencia está asociada con la menstruación tome 50 mg de vitamina B6 y 2.000 mg de aceite de primavera, todos los días durante la semana antes de su periodo.*

## REMEDIOS HOMEOPÁTICOS

Cerciórese de que no se trata de anemia y cuando haya la tendencia a úlceras consulte a un homeópata.

✿ BORAX **6C** para úlceras blancas dolorosas que sangran fácilmente con el contacto o al comer. Boca caliente y sensible. Sabor amargo en la boca.

✿ MERCURIUS **6C** para úlceras sobre la lengua y el paladar blando. Lengua amarilla, gruesa, saburrosa y que muestra las huellas de los dientes. Sabor metálico. Salivación.

✿ NITRIC ACID **6C** para ampollas y úlceras que sangran. Úlceras sobre la lengua y paladar blando. Lengua limpia y roja.

✿ NATRUM MURIATICUM **6C** para úlceras recurrentes, llagas frías y gripa. Introversión y susceptibilidad.

**Posología**: una tableta dos veces al día hasta que mejore y luego suspenda. Máximo cinco días.

IZQUIERDA *Prepare su propia loción a partir de mirra, vodka y agua. La mirra es calmante, antiséptica y curativa.*

DERECHA *Cuando las encías sangran fácilmente al lavarse los dientes, es posible que tenga gingivitis, especialmente si las encías están sensibles. Esta condición debe ser tratada para evitar una eventual pérdida de los dientes.*

## DIAGNÓSTICO DE GINGIVITIS

- Encías rojas y adoloridas, que sangran fácilmente

LOS SENTIDOS

# gingivitis

Se pierden más dientes por enfermedades en las encías que por caries. La gingivitis, sangrado de encías y acumulación de placa dental y sarro alrededor de los bordes de las encías, es de lejos la causa más común de enfermedad en las encías. Si no se trata, se acumula pus infectado en la base de los dientes, se forman abscesos y se pierden los dientes. Una higiene oral adecuada es esencial para prevenir esta dolorosa dolencia y, una vez aparece la infección, los remedios caseros pueden resultar extremadamente efectivos.

### REMEDIOS CULINARIOS

■ El antiséptico timol, el enjuague rosado que usan los dentistas, se extrae del tomillo, hierba para cocinar. Usted también lo puede usar en su casa: añada una cucharadita llena de hojas de tomillo seco (una cucharadita rasa si son hojas frescas) a un vaso de agua caliente, cubra y deje reposar durante diez minutos. Cuele, y cuando se haya enfriado lo suficiente, use el contenido de todo el vaso en un solo enjuague.

■ La sal, que nunca falta en la cocina, le ayudará a mantener la boca libre de gérmenes: una cucharadita rasa añadida a un pocillo de agua caliente es un enjuague muy económico y efectivo.

### MEDICINA CONVENCIONAL

✚ Los enjuagues bucales antisépticos y los analgésicos pueden ayudar en primera instancia. Si los síntomas persisten, busque consejo de un odontólogo o dentista especializado en higiene oral.

**Adultos**

■ Utilice el enjuague bucal recomendado dos veces al día.

Tome de una a dos tabletas de analgésicos cuando comience el dolor. Repita cada 4 horas. Lea el empaque para detalles.

**Niños**

■ Utilice el enjuague bucal recomendado dos veces al día. Suministre dosis regulares de analgésico líquido. Consulte el empaque para detalles o siga el consejo de su doctor.

### PRECAUCIÓN

**Algunos enjuagues bucales pueden causar manchas cafés en los dientes que desaparecen cuando lo suspende.**

## AROMATERAPIA

 **MIRRA**
*Commiphora molmol*

**ÁRBOL DE TÉ**
*Melaleuca alternifolia*

**TOMILLO**
*Thymus vulgaris*

**HINOJO**
*Foeniculum vulgare*

Estos aceites curativos ayudan a detener la infección. El tomillo es antiséptico y la mirra es antimicrobiana. El árbol de té fortalece el sistema inmunológico.

**Aplicación:**
Utilice un enjuague bucal, añadiendo unas pocas gotas de aceite a una taza de agua tibia. Con las manos limpias, haga un masaje sobre las encías con tintura de mirra (disponible en las tiendas naturistas) para mejorar la circulación.

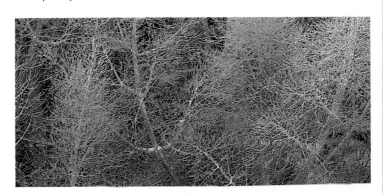

ARRIBA *El aceite esencial del hinojo se extrae de las semillas que se recogen maduras en otoño.*

## REMEDIOS HERBALES

Los enjuagues bucales herbales ayudan a tonificar, a mejorar los tejidos de las encías, a combatir la infección y a calmar la ulceración.

■ **Posología:**
Utilice una infusión o decocción fría y colada, que contenga equinácea, alquémila, caléndula, mejorana, romero, salvia o tormentila (dos cucharaditas por taza). O diluya dos gotas de aceite de árbol de té en una taza de agua.

La mirra es muy efectiva: utilice diez gotas de tintura en una taza de agua como enjuague bucal.

Tome cápsulas de equinácea o cúrcuma canadiense para estimular el sistema inmunológico.

## OTRAS AYUDAS

**REFLEXOLOGÍA**: los reflejos de las encías se encuentran en los dedos de las manos. Trabaje sobre los dedos y pulgares dos o tres veces al día cerca de 5 minutos, prestando particular atención a las áreas sensibles en las articulaciones.

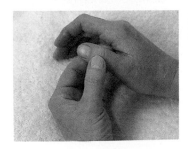

ARRIBA *Este es un procedimiento que usted puede hacer fácilmente.*

## REMEDIOS HOMEOPÁTICOS

 **MERCURIUS SOLUBILIS 6C**, para encías inflamadas y sangrantes. Bastante producción de saliva. Mal aliento, los dientes pueden estar flojos. Sabor metálico en la boca. Sed.

**KREOSOTUM 6C** para encías esponjosas que sangran. Dolor en los dientes, se pudren y desportillan. Sabor amargo.

**PHOSPHORUS 6C** para encías que sangran y se ulceran. Hemorragias después de la extracción de los dientes.

**NITRIC ACID 6C** para dientes flojos, encías esponjosas que sangran. Lengua limpia y roja. Puede tener úlceras bucales en el paladar blando.

**Posología**: una tableta tres veces al día, máximo una semana.

## NUTRICIÓN

La fibra y el contenido nutricional de los alimentos son esenciales en el tratamiento de la gingivitis. Comer manzana, pera, apio y zanahoria estimulan el flujo sanguíneo hacia los bordes de las encías y previenen el desarrollo de placa, refugio de bacterias. Desafortunadamente, al desarrollar gingivitis, las encías sangran fácilmente haciendo que el consumo de alimentos crudos sea doloroso y de esta manera el círculo vicioso comienza de nuevo.

**Consuma diariamente buenas cantidades** de frutas cítricas y otros productos frescos que contengan vitamina C, muy importante en este caso.

**Reduzca** el consumo de azúcar, que además de ser el peor enemigo de sus encías tiene poco valor nutritivo. Lave los dientes después de consumir cualquier producto que la contenga.

ARRIBA *El fósforo es recomendable para las hemorragias.*

## MEDIDAS *preventivas*

**CUIDADO DE LOS DIENTES**: es esencial conocer la forma correcta de cepillar los dientes, de manera que si no sabe, pregúntele a su odontólogo y asegúrese de cambiar su cepillo de dientes, por lo menos, cada tres meses. Desafortunadamente, la enfermedad de las encías y las caries en los dientes están en aumento debido a los altos costos de la odontología. Sin embargo, esta enfermedad tiene efectos debilitadores de la salud en general, de manera que, en este caso, un ahorro puede resultar contraproducente.

**NUTRICIÓN**: no olvide que los jugos de frutas naturales, pese a que contienen muchos nutrientes, también tienen un alto contenido de azúcar aunque son infinitamente más saludables que todas las bebidas gaseosas incluyendo las variedades dietéticas, ligeras y bajas en calorías. No importa cuánto la odie, la goma de mascar sin azúcar es una gran protectora de los dientes y encías. Si no se puede cepillar sus dientes después de una comida, mascar chicle durante 15 minutos hará parte del trabajo.

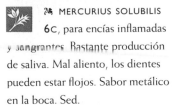

DERECHA *Los dolores de muela varían en intensidad, dependiendo de la causa: caries, gingivitis o un absceso. Visite regularmente al odontólogo antes de que los problemas comiencen.*

## DIAGNÓSTICO DE DOLOR DE MUELA

● Dolor, normalmente severo y con palpitaciones alrededor de un diente

LOS SENTIDOS

# dolor de muela

*Normalmente es el resultado de un deficiente cuidado de la boca. El primer paso es atender la higiene oral: uso de la seda dental apropiadamente, cepillado cuidadoso y un consumo reducido de bebidas gaseosas y azúcares. Aunque se evitan muchos problemas con una sana alimentación las visitas regulares al odontólogo son necesarias. La caries dental, un absceso o gingivitis (ver p. 92) pueden ser la causa del dolor que aparece, bien sea en episodios cortos ocasionados por alimentos dulces, bebidas calientes o frías, lo cual sugiere caries y una pequeña inflamación de la pulpa del diente; o en periodos largos, debido al calor o al frío, o dolor repentino severo que empeora en la noche, señal de que la pulpa está gravemente inflamada. Cuando hay un dolor intenso y palpitaciones, puede tratarse de un absceso que quizá genere fiebre e inflamación de los tejidos alrededor del diente. ¡Visite a su odontólogo! Tomar analgésicos por semanas puede hacer que el dolor pare cuando la pulpa muera, pero esto lo conducirá a perder el diente.*

## PRECAUCIÓN

**Siempre lea cuidadosamente el empaque de los analgésicos y no exceda la dosis establecida.**

### REMEDIOS CULINARIOS

■ Los clavos son el mejor calmante de todo tipo de dolor de muela. Sumerja un pequeño pedazo de algodón dentro del aceite de clavo, haga una bola y colóquelo sobre la parte del diente que le duele.

■ También puede sostener el clavo entre los dientes o en el lado de la boca que le duele, éste liberará aceite esencial suficiente para calmar el dolor.

CLAVOS

## MEDICINA CONVENCIONAL

✚ Tome un analgésico para aliviar el dolor de muela y contacte a su odontólogo.

*Posología* ~
**Adultos**
■ De una a dos tabletas de analgésicos cuando inicie el dolor. Repita cada 4 horas. Lea el empaque para los detalles.

**Niños**
■ Suministre dosis regulares de analgésico líquido para calmar el dolor. Consulte el empaque para detalles o siga el consejo médico.

## NUTRICIÓN

 Los problemas dentales pueden evitarse con una sana alimentación y una buena higiene oral.

**Consuma** frutas cítricas y productos frescos que le proporcionen vitamina C, muy importante en este caso.

**Reduzca** el consumo de azúcar, que es el peor enemigo de sus encías y tiene poco valor nutricional, trate de no comerla y limpie sus dientes después de ingerirla.

ARRIBA *Para reducir los niveles de ácido, utilice un enjuague bucal después de comer frutas cítricas.*

## REMEDIOS HOMEOPÁTICOS

 Esta condición requiere valoración dental.

❦ CHAMOMILLA **30**C es un remedio para la dentición infantil. Irritabilidad, dolores intolerables y llanto con enfado. Mejora con alimentos calientes.

❦ COFFEA **30**C para dolor de muela que disminuye con el agua helada.

❦ PLANTAGO **30**C para dientes que duelen al tocarlos e inflamación de las mejillas. Empeora con el aire frío y con el contacto.

❦ MAGNESIUM CARBONICUM **30**C para dolores de muela durante el embarazo. Dientes sensibles al tacto, dolor al morder. Empeora en la noche. Dolor por la remoción de la muela del juicio (cordal).

**Posología:** una tableta cada hora por seis dosis, según se requiera.

## REMEDIOS HERBALES

 Los abscesos e infecciones similares responden a algunas hierbas antibióticas fuertes como la escrofularia china (Xuan Shen), las bayas de forsitia y la equinácea, que en ocasiones resuelven el problema completamente.

■ **Posología:**
Es mejor tomar estas hierbas antibióticas en tinturas, 5 ml (1 cucharadita), tres veces al día.

## AROMATERAPIA

 ❦ CLAVO
*Syzygium aromaticum*
❦ MANZANILLA ROMANA
*Chamaemelum nobile*

Estos aceites sólo representan una primera ayuda hasta que se pueda hacer un tratamiento dental adecuado. El clavo tiene un efecto anestésico y también es un fuerte antiséptico, por esta razón ayuda a prevenir la infección que aparezca antes del tratamiento dental. La manzanilla es calmante y ayuda a desaparecer el dolor.

**Aplicación:**
Para utilizar el aceite de clavo *vea* Remedios Culinarios. También puede frotar aceite de clavo alrededor de la encía. Si el dolor no es demasiado intenso una compresa tibia de manzanilla en el área facial lo calmará.

## OTRAS AYUDAS

 **ACUPRESIÓN:** el punto 4 entre el pulgar y el dedo índice puede proporcionar gran alivio a los que sufren de dolor de muela.

**REFLEXOLOGÍA:** los reflejos de los dientes se encuentran en las articulaciones de los dedos de las manos y de los pies. Presione sobre las articulaciones del dedo gordo del pie para localizar el reflejo del diente que le duele. Sostenga este punto firmemente durante dos minutos.

**YOGA:** para soportar el dolor use Ujjayi: aumente el tiempo de las exhalaciones un segundo cada vez hasta que alcance su máximo. Continúe, exhalando tan lento como le sea posible.

DERECHA *La acupresión en el punto 4 le ayudará a dormir el dolor latente.*

## MEDIDAS
*preventivas*

Una buena higiene oral, un bajo consumo de dulces, alimentos altos en azúcares y una alimentación saludable, es todo lo que necesita para prevenir los problemas dentales que conducen a un dolor de muela.

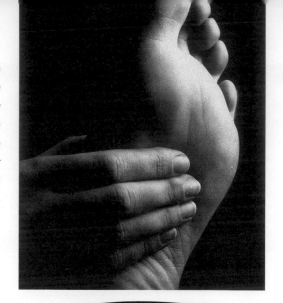

DERECHA *Los calambres son una contracción involuntaria y repentina de un músculo y pueden aparecer en cualquier parte del cuerpo pero ocurren con mayor frecuencia en las piernas y en los pies.*

## DIAGNÓSTICO DE CALAMBRE

- Dolor repentino y continuo en un músculo, por lo general en una pantorrilla o en un pie
- El dolor puede aparecer durante el ejercicio o en la noche

**HUESOS Y MÚSCULOS**

# calambre

Esta condición repentina y muy dolorosa, sucede con mayor frecuencia en los músculos de las pantorrillas, pero puede suceder en cualquier parte del cuerpo y es extremadamente incómoda pues deja la sensación de una patada de mula. La sabiduría popular dice que se debe a deficiencia de sal, pero a menos que se pare toda la noche frente a un horno de pan en el trópico o juegue 5 sets de la final del Gran Abierto de tenis a 40 °C éste nunca es el caso. Es mucho más posible que sea una deficiencia de potasio. Los calambres también se presentan cuando los músculos no están recibiendo suficiente oxígeno debido a una deficiencia en el suministro de sangre. Los calambres nocturnos son comunes en las mujeres embarazadas y en las personas de edad, pero también pueden ser un signo de una enfermedad seria, como la diabetes.

## LLAME AL MÉDICO

- Si ha tenido dolor en el pecho o en las pantorrillas durante el ejercicio.

## EJERCICIO

EL EJERCICIO EXCESIVO acumula en los músculos el ácido láctico que causa los calambres. Por el contrario, el ejercicio suave y regular ayuda a tonificar los músculos y a mejora el flujo sanguíneo constituyendo una excelente herramienta contra los calambres nocturnos.

## MEDICINA CONVENCIONAL

El calambre y el dolor desaparecen cuando el músculo se relaja para lo cual es necesario descansar durante unos pocos minutos. Los calambres nocturnos por lo general se alivian estirando y masajeando el músculo afectado.

Un dolor en el pecho o en las pantorrillas durante el ejercicio, que desaparece al descansar, puede ser más serio y requerir atención médica.

## REMEDIO CULINARIO

- Un vaso de agua tónica a la hora de ir a la cama (sin ginebra) generalmente ayuda, debido a su contenido de quinina.

## OTRAS AYUDAS

**REFLEXOLOGÍA**: trabaje el área correspondiente sobre las manos o los pies.

**YOGA**: haga giros suaves acostado y posturas como rodillas sobre pecho, Shitali o Sitkari.

Para hacer la postura rodillas sobre pecho, acuéstese sobre su espalda y lleve sus rodillas hasta el pecho.

Acostado, doble las piernas manteniendo los pies sobre el piso. Exhale y lleve las rodillas hacia la derecha, inhale y regrese al centro, luego hágalo hacia la izquierda.

También puede hacer giros acostado, con los pies y las rodillas separadas: experimente para descubrir la postura que más lo beneficia.

## REMEDIOS HERBALES

 Las decocciones de bola de nieve o viburno combaten los calambres persistentes, y la infusión de ñame silvestre, manzanilla o hinojo, alivia los calambres estomacales.

■ **Posología:**
Añada una cucharadita de bola de nieve o viburno a 1 ½ tazas de agua y cocine a fuego lento por diez minutos. Mezcle cinco gotas de aceite de ciprés, mejorana y albahaca con 15 ml (una cucharadita de aceite de almendra, y úselo como ungüento.

## AROMATERAPIA

🌿 GERANIO *Pelargonium graveolens*
🌿 JENGIBRE *Zingiber officinale*
🌿 CIPRÉS *Cupressus sempervirens*
Estos aceites incrementan la circulación y calientan los músculos evitando los calambres.

**Aplicación:**
Úselos en compresas, en la tina o en un baño de pies. Cuando hay propensión a los calambres es mejor prevenir, haga masajes en los pies y en las piernas antes de ir a la cama.

## NUTRICIÓN

 Una buena alimentación es la clave para evitar los calambres a largo plazo. Si sufre de calambres coma por lo menos un banano al día. La vitamina E ayuda a la circulación, coma aguacates, nueces, semillas y aceite de oliva. Las sardinas contienen ácidos grasos Omega 3, muy benéficos, y proporcionan calcio al igual que los productos lácteos. Tome yogurt probiótico por su riboflavina y huevos por su vitamina B12.

## REMEDIOS HOMEOPÁTICOS

🌿 **CUPRUM METALLICUM 6C** para calambres violentos repentinos en las pantorrillas en la noche o durante el embarazo. Intente este remedio primero.
🌿 **MAGNESIUM PHOSPHORICUM 6C** para calambre del escribiente, ocasionado por esfuerzos prolongados, o en las pantorrillas que mejoran al frotarse.
🌿 **NUX VOMICA 6C** para calambres en las pantorrillas y las plantas de los pies, con muchos espasmos musculares. Dificultad para dormir, sueño alterado. Persona irritable.
**Posología**: una tableta antes de ir a dormir, máximo 2 semanas.

## MEDIDAS *preventivas*

Si el calambre es causado por mala circulación, frote las piernas desde las rodillas hacia abajo con esponjas calientes y frías de manera alterna durante 5 minutos antes de ir a la cama.

**RELAJACIÓN**: *los calambres causados por los gajes del oficio, se presentan en escritores, músicos, mecanógrafos y similares, debido a movimientos lentos repetitivos. Estos problemas se ven agravados por el estrés o la tensión. Practique técnicas de relajación y tome descansos regulares para cambiar el patrón. Si el problema persiste busque a un especialista.*

**NUTRICIÓN**: *tome 400 UI diarias de vitamina E y un buen suplemento mineral que contenga calcio, potasio y magnesio.*

ARRIBA *Como parte de su rutina para ir a la cama, frote el área de las pantorrillas afectada con esponjas sumergidas en agua caliente y fría, de manera alternada.*

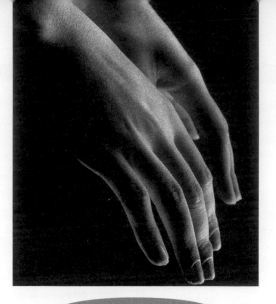

DERECHA *La lesión por tensión muscular repetitiva puede parecer un problema moderno asociado con el uso del computador, pero cualquier tarea repetitiva que involucre las manos, las muñecas, los brazos, los hombros y el cuello puede ocasionarla.*

## DIAGNÓSTICO DE LESIÓN POR TENSIÓN MUSCULAR REPETITIVA

- Dolor en las manos, los brazos o el cuello
- Por lo general relacionado con el uso de un teclado por largos periodos

**HUESOS Y MÚSCULOS**

# lesión por tensión muscular repetitiva *LTMR*

Es el resultado del uso excesivo de la parte superior del cuerpo durante un trabajo. *Pese a que el término LTMR se ha vuelto popular, esta dolencia debería llamarse lesión de las extremidades superiores relacionada con el trabajo, pues casi siempre involucra dolor en las muñecas, los antebrazos, los hombros y el cuello. El dolor puede ocurrir en cualquiera de estas áreas, en algunas o en todas. Muchos de los tratamientos resultan infructuosos, la mejor solución es el descanso y los remedios caseros.*

## REMEDIO CULINARIO

■ Mantenga una bolsa grande de arvejas congeladas (empacadas sueltas, o en una bolsa plástica grande) para usarla en reemplazo de una bolsa de hielo y márquelas para que no las coma por error.

*Para evitar quemaduras por hielo, cubra el área con una toalla y encima coloque la bolsa por diez minutos. Haga un masaje sobre el área con una franela caliente, y luego con una toalla áspera. Repita hasta tres veces al día.*

## MEDICINA CONVENCIONAL

✚ Prevenga el dolor descansando del teclado a intervalos regulares. Asegúrese de que su teclado, monitor y escritorio sean cómodos y ergonómicamente seguros. Si aparce el dolor, descanse hasta que desaparezca. Si persiste, intente un analgésico antiinflamatorio no esteroide.

Su médico puede sugerirle que busque consejo de un especialista.

*Posología ~*

**Adultos**

■ Tome de una a dos tabletas de analgésico al inicio del dolor. Repita cada cuatro horas. Lea el empaque para detalles.

## AROMATERAPIA

🌿 LAVANDA
*Lavandula angustifolia*

🌿 MANZANILLA ROMANA
*Chamaemelum nobile*

🌿 ROMERO
*Rosmarinus officinalis*

🌿 JENGIBRE
*Zingiber officinale*

🌿 MEJORANA
*Origanum majorana*

🌿 ENEBRO
*Juniperus communis*

Los aceites esenciales no deben ser utilizados para ocultar el dolor, sino para aplicar tratamientos que le ayudarán a la circulación, a calentar los músculos y a disminuir el dolor, una vez haya suspendido el movimiento que creó el problema. El enebro también ayuda a remover las toxinas que generan el dolor.

**Aplicación:**
Úselos para hacer un masaje alrededor del área afectada, para baños de manos o de pies, o en la tina. Lo importante es identificar el movimiento que crea el problema con el fin de disminuirlo o suspenderlo del todo.

## REMEDIOS HERBALES

Las hierbas antiinflamatorias como la ulmaria, el sauce blanco o la hierba de san Juan pueden ser de gran ayuda en infusión.

■ **Posología:**
Utilice dos cucharaditas de estas hierbas por taza.

Frote las hierbas sugeridas para aliviar el reumatismo y la artritis (ver p. 110 y 104).

Algunas personas que sufren de LTMR crónica se pueden beneficiar de las hierbas contra el estrés, como el ginseng siberiano, el tragacanto y los hongos shiitake.

## REMEDIOS HOMEOPÁTICOS

🌿 ARNICA **6**C para la sensacion de magulladuras en los músculos y en los tendones. Dolores musculares después de un gran esfuerzo. Empeora en clima húmedo y por movimiento continuo. La persona asegura estar bien aunque no lo está.

🌿 CAUSTICUM **6**C para ardor en tendones inflamados. El dolor empeora con viento frío o con sobreesfuerzo. Síndrome del túnel carpiano.

🌿 STAPHYSAGRIA **6**C para dolor intenso en los brazos que se sienten como si los hubieran golpeado. Empeora con el movimiento y el tacto. Hipersensibilidad, irascibilidad
**Posología:** una tableta dos veces al día. Máximo por dos semanas.

## OTRAS AYUDAS

**ACUPRESIÓN**: no es apropiada para la LTMR, aunque la acupuntura tradicional puede ser efectiva.
**TÉCNICA DE ALEXANDER**: la LMTR, como muchas otras dolencias, involucra el exceso de uso de unos músculos a expensa de otros. Practicar la técnica de

Alexander con énfasis en la buena postura, sin lugar a dudas aliviará los síntomas si es que, de hecho, no ayuda a prevenir su recurrencia.
**REFLEXOLOGÍA**: es posible que un tratamiento de reflexología sirva para tratar la LTMR: intente aplicarlo en las manos o los pies del lado afectado.

## NUTRICIÓN

Puesto que la LTMR es una inflamación, **coma alimentos** que contengan antiinflamatorios naturales: pescado graso, frutas y vegetales rojos y verde oscuro, cítricos, nueces, semillas y aceite de oliva (vitaminas antioxidantes A, C y E); huevos, levadura de cerveza y nueces de Brasil, por el selenio, mineral antioxidante. Su consumo regular fortalecerá los mecanismos de autorregulación del cuerpo.

**Evite** las carnes rojas, consuma aves, pescado blanco, legumbres y cereales de grano entero por sus proteínas.

## EJERCICIO

EL EJERCICIO APROPIADO le ayudará pero una actividad equivocada puede empeorar la situación. Es necesario ver a un osteópata o a un fisioterapeuta con el fin de que evalúe su condición y le prescriba ejercicios específicos.

## MEDIDAS
*preventivas*

La LTMR es causada por actividades repetitivas continuas, en una línea de montaje, en la cocina, en la caja de un supermercado y más comúnmente, frente a un teclado de computador. Por esta razón, es en el lugar de trabajo en donde debe empezar a tomar medidas preventivas.

**MUEBLES DE OFICINA**: *para reducir riesgos debe tener una silla diseñada para graduar la altura, con espaldar y brazos. Es importante el apoyo para los pies y la altura del escritorio apropiada para el trabajo que realiza. El centro de la pantalla de su computador debe estar a la misma altura que sus ojos. Debe tener un portapapeles cuando escribe y necesita referirse constantemente a los documentos y un espacio al borde del escritorio para la barra acolchonada para las muñecas. Si su trabajo requiere utilizar el teléfono y el teclado al mismo tiempo durante largos periodos, necesita un manos libres para el teléfono.*

**DESCANSO**: *es importante que tome descansos regulares del teclado. Diez minutos cada hora es lo mínimo para prevenir lesiones y en un mundo perfecto, nadie debería estar más de tres horas ante un teclado.*

**SEÑALES DE ALERTA**: *si siente la más mínima señal de dolor en las muñecas, los antebrazos, los codos o los hombros después de una hora o dos de trabajo, hable con su jefe inmediato o gerente de recursos humanos y solicite consejo médico inmediatamente. Si permite que la LTMR se posicione, puede representar semanas o meses fuera del trabajo, o peor aún puede verse forzado a cambiar de tipo de trabajo.*

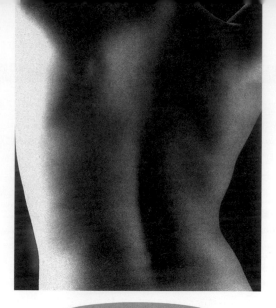

DERECHA *El dolor de espalda se puede presentar en cualquier parte de la columna, pero el más común es en la parte inferior de la espalda. Dado que la espalda soporta todo el peso de la cabeza y del cuerpo, y que la mayoría de los movimientos del cuerpo la involucran, es objeto de una gran cantidad de estrés.*

## DIAGNÓSTICO DE DOLOR DE ESPALDA
- Puede tratarse de un dolor repentino o permanente
- Con frecuencia empeora después de estar sentado o de pie por periodos largos
- El dolor lumbar puede producir dolor en la pierna

**HUESOS Y MÚSCULOS**

# dolor de espalda

Todos tenemos cerca de un 90% de probabilidades de sufrir de dolor de espalda en algún momento de la vida y, una vez aparece, existe el doble de probabilidad de tenerlo de nuevo. Pese a que la mayoría de las causas del dolor de espalda desaparecen con fisioterapia en las primeras seis semanas, en algunos casos la única salida es la cirugía. El mejor tratamiento es la prevención, pero si usted ya tiene esta dolencia, debe dar los pasos necesarios para evitar su recurrencia, manteniendo la espalda fuerte, saludable y elástica. Si tiene un dolor de espalda severo, no se quede acostado durante más de 48 horas y busque ayuda profesional de inmediato.

## MEDICINA CONVENCIONAL

Un analgésico combinado con un relajante muscular prescrito, tomados con regularidad le ayudarán a aliviar el espasmo muscular y a evitar tener que tomar analgésicos más fuertes. Evite permanecer acostado durante mucho tiempo. Las evidencias sugieren que continuar con las actividades normales ayuda en la recuperación y reduce las probabilidades de desarrollar un problema de espalda a largo plazo. La mayoría de los dolores de espalda son de corta duración y se autorregulan, pero si el problema persiste debe buscar cuanto antes un fisioterapeuta.

*Posología ~*
**Adultos**
- Una o dos tabletas de analgésico. Repita cada 4 horas. Lea el empaque para detalles.
**Niños**
- Suministre dosis regulares de analgésico líquido. Consulte el empaque o siga el consejo médico.

## REMEDIO CULINARIO

■ Aplique una compresa caliente de hojas de repollo molido o intente una de mis recetas favoritas, cataplasma de salvado y mostaza: mezcle 4 tazas de salvado con 4 cucharaditas de polvo de mostaza seca. Ponga la mezcla al baño María y tape. Una vez caliente, coloque la mezcla en dos pedazos de muselina a manera de bolsas y coloque sobre el área adolorida, y mantenga la otra caliente en el horno. Cambie la bolsa cuando se enfríe y hágalo por 15 minutos; dos o tres veces al día.

## NUTRICIÓN

ARRIBA *Las semillas de apio combaten la retención de líquido y el nabo alivia la inflamación de los músculos.*

Coma buenas cantidades de apio para eliminar líquidos, de perejil por sus efectos antiinflamatorios, de piña para obtener enzimas contra el dolor, y pescado graso para mantener la elasticidad. Reduzca el consumo de cafeína y evite el exceso de peso que ejerce presión sobre la columna.

## REMEDIOS HERBALES

Los remedios herbales sirven para aliviar los síntomas pero cuando se trata de una falla mecánica como una hernia discal, es más útil la fisioterapia.

■ Posología:
Ciertos dolores lumbares pueden ser el resultado de un problema de riñones. Remedios como la barosma, el maíz y la grama (dos cucharaditas de cada uno por taza) pueden ser de gran ayuda. Para aliviar un punto específico, remoje una compresa en 100 ml (3 oz) de agua caliente con tinturas de bola de nieve (15 ml o una cucharada) y de canela (5 ml o una cuchardita) y aplíquelas. Caliéntela de nuevo y úsela cuando quiera. Desinflamatorios como la garra del diablo (cápsulas de 6 x 200 mg diarios) también ayudan.

CANELA

ARRIBA *Para el dolor de espalda, la canela en compresas es útil, pues calma los riñones.*

## OTRAS AYUDAS

**ACUPRESIÓN**: trabaje los puntos 17, 24 y 25, y también los puntos 31, 35 y 39.

**TÉCNICA DE ALEXANDER**: cuando algunos músculos se encogen demasiado bloquean otros causando un desequilibrio muscular que contribuye al dolor de espalda. Practicar la técnica de Alexander ayuda a evitar que este problema se vuelva recurrente enseñándole a usar el cuerpo de forma equilibrada.

**REFLEXOLOGÍA**: los reflejos de la columna están en los arcos mediales longitudinales internos del pie. Trabaje las áreas más sensibles y adoloridas. Verifique los reflejos del cuello y de la pelvis. El tratamiento de primeros auxilios para aliviar dolores sintomáticos requiere una presión firme.

**YOGA**: si el dolor se lo permite, acuéstese con las piernas dobladas y los pies planos sobre el piso, relájese todo lo que pueda y exhale profunda y lentamente, mínimo 12 respiraciones. Si puede, intente algunos movimientos sencillos de brazos al tiempo con la respiración, pero no haga nada que produzca dolor o que crea inconveniente.

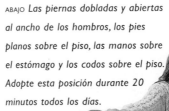

ARRIBA *La técnica de Alexander le enseñará a adoptar una buena postura acostado: la cabeza debe estar alineada con el cuerpo.*

ABAJO *Las piernas dobladas y abiertas al ancho de los hombros, los pies planos sobre el piso, las manos sobre el estómago y los codos sobre el piso. Adopte esta posición durante 20 minutos todos los días.*

## MEDIDAS *preventivas*

**POSTURA**: es esencial mantener una buena postura en el trabajo, en su tiempo libre y en la casa. La silla y la mesa de trabajo, la cama y demás sillas, deben ser adecuadas en términos de altura y apoyo para los brazos, de manera que pueda sentarse erguido.

**ACTIVIDADES DIARIAS**: evite los tacones y cargar sobre el hombro bolsos pesados. Nunca se agache y gire al mismo tiempo, mantenga su peso, no levante cargas pesadas y cuando lo haga siempre mantenga la espalda recta. Cuando trabaje en la casa o en el jardín, haga varias cosas alternadamente para evitar hacer el mismo movimiento por periodos largos.

## REMEDIOS HOMEOPÁTICOS

Entumecimiento en la parte lumbar e incontinencia requieren una valoración médica urgente.

🐜 BRYONIA 6C para la rigidez en la región lumbar, debido a los cambios de clima. Inicio lento que empeora con el más mínimo movimiento. Mejora al aplicar presión, frío y al descansar.

🐜 GNAPHALIUM 6C para el dolor que se extiende a la pierna (ciática) y rigidez. Empeora sobre el lado

derecho, al moverse y al estar acostado. Mejora al sentarse y al levantar las piernas.

🐜 TELLURIUM 6C para cuando hay dolor al extender la pierna hacia abajo (ciática), al lado derecho. El dolor empeora al toser, estornudar, al defecar o al tacto. También sirve para el lumbago.

**Posología**: una tableta cada 2 a 4 horas si es necesario, durante 3 ó 4 días.

## AROMATERAPIA

Es importante tener un buen diagnóstico antes de decidir el aceite que va a utilizar.

**Para problemas musculares:**

🐜 LAVANDA
*Lavandula angustifolia*
🐜 JENGIBRE
*Zingiber officinale*
🐜 MEJORANA
*Origanum majorana*

**Para dolor de riñones:**

🐜 LAVANDA
*Lavandula angustifolia*
🐜 MANZANILLA ROMANA
*Chamaemelum nobile*

**Para problemas discales:**

🐜 LAVANDA
*Lavandula angustifolia*
🐜 MANZANILLA ROMANA
*Chamaemelum nobile*
🐜 MEJORANA
*Origanum majorana*

Los aceites para los problemas musculares calientan y calman, mientras que aquellos para el dolor de riñones y para los problemas discales son tranquilizantes y ayudan a eliminar el dolor.

**Aplicación:**

Tanto los aceites para los dolores musculares como los que sirven para el dolor de los riñones y para los problemas discales, se pueden utilizar en un masaje, en el baño o en compresas para calmar la inflamación. Si el dolor de espalda aparece durante la menstruación, el mejor aceite es el de esclarea frotado o en compresas, periódicamente.

Para el dolor de espalda causado por estrés, tome un buen masaje con aceites desestresantes (*ver p. 60*) y aceites musculares calientes.

PARA LA MAYORÍA DE LOS PROBLEMAS DE ESPALDA LOS SIGUIENTES doce ejercicios darán fortaleza y movilidad. Realícelos diariamente durante 10 minutos. Si alguno de ellos incrementa el dolor, suspéndalo durante unos días e inténtelo después. Tómelo con calma, no se trata de ganar una medalla olímpica. Muchos de los pacientes se enfurecen con sus dolores, no lo haga. Lo que debe hacer es recuperar el equilibrio poniéndose en forma.

**1. APRETAR LA COLA**
POSICIÓN: acostada sobre la espalda, rodillas dobladas, pies planos sobre el piso.
EJERCICIO: utilice los músculos abdominales para hundir el estómago. La espalda debe estar plana sobre el piso. Levante la pelvis sin elevar el área lumbar. Sostenga durante 5 segundos. Relaje la pelvis 5 segundos. Repita cinco veces sosteniendo una respiración normal.

**1. APRETAR LA COLA**

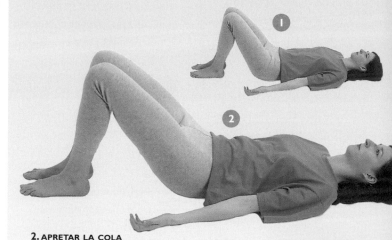

**2. APRETAR LA COLA CON LAS PIERNAS ESTIRADAS**
POSICIÓN: igual que en el ejercicio N°. 1.
EJERCICIO: igual que en el ejercicio N°. 1, pero estire gradualmente las piernas. Este ejercicio prepara para el N°. 3.

**3. APRETAR LA COLA DE PIE**
POSICIÓN: párese con la espalda contra una pared, pies separados a una distancia de 15-24 cm (6-9 in) de la pared.
EJERCICIO: aplane el área lumbar contra la pared utilizando los músculos abdominales. No doble las rodillas. Sostenga por cinco segundos. Relaje y repita cinco veces. Mantenga una respiración normal. Puede practicar este ejercicio contra una pared imaginaria en cualquier momento en que se encuentre de pie.

**3. APRETAR LA COLA DE PIE**

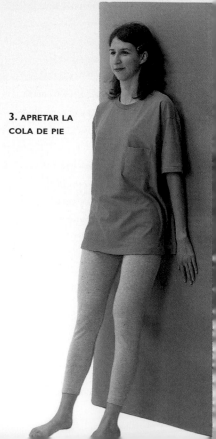

**4. POSICIÓN DEL ESQUIADOR APRETANDO LA COLA**
POSICIÓN: tal como en el ejercicio No. 3.
EJERCICIO: igual que el anterior pero doble lentamente las rodillas manteniendo la espalda plana

## EJERCICIO

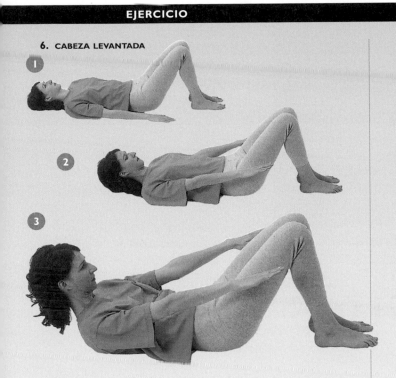

### 6. CABEZA LEVANTADA

### 9. ESTIRAMIENTOS PARA PROTEGER LOS TENDONES DE LAS CORVAS
Los tendones de las corvas están en la parte opuesta a la rodilla. Estirarlos al mismo tiempo puede hacer más daño que beneficio.
**POSICIÓN:** siéntese sobre el piso una rodilla completamente doblada, con el pie plano sobre el piso.
**EJERCICIO:** deje caer la rodilla hacia afuera y balanceándola ligeramente, intente tocar el pie de la pierna estirada con las manos durante 20 segundos. Descanse, cambie de pierna y repita.

### 10. LEVANTAMIENTO DE PIERNAS
Levantar las dos piernas tensiona la espalda. Hasta que haya realizado su plan de ejercicio durante varias semanas, levante una pierna a la vez. Después, apoye los pies en un banco pequeño y levántelas al mismo tiempo.
**POSICIÓN:** acuéstese sobre la espalda, una pierna doblada con el pie plano sobre el piso y la otra pierna estirada. Apriete los glúteos y mantenga esta posición.
**EJERCICIO:** sin doblar la rodilla de la pierna estirada llévela hacia arriba hasta que quede a nivel de la pierna doblada. Sostenga durante 5 segundos, baje despacio y descanse por 5 segundos. Repita cinco veces, cambie de pierna, luego efectúe 5 levantamientos más, con la otra pierna.

### 11. PRESIÓN SOBRE LA PIERNA CONTRARIA
Este es un ejercicio isométrico (tonifica el cuerpo oponiendo un músculo al otro) para fortalecer los músculos abdominales.
**POSICIÓN:** acuéstese sobre la espalda, rodillas dobladas, pies planos sobre el piso.
**EJERCICIO:** apriete los glúteos y mantenga esta posición durante todo el ejercicio. Levante la rodilla derecha hasta que la pantorrilla esté paralela al piso. Ahora, ponga la mano izquierda sobre la rodilla derecha, manteniendo el brazo recto. Levante la cabeza, meta la barbilla dentro del pecho y empuje la mano contra la rodilla y la rodilla contra la mano utilizando la fuerza del hombro y del brazo contra la rodilla y la cadera. Sostenga la presión durante 5 segundos y reléjese. Repita cinco veces, luego cambie de lado y repita cinco veces. Recuerde: ejercicio isométrico = ningún movimiento.

### 12. CRUZAR SENTADO
**POSICIÓN:** acuéstese sobre la espalda, piernas rectas.
**EJERCICIO:** apriete los glúteos y mantenga esta posición abriendo las piernas 45°. Meta la barbilla en el pecho y ponga el brazo derecho cruzando el cuerpo. Empuje el hombro derecho hacia la pierna izquierda, levante el tronco hasta que las paletas no toquen el piso. Descanse y repita cinco veces. Cambie de lado.

### 9. ESTIRAMIENTOS PARA PROTEGER LOS TENDONES DE LAS CORVAS

contra la pared. Sostenga durante 15 segundos. Repita tres veces con 5 segundos de descanso. No permita que la espalda plana se retire de la pared. Poco a poco podrá aumentar la flexión de las rodillas hasta 90°, como si se sentara en una silla imaginaria. Lleve a cabo este ejercicio hasta que pueda sostener esta posición durante 60 segundos.

### 5. LOS DOS CENTAVOS DEL VAGABUNDO
**POSICIÓN:** erguido, coloque dos monedas entre las nalgas.
**EJERCICIO:** aplane la parte baja de la espalda y sostenga las monedas firmemente en su lugar, camine alrededor de la habitación durante un minuto.

### 6. CABEZA LEVANTADA
**POSICIÓN:** descanse sobre la espalda, rodillas dobladas, pies planos sobre el piso.
**EJERCICIO:** espalda plana sobre el piso. Levante los brazos, barbilla sobre el pecho. Incorpórese hasta que despegue las paletas del piso. Sostenga durante 5 segundos. Descanse. Mantenga apretados los glúteos. Vaya aumentando hasta 10 repeticiones.

### 7. SENTARSE
Es necesario ejercitarse en esta posición antes de intentar el ejercicio abdominal.
**POSICIÓN:** siéntese en el piso, rodillas dobladas, brazos alrededor de las rodillas.
**EJERCICIO:** inclínese despacio hacia atrás utilizando los brazos para soportar el peso del tronco. Luego utilice los brazos para volver a la posición sentado. Descanse durante 5 segundos. Repita 10 veces. En la medida en que los músculos abdominales obtienen fortaleza puede reducir el apoyo de las manos y de los brazos hasta que pueda hacer este ejercicio diez veces sin sostener las rodillas. Sólo entonces puede pasar al siguiente ejercicio.

### 8. SENTARSE Y TOCARSE LOS DEDOS DE LOS PIES
**POSICIÓN:** acostado sobre la espalda, rodillas dobladas, pies planos sobre el piso.
**EJERCICIO:** glúteos apretados, barbilla sobre el pecho y manos a los costados. Incorpórese desde el cuello manteniendo los glúteos apretados. Cuando esté erguido, estire las piernas y los brazos hasta tocar los dedos de los pies, luego vuelva al piso despacio, doblando las rodillas. Vaya en aumento hasta efectuar 10 repeticiones.

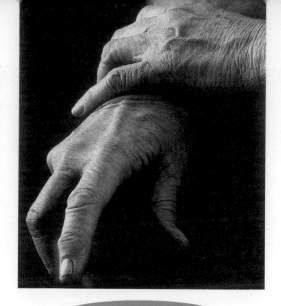

DERECHA *La artritis causa inflamación en las articulaciones. La artritis reumatoide afecta los dedos, las muñecas, los codos, los hombros, las rodillas, los tobillos y los pies.*

## DIAGNÓSTICO DE ARTRITIS

- Las articulaciones se hinchan, enrojecen y deforman
- Dolor y articulaciones entumidas

HUESOS Y MÚSCULOS

# artritis

Existen más de 200 formas diferentes de artritis que afectan las articulaciones. Aunque esta dolencia oscila entre molestias causadas por una lesión de 20 años atrás hasta la severa incapacidad que produce la artritis reumatoide, siempre están presentes el dolor y la rigidez. Las condiciones más críticas no responden a los remedios caseros pero todo tipo de artritis responderá a una dieta que alivie la severidad de los síntomas. La osteoartritis y la artritis reumatoide también responden a tratamientos que puede hacer usted mismo aunque estos no sustituyen la cirugía o las terapias con medicamentos.

## REMEDIOS CULINARIOS

■ Los cataplasmas con hojas de repollo son de gran ayuda para la inflamación de las articulaciones (gota, osteoartritis o reumatoide). Con un rodillo de cocina o con el mango de un cuchillo, muela una o dos hojas verde oscuro y caliente en el microondas, al baño de María, en el horno o en la estufa. Aplíquelas alrededor de la articulación afectada. Cubra con una toalla y deje durante 15 minutos, repita una o dos veces al día. Se sorprenderá del alivio que proporciona esta receta.

■ Pese a que no hay evidencia científica, existen muchas anécdotas sobre las cualidades del jengibre. Tome infusión de jengibre (p.190) y utilice las raíces en sus comidas.

## MEDICINA CONVENCIONAL

✚ Los síntomas de la artritis pueden disminuirse con analgésicos como aspirina o acetaminofén y el dolor de las articulaciones con un vendaje firme. También ayuda mantenerlas calientes. Es importante hacer ejercicios suaves para conservar su flexibiliad.

*Posología ~*

**Adultos**

■ Suministre de una a dos tabletas de analgésico al inicio de la fiebre. Repita cada 4 horas. Lea el empaque para detalles.

**Niños**

■ Suministre dosis regulares de analgésico líquido, consulte el empaque para detalles o siga el consejo médico.

## EJERCICIO

EL EJERCICIO es vital para conservar flexibles las articulaciones y mantener en forma los músculos que las recubren, disminuyendo el dolor. El ejercicio debe ser apropiado para su condición y cuando exista una lesión de articulaciones severa, no debe levantar ningún peso. Los ejercicios acuáticos, como la natación son ideales.

## REMEDIOS HERBALES

 Hierbas antiinflamatorias como el abedul, la ulmaria, el cohosh negro, el álamo y el sauce son utilizados, usualmente en infusión. La savia del abedul, recogida en el otoño y tomada en cucharaditas, ha sido siempre un remedio muy popular al igual que la raíz de garra del diablo del Kalahari.

**Posología:**

■ Tome diariamente cápsulas (hasta 3 g) de raíz de garra del diablo en polvo, por lo menos durante 4 semanas.

Alivie el dolor mezclando diez gotas de romero o de aceite de gaulteria con 5 ml (1 cucharadita) de aceite de consuelda para hacer masajes.

## REMEDIOS HOMEOPÁTICOS

 Es aconsejable consultar a un homeópata calificado sobre este tipo de dolencias (ver *Reumatismo p. 110*).

BRYONIA 6C para articulaciones enrojecidas, calientes y muy adoloridas. Empeora con pequeños movimientos. Mejora al apretar la articulación y con el calor. Resequedad en la boca y sed.

GUAIACUM 6 C para articulaciones nudosas, necesidad de estirar los tendones. Empeoran con calor o al moverlas y mejoran con el frío.

RHODODENDRUM 6C para artritis que afecta las articulaciones más pequeñas y debilitadas. Empeora con los cambios de temperatura y antes de las tormentas o inviernos muy fríos. Mejora con el calor.

**Posología:** Tomar una tableta, tres veces al día, máximo un mes.

## OTRAS AYUDAS

ACUPRESIÓN: ésta es una excelente forma de controlar el dolor. Trabaje los puntos 6, 7, 8 y 9 para el dolor de brazos, hombros y dedos; y los puntos 13, 14, 15 y 16 para las caderas y miembros inferiores. Tenga en cuenta los puntos 17, 18 y 19 para molestia general.

**TÉCNICA DE ALEXANDER:** esta terapia puede ser de gran beneficio para quienes sufren de artritis ya que reduce las tensiones musculares producto de un exceso de presión sobre las articulaciones. Alivia el dolor y mejora la circulación.

**REFLEXOLOGÍA:** es importante trabajar todas las articulaciones de las manos y de los pies para calmar el dolor y aumentar su movilidad.

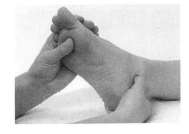

ARRIBA *Rotar los tobillos alivia el dolor de las articulaciones de la cadera.*

Para aliviar las articulaciones de la cadera rote los tobillos, y para el cuello, el dedo gordo del pie.

**YOGA:** no se desespere con las limitaciones que implica esta dolencia. Practicar yoga es muy importante. Hágalo despacio y mueva las articulaciones afectadas sin causarles daño. No debe ejercitarlas si están inflamadas.

## AROMATERAPIA

LAVANDA
*Lavandula angustifolia*

MANZANILLA ROMANA
*Chamaemelum nobile*

EUCALIPTO
*Eucalyptus radiata*

ENEBRO
*Juniperus communis*

JENGIBRE
*Zingiber officinale*

Estos aceites tienen un efecto analgésico y calmante, especialmente para los dolores localizados. Existe una gran variedad de aceites para esta dolencia, encuentre el que le dé mejores resultados.

**Aplicación:**
Utilícelos en baños de pies o de manos, dependiendo de la localización del dolor, y en masajes corporales. Si su problema de articulaciones es muy reciente verifique que los niveles de estrés estén controlados.

### PRECAUCIÓN

**Después de aplicar compresas o de tomar un baño caliente en las manos, los pies o el cuerpo, mueva las articulaciones todo lo que pueda porque el calor causa un poco de congestión que puede empeorar el problema.**

## NUTRICIÓN

 Para todas las condiciones artríticas, excepto gota:

**Coma abundante** pescado graso y mariscos (Omega 3), batatas, brócoli, albaricoque, zanahoria e hígado (vitamina A y betacaroteno), frutas cítricas, fresas, kiwis y verduras verde oscuro (vitamina C y bioflavonoides); aceite de oliva, semillas de girasol, nueces sin sal y aguacates (vitamina E).

**Reduzca** el consumo de carnes rojas, café y aves de caza.

Los que sufren de gota deben evitar el licor, aves de caza, menudencias, levadura y extractos de carne, pescado graso, huevas de pescado, mejillones y valvas.

## MEDIDAS *preventivas*

**CONTROL DE PESO:** *el exceso de peso añade estrés sobre todas las articulaciones y crea las condiciones para desarrollar artritis en la parte baja de la columna, en la cadera, los tobillos y los pies.*

**CUIDADO DE LOS PIES:** *los zapatos inapropiados (tacones muy altos o puntudos, o peor aún, ambas cosas), son una garantía de juanetes (artritis en la articulación del dedo gordo del pie).*

**TROTAR Y CORRER UNA MARATÓN:** *el hombre está diseñado para correr y por lo tanto es saludable hacerlo sobre arena suave, prado o una alfombra de hojas en el bosque. Correr sobre el pavimento es otra cosa, puesto que los pies golpean el suelo miles de veces por milla. Este impacto aumenta dramáticamente el riesgo de desarrollar artritis en todas las articulaciones del cuerpo, riesgo que corren inclusive los atletas altamente calificados.*

**DIETA:** *un alto consumo de pescado graso y de mariscos (ver Nutrición) asegura al organismo la presencia de los protectores ácidos grasos Omega 3 y un suministro constante de vitamina D que, combinada con calcio, da como resultado huesos fuertes, menos propensos a lesiones. Para eliminar el ácido úrico incluya en su dieta perejil, apio y berros.*

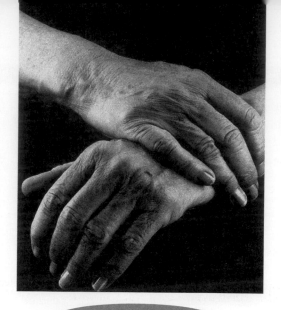

DERECHA *La osteoartritis afecta principalmente la cadera, las rodillas, la columna y los dedos, y desgasta los cartílagos que actúan como cojines y que están ubicados entre los huesos.*

## DIAGNÓSTICO DE OSTEOARTRITIS

- Rigidez, dolor en las articulaciones
- Puede afectar cualquier articulación pero es más común en la cadera, las rodillas y los dedos
- Con frecuencia las articulaciones afectadas se endurecen e inflaman

**HUESOS Y MÚSCULOS**

# osteoartritis

*Es muy común entender la osteoartritis como el desgaste a largo plazo de las articulaciones que soportan el peso del cuerpo, como resultado de las actividades diarias. Sin embargo, ésta no es la única causa. Una lesión o fractura antiguas, la lesión de un cartílago (especialmente el de la rodilla), infecciones previas y deformidades congénitas como desviaciones de la columna o juanetes, también pueden desencadenarla.*

## NUTRICIÓN

Los pescados grasos son un grupo importante de alimentos para cualquier persona que sufra de osteoartritis. Los ácidos grasos Omega 3 que contiene el pescado son antiinflamatorios naturales y ayudan a mantener la movilidad de las articulaciones afectadas.

**Consuma abundante** hígado, zanahoria, batata, espinaca, brócoli, albaricoques, mangos y melón (vitamina A y betacaroteno), todos los vegetales de hojas verdes, frutas cítricas, kiwis, pimientos rojo, verde y amarillo (vitamina C), que ayudan a proteger las articulaciones de lesiones adicionales.

Ésta es una de las enfermedades en las que es mejor evitar las carnes rojas y sus derivados. En su lugar, tome proteínas del pescado, las aves, las nueces, las semillas y los granos junto con los huevos y pequeñas cantidades de productos lácteos bajos en grasa.

## MEDICINA CONVENCIONAL

Mantenerse tan activo como sea posible ayudará a conservar flexibles las articulaciones afectadas, a incrementar la fuerza, tonificar los músculos y a controlar el peso que puede agravar la osteoartritis. Para mantenerse activo es posible que necesite tomar analgésicos o utilizar ayudas mecánicas como un caminador o un bastón. Si es el caso, el médico ordenará fisioterapia. Los casos críticos pueden requerir un transplante de la articulación, lo cual ofrece toda una nueva perspectiva de vida.

*Posología ~*
**Adultos**
■ Tome de una o dos tabletas de analgésico cuando aparezca el dolor. Repita cada 4 horas. Lea el empaque para detalles.

## EJERCICIO

EL EJERCICIO es vital para las personas que sufren de osteoartritis. La cantidad y tipo de ejercicio dependerá de cada caso, pero mantener fuertes los músculos que soportan el cuerpo es una manera segura de reducir el dolor. La inmovilidad incrementa la rigidez y disminuye la fuerza muscular, combinación fatal para las articulaciones artríticas.

## REMEDIOS CULINARIOS

■ La infusión de jengibre es un buen calmante para el dolor de las articulaciones. Pele y ralle 1 cm (media pulgada) de raíz de jengibre fresco, agregue una taza de agua caliente, cubra y deje reposar por 10 minutos. Cuele y añada una cucharadita de miel. Beba de dos a tres tazas diarias.

■ Para el dolor de una sola articulación, utilice un cataplasma de repollo. Tome una hoja grande de repollo verde oscuro sin el tallo y muélala. Caliente en el microondas, en un vaporizador o en un horno a baja temperatura. Verifique la temperatura y envuelva la articulación con la pasta, cubra con una toalla por 15 minutos.

■ Tome baños calientes con 3 cucharaditas de sales de Epsom y déjelas en remojo durante 20 minutos. Ponga alternadamente calor y frío en las áreas adoloridas.

## REMEDIOS HERBALES

Un buen número de hierbas pueden ayudar en esta enfermedad.

■ **Posología**

El "desgaste" que contribuye a la osteoartritis, puede mitigarse con el uso regular de crema o aceite de consuelda: haga un masaje en la articulación por las noches, mínimo por 2 meses. Las hierbas pueden ser de gran ayuda para estimular la circulación y eliminar las toxinas. Tome una decocción de angélica, romaza amarilla, fresno espinoso y corteza de sauce (1 a 2 cucharaditas por taza). La raíz de garra del diablo es muy efectiva (*ver Artritis p. 104*).

## REMEDIOS HOMEOPÁTICOS

Consulte a un homeópata.

🌿 RHUS TOXICODENDRON 6C para dolores desgarradores que empeoran en la noche, al iniciar el movimiento, en climas fríos o húmedos. Dolor y rigidez en las articulaciones.

🌿 PULSATILLA 6C para dolores que pasan de una articulación a otra. El dolor hace llorar, sensibilidad. Mejora con movimientos suaves. Empeora con el calor.

🌿 CALCAREA CARBONICA 6C para articulaciones inflamadas, especialmente en las rodillas. El dolor empeora en las mañanas. Pies fríos al acostarse en la noche.

Debilidad y cansancio en las piernas. Pies sudorosos y fríos. **Posología**: una tableta, 3 veces al día, máximo 2 semanas.

## MEDIDAS
*preventivas*

Mantener un peso apropiado y evitar actividades estresantes relacionadas con la artritis son factores clave. Correr maratones, trotar sin parar sobre superficies duras y los aeróbicos de alto impacto pueden lesionar la superficie de las articulaciones y predisponerlo a una futura osteoartritis.

**DIETA**: *mantener una dieta rica en pescado graso protegerá las articulaciones y el corazón, y mejorará la circulación.*

*Consuma en abundancia nueces y semillas, aceite de oliva y aguacates por su vitamina E y porque ofrecen cierto grado de protección a las articulaciones.*

IZQUIERDA *La Rhus toxicodendron extraída de las hojas de la hiedra venenosa, es especialmente útil en los problemas de las articulaciones, los ligamentos, los tendones y la piel.*

## OTRAS AYUDAS

**ACUPRESIÓN**: trabaje los puntos 6, 7, 8 y 9 para los brazos, hombros y dedos; los puntos 13, 14, 15 y 16 para las caderas y las piernas; y los puntos 17, 18 y 19 para aliviar el dolor generalizado de la artritis.

**TÉCNICA DE ALEXANDER**: un exceso de presión sobre las articulaciones afectadas debido a tensión muscular profunda o cargar pesos indebidos, sin lugar a dudas agrava la dolencia. Esta técnica alivia los síntomas.

**REFLEXOLOGÍA**: trabaje el reflejo del área afectada junto con los de los canales de eliminación. Use el reflejo cruzado, por ejemplo: si la articulación de una rodilla o de un hombro está afectada, haga un masaje en el área correspondiente en la otra rodilla u hombro.

**YOGA**: no se desespere con las limitaciones que la enfermedad le impone. Ahora más que nunca es importante hacer yoga. Hágalo muy despacio y teniendo cuidado de mover las articulaciones afectadas sin causar dolor. No ejercite las articulaciones cuando estén inflamadas.

## AROMATERAPIA

 🌿 LAVANDA
*Lavandula angustifolia*

🌿 MANZANILLA ROMANA
*Chamaemelum nobile*

🌿 MEJORANA
*Origanum majorana*

🌿 JENGIBRE
*Zingiber officinale*

🌿 PIMIENTA NEGRA
*Piper nigrum*

🌿 ROMERO
*Rosmarinus officinalis*

🌿 ENEBRO
*Junniperus communis*

Todos estos aceites alivian y calman. El enebro, además, ayuda a desintoxicar el sistema.

**Aplicación:**
Utilícelos en baños calientes para las manos o los pies. También puede usarlos con lociones para masajes pero nunca en una área inflamada.

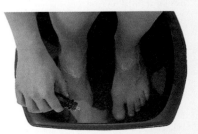

ARRIBA *Un baño con gotas de aceite de mejorana en un recipiente con agua caliente alivia el dolor en los pies.*

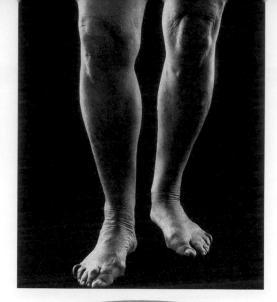

## DIAGNÓSTICO DE OSTEOPOROSIS

● No presenta síntomas pero es la causa más común de fractura de huesos en personas mayores de 75 años

**HUESOS Y MÚSCULOS**

# osteoporosis

**L**a osteoporosis es una enfermedad en la cual los huesos se vuelven débiles, frágiles y fáciles de romper. Se presenta, por lo general, en las mujeres que han llegado a la menopausia, aunque los hombres también pueden padecerla. En el Reino Unido, Europa y América la tasa de crecimiento de esta enfermedad es alarmante y debe ser vista como un problema extremadamente serio. Dolencias que causen una menopausia prematura (ver p. 172), tratamientos largos con drogas como la cortisona y derivados, y desórdenes alimenticios como la anorexia y la bulimia, aumentan el riesgo de osteoporosis. Sucede lo mismo con enfermedades que afectan la capacidad del cuerpo para absorber nutrientes (incluyendo el calcio) como la enfermedad de Crohn, la colitis y la diverticulitis. La osteoporosis es hereditaria y el mejor remedio casero es la prevención.

## OTRAS AYUDAS

**TÉCNICA DE ALEXANDER**: esta técnica promueve un alineamiento del cuerpo con el fin de que soporte bien el peso y facilite la actividad.

**REFLEXOLOGÍA**: es posible que un tratamiento de reflexología beneficie en algo, pero es importante tener mucho cuidado cuando se manipulan los pies o las manos.

**YOGA**: la mayoría de las posturas de yoga enseñan a usar bien el peso del cuerpo de manera que practíquelas a diario para fortalecer los huesos. Sería sensato evitar posturas como parado de cabeza, pues corre el riesgo de caerse y lesionarse.

## MEDICINA CONVENCIONAL

Para evitar el riesgo de osteoporosis estimule a los niños a beber mucha leche y a hacer ejercicios que les enseñen a usar bien el peso del cuerpo. Para las mujeres mayores, son recomendables los suplementos de vitamina D y de calcio, bien sea mediante una dieta o por prescripción de tabletas. Evite fumar y el consumo excesivo de licor. La terapia de reemplazo hormonal (TRH) previene la osteoporosis y se puede hacer en cualquier etapa de la menopausia, generalmente, al menos, por cinco años. Si ya tiene osteoporosis debe tratarla con drogas prescritas. Haga ejercicio regular para fortalecer y tonificar los músculos.

## REMEDIOS HOMEOPÁTICOS

La homeopatía trata al paciente de acuerdo con los síntomas del cuerpo. La osteoporosis es una enfermedad que no presenta síntomas hasta que sucede una fractura. Por lo tanto, no existe en esta disciplina un remedio específico para esta dolencia.

## EJERCICIO

EL EJERCICIO es esencial para construir huesos fuertes y para aprender a usar bien el cuerpo. Hoy en día, la falta de ejercicio en los colegios y la ausencia de éste en la vida de la mayoría de las mujeres jóvenes, predice un terrible panorama de dolor, sufrimiento e incapacidad cuando lleguen a los sesenta años. Caminar, el golf, el tenis, el bádminton, los bolos y bailar, de hecho cualquier actividad como la jardinería o las tareas domésticas que se hacen de pie y en movimiento durante una hora o más, tres o cuatro veces a la semana, es una póliza de seguro importante.

Además de los beneficios que reciben los huesos, el ejercicio físico construye músculos fuertes, buena figura y flexibilidad en la vejez. Cuanto más ejercicio haga más resistencia tendrá y serán menores las probabilidades de desarrollar osteoporosis.

### PRECAUCIÓN

**Aunque el ejercicio es vital, es importante tener conciencia de los riesgos que implica el exceso de ejercicio. Un gran número de mujeres se esfuerzan por mantener un peso ridículamente bajo mediante ejercicio intensivo. Con frecuencia, esto detiene el periodo, induce a una menopausia artificial y aumenta el riesgo de osteoporosis.**

## REMEDIOS HERBALES

 Las hierbas ricas en minerales, vitaminas y esteroides, generalmente son recomendadas para combatir la pérdida ósea en la vejez y contribuyen en la satisfacción de las necesidades alimenticias.

■ Posología:
Tome diariamente infusión de ortiga, alfalfa y salvia (2 cucharaditas por taza) y 10 ml (2 cucharaditas) de jugo de cola de caballo en agua, tres veces al día.

La angélica china (Dang Gui) también proporciona nutrientes y cada vez es más fácil encontrarla en las tiendas naturistas.

## AROMATERAPIA

🌿 HINOJO
*Foeniculum vulgare*
🌿 ROMERO
*Rosmarinus officinalis*
🌿 PIMIENTA NEGRA
*Piper nigrum*
🌿 LAVANDA
*Lavandula angustifolia*
🌿 MANZANILLA ROMANA
*Chamaemelum nobile*
🌿 MEJORANA
*Origanum majorana*

🌿 BENJUÍ
*Styrax benzoin*

Estos aceites calientan, calman y son antiinflamatorios. El hinojo contiene estrógenos.

Aplicación:
Utilícelos en baños para los pies o en vasijas de agua caliente. También se pueden usar en masajes. No utilice romero o aceite de hinojo si sufre de hipertensión o epilepsia.

## NUTRICIÓN

 La clave para evitar la osteoporosis es edificar huesos fuertes desde la adolescencia. Desafortunadamente, es ésta la época en que muchas niñas inician dietas para perder peso, hábito que con frecuencia mantienen hasta los cuarenta y cincuenta años. Una deficiencia de calcio en la infancia deriva en problemas óseos más adelante. Una mujer medianamente activa, necesita alrededor de 2.000 calorías diarias, pero es imposible que obtenga los nutrientes que se requieren si sigue dietas de menos de 1.250 calorías diarias.

La dieta de toda mujer debe ser rica en alimentos que contengan calcio, vitamina D, bioflavonoides, vitamina K y magnesio. Para obtener calcio, **coma muchos** productos lácteos, nueces, granos y sardinas enlatadas incluidos los huesos. Para obtener vitamina D, coma huevos y pescado graso. Obtendrá vitamina C y bioflavonoides de las frutas cítricas (incluida la cáscara y la piel blanca), la grosella negra, arándanos y moras. La vitamina K la encuentra en las espinacas, el brócoli y el repollo. El tofu, las almendras y las castañas son ricas en magnesio.

ARRIBA *Las moras tienen un alto contenido de vitamina C y son una buena fuente de calcio y magnesio.*

## MEDIDAS *preventivas*

Es mejor tomar medidas preventivas con anticipación, pero no permita que el médico le diga que es demasiado tarde para hacer cambios alimenticios que marquen alguna diferencia. Aun en el caso de que esté tomando drogas prescritas, éstas tendrán un mejor efecto si mejora su dieta y si hace ejercicios diseñados para usar bien el peso del cuerpo.

**CALCIO**: *evite todo lo que incremente el riesgo de eliminación excesiva o dificulte la absorción de calcio. Demasiadas proteínas, azúcar, carbohidratos refinados, sal, alcohol y gaseosas, incrementan la pérdida de calcio. Mucho salvado interfiere con la capacidad de absorción del cuerpo. Fumar y el ácido oxálico en el ruibarbo tienen el mismo efecto. La cafeína también aumenta la pérdida de calcio, tome té y café en cantidades moderadas.*

**VITAMINA D**: *es esencial para que el cuerpo absorba el calcio. Durante el verano, la vitamina D se procesa en el cuerpo por el efecto de los rayos ultravioleta sobre la piel. Hoy en día, es muy común la preocupación por los riesgos que implica asolearse y su relación con el cáncer de piel, pero existe un feliz término medio: una exposición al sol temprano en la mañana y al finalizar la tarde es segura, especialmente en primavera y en otoño e inclusive en verano. El problema se presenta en invierno cuando es necesario comer más pescado graso y tomar un buen suplemento de vitamina D y de calcio.*

**TRH**: *la terapia de reemplazo hormonal está de moda. Sin embargo, muchas mujeres no pueden o no desean tomarla.*

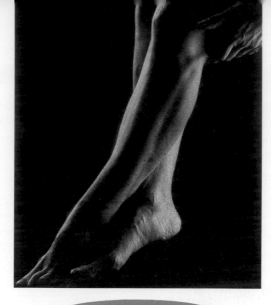

*DERECHA Reumatismo es el término que se le ha dado a las dolencias generales en los músculos y en las articulaciones que pueden venir acompañadas por entumecimiento. La mayoría de personas sufrirán de reumatismo al llegar a los setenta.*

## DIAGNÓSTICO DE REUMATISMO
● Dolor en las articulaciones o músculos

**HUESOS Y MÚSCULOS**

# reumatismo

Reumatismo es el término vago y amplio con el que se describen los dolores que afectan los músculos, los tendones, el tejido conectivo y, con frecuencia pero no siempre, las articulaciones circundantes. La LTMR (p. 98), el codo del tenista, el hombro congelado y la tendinitis, son algunas de las afecciones que se pueden agrupar bajo el amplio término de reumatismo. Incluso la fibrosis es parte de esta lista. Ninguna de estas dolencias se vincula con la osteoartritis o con la artritis reumatoide. Su médico las tratará con antiinflamatorios o esteroides pero existen remedios caseros que pueden ser efectivos. A menos que el dolor sea muy severo, intente estos primero.

## LLAME AL MÉDICO
■ Si los síntomas persisten durante más de 3 ó 4 semanas.

### REMEDIO CULINARIO
■ Compresas frías y bolsas de hielo suelen ser efectivas; deben ser aplicadas en el área del dolor siguiendo las instrucciones que se dan en LTMR (p. 98).

Las semillas de apio inducen a eliminar el ácido úrico, que afecta los tejidos inflamados, utilícelas en la cocina. Sin embargo, tenga cuidado con la sal de apio de alta salinidad, pues estimula la retención de líquido y puede empeorar el dolor en las articulaciones.

SEMILLAS DE APIO

### MEDICINA CONVENCIONAL
✚ Por lo general, un resposo de algunos días y estiramiento suave es todo lo que se requiere. Una bolsa de agua caliente o fría puede ayudar. Algunas personas encuentran que un vendaje firme o hielo, proporcionan un alivio enorme. Tome analgésicos según lo requiera. Si los síntomas persisten es muy posible que su médico le ordene más exámenes.

*Posología ~*
**Adultos**
■ Tome una o dos tabletas de analgésico al comenzar el dolor. Repita cada 4 horas. Lea el empaque para detalles.
**Niños**
■ Suministre dósis regulares de analgésico líquido. Consulte el empaque para detalles o siga el consejo médico.

### EJERCICIOS
EL EJERCICIO ES vital para que los tejidos afectados vuelvan a la normalidad. En general, puede hacerse toda actividad que no incremente el dolor pero es aconsejable obtener una guía específica de un osteópata o de un fisioterapeuta antes de efectuar cualquier movimiento con los músculos, tendones o articulaciones afectadas.

## REMEDIOS HERBALES

 Para el codo del tenista o el hombro congelado, puede ser muy útil un masaje con antiinflamatorios: 5 gotas de esencia de manzanilla en 5 ml (una cucharadita) de aceite de hierba de san Juan. El reumatismo responde a infusiones que eliminen las toxinas acumuladas en los tejidos.

■ **Posología**
Tome una infusión con dos cucharaditas de trébol de agua, ulmaria y hojas de milenrama con un poco de jugo de limón.

Las compresas calientes ayudan: empape un trapo en una decocción de bola de nieve y angélica, y aplique.

## REMEDIOS HOMEOPÁTICOS

Si estos remedios no le ayudan, consulte a un homeópata. *Vea también Artritis p. 104, y Osteoartritis p. 106.*

🐾 **COLCHICUM 6C** para inflamaciones severas y dolor intenso. Irritabilidad, el dolor empeora con cualquier movimiento. Puede afectar varias articulaciones o trasladarse del lado izquierdo al lado derecho del cuerpo. Empeora en las noches.

🐾 **RANUNCULUS BULBOSUS 6C** para la rigidez del cuello y en la escápula izquierda. Fibrosis. Empeora con frío y humedad.

🐾 **DULCAMARA 6C** para articulaciones rígidas y adoloridas. Empeora con frío y humedad. Mejora con el movimiento. Diarrea.

**Posología:** una tableta, tres veces al día, máximo durante 2 semanas.

## NUTRICIÓN

Siga exactamente la misma guía nutricional para la artritis (p. 104).

**Coma abundante** pescado graso y todos los alimentos antioxidantes y ricos en vitaminas A, C, E y en zinc y selenio.

**Evite** los alimentos que pueden agravar la inflamación como las carnes rojas y los que incrementan los niveles de ácido úrico como las menudencias, la levadura y sus derivados, así como los de la carne, el paté de huevas de pescado, las huevas de pescado, el tamarasata e incluso el caviar. Evite todos los vinos rojos y fortificados y beba moderadamente otras clases de licor. No tome más de una o dos tazas de café al día.

## AROMATERAPIA

🐾 **LAVANDA**
*Lavandula angustifolia*
🐾 **MANZANILLA ROMANA**
*Chamaemelum nobile*
🐾 **ENEBRO**
*Junniperus communis*
🐾 **MEJORANA**
*Origanum majorana*
🐾 **JENGIBRE**
*Zingiber officinale*
🐾 **BENJUÍ**
*Styrax benzoin*
🐾 **ROMERO**
*Rosmarinus officinalis*

Algunos de estos aceites le brindarán mayor beneficio que otros, por lo tanto, pruebe y encuentre los que más le sirvan.

**Aplicación:**
Utilice en baños o en compresas sobre la parte afectada. El benjuí es muy efectivo en baños, pues se asienta en pequeños glóbulos. También puede utilizar estos

ARRIBA *Manzanilla romana.*

aceites pada dar un masaje pero nunca sobre las articulaciones inflamadas, hágalo sobre el área cuando baje la hinchazón.

### PRECAUCIÓN

**No utilice aceite de romero si sufre de presión alta o de epilepsia.**

## OTRAS AYUDAS

 **ACUPRESIÓN**: depende del lugar en donde esté localizado el problema, por lo tanto, busque orientación con un acupunturista calificado.

**REFLEXOLOGÍA**: trabaje los reflejos del área afectada, todos los canales de eliminación, el sistema linfático y los reflejos cruzados (Osteoartritis p. 106). Un trabajo suave sobre las articulaciones pequeñas puede reducir el dolor y la inflamación.

**YOGA**: practíquelo teniendo cuidado con las articulaciones afectadas. Pruebe moverlas sin causar dolor. Enfatice los movimientos de abrir y estirar mediante las posturas de brazos levantados, del guerrero, apoyo en ambos pies y la cobra.

Brazos levantados y el guerrero. Una postura conduce a la otra. Se benefician los hombros, los codos y rodillas.

ABAJO La posición apoyo en ambos pies da flexibilidad a la cadera y a las rodillas y fortalece la espalda.

ABAJO La cobra ayuda a preservar la movilidad y fortalece la columna mejorando la postura.

## MEDIDAS *preventivas*

**NUTRICIÓN**: *si su dieta es deficiente en vitaminas A, C y E y en los minerales zinc y selenio, existe una gran probabilidad de que desarrolle alguna clase de reumatismo. Observar las directrices nutricionales para la artritis (p. 104) y tomar diariamente un suplemento de estos nutrientes esenciales, le proporcionarán protección adicional contra el reumatismo y otras enfermedades.*

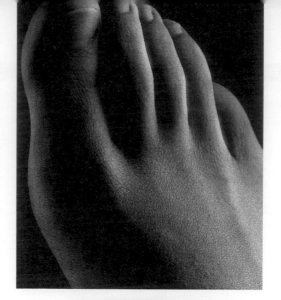

DERECHA *El clima frío, la presión sobre la piel o la combinación de estos dos factores, causan el sabañón. La inflamación dura de 2 a 3 semanas. Para prevenir los sabañones use guantes calientes, medias, pantalones gruesos y sombrero de lana.*

## DIAGNÓSTICO DE SABAÑÓN

- Dolor, piquiña, inflamación de color rojo oscuro
- Con frecuencia afecta los dedos de las manos y de lo pies pero también puede afectar las orejas, las mejillas y la nariz

**SISTEMA CIRCULATORIO**

# sabañón

Este dolor, piquiña e inflamación de la piel, aparece en la parte posterior de los dedos de las manos o en las puntas de los dedos de los pies. Algunas veces sale sobre las orejas, la parte externa de los muslos y otros lugares del cuerpo que están expuestos al frío y/o a presiones. La causa es una deficiencia del suministro de sangre a los capilares (vasos sanguíneos diminutos al extremo del sistema), lo cual conduce a una carencia de oxígeno y de nutrientes y al daño celular. La única cura es la prevención.

### LLAME AL MÉDICO

- Si el sabañón comienza con úlceras.

### EJERCICIO

ES ESENCIAL el ejercicio físico regular para mejorar la eficiencia de todo el sistema circulatorio.

### REMEDIO CULINARIO

- Corte una rebanada gruesa de limón, sumérjala en abundante sal marina y frote sobre el área del sabañón, pero sólo si la piel no está quebrada o cuarteada.

### MEDICINA CONVENCIONAL

Evite los sabañones abrigándose durante el clima frío. Varias capas delgadas de abrigo son más efectivas que una gruesa. La recuperación puede tomar varias semanas. Tome analgésicos si los necesita.

*Posología ~*

**Adultos**

- Tome una o dos tabletas de analgésico al comienzo del dolor. Repita cada 4 horas. Vea el empaque para detalles.

**Niños**

- Dé dosis regulares de analgésico líquido. Consulte el empaque para detalles o siga el consejo médico.

DERECHA *El invierno puede ser divertido pero asegúrese de que sus hijos estén protegidos.*

### OTRAS AYUDAS

**REFLEXOLOGÍA**: trabajar los dedos de las manos y de los pies estimulará el suministro de sangre a estas áreas y ayudará a prevenir los sabañones. No toque directamente los sabañones, trabaje los reflejos cruzados: el correspondiente dedo de la mano o del pie que tiene el sabañón.

**YOGA**: es muy importante mejorar la circulación en los pies. Cuide de ellos, especialmente cuando está practicando las posturas invertidas. Empiece y termine el día con un masaje.

## REMEDIOS HERBALES

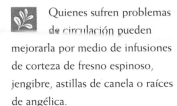

Quienes sufren problemas de circulación pueden mejorarla por medio de infusiones de corteza de fresno espinoso, jengibre, astillas de canela o raíces de angélica.

■ **Posología:**

Cocine a fuego lento una cucharadita de hierba seca, sola o combinada, con dos tazas de agua durante 10 minutos y agregue un poco de cayenne en polvo.

La crema de cayenne puede aliviar la molestia, igual las compresas o baños con una decocción de corteza de roble. Para aliviar la piquiña use senecio formosus (no si la piel está cuarteada) y cremas de *Aloe vera* o caléndula.

ARRIBA *La raíz de angélica es una hierba caliente que ayuda a la circulación.*

## AROMATERAPIA

🌿 GERANIO
*Pelargonium graveolens*

🌿 PIMIENTA NEGRA
*Piper nigrum*

🌿 LAVANDA
*Lavandula angustifolia*

Estos aceites calientan, calman e incrementan la circulación y tienen un ligero efecto analgésico.

**Aplicación:**

Frote los aceites vigorosamente sobre el sabañón y mézclelos con un aceite portador o una loción. Aplique únicamente sobre sabañones que no estén abiertos.

Los masajes en los pies y los baños con aceites de geranio y pimienta negra (también puede usar romero, limoncillo, jengibre o mejorana) ayudarán a largo plazo. Todos estos aceites calientan y estimulan la circulación.

### PRECAUCIÓN

**Toda persona que sufra de hipertensión o de epilepsia debe evitar el aceite de romero.**

## REMEDIOS HOMEOPÁTICOS

La aplicación de ungüento de Tamus, con frecuencia, calma los sabañones.

🌿 AGARICUS **6C** para quemaduras, piquiña y enrojecimiento que empeora con el frío.

🌿 PULSATILLA **6C** para piel azulada y dolores agudos que empeoran con el calor. Sensibilidad emocional.

🌿 PETROLEUM **6C** para sabañones que arden y pican. Piel cuarteada.

🌿 PLANTAGO **6C** para la piel sensible que pica o arde.

**Posología**: una tableta, tres veces al día, máximo dos semanas.

LLANTÉN MAYOR
(PLANTAGO)

ARRIBA *Para sanar la piel adolorida e inflamada use un remedio homeopático de llantén mayor.*

## NUTRICIÓN

Incremente el consumo de vitamina E, vital para la salud de los vasos sanguíneos. **Consuma abundante** aguacate, nueces, semillas y aceite de oliva, trigo (pan, ponqué, bizcochos) por su contenido de rutina; cítricos, grosellas negras, cerezas y moras, ricos en vitamina C y en bioflavonoides, nutrientes esenciales para una buena circulación periférica.

Una unidad de alcohol diaria para la mujer (dos para el hombre) ayudará a dilatar los vasos sanguíneos. Pero tenga cuidado: grandes cantidades de alcohol tienen el efecto opuesto y pueden empeorar el sabañón. La cafeína, igual que la nicotina, son vasoconstrictores y reducen el suministro de sangre.

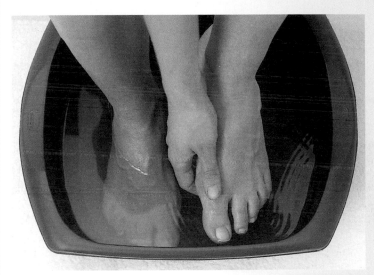

ARRIBA *Si tiene sabañones en los dedos de los pies, lávelos en agua caliente seguida de agua fría, durante cinco minutos cada una, esto estimula la circulación.*

## MEDIDAS
### *preventivas*

**ROPA:** *mantenga las manos y los pies calientes con guantes, medias de algodón delgadas y botas de lana gruesa o forradas en piel. Asegúrese de que los guantes, medias y zapatos o botas sean lo suficientemente grandes, mínimo 2,5 cm (1 in) de espacio libre entre la punta de los dedos del pie y el zapato y 1,2 cm (media pulgada) para los guantes.*

**NUTRICIÓN:** *tome una dosis diaria de 400 UI de vitamina E, 1 g de vitamina C con bioflavonoides y complejo B con ácido nicotínico.*

**BAÑOS:** *los baños de contraste en las partes afectadas alternando agua caliente y fría durante 5 minutos por lo menos una vez al día, estimulan el flujo de sangre.*

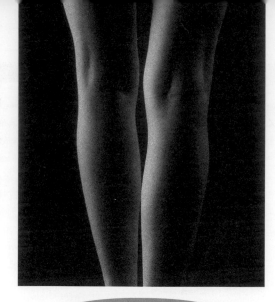

DERECHA *Cuando las válvulas de las venas no trabajan adecuadamente impiden el flujo de sangre y se hinchan. Esto puede suceder en toda la pierna o sólo en una pequeña sección. Es frecuente durante el embarazo.*

## DIAGNÓSTICO DE VÁRICES

- Aparte de su terrible apariencia, por lo general, no presentan síntomas
- Las venas duelen después de estar de pie durante largos periodos

**SISTEMA CIRCULATORIO**

# várices

Las várices son visibles, usualmente abultadas, antiestéticas, dolorosas y distendidas y, por lo general, se presentan en las piernas aunque también puede aparecer en las paredes del recto (Hemorroides p. 176). Aunque tienden a ser hereditarias, con frecuencia empeoran durante el embarazo o a causa de la obesidad, la carencia de ejercicio, trabajos que obligan a estar de pie, un estilo de vida sedentario y estreñimiento. En su estado crónico pueden convertirse en eccemas varicosos en la piel y generar una deficiencia en el suministro sanguíneo, lo que produce úlceras severas al menor golpe.

## LLAME AL MÉDICO

■ Si aparecen úlceras por encima o cerca de la várice.

## REMEDIOS CULINARIOS

■ El ingrediente más económico y abundante que existe en cualquier cocina es el agua. Llene un balde grande con agua caliente y otro con 10 cm de gravilla y agua fría. Párese dentro del balde con agua caliente durante 30 segundos, luego "camine" dentro del balde de agua fría durante diez segundos. Repita diariamente durante diez minutos para estimular el flujo de sangre y fortalecer los músculos de las paredes de las venas.

■ En el caso de una úlcera varicosa, un vendaje con gasa esterilizada con miel orgánica ayudará a sanarla.

## MEDICINA CONVENCIONAL

✚ El uso diario y continuo de medias elásticas bien ajustadas y con talón, alivian los síntomas. El tratamiento quirúrgico ayuda pero no asegura que no vuelvan a salir.

IZQUIERDA *La miel orgánica tiene propiedades curativas.*

## REMEDIOS HOMEOPÁTICOS

🌿 VIPERA **6C** para várices sensibles e hinchadas, con arrebatos de dolor. También sirve para la flebitis.

🌿 HAMAMELIS **6C** para várices magulladas y adoloridas. Venas azules y grandes durante el embarazo.

🌿 PULSATILLA **6C** para pesadez en las piernas. El calor produce picazón en las várices.

🌿 FLUORICUM ACIDUM **6C** para várices dolorosas y úlceras varicosas con bordes rojos.

🌿 FERRUM METALLICUM **6C** para várices durante el embarazo.

**Posología:** una tableta, dos veces al día hasta que mejore o durante diez días. Se puede repetir la dosis.

## REMEDIOS HERBALES

 Hierbas como el trigo sarraceno, rico en rutina, fortalecen las venas. El meliloto, el castaño de Indias, la agripalma, el fresno espinoso o la milenrama, mejoran la circulación, combaten cualquier tendencia a la trombosis y contrarrestan el depósito de fibrina que causa daños adicionales.

■ **Posología:**
Estas hierbas pueden ser tomadas en infusión o en tinturas (intente iguales cantidades de meliloto, agripalma o milenrama).

Para masajes use los ungüentos de hamamelis destilado o de castaño de Indias.

## EJERCICIO

EL EJERCICIO ES vital y toda actividad que disfrute ayudará a la circulación en las piernas. Caminar, montar en bicicleta, nadar o cualquier otra actividad servirá si la practica por lo menos tres veces a la semana.

Si debe estar de pie largos periodos, puede mantener una buena circulación en las venas y las arterias, haciendo lo siguiente: traslade el peso de los talones a los dedos, camine por unos segundos sobre los dedos y luego sobre los talones. Mueva constantemente los dedos de los pies, flexiónelos, estírelos y relaje los músculos de la pantorrilla.

ARRIBA *Montar en bicicleta ejercita las piernas y ahorra al cuerpo tener que soportar su peso.*

## AROMATERAPIA

🌿 CIPRÉS
*Cupressus sempervirens*

🌿 GERANIO
*Pelargonium graveolens*
Estos aceites son estimulantes y aumentan la circulación.

**Aplicación:**
Ponga los aceites esenciales en un aceite portador o en una loción para dar un masaje alrededor de las várices, nunca sobre ellas. Si hay mucho dolor y palpitaciones, aplique una compresa caliente por encima de la vena, nunca por debajo o sobre la vena pues pondrá más presión sobre un área ya sobrecargada. Ayuda poner los pies más altos que la cabeza durante 10 minutos, por lo menos, dos veces al día. Evite el estreñimiento que ejerce presión sobre las venas (ver p. 156).

## NUTRICIÓN

El aguacate contiene abundante vitamina E

Los huevos son ricos en zinc

El trigo sarraceno contiene rutina que fortalece los vasos sanguíneos

ARRIBA *Prepare alimentos que contribuyan a mejorar la circulación sanguínea.*

 Si ya sufre de várices, es necesario mejorar su alimentación con el fin de obtener abundantes nutrientes benéficos para la circulación. Coma trigo sarraceno (un bioflavonoide que fortalece específicamente los vasos sanguíneo) en pan, tortas y bizcochos.

Coma mucho aguacate, aceite de oliva y toda clase de nueces y semillas (vitamina E), hígado, sardinas, huevos, mariscos y semillas de calabaza (zinc), frutas cítricas, grosellas negras, moras, arándanos y cerezas rojas (bioflavonoides y vitamina C).

## OTRAS AYUDAS

**REFLEXOLOGÍA**: la circulación en las piernas y en la pelvis se estimula con reflexología del pie. La presión en el pie debe ser firme y rápida pero no trabaje sobre las venas pronunciadas. Trabaje ambos pies cada 3 ó 4 días.

**YOGA**: cualquier posición en la que el pie se levante por encima de las caderas ayudará. Modifique la posición de relajación al final de la práctica descansando las piernas sobre una silla o apoyándolas contra la pared. Luego haga un masaje con movimientos de barridos suaves, desde el pie hacia arriba.

## MEDIDAS
*preventivas*

El primer paso es evitar el estreñimiento (*ver p. 156*), y para hacerlo debe tomar abundante líquido y comer suficiente fibra. Controle su peso y disminuya otros factores físicos que las causan.

**DIETA**: *fumar y consumir mucha cafeína y licor tienen efectos adversos sobre el corazón y los vasos sanguíneos y reducen la eficiencia del sistema circulatorio. El alto consumo de sal estimula la retención de líquidos, la inflamación y la presión sanguínea alta. Los carbohidratos refinados y el azúcar conducen al estreñimiento y al aumento de peso.*

## DIAGNÓSTICO DE SÍNDROME DE PIERNAS INQUIETAS

- Ardor, debilidad, entumecimiento o movimientos bruscos en las piernas
- Es común en mujeres a la hora de acostarse o inmediatamente después de sentarse

**SISTEMA CIRCULATORIO**

# síndrome de piernas inquietas

## LLAME AL MÉDICO

- Si esta dolencia aparece súbitamente, es severa y difícil de tratar.

Los síntomas de este problema menor pero desagradable, aparecen al sentarse o acostarse. Una necesidad incontrolable de mover las piernas, espasmos bruscos de sus músculos y sensación de profunda incomodidad forman parte del síndrome de piernas inquietas. Aunque no es muy común, algunas veces esta dolencia aparece al tomar ciertas drogas o como resultado de un problema en el sistema nervioso central. Por lo general, se trata de un síntoma de deficiencia de hierro (anemia) o de problemas circulatorios. También sucede sin razón aparente.

## MEDICINA CONVENCIONAL

Ocasionalmente, este problema es causado por deficiencia de hierro, que puede superarse fácilmente con un suplemento.

## REMEDIOS HOMEOPÁTICOS

**ZINCUM 6C** para movimientos ligeros y constantes de los pies.

**CAUSTICUM 6C** para temblores en las piernas durante el sueño. Excitabilidad.

IZQUIERDA *El remedio de Tarantula es hecho de tarántulas puestas en alcohol. Este remedio se prescribe para la hiperactividad.*

**TARANTULA 6C** para temblores en las piernas y en los pies, debilidad y entumecimiento. Sueño inquieto. Temblores en las piernas en las tardes y antes de ir a la cama.

**RHUS TOXICODENDRON 6C** para dolores en las piernas. Empeora al iniciar el movimiento, mejora al continuarlo. Piernas que se mueven ligeramente en la noche en la cama.

**Posología**: una tableta, tres veces al día, máximo durante 2 semanas o hasta mejorar.

## EJERCICIO

AUNQUE CUALQUIER actividad física mejora la circulación de los miembros inferiores, no existe evidencia específica de que ayude a curar este síndrome. Sin embargo, a manera de anécdota, muchos pacientes me han contado que una caminata rápida antes de ir a la cama reduce el dolor.

## REMEDIOS HERBALES

 Tome infusiones para calmar y relajar los nervios, especialmente las de manzanilla, toronjil, escutelaria, littoralis y pasiflora. Si en la noche el problema es severo, lave las piernas con una decocción de bola de nieve o masajee con crema de la misma hierba.

■ **Posología:**
Una a dos gotas de aceite de manzanilla, rosa o lavanda en 5 ml (una cucharadita) de aceite de almendra también sirve para hacer masajes.

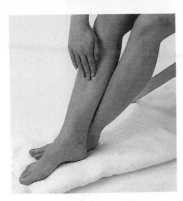

ARRIBA *Antes de acostarse, un masaje con aceites relajantes pueden inhibir el síndrome.*

## AROMATERAPIA

 🐂 LIMONCILLO
*Cymbopogon citratus*

El limoncillo es bueno para estimular la circulación deficiente.

**Aplicación:**
Ponga un limoncillo en una vasija con agua caliente o en un platón especial para los pies, o agregue el aceite esencial a una loción o a un aceite portador para hacer un masaje en las piernas. Si puede, haga el tratamiento dos o tres veces al día, pero dado que esta afección empeora al acostarse, es ese el mejor momento para hacerlo.

Levante las piernas con frecuencia, ponga los pies en alto en las tardes y coloque un libro en el extremo inferior de la cama para elevarlos.

① Vierta de 4 a 6 gotas de aceite esencial de limoncillo en un aceite portador como el de almendra dulce.

② Dar un masaje relajante a sus piernas y pies estimulará la circulación.

## OTRAS AYUDAS

**REFLEXOLOGÍA**: las técnicas de reflexología del pie relajan los músculos.
**YOGA**: enfatice posturas como levantar las piernas, parado de cabeza y parado de hombros.

Descanse los pies elevándolos por encima de las caderas, contra una pared o sobre una silla. Dé un masaje a los pies y a las piernas con movimientos hacia arriba.

## NUTRICIÓN

 Siga las instrucciones para anemia (p. 118) pues aun cuando ésta no sea la causa de su problema, estará asegurando una dieta saludable. Con el fin de mejorar el flujo de sangre en las piernas también es importante tomar vitaminas E, C y bioflavonoides.

**Coma abundante** aguacate, aceite de girasol, de oliva y de alazor, nueces, semillas y vegetales de hojas verde oscuro (vitamina E), moras (vitamina C y bioflavonoides). También es bueno utilizar harina de trigo sarraceno en sus recetas, panes, tortas y pastelería, puesto que este valioso miembro de la familia del ruibarbo contiene rutina, sustancia natural que fortalece las paredes de los vasos sanguíneos. No olvide cocinar con grandes cantidades de ajo que mejora el flujo de sangre disminuyendo el riesgo de coagulación.

Pequeñas cantidades de licor mejoran la circulación, grandes cantidades producen el efecto contrario. La cafeína y la nicotina también actúan como vasoconstrictores, cerrando los pequeñísimos vasos sanguíneos situados al final del sistema y reduciendo el flujo de sangre. Por lo tanto, no fume, y tome té y café en cantidades moderadas.

> ### REMEDIO CULINARIO
> ■ El chile, el jengibre y el rábano estimulan la circulación y el flujo de sangre. Utilizar estas hierbas libremente en su cocina ayudará a aliviar los síntomas de esta irritante dolencia.

ARRIBA *El ajo es bueno para la circulación.*

## MEDIDAS
*preventivas*

Es muy difícil prevenir una enfermedad para la cual no siempre hay una causa obvia. Lo mejor que se puede hacer es seguir una dieta rica en alimentos que contengan hierro y vitamina C, y mantenerse físicamente activo.

DERECHA *La anemia es una reducción de la hemoglobina, portadora del oxígeno en la sangre. Para producir hemoglobina, el cuerpo necesita hierro, de lo cual se concluye que la causa más común de anemia es la deficiencia de este mineral.*

## DIAGNÓSTICO DE ANEMIA

- Cansancio
- Piel pálida
- Falta de respiración al menor esfuerzo
- Palpitaciones y taquicardia
- Tobillos hinchados
- Sensación de desmayo

**SISTEMA CIRCULATORIO**

# anemia

La anemia es una condición en la cual la sangre reduce su habilidad para absorber oxígeno y transportarlo por el cuerpo en forma de hemoglobina. Esto puede ocurrir debido a que no se produce la suficiente hemoglobina o a que es destruida prematuramente. En el 90% de los casos se trata de una deficiencia de hierro, periodos menstruales fuertes o prolongados, pérdida de sangre por úlceras, hemorroides o enfermedad de las encías. Un gran número de mujeres en edad fértil sufren de deficiencia de hierro, ácido fólico y vitamina B12. La leucemia, la depranocitosis y la talasemia causan anemia. Las mujeres embarazadas y los vegetarianos son más vulnerables. Para evitarla, estos últimos deben mejorar sus hábitos alimenticios.

## LLAME AL MÉDICO

- Si cree que está anémico.

## REMEDIOS CULINARIOS

- Aunque poco comunes, dos formas efectivas de obtener cantidades adicionales de hierro son la sopa de ortiga y ensaladas con diente de león. Este último puede también tomarse en infusión (una cucharadita de hojas picadas en una taza de agua hirviendo).
- Agregue a las ensaladas y platos de frutas, perejil, cebolleta, ligústico, hinojo, berros y bayas de saúco.

## MEDICINA CONVENCIONAL

Dado que existen diferentes tipos de anemia debe consultar a su médico antes de empezar cualquier tratamiento. Por lo general, un suplemento de hierro es todo lo que se requiere, aunque algunas clases de anemia no necesitan tratamiento y, por el contrario, el hierro puede resultar contraproducente. Por esta razón es muy posible que su médico le ordene exámenes de sangre. Las mujeres embarazadas, con frecuencia, necesitan suplementos de hierro y de ácido fólico.

*Posología ~*

**Adultos y niños**

- Tome una tableta de hierro diaria. Lea el empaque para detalles. Tenga en cuenta que el hierro, por lo general, causa estreñimiento.

ARRIBA *Las mujeres embarazadas son más vulnerables a la anemia.*

## NUTRICIÓN

Siempre que tome hierro, coma alimentos ricos en vitamina C con el fin de mejorar su absorción. Los vegetarianos encontrarán una buena fuente de hierro en los tradicionales vegetales balti cocinados al curry en una cacerola de hierro. En los casos severos de anemia, los alimentos no son suficientes y los suplementos forman parte esencial de la recuperación.

**Coma** menudencias por su vitamina B12, carne, morcilla, vegetales verdes, berros, granos y frutos secos, cereales de grano entero, melaza, germen de trigo, puré de tomate, extracto de levadura y levadura de cerveza por su hierro y ácido fólico.

ARRIBA *La morcilla hecha con sangre de cerdo es rica en hierro.*

IZQUIERDA *Los vegetales balti cocinados al curry en una cacerola de hierro absorberán este mineral del recipiente.*

## REMEDIOS HERBALES

Las plantas son ricas en minerales y nutrientes y por consiguiente son una buena solución para la deficiencia de hierro. Aquellas que se conocen como "roba tierra" (la ortiga, el perejil) son especialmente ricas en hierro. Las hierbas amargas como la genciana, mejorarán la digestión y la absorción mineral.

■ **Posología**:
Prepare un tónico dejando en remojo 100 g (3 ½ onza) de ortiga, angélica china (Dang Gui) y raíz de diente de león en un litro de vino rojo durante 2 semanas. Cuele y beba un vaso diario.
La equinácea (2 cápsulas de 200 mg diarios) estimula la producción de células de la sangre.

ARRIBA *La raíz de la genciana amarilla estimula el sistema digestivo y la absorción de nutrientes esenciales.*

## REMEDIOS HOMEOPÁTICOS

Es importante establecer la causa de la anemia antes de efectuar un tratamiento homeopático y combatirla al tiempo que se administran los remedios. Es aconsejable consultar a un homeópata calificado que trabaje en conjunto con su médico.
🌿 **FERRUM METALLICUM 6C** para personas fuertes que se ruborizan, de manos y pies fríos y débiles después de hacer cualquier esfuerzo. Agudo dolor de cabeza. Zumbido en los oídos antes de la menstruación. Cuando las menstruaciones fuertes son la causa de la anemia.

🌿 **CALCAREA PHOSPHORICA 6C** para crecimiento acelerado en un niño. Anemia después de una enfermedad. Descontento e inconformidad con la vida. Irritabilidad.

🌿 **CHINA 6C** para anemia por pérdida de sangre. Debilidad, sensibilidad, nerviosismo, irascibilidad y escalofríos.
**Posología**: una tableta, dos veces al día, máximo 2 semanas.

## MEDIDAS
*preventivas*

La mayoría de anemias son autoinducidas, producto de un descuido alimenticio o de seguir dietas de moda, que provocan deficiencia de hierro. Mejore sus hábitos alimenticios y despídase del agotamiento, el letargo, el estreñimiento, el desasosiego, los dolores de cabeza, la irritabilidad y la falta de concentración.

**DIETA**: *coma bien y en horarios fijos todos los alimentos que se sugieren en la sección de Nutrición. Evite intentar bajar de peso con dietas restrictivas o cualquier régimen nutricional extremo. Las dietas excluyentes deben ser supervisadas por un profesional. Mi experiencia me ha demostrado que la famosa dieta cándida inevitablemente hace más daño que beneficio.*

**ANTINUTRIENTES**: *salvado sin cocinar, té, café, bebidas negras y chocolate, pueden interferir con la absorción de hierro. Evítelos y no los mezcle con alimentos ricos en hierro.*

**PRONUTRIENTES**: *la absorción de hierro es óptima en presencia de la vitamina C, acompañe un omelet con tomates, coma media toronja antes de sus huevos tibios y una ensalada mixta grande con un filete o con hígado.*

**ABUNDANTE HIERRO**: *algunos alimentos contienen una gran cantidad de hierro y deben ser consumidos en abundancia: dátiles frescos y castañas sin sal (tienen el doble de hierro que un filete), berros, ortiga, hojas de diente de león, perejil, ligústico, cebolleta e hinojo.*

IZQUIERDA *Alimentos ricos en hierro: dátiles berros y castañas.*

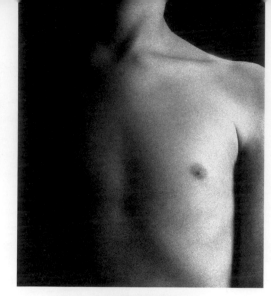

DERECHA *El hipo puede ser incómodo. Este súbito espasmo del diafragma casi siempre es el resultado de comer muy rápido o de un exceso de comida o de bebida.*

## DIAGNÓSTICO DE HIPO

- Súbita inhalación de aire asociada con un sonido y sensación característicos que, con frecuencia, se repiten varias veces antes de desaparecer

**SISTEMA RESPIRATORIO**

# hipo

## PRECAUCIÓN

**El hipo a veces puede ser una señal de alguna enfermedad seria como un absceso en el hígado, una falla crónica de los riñones o inclusive puede ser un síntoma durante las últimas etapas de un cáncer.**

### REMEDIO CULINARIO

■ Coma 2 cucharaditas (10 ml) de azúcar granulada o consuma una dosis de solución medicinal para bebés cuyo principal conponente es el eneldo, que ayuda a asentar el estómago si el hipo es causado por indigestión.

E*l hipo es un súbito espasmo del diafragma, causado por la irritación del nervio principal de este músculo que se contrae, cierra la garganta y corta la respiración produciendo su sonido característico. Por lo general, un ataque de hipo puede durar unos minutos, una o dos horas o hasta meses. Casi siempre está relacionado con indigestión, con el exceso de comida o con el consumo rápido de alimentos. También puede ser el resultado de beber gaseosas: el gas distiende el estómago, presiona la parte inferior del diafragma y causa, por supuesto, irritación. Sorprendentemente algunos libros médicos sugieren la tradicional fórmula de colgarse una llave fría en la espalda o tomar agua del lado opuesto de un vaso.*

### MEDICINA CONVENCIONAL

✚ Todos en algún momento sufrimos un ataque de hipo, inclusive los bebés en el útero. En la mayoría de los casos no hay causas obvias, pero si la irritación del diafragma responde a una inflamación del estómago, el hipo puede volverse persistente. La mayoría de hipos duran poco, si se vuelve persistente, consulte al médico quien le prescribirá una droga para relajar el diafragma.

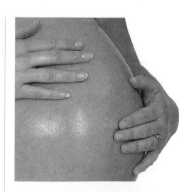

ARRIBA *Aun en el útero, las madres pueden sentir el hipo de su bebé.*

## AROMATERAPIA

**LAVANDA**
*Lavandula angustifolia*

La lavanda es calmante y analgésica.

**Aplicación:**

Ponga en una bolsa de papel una gota de lavanda, colóquela sobre nariz y boca, inhale y exhale lenta y profundamente. Este remedio disminuye y profundiza la respiración, calma el diafragma y puede detener el hipo. Como alternativa utilice incienso.

ARRIBA *El extracto de aceite esencial de lavanda es anticonvulsivo y tiene un suave efecto sedante.*

## NUTRICIÓN

Lo importante no es lo que come sino la forma en que come. Debe tomarse su tiempo, sentarse, masticar bien y siempre beber un vaso de agua con las comidas.

**Evite** cantidades excesivas de bebidas gaseosas, incluyendo el agua mineral. Esto es especialmente importante cuando viaja en avión puesto que la diferencia de presión entre el interior del cuerpo y la atmósfera en la cabina, expulsa los gases de las bebidas, causa distensión abdominal e hipo.

## REMEDIOS HOMEOPÁTICOS

**CAJUP 6C** para súbitos ataques de hipo producidos al hablar, reír, comer o moverse.

**RANUNCULUS BULB. 6C** para hipo asociado con bebidas alcohólicas.

**IGNATIA 6C** para hipo por causas emocionales. Hipo y eructos cuando come, bebe o fuma. Sensación de vacío en el estómago.

**CYCLAMEN 6C** para el hipo similar a eructos. Empeora con las comidas grasas. Hipo durante el embarazo o durante el bostezo.

**HYOSCYAMUS 6C** para hipo después de comer.

**NUX VOMICA 6C** para hipo por exceso de comida o de bebida.

**Posología:** una tableta cada 30 minutos hasta que mejore, máximo 12 dosis.

## OTRAS AYUDAS

**ACUPRESIÓN.** el punto 43 sobre el dedo anular es un buen punto para probar. Si funciona, es instantáneo.

ARRIBA *El punto 43 se encuentra sobre el meridiano del intestino delgado que va desde la nuca y baja por el brazo hasta las puntas de los dedos.*

## REMEDIOS HERBALES

Aunque por lo general el hipo se autorregula, los ataques prolongados usualmente responden a las hierbas que se usan para tratar la flatulencia y la indigestión.

■ **Posología:**

Tome sorbos de infusión de menta o de hinojo, o de 2 a 3 gotas de aceite de canela o clavo sobre un terrón de azúcar.

También ayuda comer papaya o jugo de ésta, o masticar jengibre cristalizado.

## MEDIDAS *preventivas*

Siga las normas de alimentación sugeridas en la sección *Nutrición*.

## EJERCICIO

ABAJO se muestra un ejercicio sencillo que puede ayudar a detener un ataque de hipo.

① Acuéstese en el piso sobre la espalda y con las rodillas dobladas.

② Levante las rodillas y con las manos llévelas hacia el pecho tanto como pueda.

③ Sostenga por tres segundos, relájese y repita varias veces. Este ejercicio hace presión sobre la parte inferior del diafragma y detiene los espasmos.

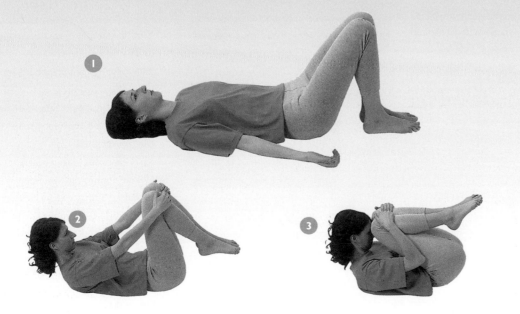

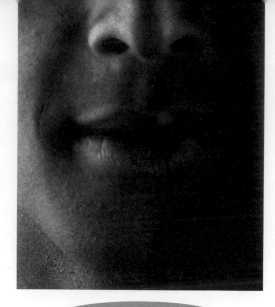

DERECHA *El catarro es una mucosidad en la nariz, la garganta y el pecho causada por una infección, una alergia o irritación de las membranas mucosas. Consulte a su médico si el catarro incluye sangre o dura más de un mes.*

## DIAGNÓSTICO DE CATARRO

- Excesiva mucosidad espesa en la nariz y en la garganta
- Obstrucción o flujo nasal

**SISTEMA RESPIRATORIO**

# catarro

La irritación de las membranas de la nariz y de la garganta o las reacciones alérgicas, pueden causar un aumento de la producción de mucosa de estos tejidos. Las infecciones virales o bacterianas también pueden producir esta reacción y si los senos nasales se congestionan e infectan puede conducir a una sinusitis (p. 130).

## REMEDIO CULINARIO

■ Mezcle una tercera parte de jugo de remolacha con dos terceras partes de agua tibia y haga dos o tres inhalaciones de la mezcla por cada fosa nasal. Inhale fuerte para forzar el jugo hacia la parte de atrás de la garganta y escupa. Aunque suena repugnante, no es tan difícil después de la primera inhalación y el jugo de remolacha que es antiséptico poco a poco ayuda a sanar. No use su pañuelo favorito, por lo menos, dos horas después del tratamiento pues lo teñirá de rojo, mejor acuda a los pañuelos de papel.

## MEDICINA CONVENCIONAL

✚ Por lo general el catarro desaparece sin tratamiento al cabo de una a dos semanas. Sin embargo, las vaporizaciones hacen más cómoda la respiración ya que adelgazan la mucosidad y reducen la inflamación y son útiles, tantas veces como sea necesario, en los adultos y en los niños. Los descongestionantes también ayudan, especialmente los aerosoles para las fosas nasales, pero debe tener en cuenta que su uso durante más de una semana puede obstruir aún más la nariz.

*Posología ~*
**Adultos y niños**

■ Para hacer una vaporización inclínese sobre una vasija de agua hirviendo con una toalla sobre la cabeza. Puede hacerlo más agradable agregándole aceite de eucalipto u otros aceites (*ver Aromaterapia*), aunque es el vapor el que tiene un mayor efecto sobre el catarro. Como alternativa, compre un humidificador, ponga toallas mojadas sobre los calentadores o abra la llave del agua caliente en la ducha y siéntese en el baño con el niño enfermo. La mayoría de los aerosoles nasales se aplican, por lo menos, dos veces al día.

## REMEDIOS HERBALES

✿ Las hierbas astringentes y analgésicas ayudarán a quitar el catarro y a aliviar las membranas inflamadas.
**Posología:**
Mezcle cantidades iguales de flor de saúco, hojas de eufrasia, malvavisco y llantén menor para hacer una infusión; ponga 2 cucharaditas de la mezcla en una taza de agua hirviendo, y tome cuatro veces al día.

Las vaporizaciones ayudan: mezcle 5 gotas de aceite de sándalo y 5 de aceite de eucalipto con 5 ml (1 cucharadita) de tintura de benjuí en un recipiente con agua caliente e inhale por diez minutos. Si puede, use hojas frescas de eucalipto en el agua hirviendo.

## REMEDIOS HOMEOPÁTICOS

 Existen muchos remedios para el catarro. Si los que sugerimos no le ayudan, consulte a un homeópata (*ver también Sinusitis p. 130*).

⚘ KALI BICHROMICUM **6C** para catarro amarillo o verde, denso y pegajoso. Presión dolorosa en la base de la nariz. Costras secas en la nariz. Empeora en clima caliente.

⚘ EUCALYPTUS **6C** para nariz congestionada, catarro crónico, mocos similares al pus.

⚘ PULSATILLA **6C** para nariz muy congestionada con moco blanco o amarillo verdoso. Mejora al aire libre. Pérdida del olfato. Secreción en los oídos.

⚘ SAMBUCUS NIGRA **6C** para resoplidos en los bebés y dificultad para mamar.

**Posología**: una tableta cada 4 horas hasta que mejore, máximo 12 dosis.

## AROMATERAPIA

⚘ EUCALIPTO
*Eucalyptus radiata*

⚘ BENJUÍ
*Styrax benzoin*

⚘ ALBAHACA
*Ocimum basilicum*

⚘ TOMILLO
*Thymus vulgaris*

Estos aceites alivian la congestión y ayudan a combatir la infección. La lavanda o manzanilla son útiles en caso de catarro por alergia (*ver Alergias p. 22*).

**Aplicación:**
Generalmente las vaporizaciones y/o masajes faciales en puntos específicos efectuados por un terapista brindan gran beneficio.

### PRECAUCIÓN

**Estos aceites, aparte de la lavanda y manzanilla, son muy fuertes y es mejor no utilizarlos en niños pequeños.**

## OTRAS AYUDAS

**ACUPRESIÓN**: los puntos 26, 11, 46 y 47 ayudan a estimular el flujo del moco.

**REFLEXOLOGÍA**: trabajar los dedos, los pulgares y los espacios entre los huesos metacarpianos localizados en la parte posterior de las manos, proporciona alivio.

**YOGA**: experimente tanto con las posturas como con las técnicas de respiración y realice las que funcionen mejor.

Algunas veces las posiciones invertidas como inclinarse hacia adelante de pie, el perro y parado de hombros ayudan. Hay otros momentos en los que es mejor evitarlas. Igualmente, pruebe con Kapalabhati y Ujjayi.

## NUTRICIÓN

 Los naturistas creen que un alto consumo de productos lácteos aumenta la producción de mucosa; disminuya su consumo durante un par de semanas. Si lo hace durante un tiempo prolongado busque orientación profesional sobre la dieta y los suplementos necesarios para evitar deficiencias nutricionales y de calcio.

Los puerros son ricos en sulfuro y vitamina C

El cebollino es un tónico para la circulación.

La cebolla fortalece los pulmones

La cebolla larga es un antiséptico

El ajo es un desrongestionante

**Coma abundante** cebolla, cebollino, cebolla larga, puerros y ajo, tradicionales para aliviar el catarro; y papa, zanahoria, brócoli y repollo por el betacaroteno. Incluya tomillo, romero, jengibre, chile y rábano en todas sus recetas, pues son descongestionantes.

ARRIBA *Inhalar aceites esenciales fuertes ayudará a penetrar la mucosa.*

IZQUIERDA *Inclinarse hacia adelante de pie ayuda a limpiar las vías bloqueadas por el catarro.*

## MEDIDAS *preventivas*

Deje de fumar y evite los olores químicos, otros contaminantes irritantes y los alérgenos (*ver Alergias p. 22*).

Suénese con frecuencia para reducir el riesgo de infección pero nunca bloquee una fosa mientras sopla por la otra pues el incremento de presión puede forzar la mucosidad dentro de la trompa de Eustaquio. Las inhalaciones sobre una vasija con agua hirviendo que contenga tres gotas de aceites de eucalipto, lavanda y tomillo, son útiles.

DERECHA *Los terribles síntomas del resfriado afectan la cabeza, la garganta y el pecho y, con frecuencia, vienen acompañados de fiebre, dolor, malestar y falta de energía. Defiéndase de los resfriados estimulando el sistema inmunológico.*

## DIAGNÓSTICO DE RESFRIADO

- Fiebre
- Mocos
- Tos con piquiña
- Dolor de garganta

**SISTEMA RESPIRATORIO**

# resfriado común

### REMEDIO CULINARIO

■ El tiempo y la experiencia han demostrado que agua caliente con zumo de limón y mucha miel, supera en eficacia a muchos remedios.

ARRIBA *Bebida de miel caliente y limón.*

Existen cientos de virus responsables de los síntomas de un resfriado. La mucosidad infectada que se expele en la tos y el estornudo en espacios cerrados transmiten el virus. El resfriado común ha desafiado los esfuerzos de la medicina mundial, los virólogos y otros especialistas y, a menudo, resultan más efectivos los viejos remedios de las abuelas. Las drogas para contrarrestarlo, aun aquellas consideradas óptimas, hacen muy poca diferencia y, lo que es peor, tienen serios efectos colaterales. Para superar un resfriado lo mejor es estimular las defensas naturales del cuerpo, descansar, comer bien y aprovechar los beneficios de las vaporizaciones y de otros remedios caseros.

## MEDICINA CONVENCIONAL

No existe cura para un resfriado pero existen grandes cantidades de remedios para disminuir los síntomas. No tenemos mucha evidencia que apoye el uso de los jarabes para la tos. La fiebre y el malestar pueden tratarse con analgésicos o con calmantes, tomados regularmente durante varios días hasta que los síntomas disminuyan. Haga tantas vaporizaciones como pueda, pues éstas adelgazan la mucosidad y despejan las vías respiratorias. Los bebés necesitan gotas para la nariz con el fin de que puedan respirar mejor mientras comen. Por lo general los resfriados duran de 3 a 10 días.

*Posología ~*

**Adultos**

■ De una a dos tabletas de analgésicos al inicio de la fiebre, luego cada 4 horas. Lea el empaque para detalles.

**Niños**

■ Suministre dosis regulares de analgésico líquido. Consulte el empaque para detalles o siga el consejo médico.

## AROMATERAPIA

 **EUCALIPTO**
*Eucalyptus radiata*

**ÁRBOL DE TÉ**
*Melaleuca alternifolia*

**PINO**
*Pinus sylvestris*

El árbol de té estimula la sudoración e induce la eliminación del virus proporcionando bienestar. Lleve suficiente agua a la cama para reemplazar el líquido que pierde. El eucalipto y el pino ayudan a disminuir la congestión durante la noche y la lavanda ayuda a dormir.

**Aplicación:**

Para aliviar la congestión, use estos aceites en vaporizadores, en inhalaciones, en pañuelos de tela o papel y en los cubrelechos. Usados en un pebetero reducen el riesgo de infecciones secundarias y alivian los síntomas del resfriado. Al primer indicio de un resfriado use estos aceites (especialmente árbol de té) en un baño antes de acostarse.

## OTRAS AYUDAS

 **ACUPRESIÓN**: para senos nasales obstruidos y adoloridos consulte Catarro (p. 122).

**REFLEXOLOGÍA**: los reflejos de la cabeza, los pulmones y linfáticos superiores están en los dedos y los pulgares, las membranas entre los dedos, los pulpejos de los dedos y los espacios entre los huesos metacarpianos (en la parte posterior de las manos).

**YOGA**: evite posturas invertidas. Enfatice las flexiones de espalda como el guerrero y la cobra. Cuando las fosas nasales estén lo suficientemente despejadas, practique Surya Bhedana durante 12 respiraciones, seguida de Ujjayi.

## NUTRICIÓN

 Ingiera fruta fresca, ensaladas y vegetales crudos, dos dientes de ajo crudo diarios. En algunas partes de Europa comen un bulbo de ajo entero para matar el virus del resfriado, sopa de cebolla espesa o cebollas al horno, pues ésta y el ajo, tienen un poderoso efecto antiséptico y descongestionante. Reemplace los líquidos perdidos en la sudoración y en los estornudos **bebiendo** líquidos, en especial jugos de frutas, agua pura, infusiones y la mezcla de agua caliente, limón y miel (*ver Remedios culinarios*). Evite los productos lácteos y todos los azúcares por 2 ó 3 días.

## REMEDIOS HERBALES

Las hierbas pueden aliviar muchos de los síntomas del resfriado y muchas de ellas han demostrado una actividad antiviral importante.

■ **Posología:**

Prepare una infusión con partes iguales de flor de saúco, menta (para los niños utilice nébeda), milenrama e hisopo: 1 cucharadita por taza para tomar hasta cuatro veces diarias, esto aliviará el catarro, los resfriados y la tos. Las gárgaras con una infusión de salvia calman el dolor de garganta. Puede mejorar el sabor agregando jugo de limón fresco. Para fortalecer el sistema inmunológico, use mucho ajo en sus recetas y tome todos los días hasta diez cápsulas de 200 mg de equinácea, hasta por 4 días.

## REMEDIOS HOMEOPÁTICOS

 **ACONITE 30C** para las primeras señales de resfrío, estornudos frecuentes, obstrucción nasal. La sed empeora en habitaciones mal ventiladas.

**ALLIUM CEPA 30C** para estornudos abundantes, ojos llorosos y moqueadera. Calor, sed, mejora con el aire fresco. Dolor nasal.

**DULCAMARA 30C** para resfríos que se adquieren al enfriarse repentinamente. Severos estornudos, ojos adoloridos y rojos. Dolor de garganta. Rigidez de la nuca y dolor en los miembros.

**NATRUM MURIATICUM 30C** para resfriados que comienzan con estornudos. Moco con la apariencia de clara de huevo. Nariz obstruida. Dolores, ulceraciones en la boca y labios partidos.

**Posología**: una tableta cada 4 horas. Máximo de 3 a 4 días.

ARRIBA *El remedio Dulcamara proviene de la hierba mora y es un fuerte enemigo del catarro.*

## MEDIDAS *preventivas*

**NUTRICIÓN**: *coma semillas de calabaza, ostras y mariscos por el zinc. Si está rodeado de personas con resfriado, estimule su sistema inmunológico chupando 3 ó 4 pastillas de zinc y de vitamina C todos los días.*

**AMBIENTE**: *evite lugares muy calientes y concurridos como los centros comerciales y los teatros, especialmente si sufre de asma, diabetes, enfermedad cardíaca, renal o cualquier otra que comprometa la inmunidad natural. En lo posible vaya al trabajo más tarde o más temprano de lo usual para esquivar las horas pico, tome aire fresco y haga ejercicio para mantener su sistema respiratorio en buen estado. El estrés, el cansancio y la depresión aumentan la probabilidad de sufrir de resfriados. Mojarse o tomar una corriente de aire no producen un resfriado.*

IZQUIERDA *Tome aire fresco en lugares abiertos tantas veces como pueda. El ejercicio le hará bien y lo mantendrá apartado de los gérmenes del resfriado.*

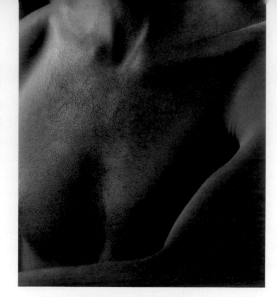

DERECHA *La bronquitis, que está acompañada de dificultad para respirar, tos y flema, es una inflamación de los bronquios, el conducto más grande que lleva aire a los pulmones.*

## DIAGNÓSTICO DE TOS Y BRONQUITIS

- Liberación explosiva de aire de los pulmones
- Mucosa clara, con frecuencia, amarilla o café
- Garganta seca y cosquilleo

**SISTEMA RESPIRATORIO**

# tos y bronquitis

La tos puede ser provocada por inhalación de irritantes como polvo, humo o una simple miga de pan. De todos los síntomas del tracto respiratorio, la tos es la más común y puede ser señal de una enfermedad subyacente. La bronquitis aguda es producto de una infección, normalmente después de una gripa severa. La bronquitis crónica es más común en el Reino Unido que en cualquier otra parte debido a una permanente exposición al cigarrillo, la neblina y el aire húmedo, que contribuyen a una producción excesiva de mucosidad en los pulmones. Esta mucosidad obstruye las vías respiratorias y reduce la cantidad de oxígeno disponible recargando el corazón. Si a esto se suma una infección del pecho los problemas respiratorios pueden ser severos.

## LLAME AL MÉDICO

- Si tiene una tos intensa.
- Si al toser arroja mucosidad con sangre, señal de una enfermedad más seria.

## NUTRICIÓN

Una bronquitis aguda o crónica y una simple tos responderán bien a ciertos cambios en los hábitos alimenticios.

Para eliminar líquidos del cuerpo, **coma abundante** apio, perejil y hojas frescas de diente de león (disponible en bolsas de té). Por su vitamina B consuma cebollas, puerros (de la misma familia del ajo), pescado, legumbres, arroz integral y banano. Por la vitamina A, coma hígado, zanahoria, papas y espinacas. El pescado graso tiene propiedades antiinflamatorias.

**Evite** completamente la sal para prevenir la retención de líquidos. Reduzca el consumo de productos lácteos para ayudar a disminuir la formación de mucosa.

## MEDICINA CONVENCIONAL

Una tos seca, con frecuencia, se alivia con vaporizaciones regulares. Si la tos no desaparece en 2 ó 3 semanas, visite al médico. Una tos más fuerte como la que se desarrolla después de un resfriado, producto de una infección pulmonar bacteriana (mucho más común en los niños y en las personas mayores) puede requerir antibióticos. No existe evidencia de que los jarabes para la tos surtan efecto.

*Posología ~*

**Adultos y niños**

- Para realizar vaporizaciones inclínese sobre una vasija de agua hirviendo con una toalla sobre la cabeza. Puede hacerlas más agradables agregando aceite de eucalipto u otros aceites (*ver Aromaterapia*), aunque el efecto lo produce el vapor. Como alternativa, compre un humidificador, ponga toallas mojadas sobre los calentadores o abra la llave del agua caliente en la bañera y siéntese en el baño de vapor con el niño enfermo.

## REMEDIOS HERBALES

Los remedios herbales pueden aliviar los espasmos bronquiales, expulsar flemas o suprimir la tos.

■ **Posología:**
Para una tos de pecho o bronquitis tome infusión de tomillo, helenio, verbasco, prímula, marrubio blanco o musgo de Islandia (1 cucharadita por taza) endulzada con miel.

Se puede hacer un jarabe dejando rodajas de cebolla o de nabo con azúcar durante la noche para después tomarlo en dosis de 5 ml (1 cucharadita).

Los supresores de la tos como la cereza silvestre alivian la tos irritante y nerviosa pero se deben evitar cuando causan molestia al expulsar las flemas.

## REMEDIOS HOMEOPÁTICOS

🌿 RUMEX **6**C para el dolor de garganta causado por el aire frío, tos seca espasmódica que impide dormir. Ronquera, flema fuerte, empeora al hablar y con el aire frío. Mejora al cubrirse la boca.

🌿 STANNUM **6**C para tos intensa con moco verde. Empeora en las tardes hasta la medianoche, al reír, hablar o acostarse sobre el lado derecho. Sensación de debilidad.

🌿 BRYONIA **6**C para tos seca, áspera y espasmódica. Necesidad de incorporarse. Empeora al comer o beber en la noche. Tose al entrar a una habitación caliente.

**Posología:** una tableta tres veces al día hasta que mejore, máximo por 2 semanas.

## OTRAS AYUDAS

**REFLEXOLOGÍA**: trabaje los reflejos del pulmón y del diafragma por encima y por debajo de las almohadillas de los pies, poniendo especial atención en las membranas entre el dedo gordo y el segundo dedo del pie (garganta y tráquea).

**YOGA**: haga Shitali o Sitkari, levantando la cabeza un poco mientras inhala y bajándola mientras exhala. La tos, algunas veces, significa dificultad para comunicarse, es un reflejo de lo que ha dicho o no ha dicho.

## REMEDIO CULINARIO

■ Para todos los problemas respiratorios, lo mejor es una taza diaria de sopa de ajo, descongestionante y antibacterial. ① Triture 5 dientes de ajo y fríalos en aceite de oliva. ② Añada una cucharadita de anís triturado y 1,2 litros de agua. ③ Hierva durante 15 minutos. Desmorone 2 ó 3 tajadas gruesas de pan viejo integral. ④ Cocine durante 4 minutos y sirva.

## EJERCICIO

HACER EJERCICIO puede resultar difícil para quienes sufren de bronquitis crónica pero es muy importante mantener los pulmones trabajando con el fin de evitar que pierdan su capacidad y elasticidad. Caminar, los ejercicios de respiración profunda y nadar representan un buen punto partida. También es posible mejorar esta condición tocando algún instrumento de viento, flauta dulce, flautín, armónica e incluso cantar.

ARRIBA *Tocar la flauta dulce es una buena manera de ejercitar los pulmones.*

## AROMATERAPIA

🌿 SÁNDALO
*Santalum album*
🌿 BENJUÍ
*Styrax benzoin*
🌿 EUCALIPTO
*Eucalyptus radiata*
🌿 INCIENSO
*Boswellia sacra*
🌿 ÁRBOL DE TÉ
*Melaleuca alternifolia*

Las inhalaciones con estos aceites alivian la garganta, las vías respiratorias y ayudan e expulsar el moco. Cuando hay exceso de tos, los masajes en la garganta y el pecho alivian la tensión. Las gárgaras aseguran que la infección no se instale en la garganta.

**Aplicación:**
Utilice sándalo, benjuí, eucalipto o incienso en inhalaciones. Efectúe masajes de garganta y de pecho con cualquiera de estos aceites y use árbol de té en gargarismos.

## MEDIDAS
*preventivas*

No fume. No fume. No fume. Evite a los fumadores. Mantenga los pulmones en buenas condiciones, efectuando ejercicio regular. Mantenga las habitaciones frescas y aireadas y utilice una mascarilla para todo trabajo que produzca polvo y para evitar la polución en el aire.

DERECHA *La fiebre del heno, como el asma, está en aumento. En algún momento se incluyó dentro de las alergias a las plantas estacionales pero ahora el término cubre también reacciones a otros alérgenos.*

## DIAGNÓSTICO DE FIEBRE DEL HENO

- Fuertes estornudos
- Obstrucción o mucosidad
- Sensibilidad, piquiña en los ojos
- Cosquilleo en el paladar

**SISTEMA RESPIRATORIO**

# fiebre del heno

ARRIBA *Compre miel orgánica para beneficiarse de sus propiedades curativas.*

### REMEDIO CULINARIO

■ Para la alergia al polen, la miel orgánica puede ser la salvación. Los estudios han demostrado que comer diariamente un par de cucharaditas de miel elaborada por las abejas que se alimentan del polen de las flores, proporciona un inmenso alivio de los síntomas.

La fiebre del heno, fácilmente reconocible por ojos enrojecidos e hinchados, mucosidad y fuertes estornudos, es una reacción alérgica al polen del pasto que surge en la primavera y en el verano. Pero no sólo el polen del pasto causa fiebre del heno. Hoy en día, el término es utilizado para clasificar reacciones alérgicas a cualquier tipo de polen y a otros irritantes aéreos como los gases, la polución atmosférica e incluso el fuerte olor de algunos perfumes. También existen algunos desafortunados que sufren constantemente de un síntoma conocido como rinitis, causada por el polvo de la casa (ver Asma p. 132, Medidas preventivas).

## MEDICINA CONVENCIONAL

✚ Las drogas para prevenir las reacciones alérgicas vienen en gotas para los ojos, tabletas y aerosoles nasales. Algunas veces los antihistamínicos causan somnolencia aunque las nuevas fórmulas han reducido este problema.

*Posología ~*
**Adultos**
■ La mayoría de tabletas se toman una vez al día. Las gotas para los ojos se aplican con más frecuencia. Siga las instrucciones del empaque o busque consejo médico. Realice dos aplicaciones de aerosol nasal en cada fosa dos veces al día.

**Niños:**
■ La dosis de jarabe antihistamínico depende de la edad del niño. Consulte el empaque para detalles o siga el consejo médico. A los mayores de 6 años, aplique aerosol nasal en cada fosa dos veces al día.

## REMEDIOS HOMEOPÁTICOS

La fiebre del heno se puede tratar utilizando mezclas de polen, 30c tomados una vez cada quince días durante la estación. Las tabletas homeopáticas para la fiebre del heno se pueden comprar en las droguerías. Como alternativa intente alguna de las siguientes fórmulas:

🌿 ALLIUM CEPA 6C para mucosidad constante, ojos llorosos sin dolor. Empeora en habitaciones calientes. Mejora al aire libre.

🌿 EUPHRASIA 6C para ojos llorosos y adoloridos, mocos sin dolor nasal. Empeora con la luz y con el calor.

🌿 SABADILLA 6C para accesos de estornudos violentos, piquiña y hormigueo en la nariz que empeora con los perfumes.

Posología: una tableta, dos veces diarias, máximo 2 semanas.

### AROMATERAPIA

🌿 MANZANILLA ROMANA
*Chamaemelum nobile*

🌿 ALBAHACA
*Ocimum basilicum*

🌿 TORONJIL
*Melissa officinalis*

La manzanilla y el toronjil son antialérgenos y la albahaca ayuda a liberar los senos nasales y la cabeza de los terribles efectos de la fiebre del heno.

Aplicación:

Para tener a mano un alivio inmediato ponga una gota de cada aceite en un pañuelo y llévelo a todas partes. También puede utilizar estos aceites para masajes en el pecho y en la parte superior de la espalda.

## REMEDIOS HERBALES

Los herbalistas con frecuencia tratan la fiebre del heno con hierbas que limpian y fortalecen el tracto respiratorio antes de que el problema alcance un nivel crítico.

■ Posología:

Prepare una infusión con tres partes de flor de saúco, dos partes de marrubio blanco, una parte de fumaria y una parte de littoralis. Tome de 1 a 2 tazas diarias desde finales de enero hasta la Pascua.

Para aliviar los síntomas durante la temporada de la fiebre del heno, tome eufrasia en cápsulas (hasta 8 cápsulas x 200 mg diariamente) y lave los ojos con infusiones, bien coladas y esterilizadas, de caléndula o eufrasia.

ARRIBA *Para aliviar lo síntomas de la fiebre del heno en los ojos utilice flores de caléndula (Calendula officinalis y no Tagetes spp.) en un baño relajante.*

## NUTRICIÓN

Seguir un régimen que disminuya la producción de moco puede ser de gran ayuda, **reduzca** el consumo de productos lácteos ya que los naturistas creen que produce mucosidad. Al hacer cambios radicales en su dieta, asegúrese de reemplazar los nutrientes, especialmente el calcio. La vitamina C y los bioflavonides que la acompañan son importantes protectores de las membranas mucosas. Todas las bayas y las pasas de Corinto frescas, proporcionan grandes cantidades de éstos. Las frutas cítricas, incluyendo algo de la cáscara y la piel blanca alrededor de los segmentos, también se deben comer en abundancia.

## OTRAS AYUDAS

**ACUPRESIÓN**: los puntos 50 y 51 ayudan a detener el ataque de estornudos violentos; los puntos 41 y 47 son útiles para aumentar el drenaje de mucosidad.

**REFLEXOLOGÍA**: trabaje los reflejos de los ojos, nariz y garganta que están localizados sobre y entre los dedos de la mano y del pie, y los reflejos de los pulmones y del diafragma.

**YOGA**: concéntrese en las posturas de cierre, como inclinarse hacia adelante. Practique las técnicas de

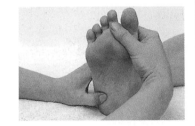

ARRIBA *Trabajar los reflejos de los bronquios facilita la respiración.*

Kapalabhati y Pranayama de manera regular durante el año.

## MEDIDAS
*preventivas*

La única prevención real pero poco práctica, es evitar inhalar alérgenos. Para quienes sufren de alergia al polen, es aconsejable permanecer en lugares cerrados temprano en la mañana y tarde en la noche, cerrar las ventanas y usar gafas de sol.

Si el caso es de rinitis permanente, siga las instrucciones para controlar la población de ácaros en la habitación (*ver Asma p. 132*). Tome una dosis diaria de 1.000 mg de vitamina C, 400 UI de vitamina E y complejo B.

DERECHA *Los senos nasales son cavidades óseas localizadas alrededor de la nariz. Cuando la membrana mucosa se infecta se inflama causando una obstrucción de moco que puede ser muy dolorosa.*

## DIAGNÓSTICO DE SINUSITIS

- Dolor en la cara o en las encías
- Persistente dolor de cabeza, con frecuencia por encima de los ojos
- El dolor empeora al inclinarse hacia adelante
- Sabor horrible en la boca
- Hemorragia nasal
- Obstrucción total o parcial de la nariz

**SISTEMA RESPIRATORIO**

# sinusitis

Un fuerte resfrío, las alergias, los olores irritantes, fumar, las infecciones del tracto respiratorio superior, los pólipos nasales o reacciones adversas a algunos alimentos pueden desencadenar una sinusitis. Esta inflamación de las membranas que cubren los senos nasales y su consecuente sobreproducción de moco, genera dolores de cabeza, dolor facial, congestión, pérdida del olfato, dolor de muela y episodios repetitivos de infecciones en los oídos y pecho. Si bien los antibióticos son esenciales para las infecciones severas, los remedios caseros son muy eficaces en casos menos críticos y como prevención.

### REMEDIOS CULINARIOS

■ El ajo y el rábano, eficaces por sus cualidades antibacteriales, son armas muy poderosas para combatir los problemas de los senos paranasales. Coma un diente de ajo diario o, si no le gusta el sabor y el olor, tómelo en tabletas.

■ El rábano es un fuerte descongestionante. Un par de cucharaditas de raíz de rábano pelada y rallada en un sándwich expulsará la mucosidad.

■ Las cebollas y los puerros preparados en sopa, son alimentos tradicionales para el tratamiento de infecciones en el pecho y en los senos nasales, cómalos en abundancia.

■ Las enzimas naturales del jugo de piña son especialmente curativas. Beba por lo menos tres vasos diarios diluidos en agua en una proporción de 50:50.

### MEDICINA CONVENCIONAL

✚ El tratamiento consiste en drenar los senos nasales y tratar la infección. El vapor ayuda a drenar el moco reduciendo la congestión nasal. Los aerosoles nasales con descongestionantes pueden ayudar pero si se utilizan durante mucho tiempo pueden empeorarla. Para la infección son necesarios los antibióticos. Una sinusitis crónica puede requerir tratamiento quirúrgico.

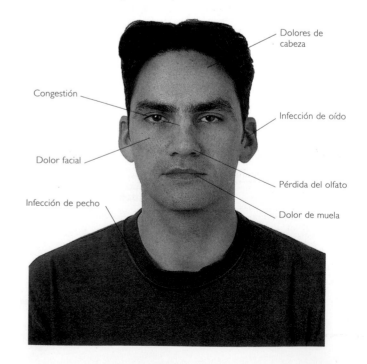

Dolores de cabeza

Congestión

Infección de oído

Dolor facial

Pérdida del olfato

Infección de pecho

Dolor de muela

## REMEDIOS HERBALES

Hierbas como la flor de saúco, la manzanilla, la hiedra terrestre, la tártara, la milenrama, la eufrasia o el llantén mayor ayudan a contrarrestarla.

■ **Posología:**

Prepare una infusión de estas hierbas (2 cucharaditas por taza), añada una pizca de cúrcuma canadiense, laurel en polvo o 5 gotas de tintura. Masejee suavemente las áreas de los senos nasales con una crema o aceite que contenga cualquiera de estas hierbas.

Igualmente ayudan mucho las vaporizaciones con 10 gotas de aceite de eucalipto, menta, pino y sándalo. Inhale durante más de 10 minutos.

## REMEDIOS HOMEOPÁTICOS

**Si estas sugerencias no le ayudan, consulte a un homeópata.**

🌺 HYDRASTIS **6C** después de un resfriado, dolor causado por presión en la frente, dolor en el cuero cabelludo y cuello. Moco espeso atrás de la garganta.

🌺 KALI BICHROMICUM **6C** para un catarro fuerte, espeso, amarillo. Dolor vibrante en el tabique y en los senos frontales que empeora al agacharse. Presión en el oído. Empeora con el frío y clima seco. Pérdida del olfato.

🌺 HEPAR SULPHURIS CALCAREUM **6C** para mucosidad espesa amarilla o blanca con olor fuerte. Irritabilidad. Dolor en los huesos faciales, punzante al lado derecho. **Posología**: una tableta, tres veces al día hasta que mejore, máximo por 10 días.

## NUTRICIÓN

La leche de vaca incrementa la producción de moco, especialmente en los niños. Incluso las mujeres en periodo de lactancia que consumen grandes cantidades de leche pueden hacer a sus bebés más propensos a los problemas de pecho y de senos nasales. Excluya de su dieta la leche y sus derivados durante algunas semanas. Si esto ayuda y los va a excluir durante un tiempo, asegúrese de obtener de otras fuentes, calcio y vitamina D (*ver Osteoporosis p. 108*).

Para mantener los senos nasales saludables son importantes las vitaminas A, C y E y los bioflavonoides. **Consuma** zanahoria, albaricoque y vegetales de hojas verde oscuro, frutas cítricas, cerezas oscuras, tomates, mangos, aguacates, aceites de oliva, girasol y alazor.

La sal estimula la retención de líquido e inflama la membrana mucosa, limite su consumo. La deshidratación que produce el exceso de licor irrita los senos nasales ya inflamados, beba con moderación.

ABAJO *Frutas y vegetales defensores.*

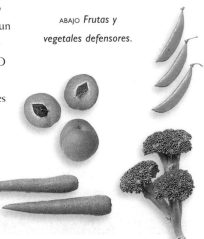

## EJERCICIO

TODO EJERCICIO ayuda a mejorar la respiración y a despejar el conducto nasal. Sin embargo, en presencia de fiebre del heno evite hacer ejercicio al aire libre y exponerse al polen. Si hace ejercicio en la casa, tome las precauciones necesarias contra los ácaros caseros (*ver Asma p. 132*).

## OTRAS AYUDAS

**ACUPRESIÓN**: los puntos alrededor de los ojos, de la nariz y de la parte posterior de la cabeza (49, 50, 51 y 52), son muy útiles para aliviar los síntomas.

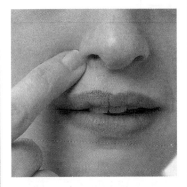

ARRIBA *Para despejar la cabeza, ejerza presión sobre el punto 49 (meridiano del intestino grueso).*

**REFLEXOLOGÍA**: los reflejos de los senos nasales están en las puntas de los dedos de las manos y de los pies. Trabaje estas áreas de forma ascendente y descendente y estire los dedos de los pies, empujando con el pulgar cada pulpejo. Trabajar los reflejos del linfático superior y de la válvula ileocecal ayudará.

**YOGA**: las técnicas de respiración rápida como Kapalabhati y Bhastrika sirven para despejar los senos nasales, pero no deben hacerce en etapas críticas.

## MEDIDAS *preventivas*

Si las alergias son la raíz del problema, tome las medidas preventivas apropiadas (*ver Nutrición*). Si el caso es de rinitis crónica (problemas nasales durante todo el año), tenga especial cuidado en mantener la casa libre de alérgenos (*ver Asma p. 132*).

**DIETA**: *una dieta constantemente enriquecida con los nutrientes recomendados ayudará a que la membrana mucosa de los senos nasales esté fuerte y saludable. Para las personas sensibles a este problema, un régimen de dos días de sólo fruta, vegetales y ensaladas crudas hará un trabajo de limpieza y protección.*

## AROMATERAPIA

🌺 ALBAHACA
*Ocimum basilicum*
🌺 EUCALIPTO
*Eucalyptus radiata*
🌺 ÁRBOL DE TÉ
*Melaleuca alternifolia*
Estos aceites ayudan a atacar la infección y a despejar los senos nasales.

**Aplicación:**
Ponga los aceites esenciales en un pañuelo, pebetero, vaporizador, en la roseta de una bombilla o sencillamente en una vasija con agua caliente. Las vaporizaciones son una manera efectiva de emplearlos. La mayoría de estos aceites son un poco fuertes para ponerlos directamente en la cara pero combinados con una loción o con cualquier crema que utilice en la noche, sirven para hacer un masaje facial. Vale la pena buscar un terapista que le enseñe a hacerlo.

DERECHA *Cuando el conducto bronquial hacia los pulmones se inflama, los músculos circundantes se endurecen causando un broncoespasmo que dificulta respirar y produce el silbido típico de esta enfermedad.*

### DIAGNÓSTICO DE ASMA

- Periodos recurrentes de dificultad respiratoria
- Tensión en el pecho y silbido característico
- Tos, especialmente en la noche. En los niños, éste puede ser el único síntoma

**SISTEMA RESPIRATORIO**

# asma

El asma es una enfermedad seria y puede representar una amenaza para la vida. Las sugerencias que aquí se hacen se deben seguir dentro del contexto de las indicaciones de su médico. Estos sencillos remedios caseros no reemplazarán las drogas pero, utilizados como complemento, pueden mejorar su calidad de vida y reducir la frecuencia y la severidad de los ataques. En los últimos años, la incidencia de asma ha aumentado, en parte, debido al incremento de la polución atmosférica, al de los complejos aditivos químicos en los alimentos y al doble aislamiento con vidrio y a la hermeticidad de nuestras casas. Cerca de un 3% de los estadounidenses soporta esta enfermedad, el doble en niños. Afecta por lo general más a los niños pero los adultos también pueden sufrir de una aparición tardía de asma.

## LLAME AL MÉDICO

■ Si es asmático y nota que necesita más medicamento de lo usual.

■ Si hay un rápido deterioro de su condición.

## PRECAUCIÓN

**Evite drogas antiinflamatorias no esteroides como el ibuprofeno o la aspirina que tienden a empeorar el asma.**

ARRIBA *Todos contribuimos a nuestros problemas de salud.*

## MEDICINA CONVENCIONAL

La mayoría de los asmáticos están bajo una prescripción médica que incrementan al inicio de un ataque. Si es su primera vez, busque atención médica inmediata.

## REMEDIOS HERBALES

Los antiespasmódicos herbales y los broncodilatadores son muy eficaces en el tratamiento del asma. Hierbas más potentes como el belcho y la lobelia son de uso exclusivo de los profesionales.

■ **Posología:**
Para los casos suaves, una vaporización con flores de manzanilla (una cucharadita en agua hirviendo), puede con frecuencia evitar el ataque.

Beber helenio también ayuda: ponga en agua fría 2 cucharaditas de la raíz macerada y déjela reposar durante la noche. Caliéntela hasta el punto de ebullición, cuele, endulce con miel y tome según lo requiera.

## REMEDIOS HOMEOPÁTICOS

 El asma es una condición seria y requiere atención médica. No interrumpa la medicación que le haya dado su médico. Sería de gran ayuda consultar a un homeópata.

🐾 ARSENICUM ALBUM 6C para los espasmos, la ansiedad, la inquietud y el temor a asfixiarse. Empeora entre la 1 y las 3 de la mañana debido al aire frío. Mejora al inclinarse y con bebidas calientes.

🐾 IPECACUANHA 6C para un pecho ruidoso, tensionado, incapaz de expulsar las flemas. Tos al respirar y náuseas. Mejora al incorporarse y en espacios abiertos.

🐾 NATRUM SULPHURICUM 6C para tos y esputos verdes. Empeora con la humedad y entre las 4 y 5 de la mañana. Acompaña la fiebre del heno.

**Posología**: una tableta, 3 veces al día, máximo una semana.

## NUTRICIÓN

En los niños el asma es casi siempre una reacción alérgica pero aunque su principal causa sea la inhalación de alérgenos, los alimentos y los aditivos de éstos pueden detonarla. Lleve un diario de los alimentos que consume, anotando los momentos en los que ocurre un ataque con el fin de identificar los alimentos que no debe comer.

Evite aditivos como los colorantes, los saborizantes y los preservativos, pues son catalizadores. Una dieta rica en antioxidantes protectores es importante para la salud del tejido pulmonar. Una buena dieta para asmáticos debe estar compuesta por frutas, vegetales (en especial los verdes), ensaladas, uvas, melones, tomates, pimientos, kiwis y cereales de grano entero.

La leche y sus derivados causan problemas, pues tienden a incrementar la producción de mucosidad.

Necesitará una guía profesional para asegurarse de que el niño no quede sujeto a deficiencias nutricionales cuando excluya alimentos importantes.

## OTRAS AYUDAS

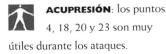 **ACUPRESIÓN**: los puntos 4, 18, 20 y 23 son muy útiles durante los ataques.

**TÉCNICA DE ALEXANDER**: en 1973 el médico Wilfred Barlow aseguraba que "lo que necesita un asmático es que le enseñen a no respirar de manera incorrecta". Con frecuencia, los asmáticos utilizan más ciertos músculos respiratorios, a expensas de otros. Practicar esta técnica les enseñará a respirar de una forma más relajada, lo cual resulta muy útil durante un ataque de asma.

**REFLEXOLOGÍA**: durante un ataque trabaje los reflejos del diafragma y de los pulmones localizados en los pulpejos de los pies y en las glándulas suprarrenales.

**YOGA**: concéntrese en posturas de estiramiento como el guerrero, el triángulo, apoyo en ambos pies y la cobra. Tanto en las posturas como en las prácticas de respiración, el objetivo es incrementar la duración de la exhalación: inhale libremente y exhale cada vez más lento con una sensación de facilidad.

## EJERCICIO

ARRIBA *El ejercicio ayuda a incrementar la eficiencia de los pulmones.*

EL EJERCICIO es absolutamente esencial pero los asmáticos y sus familiares casi nunca lo saben. En tanto esté bien controlada con las drogas apropiadas, el asma rara vez es un impedimento para hacer ejercicio. Cualquier actividad que mejore la eficiencia de los pulmones e incremente la cantidad de aire que éstos puedan recibir, es de gran beneficio. Cantar, tocar un instrumento de viento, nadar (aunque el cloro de las piscinas puede irritar) o hacer cualquier otro deporte que disfrute, ayudará.

## AROMATERAPIA

 🐾 INCIENSO
*Boswellia sacra*

El incienso profundiza y baja el ritmo de la respiración. Por esta razón los monjes lo usan para la meditación profunda. Si su asma es producto de una reacción alérgica, pruebe con manzanilla (*ver Estrés p. 60*).

**Aplicación:**

Utilícelo en vaporizaciones, compresas, baños o masajes alrededor del área facial y del pecho. El incienso aplicado en un pañuelo de papel o en la almohada ayuda a respirar. Ponga una toalla doblada bajo su columna vertebral a lo largo, esto abre el pecho y obliga a los hombros a estirarse hacia atrás mejorando la respiración.

## MEDIDAS *preventivas*

**HIGIENE DE LA HABITACIÓN**: *apague la calefacción en la habitación e incremente la ventilación. Utilice una aspiradora que succione bien y aspire de forma frecuente el colchón, las cobijas, las sábanas, todas las superficies planas, las persianas y las cortinas. Use a diario un atomizador de plantas para rociar las ventanas, las almohadas, los armarios y las bibliotecas, luego limpie para remover los desechos de los ácaros y emplee champú antiácaros en los tapetes y cubrelechos. Use temperaturas altas para lavar la ropa de cama. Todos estos prácticos pasos ayudan a deshacerse de los ácaros y sus excrementos que son altamente alergénicos.*

**FUMAR**: *no fume ni permita que fumen en la casa en donde vive un asmático.*

**ANIMALES**: *no tenga pájaros, gatos, perros u otros animales peludos en la casa. Las culebras y otros reptiles no son problema.*

### PRECAUCIÓN

**No utilice el incienso en inhalaciones húmedas puesto que el calor incrementará la inflamación de la membrana mucosa empeorando la congestión.**

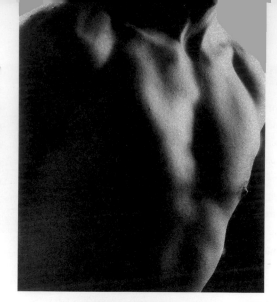

DERECHA *El ardor detrás del esternón es causado por los ácidos estomacales que fluyen hacia el esófago debido a músculos distendidos, a exceso de comida o a ropa muy apretada.*

## DIAGNÓSTICO DE ACIDEZ ESTOMACAL

- Sensación de ardor en la parte superior del abdomen, sube hacia el centro del pecho hasta la parte posterior de la garganta, sabor ácido en la boca
- Con frecuencia el dolor empeora en las noches al acostarse o agacharse
- El dolor puede comenzar al tomar bebidas calientes o licor. Empeora con el cigarrillo, las comidas grasas y el sobrepeso

**SISTEMA DIGESTIVO**

# acidez estomacal

La acidez estomacal, también conocida como indigestión ácida, puede ser producto de obesidad, una hernia hiatal o las últimas etapas del embarazo. Por lo general, es el resultado de un exceso de comida inadecuada o exceso de comida. Los contenidos ácidos del estómago suben y entran al esófago, causando el ardor característico detrás del esternón. Cualquiera que sea la causa, los remedios caseros contribuyen a calmar el dolor y la molestia de esta dolencia común.

## LLAME AL MÉDICO

- Si la acidez persiste por un largo periodo de tiempo dado que puede ser un síntoma de úlcera o cálculos biliares.
- Si los síntomas persisten o no se alivian con un antiácido.

## PRECAUCIÓN

**En caso de embarazo, no tome ninguna medicina sin consultar primero al médico.**

**Por lo general, los antiácidos contienen magnesio o sales de aluminio. Los primeros (leche de magnesia) tienden a causar diarrea, mientras que los últimos (hidróxido de aluminio) pueden ocasionar estreñimiento.**

## EJERCICIO

LA ACTIVIDAD FÍSICA estimula la función de todo el sistema digestivo, por eso, cualquier actividad que tonifique y fortalezca los músculos del abdomen representa un beneficio adicional. Quienes sufren de hernia hiatal deben evitar ejercicios de flexión que pueden hacer que los ácidos estomacales fluyan a través de la hernia dentro del esófago.

## MEDICINA CONVENCIONAL

Evite comer alimentos grasos, tomar bebidas calientes o alcohol. Si es el caso deje de fumar y baje de peso. Cuando los síntomas empeoran en la noche tome un vaso de leche antes de ir a dormir e incline la cabecera de la cama. Si lo síntomas continúan, tome un antiácido.
*Posología* ~
**Adultos y niños mayores de 16 años**
- Los antiácidos, fáciles de conseguir en tabletas o líquidos, contienen magnesio, sales de aluminio o ambos. Los que además contienen ácido algínico son de gran ayuda para el ardor. Consulte el empaque para detalles.

DERECHA *La leche es alcalina y por lo tanto reduce los niveles de ácido en el estómago.*

## REMEDIOS HERBALES

Las hierbas calmantes como el malvavisco y el olmo norteamericano se utilizan mucho para la acidez estomacal.

■ **Posología:**

Tome estas hierbas en tabletas o cápsulas (200 mg) antes de las comidas. Las infusiones de hierbas antiácidas como la ulmaria, la centaura, el trébol de agua, el diente de león o el marrubio negro son útiles.

Las infusiones carminativas sugeridas para la indigestión ayudan (*ver p. 136*). Mezcle una cucharadita de corteza de olmo en polvo con agua e infusión de manzanilla caliente, y beba antes de las comidas.

## REMEDIOS HOMEOPÁTICOS

Una acidez estomacal persistente requiere evaluación médica; el consejo de un homeópata puede ser de gran apoyo.

🔸 ROBINA 6C para acidez estomacal que empeora en las noches y al acostarse. Impide el sueño. Abdomen hinchado con gases y cólico. Dolores de cabeza.

🔸 CAPSICUM 6C para la dispepsia ácida, sensación de escozor o de frío en el estómago. Estimulantes como el café causan náuseas. Sed con deseos de agua, escalofrío.

🔸 SULPHUR 6C para acidez estomacal por exceso de comida o por comidas muy condimentadas. Sed con deseos de bebidas frías.

**Posología:** Seis dosis de una tableta cada hora. Se puede repetir.

## OTRAS AYUDAS

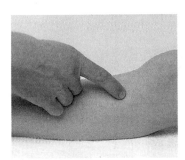

**ACUPRESIÓN**: los puntos 23, 27 y 28 estimulan el sistema digestivo y lo fortalecen haciéndolo más eficiente.

**REFLEXOLOGÍA**: los reflejos involucrados en el alivio de los síntomas de la acidez estomacal son los del esófago, el diafragma y el estómago ubicados en las manos y en los pies. Trabaje estos reflejos, especialmente en los pies y en las palmas de las manos.

ARRIBA *El punto 23, sobre el meridiano del pericardio, se dice, protege el corazón y ayuda a la digestión.*

## AROMATERAPIA

 🔸 HINOJO
*Foeniculum vulgare*

🔸 MENTA
*Mentha x piperita*

🔸 PIMIENTA NEGRA
*Piper nigrum*

🔸 MANZANILLA ROMANA
*Chamaemelum nobile*

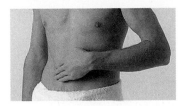

ARRIBA *Aplique un masaje en el estómago con un aceite relajante.*

🔸 JENGIBRE
*Zingiber officinale*

Estos aceites calman y relajan el tracto digestivo.

**Aplicación:**

Utilícelo en un aceite o loción para masaje o en una compresa caliente sobre el área del estómago.

ARRIBA *Los alimentos a base de féculas son fáciles de digerir. El yogurt probiótico reconstruye la flora intestinal.*

## NUTRICIÓN

 Para evitar los síntomas de acidez estomacal todo lo que se necesita es aplicar un poco de sentido común a los hábitos alimenticios.

**Evite** el alcohol, la nicotina y la cafeína. No se exceda al comer ni consuma alimentos muy ácidos o irritantes como chile, pepinillos, cebolla cruda, fruta ácida o curry muy picante. Los alimentos fritos en aceite también pueden causar acidez estomacal. Si el problema es una hernia hiatal o si está en los últimos meses de embarazo, distribuya su consumo diario de alimentos en cinco comidas en lugar de sus tres comidas usuales.

Cierta acidez estomacal que no tiene razón aparente, algunas veces responde bien a la dieta de combinación de alimentos (*del heno p. 210*).

## MEDIDAS *preventivas*

**NUTRICIÓN**: *comer pequeñas cantidades de alimentos a intervalos regulares es la forma más amable de tratar esta propensión del sistema digestivo a la hiperacidez. Cocine siempre con todas las hierbas adecuadas y tome sobre las comidas infusión de menta. Tome un yogurt probiótico diario por su contenido bacterial benéfico para el intestino y una buena cantidad de fécula (papa, arroz, pasta, papa, banano y pan), fáciles de digerir.*

**BAJAR DE PESO**: *la obesidad es una de las mayores causas de acidez estomacal. Perder peso y evitar ropas apretadas harán una gran diferencia.*

**INCLINAR LA CABECERA DE LA CAMA**: *si está embarazada o tienen una hernia hiatal, levante la cabecera de la cama de 5 a 7 cm (2-3 in) y no utilice almohadas adicionales que lo único que harán es producirle tortícolis.*

---

### REMEDIO CULINARIO

■ Para la mayoría de los desórdenes digestivos existen muchos remedios caseros comunes y efectivos. La menta, el eneldo, el hinojo, el jengibre y el olmo (*ver Gastritis p. 146*) son muy benéficos.

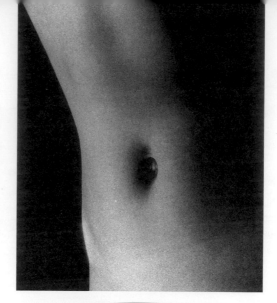

DERECHA *Una indigestión siempre es el resultado de lo que enviamos al estómago. Ciertos alimentos picantes o muy condimentados y algunos vegetales son más difíciles de digerir. La tendencia a la indigestión se incrementa con la edad.*

## DIAGNÓSTICO DE INDISGESTIÓN

- Dolor o incomodidad en la parte superior del abdomen relacionado con los alimentos
- Se pueden presentar náuseas y eructos

**SISTEMA DIGESTIVO**

# indigestión

Quizá no exista una persona que no haya sufrido una indigestión ocasional porque, a excepción de los casos en los que está presente una enfermedad subyacente, siempre se trata de una dolencia autoinfligida. No bote su dinero en remedios costosos. La indigestión comienza en la cocina, en la de su casa, en la de los restaurantes gourmet o en las de las comidas rápidas. Es allí en donde encontrará la respuesta.

## LLAME AL MÉDICO

- Si tiene un problema persistente de indigestión.
- Si tiene síntomas de indigestión y ha perdido peso.
- Si es mayor de 40 años y es la primera vez que sufre los síntomas.

## PRECAUCIÓN

**Un fuerte dolor después de comer o cuando tiene hambre, pérdida de sangre o un largo periodo con problemas digestivos crónicos pueden señalar una enfermedad subyacente más seria y deben ser investigados.**

**Evite las aspirinas y las drogas antiinflamatorias no esteroides (AINES) porque pueden empeorar la condición.**

## MEDICINA CONVENCIONAL

✚ Evite comer antes de acostarse, el alcohol y el cigarrillo. Inclinar la cabecera de la cama puede aliviar los síntomas nocturnos, mientras que el sobrepeso y la ropa apretada los empeoran. Al inicio del dolor tome leche, si esto no le ayuda, tome un antiácido. Si los síntomas tampoco responden al antiácido, un tratamiento corto con cimetidina o ranitidina puede ayudar.

*Posología ~*

■ **Adultos y niños mayores de 16 años:** Hoy en día se producen una gran cantidad de antiácidos en tabletas o líquido. Lea el empaque para detalles. Tenga en cuenta que, por lo general, los antiácidos contienen magnesio o sales de aluminio. Los primeros, como la leche de magnesia, tienden a causar diarrea; mientras que los segundos como el hidróxido de aluminio, pueden ocasionar estreñimiento. Otras fórmulas para la indigestión contienen dimeticona que elimina los gases.

Tome 200 mg de cimetidina cuando los síntomas aparezcan, si persisten, repita una hora después. Máxima dosis diaria: 800 mg, no más de 400 mg en periodos de 4 horas. Si los síntomas continúan después de 2 semanas busque consejo médico. Para impedir la acidez estomacal durante la noche tome 100 mg, una hora antes de acostarse.

*Evite la cimetidina durante el embarazo.*

Tome 75 mg de ranitidina con agua cuando aparezcan los síntomas. Si los síntomas persisten por más de una hora o regresan, puede tomar otra tableta, máximo 300 mg en 24 horas. Si después de 2 semanas los síntomas persisten busque consejo médico. *Evite la ranitidina durante el embarazo.*

## REMEDIOS CULINARIOS

MENTA

■ De todas las plantas culinarias, la menta es la reina de los remedios para la indigestión. Una infusión de menta es casi una cura instantánea, y endulzada con miel es uno de los mejores relajantes digestivos.

■ Otro remedio tradicional consiste en poner sobre la lengua una generosa cantidad de bicarbonato de sodio, no es el remedio más agradable pero sí extremadamente efectivo y no tiene el alto contenido de aluminio de muchos de los antiácidos.

## AROMATERAPIA

 HINOJO
*Foeniculum vulgare*
MENTA
*Mentha x piperita*
PIMIENTA NEGRA
*Piper nigrum*
MANZANILLA ROMANA
*Chamaemelum nobile*
JENGIBRE
*Zingiber officinale*
Estos aceites relajan y calman el tracto digestivo
Aplicación:
Utilícelos en compresas calientes sobre el área del estómago o en una loción para masajes.

## REMEDIOS HERBALES

 Existe una inmensa variedad de hierbas útiles para la indigestión, que van desde las hierbas y especias que se usan diariamente en la cocina como la alcaravea, el cardamomo y el jengibre, hasta remedios orientales más exóticos como la cáscara de mandarina seca (Chen Pi) y el galangal.

■ Posología:
Todas se pueden preparar en infusión o usar en tinturas (2,5 ml o ½ cucharadita diluida en agua o hasta 20 gotas sobre la lengua), Las cápsulas de olmo norteamericano o

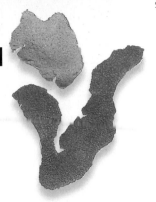

ARRIBA *Los herbalistas chinos utilizan el Chen Pi para dirigir la energía hacia abajo y aliviar la indigestión.*

de raíz de malvavisco ayudan a proteger las paredes del estómago. Ideales para los niños son el toronjil y la agrimonia en infusión.

## REMEDIOS HOMEOPÁTICOS

 Los síntomas persistentes requieren atención médica, pero una consulta con un homeópata será de ayuda.
⚬ LYCOPODIUM 30C para ardor en la garganta debido a indigestión. Presión en el estómago y sabor amargo en la boca. Inflamación después de las comidas. Ansiedad por bebidas calientes.
⚬ NUX VOMICA 30C para dolores y pesadez de estómago algún tiempo después de comer, acompañados de náuseas. Indigestión al beber café fuerte.
⚬ CARBO VEGETABILIS 30C, para pesadez, llenura y somnolencia después de comer. El alimento se

ARRIBA *El* Lycopodium *se extrae del musgo Lycopodium clavatum.*

transforma en gases en el estómago. Eructos y gases.
Posología: una tableta cada hora seis veces, luego tres veces al día, máximo una semana.

## OTRAS AYUDAS

**ACUPRESIÓN**: los puntos 23, 27 y 28 alivian las náuseas, estimulan el colon y la digestión.
**REFLEXOLOGÍA**: empiece por debajo de los nudillos de los dedos, trabaje las palmas y plantas hasta las muñecas o talones, cubriendo los reflejos del estómago, el hígado, el páncreas, los intestinos y el colon.

**YOGA**: si ya tiene indigestión utilice Shitali o Sitkari. Para evitarla en el futuro, preste atención a lo que come para identificar los alimentos que lo benefician y los que no. Algunos necesitan comer pequeñas comidas varias veces en lugar de 2 ó 3 comidas grandes. No coma rápido.

## MEDIDAS
*preventivas*

Siga las instrucciones de la sección *Nutrición* y no se equivocará

## NUTRICIÓN

Si va a tener una celebración, debe prepararse para las consecuencias de una indigestión. De vez en cuando es probable que valga la pena. Sin embargo, una indigestión crónica es otro asunto, y puede hacerle la vida imposible. Grandes intervalos entre las comidas, comer a la carrera, comer mucho, comidas condimentadas, tarde en la noche, y un exceso de hamburguesas, perros calientes y comidas rápidas fritas agreden su sistema digestivo. Por lo tanto, lleve una dieta apropiada, bien balanceada y asegúrese de comer en horarios fijos.

Evite los sospechosos de siempre: cebolla cruda, pepinillos, picante, chile, curry, rábano, cohombro y pimentón. Los bananos verdes en especial causan indigestión, no los coma hasta que la cáscara muestre pecas, señal de que la fécula se está transformando en azúcar.

## EJERCICIO

PARA CONTRARRESTAR la inflamación causada por la indigestión, una caminata rápida alrededor de la cuadra puede ser todo lo que necesite, de todas maneras, es una buena idea después de una gran comilona. Si sufre de indigestión crónica, los ejercicios abdominales que fortalecen los músculos del estómago pueden hacer la diferencia (*Síndrome de colon irritable p. 154*).

DERECHA *Las náuseas, aunque desagradables, son muy comunes, forman parte de la vida y tienen muchas causas.*

## DIAGNÓSTICO DE NÁUSEAS

- Sensación inminente de vómito, acompañada con frecuencia de sudor, salivación excesiva, mareo y palidez
- Las náuseas tienden a empeorar durante los primeros tres o cuatro meses de embarazo pero rara vez duran hasta el final. Pese a que se les conoce como "la enfermedad matutina", pueden ocurrir en el día o en la noche

**SISTEMA DIGESTIVO**

# náuseas

El malestar común de las náuseas puede venir acompañado de vómito. La expulsión violenta de los contenidos del estómago ofrece alivio, si el vómito es producto del consumo, accidental o no, de alguna sustancia tóxica, del abuso de alimentos o de alcohol. También puede ser el primero de una serie de episodios prolongados si la causa subyacente es intoxicación por alimentos o una infección viral o bacteriana (ver Gastroenteritis p. 148). La temperatura alta en los niños, la apendicitis, el mareo, el embarazo, la migraña, enfermedades del hígado y de la vesícula biliar, la tos aguda, el vértigo, la enfermedad de Ménière y la ansiedad severa, pueden causar diversos grados de náuseas. Cualquiera que sea la causa, los remedios caseros son de gran ayuda.

## LLAME AL MÉDICO

- Si las náuseas son recurrentes.
- Si los episodios de náuseas y vómito no tienen una razón aparente.
- Si ha tenido la sensación de náusea por más de una semana y no está embarazada.

## PRECAUCIÓN

Si está embarazada, no tome ninguna medicina sin consultar a su médico. Si tiene glaucoma no tome medicinas que contengan hioscina.

## REMEDIO CULINARIO

- Exactamente los mismos remedios que se aplican para el mareo (*ver p. 190*). Si son causadas por una intoxicación por alimentos (*ver Gastroenteritis p. 148*).

## MEDICINA CONVENCIONAL

No coma, tome sorbos de agua pura con frecuencia y recuéstese hasta que la sensación pase. Las drogas contra el mareo son de gran utilidad especialmente para los viajeros, pero siempre es bueno consultar al médico para conocer la causa de las náuseas y, por lo tanto, obtener el mejor remedio. Las náuseas durante el embarazo se calman comiendo con frecuencia. Durante el día y, en lo posible, antes de levantarse en la mañana coma pasabocas suaves. Descanse y duerma tanto como pueda, ya que el cansancio tiende a empeorar las náuseas.

*Posología ~*
**Adultos y niños mayores de 16 años**
- Las drogas contra el mareo en caso de viajes se deben tomar antes de viajar y continuarlas a intervalos regulares si se requiere. Consulte el empaque para detalles (*ver también Mareo p. 190*).

## REMEDIOS HERBALES

El jengibre es quizá la hierba más utilizada para las náuseas (*ver Mareo p. 190*), pero otras hierbas son útiles, como la manzanilla, la menta, el toronjil y la naranja amarga.

■ **Posología:**
Tome estas hierbas en infusión o durante un episodio ponga sobre la lengua tintura en gotas (diluidas en agua en proporción 50:50).

El marrubio negro es efectivo aunque algunas personas encuentran que su sabor los hace sentir peor.

## REMEDIOS HOMEOPÁTICOS

Cerciórese de que no exista una enfermedad seria. Estos remedios son útiles para las náuseas matutinas durante el embarazo.

🐾 IPECACUANHA **6C** para náuseas constantes que no se calman con el vómito. Paso frecuente de saliva.

🐾 SEPIA **6C** para náuseas que aparecen cuando mira, huele o piensa en comida. Malestar en la mañana antes de comer, vomita al enjuagarse la boca.

🐾 GLOSSYPIUM **6C** para las náuseas y el vómito que se agravan antes de desayunar, al moverse o al estar de pie. Poco apetito, gases.

**Posología:** una tableta cada media hora, máximo 12 dosis.

## AROMATERAPIA

🐾 JENGIBRE
*Zingiber officinale*

🐾 MENTA
*Mentha x piperita*

🐾 LAVANDA
*Lavandula angustifolia*

🐾 MANZANILLA ROMANA
*Chamaemelum nobile*

El jengibre es el remedio universal para las náuseas. La lavanda y la manzanilla son relajantes y calmantes mientras que la menta actúa como un suave anestésico para las paredes del estómago.

**Aplicación:**
Utilice una compresa y acompáñela con infusiones.

ARRIBA *El jengibre es recomendable para las náuseas, infecciones, enfermedad del viajero o embarazo. El aceite de jengibre puede utilizarse para un masaje suave en el estómago.*

## NUTRICIÓN

Depende de la causa de las náuseas, pero en general, un episodio por intoxicación debe ser tratado con una dieta BAMT (*ver Gastroenteritis p. 148*). El vómito causado por úlceras necesita un régimen alimenticio especial (*p. 146*). Para las náuseas por vértigo o por la enfermedad de Ménière siga las instrucciones para mareo (*p. 190*).

## OTRAS AYUDAS

**ACUPRESIÓN**: una presión frecuente sobre el punto 38 en la muñeca ayudará mucho a calmar las náuseas.

**REFLEXOLOGÍA**: para el alivio de los síntomas, trabaje los reflejos del estómago sobre ambas manos, empezando por debajo de los nudillos y hacia las muñecas. Aplique la técnica de caminar con los dedos a lo largo de las palmas, de lado a lado.

**YOGA**: utilice Shitali o Sitkari, manteniendo la cabeza quieta, exhale lentamente.

ARRIBA *Los ejercicios respiratorios de yoga calman el estómago irritado.*

Estos ejercicios normalmente ayudan a calmar el estómago.

DERECHA *Para las náuseas, así sean por ansiedad, es importante aprender a relajarse. Reserve todos los días un tiempo para hacerlo.*

## MEDIDAS
### *preventivas*

**ENFERMEDAD DE MÉNIÈRE**: *si sufre de esta enfermedad debe reducir casi del todo el consumo de sal, evitar el alcohol e intentar minimizar el estrés. Todo ello disminuirá los síntomas.*

**CÁLCULOS BILIARES**: *el vómito causado por cálculos biliares requiere una dieta baja en grasa para prevenir los ataques recurrentes (ver Problemas de la vesícula biliar p. 144).*

**RELAJACIÓN**: *el vómito por ansiedad o tensión nerviosa requiere técnicas de relajación: meditación, yoga o ejercicios de relajación bien sea con un profesor o con cintas de audio, videos y libros.*

**DESHIDRATACIÓN**: *el vómito, especialmente cuando viene acompañado de diarrea, puede deshidratar a los jóvenes y a las personas mayores, por lo tanto, es esencial reemplazar los líquidos consumiendo frecuentemente agua y pequeñas porciones de solución isotónica. Estos remedios se pueden comprar o preparar en casa (ver Gastroenteritis p. 148).*

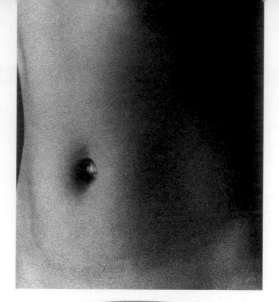

## DIAGNÓSTICO DE DOLOR ABDOMINAL

- Retorcijones, asociados con diarrea y/o náuseas y vómito. Causa probable: *gastroenteritis o intoxicación por alimentos*
- Dolor severo en el lado derecho del abdomen bajo. Causa probable: *apendicitis*
- Dolor abdominal bajo asociado con dolor al orinar. Causa probable: *cistitis*
- Ardor, dolor ácido en el abdomen superior. Causa probable: *problemas del estómago*
- Dolor sordo y retorcijones en la parte baja del abdomen previos a la menstruación

**SISTEMA DIGESTIVO**

# dolor abdominal
## *dolor de estómago*

El dolor abdominal (dolor de estómago) es el resultado del abuso del sistema digestivo. Los excesos de comida, de licor, de grasa o la combinación equivocada de alimentos son los culpables. También pueden aparecer por estrés y ansiedad. Éste es un problema que sufre la mayoría de las personas ocasionalmente, pero debe ser atendido para descartar enfermedades subyacentes (ver Estreñimiento p. 156, Diarrea p. 158, Flatulencia p. 142, cálculos biliares p. 144, Gastroenteritis p. 148, Síndrome de colon irritable p. 154, y Úlcera péptica p. 152).

## LLAME AL MÉDICO

- Si el dolor abdominal aumenta y persiste durante más de uno o dos días.
- Si el dolor es agudo y no ha podido retener líquidos durante más de 12 horas.
- Si el niño tiene dolor abdominal muy fuerte.

## PRECAUCIÓN

**Evite tomar aspirina o ibuprofeno ya que irritan las paredes adoloridas del estómago.**

## REMEDIOS CULINARIOS

- Cuando cocine vegetales, agregue semillas de alcaravea.
- Mastique semillas de eneldo y tome infusión de menta después de comer.

## MEDICINA CONVENCIONAL

El dolor abdominal que puede ser tanto un problema menor como una amenaza para la vida, se trata inicialmente con un simple analgésico como el acetaminofén (no aspirina ni ibuprofeno porque irritan las paredes del estómago). Beba mucha agua y sólo coma si tiene hambre. Evite los condimentos y las comidas grasosas hasta que el dolor desaparezca. Si el dolor empeora o persiste sin cambio durante varios días, busque consejo médico.

*Posología* ~

**Adultos:**

- Tome una o dos tabletas de analgésico al iniciar el dolor. Repita cada 4 horas. Lea el empaque para detalles.

**Niños:**

- Suministre dosis regulares de analgésico líquido. Consulte el empaque para detalles o siga el consejo de su médico.

## REMEDIOS HERBALES

Hierbas como la semilla de anís, el clavo, el cilantro, el hinojo, el jengibre, el perejil, la menta y el tomillo, ayudan a mitigar el dolor asociado con los gases, mientras que los remedios relajantes como el trébol de agua, la centaura, el musgo de Irlanda o la ulmaria calman la inflamación e irritación asociada con los excesos.

Si las causas son estrés y ansiedad tome con regularidad infusión de toronjil o manzanilla.

■ **Posología:**
Utilice las hierbas en decocción e infusiones. Beba una taza cada 3 a 4 horas en tanto los síntomas persistan. Si desconoce la causa del dolor evite las hierbas laxantes.

## REMEDIOS HOMEOPÁTICOS

Estos remedios sirven para cólico infantil.

🐾 MAGNESIUM PHOSPHORICUM 6C para dolor y retorcijones. Mejora con el calor, al levantar las piernas hacia el abdomen y frotar.
🐾 DIOSCOREA 6C para cólicos. Mejora al estirarse o flexionar hacia atrás.
🐾 COLOCYNTHIS 6C para los cólicos. Mejora con presión y calor. Dolor después de un enojo. Doble las piernas y presione el abdomen en busca de alivio.
🐾 CHAMOMILLA 6C para los cólicos en los bebés. Deposición verdosa, el niño llora con rabia, dolores insoportables.

Posología: una tableta cada media hora, máximo 6 dosis.

ARRIBA *Los bebés irritables a causa de un cólico responden bien a los remedios homeopáticos.*

## OTRAS AYUDAS

**ACUPRESIÓN**: trabaje el punto 27 en medio del abdomen y el punto 23 sobre la parte externa de la pierna, justo debajo de la rodilla.
**REFLEXOLOGÍA**: para aliviar el sistema digestivo trabaje las plantas de los pies, empezando debajo de los pulpejos de los pies o sobre las palmas de las manos.
**YOGA**: acuéstese con las piernas dobladas, pies sobre el piso. Ponga las manos suavemente sobre el área con dolor y sienta el calor que surge de ellas. Exhale más lenta y

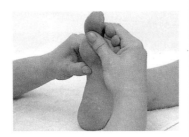

ARRIBA *Tratamiento de reflexología para calmar el dolor abdominal.*

profundamente de lo usual e imagine que el dolor sale con cada exhalación. Permanezca así por unos momentos.

## AROMATERAPIA

🐾 LAVANDA
*Lavandula angustifolia*
🐾 MANZANILLA ROMANA
*Chamaemelum nobile*

Los baños de aceite son relajantes, calmantes y ayudan a eliminar el dolor.

**Aplicación:**
Ponga una compresa caliente sobre el estómago y sobre la parte baja de la espalda, y coloque encima una bolsa de agua caliente. Si el dolor continúa y no se conoce la causa, es importante buscar un diagnóstico. Si el dolor se debe a estreñimiento, haga un masaje suave en círculos sobre el abdomen con lavanda y manzanilla.

### PRECAUCIÓN

**Si las utiliza en niños pequeños cersiórese de suministrar la dosis adecuada.**

## NUTRICIÓN

El viejo refrán "Uno es lo que come", es cierto cuando se habla de problemas digestivos.
Coma muchos alimentos ricos en fibra soluble: avena en hojuelas, manzanas, peras, vegetales de raíz y granos.
Reduzca el consumo de alcohol, café y bebidas gaseosas. Prefiera comidas pequeñas y frecuentes y disminuya el consumo de grasa animal. Unas cuantas semanas de la combinación de alimentos (*dieta del heno p. 210*) lo ayudará con las dificultades digestivas crónicas.

## MEDIDAS *preventivas*

Una buena digestión empieza en la mente, de ahí la importancia de alimentarse en un medio relajado. Comerse una tostada en el camino al trabajo o al colegio en la mañana, engullirse un sándwich en el escritorio y atiborrarse de cualquier cosa en la noche porque va a salir, son garantías de incomodidades digestivas.

**MASTICAR**: *la saliva, enzima digestiva básica, es vital para descomponer los alimentos, de manera que cuando llegan al estómago, el almidón y la celulosa ya se han descompuesto y el resto del proceso digestivo llega a término mucho más fácil. Tómese su tiempo, siéntese y saboree incluso las comidas más simples y nunca coma de pie en la cocina mientras hace otra cosa.*

**DIARIO DE ALIMENTACIÓN**: *lleve un diario de lo que come para detectar los momentos en los que siente incomodidad. Detectar patrones sirve para evitar alimentos detonantes de dolor.*

**EJERCICIO**: *no caiga en la tentación de sentarse en un sillón después de comer porque una gran "barriga" sin duda lo alcanzará. Tampoco es bueno forzar el sistema digestivo cuando está lleno y trabajando. Dé una caminata de 10 minutos después de comer.*

IZQUIERDA *Los alimentos altos en fibra (manzanas, peras, vegetales de raíz y avena), se descomponen rápido en el sistema digestivo.*

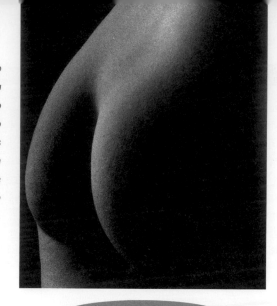

## DIAGNÓSTICO DE FLATULENCIA

- Exceso de gases bien sea por la boca o por el ano
- Inflamación del abdomen

SISTEMA DIGESTIVO

# flatulencia

### REMEDIO CULINARIO

■ Al igual que sucede con la mayoría de los problemas digestivos, es posible encontrar remedios culinarios en cualquier tienda. El eneldo, tanto las semillas como las hojas, la alcaravea, las semillas de hinojo, el regaliz, el perejil y la menta pueden usarse en la cocina o tomarse en infusión para prevenir y aliviar el exceso de gases.

*O*bjeto permanente de chistes, Shakespeare y Chaucer escribieron sobre ella, a todos nos sucede y pretendemos que no, no se habla de ella en sociedad, pero no hay nada más natural que la flatulencia: un producto normal de la digestión y de la fermentación que tiene lugar en el intestino. A muchos les produce gran ansiedad pero, de no ser excesiva, no hay de qué preocuparse. Sin embargo, todo cambio súbito en la producción y eliminación de los gases puede ser una señal de un problema subyacente como hernia hiatal, síndrome de colon irritable (ver p. 154), diverticulitis o estreñimiento severo (ver p. 156). En ausencia de otras enfermedades, con los remedios caseros, por lo general, se supera el problema.

### EJERCICIO

EL EJERCICIO mejora la función de todo el sistema y tonifica los músculos del abdomen, razón por la cual es bueno para todos los problemas digestivos.

### MEDICINA CONVENCIONAL

✚ Un cambio en la dieta puede ser de gran ayuda. Disminuya el consumo de legumbres, granos y lentejas, col de Bruselas, arvejas, repollo y huevos. Si el problema persiste, tome un antiácido que contenga dimeticona.

*Posología ~*

**Adultos y niños:**

■ Hay disponible una gran cantidad de fórmulas en tabletas o líquido. Consulte el empaque para detalles.

DERECHA *Las habichuelas y los huevos causan problemas a algunas personas.*

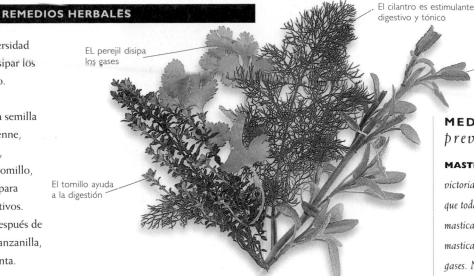

El cilantro es estimulante digestivo y tónico

EL perejil disipa los gases

La salvia es carminativa

El tomillo ayuda a la digestión

## REMEDIOS HERBALES

 Hay una gran diversidad de hierbas para disipar los gases en el tracto digestivo.

■ **Posología:**

Hierbas comunes, como la semilla del anís, cardamomo, cayenne, canela, clavo, cilantro, ajo, jengibre, nueces, salvia y tomillo, son una herramienta fácil para evitar los problemas digestivos. Como alternativa, tome después de las comidas infusión de manzanilla, cardo santo, toronjil o menta.

### MEDIDAS *preventivas*

**MASTICAR**: *el Primer Ministro victoriano, William Gladstone sostenía que todas las comidas deben ser masticadas 30 veces, dado que una masticación completa significa menos gases. No hablar con la boca llena no sólo evita que le arroje a su vecino la comida masticada, sino tragar aire al comer, un agravante de la flatulencia.*

**COMBINACIÓN DE ALIMENTOS**: *este sistema alimenticio conocido como la dieta del heno (p. 210), implica separar las proteínas como la carne, el pescado, el queso y los huevos de los alimentos a base de almidón, como el pan, las papas, el arroz, la pasta, los cereales, los bizcochos y los ponqués. Puede ser una solución a largo plazo.*

## REMEDIOS HOMEOPÁTICOS

**RAPHANUS 6C** para flatulencia después de cirugías abdominales, gases atrapados. Abdomen distendido, cólico.

**LYCOPODIUM 6C** para la fermentación de los alimentos. Llenura después de comer poco. Abdomen inflamado. Ruidos abdominales. Al expulsarlos el dolor abdominal se calma. Eructo.

**CARBO VEGETABILIS 6C** para la pesadez después de las comidas, somnolencia y eructos. Olor de gases repugnante. Antojo de comidas dulces y de sal.

**Posología:** 6 dosis. Tome una tableta cada hora, luego dos veces al día y durante una semana como máximo.

## NUTRICIÓN

Prevenir la flatulencia implica respetar el proceso digestivo que empieza en el momento en que la saliva se mezcla con los alimentos. Por lo tanto, aprecie la apariencia y el aroma de las comidas, y tómese un tiempo para saborearlos.

**Evite** las bebidas carbonatadas y **reduzca** el consumo de azúcar en todas sus formas, pues ésta incrementa la fermentación en el estómago. También **evite** los granos, la col de Bruselas, la coliflor y otras comidas pesadas. Al mejorar los hábitos alimenticios y agregar a la dieta más yogurt probiótico y otros productos lácteos fermentados con todos sus beneficios bacteriales, podrá volver a comer lo que quiera. Es útil agregar semillas de alcaravea al repollo y saborizantes de verano a todos los platos de granos.

El estreñimiento es una causa común de exceso de gases, que empeora si incluye salvado en la comida diaria. Coma, por el contrario, alimentos que contengan fibra soluble como la avena en hojuelas (*Estreñimiento p. 156*).

## OTRAS AYUDAS

**REFLEXOLOGÍA**: trabaje las plantas de los pies y las palmas de las manos con el fin de estimular el funcionamiento del tracto digestivo. Para condiciones crónicas, haga un masaje y presione suavemente la parte posterior de la pantorrilla.

**YOGA**: enfatice las posturas de giro e inclinaciones hacia adelante, contrayendo la parte baja del abdomen cada vez que exhala, relajando cuando inhala. Pruebe lo siguiente de pie: inclinarse hacia adelante, giro en triángulo, en cuclillas; acostado: relajación, giro, rodillas sobre el pecho; sentado: giro, inclinarse hacia adelante. Finalice con apoyo en ambos pies y relajación.

## AROMATERAPIA

**MANZANILLA ROMANA**
*Chamaemelum nobile*

**HINOJO**
*Foeniculum vulgare*

**JENGIBRE**
*Zingiber officinale*

**MEJORANA**
*Origanum majorana*

**MENTA**
*Mentha x piperita*

Estos aceites ayudan a dispersar el gas y calman el dolor asociado con la flatulencia.

**Aplicación:**

Utilícelos sobre el abdomen en aceite o en una loción para masajes.

ARRIBA *En la combinación de alimentos (dieta del heno) las proteínas (arriba) y los alimentos a base de almidón (abajo) se deben comer a diferentes horas.*

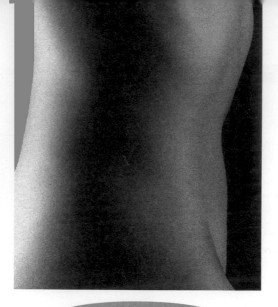

DERECHA *Unida al hígado y conectada al conducto biliar, la vesícula tiene la función de recibir y almacenar bilis. Los cálculos biliares son pequeñas masas sólidas compuestas de colesterol, pigmentos biliares y sales de óxido de calcio.*

## DIAGNÓSTICO DE PROBLEMAS DE LA VESÍCULA BILIAR

La mayoría de personas con cálculos biliares no experimentan ningún síntoma, pero:

- Pueden causar dolores agudos y recurrentes en la parte superior derecha del abdomen
- La parte blanca de los ojos y la piel se tornan amarillas (ictericia)
- El dolor puede llegar con fiebre
- Son comunes las náuseas y el vómito

**SISTEMA DIGESTIVO**

# problemas de la vesícula biliar

### PRECAUCIÓN

**Siempre lea con mucho cuidado los empaques de analgésicos y no exceda la dosis indicada.**

### LLAME AL MÉDICO

■ Si el dolor persiste, especialmente si está acompañado de ictericia y de temperatura alta.

Las mujeres son más propensas a los cálculos biliares. En la medida en que empeoran, los cálculos biliares pueden bloquear el flujo de bilis de la vesícula al estómago, y sin bilis, la digestión de grasas es casi imposible. La labor de la bilis es similar a la de los productos de limpieza arrancagrasas: emulsiona la grasa y la descompone en millones de glóbulos diminutos, incrementando así la superficie en donde las enzimas digestivas pueden trabajar. Si este proceso se trunca, sobrevienen el vómito y el dolor violento. Los remedios caseros no son la respuesta para estos problemas agudos de vesícula biliar pero sí pueden prevenir que sucedan.

### REMEDIO CULINARIO

■ En Francia se acostumbra servir como entrada una alcachofa fresca, rica en grasa. Si tiene problemas de vesícula biliar deberá comer este maravilloso vegetal por lo menos dos o tres veces a la semana. Los químicos en la planta de alcachofa tienen un efecto estimulante sobre la vesícula y el hígado.

### MEDICINA CONVENCIONAL

El dolor de un cálculo biliar es tremendo y si es persistente, hay fiebre e ictericia. En lugar de tomar un analgésico llame a su médico de inmediato.

*Posología ~*
**Adultos**
■ Una o dos tabletas de analgésico cuando inicia el dolor. Repita cada 4 horas. Lea el empaque para detalles.

ARRIBA *se sabe que la alcachofa mejora la eficiencia de la vesícula biliar.*

## REMEDIOS HERBALES

 Es esencial la ayuda profesional para problemas severos y persistentes, pero una incomodidad general puede calmarse con antiinflamatorios y hierbas amargas que diluyen la bilis y facilitan su excreción.

■ **Posología:**
El remedio de aceite de oliva y limón es exitoso. No coma nada después del desayuno hasta temprano en la tarde, luego tome entre 30-50 ml (1-2 onzas) de aceite de oliva, seguido del jugo fresco de 1 ó 2 limones diluidos en agua caliente. Tome esta combinación cada 20 ó 30 minutos hasta que haya consumido 500 ml (18 onzas) de aceite de oliva y el

jugo de 9 a 10 limones. Los residuos de los cálculos, pequeñas piedras y arena dura, deben salir con la deposición en los siguientes 3 días.

Pruebe una decocción de leche de semillas de cardo o de raíz de ñame silvestre (1 cucharadita por taza) o una infusión de fumaria y agrimonia (1 cucharadita de cada una por taza).

Para cálculos biliares, las gotas amargas antes de las comidas (2 a 5 gotas de tintura de genciana, ajenjo o centaura) estimulan el flujo de bilis, una infusión de alquímila arnense, leche de cardo y raíz de diente de león (1 cucharadita de cada una) puede ayudar.

## REMEDIOS HOMEOPÁTICOS

 **Consulte al doctor.**
**CHELIDONIUM 6C** para dolores debajo de las costillas del costado derecho que se extiende hacia el omoplato del mismo lado. Cólico, ictericia, cálculos, "vómito de bilis". Deposición pálida amarilla.
**BERBERIS 6C** para dolores debajo de las costillas del costado

derecho que se irradian hacia el estómago y el cuerpo. Deposición color arcilla.
**HYDRASTIS 6C** para cálculos, sensibilidad en el hígado. Falta de apetito y sed. Ictericia. Deposición blanca.
**Posología:** 6 dosis de una tableta cada 2 a 3 horas, luego tres veces al día durante 2 ó 3 días.

## OTRAS AYUDAS

**REFLEXOLOGÍA:** para direccionar todas las áreas de desequilibrio trabaje las manos y los pies completos. El reflejo del hígado está localizado en la sección media de la palma y planta derecha y el reflejo de la vesícula por debajo del cuarto dedo de manos y pies.

## AROMATERAPIA

**LAVANDA**
*Lavandula angustifolia*
**MANZANILLA ROMANA**
*Chamaemelum nobile*
La aromaterapia no cura los cálculos o cualquier otro problema de la vesícula biliar, pero ayuda a aliviar algunos de los síntomas y a reducir el dolor.
**Aplicación:**
La manera más fácil para utilizar estos aceites esenciales es en una loción para masaje sobre el área de la vesícula biliar.

## NUTRICIÓN

 Una vesícula biliar afectada necesita un régimen alimenticio estricto. Quien ha sufrido un ataque, sin duda, no quiere vivir otro, y puede eliminar ese riesgo siguiendo este consejo nutricional que, además de prevenir los síntomas, tiene el valor agregado de ayudarle a perder peso de manera considerable. La obesidad es una de las causas más comunes de estos cálculos. Coma muchos vegetales, frutas, cereales de grano entero (especialmente avena en hojuelas que ayuda a eliminar el colesterol, esencia de los cálculos biliares), abundante pescado incluyendo el pescado graso pero no el ahumado, rico en grasa y sal. Cerciórese de comer al menos un diente de ajo o una píldora de ajo fortificado todos los días. Evite el alcohol y la cafeína y tome un mínimo de 1,7 litros de agua, además de otras bebidas. Evite la grasa animal de la carne de res, cerdo, cordero, pato o ganso. El pollo sin piel está bien en la medida en que sea asado o cocinado. No coma mantequilla, crema o queso a excepción del queso cottage, huevos o alimentos fritos. Puede utilizar leche descremada, yogurt bajo en grasa y un poco de aceite de oliva, de girasol o de alazor. Elimine de su dieta las salchichas, el salami, el paté, el jamón, la tocineta, los pasteles de carne, las empanadas o cualquier carne procesada.

## MEDIDAS *preventivas*

Los vegetarianos tienen la mitad de probabilidades de sufrir de la vesícula biliar, que quienes consumen carne. La píldora anticonceptiva, una dieta alta en grasa y el exceso de peso incrementan el riesgo. Recuerde que si salta constantemente entre dietas estrictas y grandes comilonas, subirá y bajará de peso periódicamente aumentando el riesgo de tener problemas de la vesícula biliar.

ARRIBA *La dieta vegetariana evita muchos alimentos que causan problemas en la vesícula biliar.*

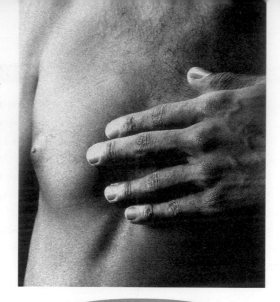

DERECHA *La gastritis puede ser aguda, ocasionada por algo que haya comido o bebido; o crónica, cuando no existe una causa específica. Esta última ocurre en personas de edad, debido a la ruptura de las paredes del estómago.*

## DIAGNÓSTICO DE GASTRITIS

- Dolor o incomodidad en la parte superior del abdomen, relacionado con los alimentos
- Puede estar asociado con náuseas o eructos

SISTEMA DIGESTIVO

# gastritis

**LLAME AL MÉDICO**

■ Si el dolor persiste o no se alivia con los antiácidos.

La gastritis súbita y severa —inflamación de las paredes del estómago— casi siempre es autoinfligida. Demasiado alcohol, cigarrillos, chile y curry muy picantes pueden desencadenarla. Algunas medicinas, prescritas o de venta libre, también pueden causar daño a estos sensibles tejidos, como la aspirina, las drogas antiinflamatorias no esteroides (AINES), los esteroides orales y algunas píldoras contra la malaria.

## MEDICINA CONVENCIONAL

✚ Evite alimentos condimentados, bebidas calientes, el licor y el cigarrillo, así como las drogas antiinflamatorias no esteroides, muy populares contra el dolor. Los síntomas se alivian comiendo pequeñas comidas frecuentes o comidas blandas.

Los antiácidos también son de gran ayuda.
*Posología* ~
**Adultos y niños mayores de 16 años**
■ Hay disponibles una gran variedad de antiácidos en tabletas o líquido. Consulte el empaque para detalles.

## PRECAUCIÓN

**Por lo general, los antiácidos contienen sales de magnesio o de aluminio: los primeros (leche de magnesia) tienden a causar diarrea y los últimos (hidróxido de aluminio) pueden causar estreñimiento.**

ARRIBA *Los alimentos ácidos pueden ser los culpables.*

## AROMATERAPIA

 🌿 MANZANILLA ROMANA
*Chamaemelum nobile*
🌿 LAVANDA
*Lavandula angustifolia*
🌿 TORONJIL
*Melissa officinalis*

Estos aceites ayudan a aliviar el dolor y la irritación de la gastritis.
**Aplicación:**
Aplique en un masaje sobre el área abdominal o en compresas.

## OTRAS AYUDAS

**REFLEXOLOGÍA:** cuando la fase aguda de diarrea y vómito ha pasado, trabaje durante algunos minutos diariamente los reflejos del estómago e intestinos en las plantas de los pies para ayudar a restaurar la función normal.

## REMEDIOS HERBALES

Las hierbas calman y protegen las paredes inflamadas del estómago y reducen la acidez y las náuseas.

■ Posología:
El olmo norteamericano y el malvavisco están disponibles en tabletas o en polvo (prepare una pasta con agua caliente).
Las semillas de alholva (2 cucharaditas por taza) en una decocción con una pizca de canela en polvo proporcionarán alivio, al igual que el toronjil, la ulmaria y el hinojo en una infusión (¹/₂ -1 cucharadita de cada una por taza). Es ideal el regaliz, utilice la raíz en una decocción o disuelva 2,5 cm (1 in) en una taza de agua caliente.

## REMEDIOS HOMEOPÁTICOS

Dolores severos, persistentes, vómito con sangre, fluido oscuro "café-terroso" o dolor persistente requieren atención médica. Consulte a un homeópata calificado (ver *Úlcera péptica* p. 152).

⚘ BISMUTH 6C para ardores agudos en el estómago y retorcijones severos. Deseo de agua helada, que vomita enseguida.

⚘ NUX VOMICA 6C para gastritis por alcohol. No se puede ejercer presión alrededor de la cintura. Retorcijones, empeora al comer, rabia. Adicto al trabajo.

⚘ CAPSICUM 6C para sensación de quemadura o frío helado en el estómago. Desea café pero le produce náuseas. Flatulencia.

Posología: una tableta cada 2 a 3 horas por 6 dosis, luego tres veces al día, máximo 3 días.

## NUTRICIÓN

No es difícil identificar los alimentos que disparan un ataque de gastritis aguda, y una vez aislados pueden evitarse. Además de los ya mencionados, el café, especialmente el instantáneo, los pepinillos, el vinagre, la cebolla cruda y todas las frutas agrias pueden estar implicados.

Largos periodos sin comer pueden resultar molestos aún más en momentos de estrés cuando la secreción del ácido de las paredes del estómago aumenta. De volverse crónico este patrón, puede conducir a úlceras estomacales causadas por la bacteria *Helicobacter pylori* (*H. pylori*) particularmente susceptible a los químicos de la miel de Manuka

Un patrón de alimentación sensato compuesto por pequeñas comidas frecuentes y la eliminación de los irritantes sospechosos de siempre son clave para solucionar la gastritis.

## MEDIDAS *preventivas*

En los casos de una historia de gastritis recurrente, evitar comidas irritantes y adoptar hábitos alimenticios sanos, es esencial. El consumo moderado de licor, evitar totalmente la nicotina e incluir el uso regular en la cocina de hierbas que ayudan a la digestión, como perejil, salvia, romero, tomillo, menta, jengibre, eneldo, hinojo y en especial la alcaravea, es muy importante.

**OLMO NORTEAMERICANO**: *una de las medicinas tradicionales más importantes de los nativos de Norteamérica es la corteza del olmo u olmo rojo. Se vende en polvo en las tiendas naturistas. Para hacer una bebida relajante, simplemente ponga una cucharadita en un poco de agua fría, agregue 10 ml (2 cucharaditas) de miel, una taza de agua hirviendo y revuelva. Bébalo todas las mañanas antes del desayuno.*

### REMEDIOS CULINARIOS

■ ¼ cucharadita de bicarbonato de sodio en una taza de agua tibia para neutralizar el exceso de ácido.

■ Una infusión de regaliz, hinojo, menta o eneldo, alivia de inmediato, especialmente con una cucharada de miel.

■ Un remedio tradicional para la úlcera péptica y la gastritis ha sido la miel. La miel de Manuka de Nueva Zelanda es un remedio probado y comprobado por los maoríes.

ARRIBA *La miel de Manuka utilizada por los maoríes de Nueva Zelanda, combate la bacteria que causa la úlcera péptica.*

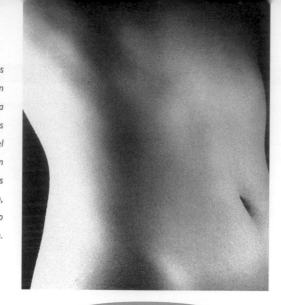

DERECHA *La gastroenteritis es causada por una infección bacterial o viral y por la ingestión de sustancias venenosas. Pese a que el vómito y la diarrea son desagradables, son las herramientas del cuerpo, para expulsar el veneno o la infección.*

## DIAGNÓSTICO DE GASTROENTERITIS

- Náuseas y vómito
- Diarrea
- Retorcijones con dolor abdominal
- Fiebre moderada

**SISTEMA DIGESTIVO**

# gastroenteritis
## *e intoxicación por alimentos*

La diarrea y el vómito severos pueden ser producto de una infección por contagio (un virus es de fácil propagación en una comunidad) o más común aún, por contaminación de alimentos dañados, mal cocinados o manipulados, o preparados por manos contaminadas. Una persona que se encuentre en buen estado físico general, puede encontrar en los remedios caseros una recuperación rápida y eficaz.

## LLAME AL MÉDICO

■ Si hay diarrea o vómito prolongados para descartar una enfermedad subyacente.

■ Si no ha podido retener líquidos por más de 12 horas.

## PRECAUCIÓN

**Una gastroenteritis severa, especialmente en los niños o en los ancianos que corren el riesgo de deshidratarse puede ser extremadamente grave e incluso una amenaza para la vida.**
**Evite las drogas que detienen la diarrea puesto que tienden a prolongar la enfermedad.**
**Resérvelas para ocasiones en las que no tiene acceso fácil a un baño, como cuando viaja o durante un examen.**

## MEDICINA CONVENCIONAL

✚ Tome un sorbo de líquido cada 5 minutos. Si el vómito continúa y los síntomas persisten durante más de 12 horas, busque atención médica inmediata, pero si los síntomas son menos severos, tome agua con sal y azúcar para que sea más efectiva. Los sueros para hidratar con sabor a agua mineral se pueden saborizar y convertirlos en cubos de hielo para hacerlos más apetecibles. Una diarrea prolongada puede requerir tratamiento médico.

*Posología* ~

**Adultos y niños**

■ Disuelva el contenido de un sobre para rehidratación oral en agua y beba después de cada episodio de diarrea. Consulte el empaque para los detalles.

## OTRAS AYUDAS

**REFLEXOLOGÍA**: cuando la fase aguda de diarrea y vómito ha pasado, trabaje durante algunos minutos diariamente los reflejos del estómago e intestinos sobre las plantas de los pies para ayudar a restaurar su función.

**YOGA**: coloque las manos en donde el dolor es más intenso y sienta el calor. Inhale e imagine que las manos sanan. Exhale e imagine que el dolor desaparece de manera gradual.

## REMEDIOS HERBALES

 Las hierbas pueden aliviar los síntomas, mientras que la naturaleza se deshace del irritante.

■ **Posología:**
Para calmar el intestino delgado, combine una decocción de bistorta y alholva con una infusión de agrimonia y gotu kola (1 taza de la mezcla 3 a 5 veces al día). Tome cápsulas de olmo norteamericano o malvavisco para proteger el intestino. Los jugos de arándano combaten la pérdida de líquidos y calman la incomodad del intestino.

El jugo de *Aloe vera* es recomendado, y es un remedio ideal si se encuentra disponible. Para combartir la infección, tome 10 gotas de tintura de equinácea en poca agua durante algunas horas.

YOGURT
PROBIÓTICO

### REMEDIO CULINARIO

■ Además de las hierbas culinarias que tienen un efecto relajante sobre el revestimiento del tracto intestinal (ver *Gastritis p. 146*), el yogurt probiótico desempeña un papel muy importante en la recuperación. La bacteria natural presente en el yogurt, conocida como probiótica, ataca y destruye la bacteria que no es bienvenida, es muy importante en el proceso digestivo y refuerza la capacidad inmunológica. Esto también es cierto con los lácteos fermentados. El yogurt comercial no ofrece esta ventaja pues no contiene bacterias vivas después de haber sido tratado por segunda vez. Escoja un yogurt natural casero, fuente de la bacteria probiótica.

## REMEDIOS HOMEOPÁTICOS

 No coma durante 24 horas y manténgase hidratado tomando sorbos de agua cada 15 minutos. Los siguientes remedios pueden utilizarse para evitar la diarrea si debe viajar.

🌿 ARSENICUM ALBUM **6C** para gastroenteritis por intoxicación por alimentos. Diarrea y vómito. Frío, mejora con el calor. Intranquilidad, ansiedad y debilidad. El calor aumenta el ardor. Sed.

🌿 VERATRUM ALBUM **6C** suministre si el *Arsenicum album* falla, para una deposición líquida copiosa. Sed.

**Posología:** una tableta cada hora hasta que mejore, luego cada 4 horas. Máximo 5 días.

## AROMATERAPIA

 🌿 MANZANILLA ROMANA
*Chamaemelum nobile*

🌿 LAVANDA
*Lavandula angustifolia*

🌿 TORONJIL
*Melissa officinalis*

🌿 ÁRBOL DE TÉ
*Melaleuca alternifolia*

ARRIBA *La manzanilla romana sirve para las enfermedades emocionales.*

El árbol de té detiene las infecciones, pues es antiviral y antibacterial. La manzanilla y la lavanda calman, relajan y son analgésicos. La lavanda también alivia el estrés, que acompaña la gastroenteritis, mientras que el toronjil es antidepresivo y alivia los espasmos en el tracto digestivo.

**Aplicación:**
El árbol de té es útil en la casa, especialmente para evitar el contagio. Haga sahumerios y úselo para lavar todas las superficies, el baño y cualquier pared sucia. Utilice los otros aceites en un baño, en una loción para el cuerpo o en un masaje.

## MEDIDAS *preventivas*

**HIGIENE PERSONAL:** *la mayoría de las intoxicaciones por alimentos ocurren en la casa, por eso una limpieza escrupulosa en la cocina y una atención especial a la higiene personal y lavarse las manos después de ir al baño son las primeras líneas de defensa. Recuerde limpiar también las uñas.*

**HIGIENE DE LA COCINA:** *la carne y aves deben ser descongeladas muy despacio antes de cocinarlas. Las aves y hamburguesas deben ser cocinadas hasta que todos los jugos escurran. Es aconsejable utilizar una tabla para cortar carnes y aves crudas y otra para las cocidas (y diferentes trapos para limpiar después). En el congelador separare las carnes y aves crudas de los otros alimentos: póngalos en la parte inferior en vasijas hondas de manera que la sangre no caiga sobre los otros alimentos.*

**VIAJEROS:** *protéjase con algunas normas sencillas y mucho sentido común. Recuerde el viejo adagio de los viajeros: "Cocínelo, pélelo u olvídelo". No coma carnes, pescados o aves que no estén bien cocidos o mariscos crudos. No pruebe ensaladas en ninguna parte de Asia o África. Sea muy precavido con un buffet del hotel bajo la luz del sol e infestado de moscas. El agua puede ser un gran peligro, tenga cuidado con los cubos de hielo.*

## NUTRICIÓN

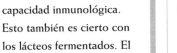 El primer paso debe ser reponer la pérdida de líquidos y electrolitos. Es posible comprar sueros pero, en caso de emergencia, prepare el suyo agregando 8 cucharaditas de azúcar o miel y una de sal a un litro de agua hirviendo, luego beba un vaso cada media hora. Suministre a los niños una o dos cucharadas cada diez minutos. No habrá apetito hasta que los síntomas disminuyan. Cuando lo hagan, evite todos los productos lácteos, por lo menos durante 48 horas y durante ese tiempo, siga la dieta BAMT. No tome ninguna bebida fría y evite todos los jugos cítricos.

ARRIBA *Pruebe la dieta BAMT antes de comer regularmente.*

DERECHA *Los piojos viven sobre la piel y se alimentan de sangre, causando piquiña intensa. Los parásitos intestinales ingresan al cuerpo mediante alimentos contaminados y pueden causar piquiña en el ano o síntomas más serios.*

### DIAGNÓSTICO DE INFESTACIÓN

- Las infecciones parasitarias de la piel causan piquiña y salpullido
- Las lombrices en el tracto digestivo pueden salir en la deposición y causar piquiña alrededor del ano

SISTEMA DIGESTIVO

# infestación
## *lombrices y parásitos*

Parásitos como los piojos de la cabeza, la sarna y una gran variedad de gusanos intestinales como las lombrices, no respetan posición ni persona. Cualquiera de nosotros puede entrar en contacto con la cabeza infectada de un niño o comer un pescado o carne contaminados. Los parásitos intestinales requieren de atención médica, mientras que las infestaciones de la piel, especialmente los resistentes piojos, pueden responder a tratamientos con champú y lociones medicados. En ambos casos, existen algunos remedios caseros que ayudan a eliminar el problema.

### LLAME AL MÉDICO

- Si sospecha que está sufriendo de parásitos intestinales.

### PRECAUCIÓN

**Los bebés y los asmáticos deben evitar usar soluciones alcohólicas para los piojos.**

## MEDICINA CONVENCIONAL

Las lombrices intestinales se pueden tratar fácilmente con una sola dosis de mebendazol, aunque alguna veces se debe repetir a las 2 ó 3 semanas. Toda la familia debe ser tratada al mismo tiempo. Las enfermedades parasitarias en la piel se tratan en forma local con lociones y champús insecticidas. Estos no deben usarse con mucha frecuencia en los niños. En el caso de piojos, use una peinilla completamente limpia después del baño.

Aplique un acondicionador y déjelo durante 5 minutos antes de peinar, luego enjuague.

*Posología ~*

**Adultos y niños:**

- Para la sarna aplique en todo el cuerpo una solución acuosa.
- Para los piojos, aplique en el cuero cabelludo una loción a base de agua. Repita a los 7 días.
- Para las lombrices intestinales tome una dosis de mebendazol. Repita a las dos semanas.

ARRIBA *Los tratamientos convencionales se apoyan en el champú insecticida.*

## REMEDIOS CULINARIOS

■ Las semillas de calabaza han sido siempre un remedio ancestral contra las lombrices. Un tratamiento muy efectivo aunque largo y poco agradable es tostar 50 g (2 oz) de semillas de calabaza en agua caliente para remover la cáscara. Añada un poco de leche y muélalas hasta formar una pasta. Después de 12 horas sin consumir alimentos, coma la pasta y espere otras 2 horas sin comer. Luego tome 20 ml (4 cucharaditas) de aceite de ricino mezclado con jugo de naranja. Continúe con una comida suave y las lombrices saldrán al cabo de 3 horas aproximadamente.

### PRECAUCIÓN

**Bajo ninguna circunstancia, tome aceite de ricino con otro propósito. No lo use como laxante. Utilizado periódicamente puede causar un gran daño a los intestinos.**

■ Hay otros dos remedios que no son tan efectivos pero que, sin duda, son más agradables: coma una porción grande de zanahoria o tome un vaso grande de jugo de zanahoria diario, y también el jugo de un limón mezclado con 15 ml (una cucharada) de aceite de oliva.

## REMEDIOS HERBALES

 Al igual que las zanahorias (*ver Remedios culinarios*), el repollo es un remedio tradicional para las lombrices intestinales, empléelo de la misma forma. Hay otros remedios útiles.

■ Posología:
Tome ajo como prevención cuando se encuentre viajando.

El ajenjo es uno de los remedios herbales más efectivos aunque tiene un sabor desagradable: 5 ml (1 cucharadita), 1 ml (¼ de cucharadita) para los niños, de tintura diluida en agua o jugo de zanahoria tomado con el estómago vacío puede resolver el problema. Repita la dosis a los 14 días para coincidir con el ciclo de reproducción de las lombrices.

Los piojos pueden tratarse con unas gotas de aceite de árbol de té o de tomillo sobre una peinilla delgada para peinar bien el cabello en la noche y en la mañana. Utilice como rinse una infusión fuerte de tanaceto después del champú.

## REMEDIOS HOMEOPÁTICOS

 Los siguientes remedios ayudan a expulsar las lombrices, si los síntomas persisten, consulte a su médico.

✿ CINA 6C el ajenjo sirve para pacientes inquietos e irritables. Picazón en el recto. Pueden presentar diarrea y calambres abdominales.

✿ SABADILLA 6C para los casos de frío sin sed. Piquiña en el recto y en la nariz. Considerada un remedio para la fiebre del heno.

✿ NATRUM PHOSPHORICUM 6C para diarrea verdosa y gases ruidosos que pueden ir acompañados con algo de deposición. Recto con piquiña
Posología: una tableta dos veces al día, máximo una semana

✿ STAPHYSAGRIA 6C para piojos, diluya la tintura básica en una proporción de 1:10, en champú de bebé. Aplíquelo y deje actuar durante 10 minutos, lave y peine muy bien. Si todavía hay vestigios de piojos, repita a la noche siguiente y nuevamente una semana después.

## AROMATERAPIA

 ✿ ROMERO
*Rosmarinus officinalis*
✿ LAVANDA
*Lavandula angustifolia*
✿ MANZANILLA ROMANA
*Chamaemelum nobile*
✿ NIAULÍ
*Melaleuca viridiflora*
✿ EUCALIPTO
*Eucalyptus radiata*
✿ ÁRBOL DE TÉ
*Melaleuca alternifolia*
Estos aceites son calmantes y relajantes y ayudarán a combatir la infección.

Aplicación:
Use estos aceites contra las lombrices intestinales en un masaje sobre el abdomen y acompáñelos con un tratamiento formulado por su médico. Para erradicar o tratar los piojos, añada 1 ó 2 gotas de los aceites en el agua del enjuague o mezcle 2 ó 3 gotas con un poco de aceite vegetal tibio (cerca de 5 ml o 1 cucharadita), para dar un masaje, envuelva con plástico y una toalla caliente y deje toda la noche. En la mañana peine muy bien y lave. Repita si es necesario.

## MEDIDAS *preventivas*

**VIAJEROS**: la mayoría de lombrices y sus huevos sobreviven en alimentos crudos o a medio cocinar. La tenia del pescado es un riesgo en Escandinavia, partes de Suiza, los países Bálticos y el Lejano Oriente, especialmente Japón. La lombriz de la carne se encuentra en el Medio Oriente, África y Suramérica, las hamburguesas y filetes a medio cocinar son un peligro. La lombriz del cerdo es más común en el este de Europa, África y el Sudeste Asiático y representa un grave riesgo ya que sus larvas pueden migrar hacia el ojo causando ceguera o hacia el cerebro causando epilepsia.

Las heces de los ratones albergan los huevos de la tenia diminuta que contaminan las tiendas de alimentos y producen muy pocos síntomas. Este parásito es común en Egipto, algunos lugares del Mediterráneo, Sudán y ciertas áreas de Suramérica.

En Holanda y Escandinavia, en donde comen arenques crudos, existe el riesgo de adquirir ascárides, aunque las técnicas modernas para congelarlos por unos pocos días, las mata.

**PIOJOS**: la única manera de protegerse de los piojos es no permitir que su cabello entre en contacto directo con otro infectado. El piojo común se contagia en las camas de otros.

### OTRAS AYUDAS

**REFLEXOLOGÍA**: trabaje los  reflejos del tracto digestivo sobre las palmas de las manos y de las plantas de los pies. Empiece detrás de los nudillos o de los pulpejos de los pies y trabaje hacia abajo firmemente y de manera completa hasta las muñecas o talones, especialmente sobre los reflejos del hígado y del colon.

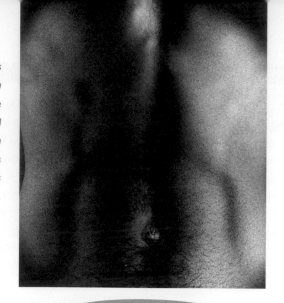

DERECHA *Las úlceras pépticas son una inflamación en la membrana mucosa que reviste el estómago. Al igual que las ulceraciones en la boca, son muy dolorosas y se agravan con ciertos alimentos.*

## DIAGNÓSTICO DE ÚLCERA PÉPTICA

- Dolor en la parte superior del abdomen, fácilmente identificable
- El dolor empeora en la noche
- Empeora con hambre y puede producir náuseas, flatulencia y acidez estomacal

**SISTEMA DIGESTIVO**

# úlcera péptica

Las úlceras pépticas son causadas por una erosión en el revestimiento del estómago debido a cantidades excesivas de ácido gástrico. Si bien el estrés, por lo general, desempeña un papel importante en esta dolencia, la pérdida del equilibrio entre los jugos gástricos y la mucosidad protectora que produce el revestimiento del estómago también es una causa. Recientes investigaciones han demostrado que la bacteria Helicobacter pylori causante de algunas clases de úlceras, es hoy muy común en los gatos que la transmiten a sus dueños. Pese a que todavía se recomiendan a quienes sufren de úlcera péptica dietas blandas de arroz y pescado hervido, ciertos sencillos remedios caseros, junto con una saludable dieta alimenticia, pueden solucionar el problema de forma permanente.

## LLAME AL MÉDICO

- Si tiene un dolor específico en la parte superior del abdomen y sufre de pérdida de peso no intencional.
- Si es la primera vez que ha tenido estos síntomas y es mayor de 40 años.

## PRECAUCIÓN

**Las drogas antiinflamatorias no esteroides pueden empeorar los síntomas. Los antiácidos contienen magnesio o sales de aluminio. Los primeros (la leche de magnesia) tienden a causar diarrea mientras los segundos (hidróxido de aluminio) pueden causar estreñimiento.**

## MEDICINA CONVENCIONAL

Evite alimentos condimentados, bebidas calientes, alcohol y cigarrillo. No tome drogas antiinflamatorias no esteroides, utilizadas para aliviar el dolor. El consumo regular y frecuente de alimentos blandos calma los síntomas. Si estos persisten por una semana, los antiácidos lo ayudarán. Es posible que su médico solicite otros exámenes o le recomiende primero un antagonista H2. Para el *Helicobacter pylori*, puede necesitar un tratamiento con antibióticos.

*Posología ~*

**Adultos y niños mayores de 16 años:**

- Hoy en día hay disponibles toda clase de antiácidos en tabletas o líquido. Consulte el empaque para detalles.

## EJERCICIO

SI EL ESTRÉS es un factor, el ejercicio regular ayuda a disipar la acumulación de adrenalina y estimula la producción de las hormonas conocidas como endorfinas, responsables del bienestar y la capacidad de relajarse. La cantidad y clase de ejercicio que se haga depende de la edad y del estado físico.

## REMEDIOS HERBALES

 Para combatir cualquier causa subyacente, son útiles las hierbas antibacteriales, como el lirio silvestre, la equinácea, el trébol rojo, el tomillo y el índigo silvestre. Para aliviar los síntomas de las úlceras pépticas tome emolientes, como el olmo norteamericano, el malvavisco, la ulmaria o musgo de Irlanda, en infusiones, extractos o tinturas.

■ **Posología:**
Prepare una bebida con dos cucharaditas de olmo en polvo y una taza de leche caliente.

El extracto de regaliz ha sido utilizado por los médicos para tratar las úlceras. Prepare una infusión con la raíz o disuelva el extracto en agua y tome dosis de 10 ml (2 cucharaditas). También puede tomarla en infusión.

## REMEDIOS HOMEOPÁTICOS

**Consulte a un homeópata después de ver a su médico.**
🜊 ARSENICUM ALBUM **6**C para ardor en el estómago. Empeora con la comida y la bebida. Mejora con la leche. La comida se siente como si se pegara en el intestino, dificultad para deglutir. Temor e inquietud.
🜊 GRAPHITES **6**C para ardor agudo que presiona el estómago. Mejora temporalmente al comer y con la leche caliente. Vómito.

🜊 PHOSPHORUS **6**C para ardor. Empeora al comer, mejora con las comidas frías. Necesidad de agua helada que vomita después. Vómito como "terrones de café".
**Posología:** una tableta dos veces al día, máximo por dos semanas.

ARRIBA *El* Arsenicum *se prepara a partir del óxido de arsénico blanco.*

---

### REMEDIOS CULINARIOS

■ Científicos de Nueva Zelanda han demostrado que la miel de Manuka (extraída del árbol de té) mata el virus responsable de las úlceras. Una cucharadita con cada comida y otra a la hora de ir a la cama, dará resultados en pocas semanas.
■ El repollo y el jugo de papa son conocidos por su efectividad sobre la úlcera péptica. Una pequeña copa de vino antes de cada comida, día de por medio, funciona.

## OTRAS AYUDAS

 **REFLEXOLOGÍA**: los reflejos del estómago y el duodeno están en el centro de las plantas de los pies. Presione suavemente los puntos sensibles. Un tratamiento de reflexología completo y regular reduce los niveles de estrés.
**YOGA**: ver Estrés (*p. 60*), que por lo general está relacionado con las úlceras. Practíquelo con cuidado hasta descubrir qué le ayuda. Haga Shitali o Sitkari con exhalaciones prolongadas. Acuéstese relajado, manos sobre el abdomen y exhale al tiempo que dice "aah".

## NUTRICIÓN

Para sanar el tejido gástrico es importante consumir alimentos ricos en zinc, por lo tanto, coma granos enteros, semillas de calabaza, ostras y la mayoría de mariscos, brócoli, pimientos verdes y rojos, kiwis, albaricoques y las más dulces de las frutas cítricas ricas en vitamina C y betacaroteno. El pescado graso también es importante por sus ácidos grasos Omega 3 que protegen la membrana estomacal.

Al contrario de las dietas tradicionales, una dieta rica en fibra protege, pero evite el salvado sin cocinar. La avena en hojuelas, el arroz integral y la mayoría de vegetales de raíz contienen fibra soluble, que es más calmante.

## AROMATERAPIA

Aquí el objetivo de la aromaterapia más que tratar la úlcera es reducir los niveles de estrés, remítase a los aceites para el estrés en la *página 60*, déjese ayudar por el olfato para encontrar los que más le gusten y úselos de la manera que más le convenga. Confirme el diagnóstico de úlcera péptica.

## MEDIDAS *preventivas*

**DIETA**: *las úlceras pueden ser prevenidas con una alimentación sensata, coma a intervalos regulares y en cantidades moderadas para evitar sobrecargar el estómago y estimular la producción excesiva de jugos gástricos. Largos periodos sin comer pueden ser una causa. Mascar chicle estimula la producción de jugos gástricos y cuando no hay alimentos en los que estos pueden actuar, aumenta la probabilidad de causar problemas en los tejidos estomacales. Disminuya el consumo de sal, evite el exceso de licor y no coma muchos alimentos ahumados o encurtidos. Si ha tenido úlceras pépticas en el pasado, evite el ají y el curry muy fuertes. Grandes cantidades de café (especialmente los instantáneos) también pueden irritar el revestimiento del estómago e inducir una nueva aparición de la úlcera.*

ABAJO *Tome medidas para reducir la cantidad de estrés en su vida, existen hoy en día toda clase de terapias, y saque un tiempo diario para relajarse.*

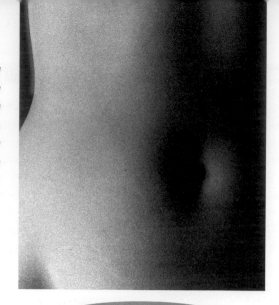

DERECHA *El SCI incluye una variedad de síntomas, razón por la cual no hay una solución única. Sin embargo, quienes sufren de esta dolencia tienen el poder de ayudarse a sí mismos.*

## DIAGNÓSTICO DE SÍNDROME DE COLON IRRITABLE

- Episodios recurrentes de dolor abdominal con estreñimiento o diarrea
- El dolor normalmente se alivia cuando se liberan gases o cuando el colon se mueve

SISTEMA DIGESTIVO

# síndrome de colon irritable *SCI*

### REMEDIO CULINARIO

■ La avena en hojuelas es especialmente favorable para el alivio del SCI dado que contienen fibra soluble y mucílago, una sustancia que lubrica el colon. Además de comer diariamente una taza de avena o *muesli*, tome 600 ml de hojuelas de cereal añadiendo dos cucharadas llenas de avena en polvo a 600 ml de agua hirviendo. Revuelva hasta que hierva. Cocine la avena a fuego lento por 20 minutos, continúe revolviendo ocasionalmente, luego cuélela con un colador fino y añada una cucharadita de miel y una cucharadita de crema.

E*l síndrome de colon irritable dejó de ser una dolencia (colon espástico) relativamente desconocida, para alcanzar proporciones epidémicas en Gran Bretaña y Estados Unidos. Aunque puede ser la secuela de una intoxicación por alimentos o de gastroenteritis, es más probable de que se trate de un exceso de consumo de salvado y un bajo consumo de la fibra soluble de las frutas y de las verduras. Contrario a la opinión de algunos médicos de medicina alternativa, el colon irritado no es producto de la infección por Candida, tampoco un síntoma de depresión o de enfermedades psicológicas. Sin embargo, el estrés puede desempeñar un papel importante y no es inusual que personas que han sufrido por años de síntomas de SCI, desarrollen depresión o estrés. Pero el SCI es un buen ejemplo de los beneficios que se pueden obtener con remedios caseros.*

### MEDICINA CONVENCIONAL

✚ Llevar un diario sobre lo que come le ayuda a establecer conexiones entre los síntomas y ciertos alimentos en particular. La fibra que ayuda en muchos casos, en otros empeora los síntomas. Las técnicas de relajación son beneficiosas dado que el síndrome de colon irritable (SCI) por lo general está asociado con el estrés. Si los síntomas persisten, es posible que el médico le recete drogas para relajar los músculos del tracto digestivo.

## REMEDIOS HERBALES

Las hierbas ayudan a regular la función digestiva y a aliviar las incomodidades.

■ **Posología:**
Prepare una infusión con iguales cantidades de agrimonia, lúpulo, ulmaria y menta, y tome una taza antes de las comidas.

La infusión de alholva ayuda: cocine a fuego lento dos cucharaditas de semillas con una pizca de canela y una taza de agua por 10 a 15 minutos. El ñame silvestre y la bola de nieve mitigan los espasmos intestinales y los calambres. Úselas en decocciones o en tinturas (10 gotas sobre la lengua a intervalos de 30 minutos).

## REMEDIOS HOMEOPÁTICOS

El SCI responde bien al tratamiento homeopático. Si los remedios no lo ayudan, consulte a un homeópata.

🐾 LYCOPODIUM **6C** para inflamación que mejora al expulsar los gases. Sonidos en el estómago. Sensación de llenura al comer poco. Ansiedad de dulces, y comida y bebidas calientes. Deposiciones duras y líquidas alternadamente. Estreñimiento.

🐾 NUX VOMICA **6C** para dolores con calambres. Empeora al comer. Mejora al defecar y con bebidas calientes. Estreñimiento: pequeñas deposiciones. Necesidad constante de ir al baño. Diarrea y estreñimiento.

🐾 PULSATILLA **6C** para deposiciones cambiantes. Inflamación. Indigestión por alimentos grasos. Sin sed.
**Posología:** una tableta dos veces al día, máximo una semana.

## OTRAS AYUDAS

**ACUPRESIÓN:** el uso regular del punto 4 ayudará a mantener el intestino grueso funcionando eficientemente.
**REFLEXOLOGÍA:** trabaje los reflejos del tracto digestivo diariamente, especialmente debajo del bazo, en el pie izquierdo. Comience a trabajar debajo de los nudillos de los dedos o las articulaciones de los dedos de los pies y continúe hasta la muñeca o el talón en las palmas de las manos y las plantas de los pies.
**YOGA:** vea Estrés (*p. 60*). Cuando sienta dolor, practique suavemente, con gran conciencia y deténgase si siente que ha realizado un movimiento errado. Recuéstese en la posición de relajación con sus manos sobre el estómago.

## AROMATERAPIA

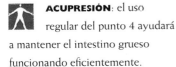

🐾 NEROLÍ
*Citrus aurantium*
🐾 MANZANILLA ROMANA
*Chamaemelum nobile*
🐾 ROSA
*Rosa damascena/Rosa centifolia*
Estos aceites son calmantes y relajantes, no sólo a nivel físico sino también emocional.
**Aplicación:**
Haga un masaje en el área abdominal, ya sea con una crema acuosa o con un aceite. También pueden ser utilizados en compresas calientes o en un baño.

## NUTRICIÓN

Si durante años lo han acompañado ataques alternados de estreñimiento, diarrea, flatulencia y distensión estomacal, no se desespere. Cambiar los hábitos alimenticios puede, y de hecho lo hace, devolver su vida a la normalidad. No espere un éxito instantáneo ya que éste es un proceso de ensayo y error. Lleve registros detallados de lo que come y de sus consecuencias con el fin de identificar los alimentos que puede comer y los que debe evitar.

Coma bastantes alimentos que contengan fibra soluble: frutas, vegetales, avena en hojuelas y granos. Los cereales contienen una mezcla de fibra soluble e insoluble pero el salvado de trigo no sólo es un irritante, sino que interfiere con la absorción de nutrientes vitales como hierro y calcio. Debe consumir, por lo menos, 1,5 litros de agua cada día y comer a intervalos regulares. Es importante hacer uso de todas las hierbas culinarias que ayudan al proceso digestivo: romero, salvia, tomillo, menta, eneldo, alcaravea, ajo y jengibre.

No es cierto que el SCI sea una reacción alérgica, no obstante algunas personas reaccionan negativamente a ciertos alimentos tales como (en orden descendente) carne y productos cárnicos, productos lácteos y de trigo. Intente excluirlos en grupos, uno a la vez, por lo menos durante dos semanas. Aun en el caso de que no consiga un alivio significativo, puede descubrir cuándo empeoran los síntomas para evitar esos alimentos. Siempre que vaya a excluir de su dieta ciertos alimentos, consulte al médico.

## MEDIDAS
*preventivas*

Los remedios herbales sencillos como el hipérico no tienen efectos colaterales, no son adictivos y le ayudarán con la depresión mientras experimenta con su dieta.

## EJERCICIO

TODO EJERCICIO estimula la función digestiva general, pero en este caso, los ejercicios abdominales son realmente importantes, debe tener cuidado con los ejercicios tradicionales que tensionan la espalda. Realice los siguientes ejercicios cinco veces en la mañana y en la noche. Cuando los músculos estén más fuertes, aumente a 20 repeticiones.

**1.** Acuéstese sobre la espalda y doble una rodilla, manteniendo el pie plano sobre el piso. Eleve la otra pierna recta hasta que esté a la altura de la rodilla. Sostenga durante 5 segundos y baje lentamente. Cambie de pierna y repita.

**2.** En la misma posición, estire la mano derecha hacia la rodilla izquierda levantando del piso sólo la cabeza y el hombro derecho. Sostenga durante 5 segundos y relaje. Cambie de pierna y de mano, y repita.

**3.** Siéntese con ambas rodillas flexionadas y las manos sosteniendo la parte posterior de los muslos. Apoyándose en los brazos, reclínese gradualmente hacia atrás para después, con los brazos, volver a la posición erguida. No permita que el tronco toque el piso. Con el tiempo, en la medida en que los músculos abdominales se fortalezcan, podrá llegar más abajo y finalmente pasar de la posición acostada a sentada.

**4.** Acuéstese en el piso con ambas piernas apoyadas en un banco de 30 cm (12 in) de alto. Estire y levante una pierna y bájela lentamente. Haga lo mismo con la otra pierna. Después de tres semanas, levante ambas piernas. Para proteger la espalda, nunca levante las piernas desde el piso, con los pies debajo de una silla o sostenidos por alguien.

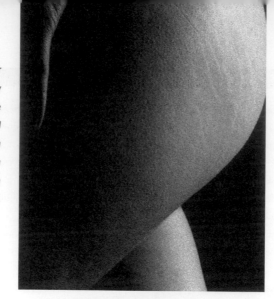

## DIAGNÓSTICO DE ESTREÑIMIENTO

- Esfuerzo al defecar
- Heces duras, algunas veces duelen al pasar
- Dolor de estómago
- Inflamación
- Flatulencia
- Sensación general de malestar

**SISTEMA DIGESTIVO**

# estreñimiento

### REMEDIO CULINARIO

■ Vierta 1,2 litros de agua hirviendo sobre 1 kg de ciruelas con pepa y algunos pedazos de regaliz machacado. Deje reposar toda la noche. Retire el regaliz, cuele el líquido y lícuelo. Manténgalo en el refrigerador y tome dos cucharaditas con el desayuno y con una bebida caliente a la hora de acostarse.

### EJERCICIO

LAS ACTIVIDADES que trabajan los músculos abdominales son muy buenas. Nadar, remar y ejercicios abdominales ayudan a tonificar los músculos del estómago y eliminan el estreñimiento. Hay que tener en cuenta que los ejercicios abdominales pueden causar tensión en la espalda baja (*ver Dolor de espalda p. 100*).

El estreñimiento es uno de los problemas digestivos más comunes y, al mismo tiempo, uno de los más fáciles de tratar en casa. Cada persona tiene su propio horario para defecar: algunas lo hacen de forma regular cada dos o tres días, otras lo hacen dos o tres veces al día o más. Pese a que los niños, las personas de edad y las mujeres embarazadas son más propensas al estreñimiento, éste puede ocurrir sin importar el sexo o la edad. Sin embargo, sus principales causas, poca fibra soluble en la alimentación, deficiencia de líquido y malos hábitos al ir al baño, son muy fáciles de solucionar.

### MEDICINA CONVENCIONAL

Cuando el intestino está tensionado y lleno de heces, necesita un reentrenamiento para responder a la urgencia de ir al baño, sentándose regularmente en el inodoro sin afán y sin esfuerzo. El mejor momento para hacer esto es después de las comidas. La solución para ablandar las heces duras es cambiar la dieta e incrementar el consumo de líquidos aunque sólo verá el resultado uno o dos días después. Entre tanto, laxantes y supositorios pueden ser de gran ayuda. Si sospecha que alguna medicina prescrita es la causante del estreñimiento, consulte a su médico antes de reducir la dosis. Si el estreñimiento persiste busque consejo médico.

*Posología ~*

**Adultos**

■ Los laxantes naturales o vegetales son seguros y no son adictivos, busque consejo en su farmacia para escoger uno. Consulte el empaque para información de la dosis. El hábito del intestino volverá a la normalidad con un tratamiento corto, razón por la cual, se puede reducir la dosis antes de suspenderlo. Uno o dos supositorios de glicerina humedecidos, que se consiguen en tamaños para adultos y para niños, una vez al día, estimularán el movimiento del intestino.

**Niños**

■ Consulte al médico antes de suministrar laxantes.

## REMEDIOS HERBALES

Purgantes herbales fuertes como el sen y la cáscara sagrada solían formar parte de todo botiquín casero. Pero éstos deben usarse con moderación pues su uso puede dañar a largo plazo el sistema digestivo.

■ **Posología:**
Cada mañana, tómese una decocción de iguales cantidades de diente de león, romaza amarilla y raíces de regaliz (2 cucharaditas en 1½ tazas de agua, a fuego lento durante diez minutos) con un poco de semillas de anís o de hinojo para aliviar el estreñimiento.

Ayude a lubricar el colon con semillas de ispaghula: ponga una curacharadita en una taza de agua hirviendo, deje enfriar y tome toda la mezcla. El jugo de naranja en lugar del agua mejora el sabor.

## REMEDIOS HOMEOPÁTICOS

Aumente el consumo de líquidos y de fibra. Una cucharadita diaria de linaza ayuda. Los cambios repentinos en el hábito intestinal requieren atención médica.

**ALUMINA 6C** para heces suaves y pegajosas o duras y secas que pasan con dificultad. Para personas de edad inactivas.

**BRYONIA 6C** para heces duras, secas y grandes que se desmenuzan pronto, diarrea después de tomar bebidas frías. Sed y necesidad de grandes cantidades de líquido.

**OPIUM 6C** para heces en forma de bolas negras duras. No urge defecar. Estreñimiento causado por miedo y en bebés recién nacidos. En algunos países, puede requerir prescripción.

**Posología:** una tableta tres veces al día, máximo una semana.

## NUTRICIÓN

Una nutrición deficiente, insuficiencia de consumo de líquidos y de la fibra necesaria, es la causa de casi todos los casos de estreñimiento, que empeora por hábitos irregulares para ir al baño. También intervienen los factores psicológicos. Tome por lo menos 2 litros de agua diarios y porciones regulares de manzanas, peras con cáscara, vegetales de raíz, avena, granos, todos los vegetales verdes, por lo menos un vaso de yogurt probiótico y pan integral. El arroz integral, la pasta de trigo, la avena cocida y el *muesli* son ricos en fibra soluble y ablandan las heces. No utilice salvado sin cocinar o cereales con alto contenido de salvado.

## MEDIDAS *preventivas*

Para protegerse del estreñimiento siga los consejos nutricionales y tenga cuidado con algunas drogas, incluyendo los analgésicos con codeína y las pastillas de hierro que causan estreñimiento. A los niños puede sucederles con el cambio de la leche materna a la leche de vaca.

**HÁBITOS PARA IR AL BAÑO:**
*nunca ignore el llamado esencial de la naturaleza, lo cual no significa que deba ir al baño con un cigarrillo, una taza de té y el periódico matutino. Evite el uso regular de laxantes irritantes y los esfuerzos excesivos que causan hemorroides (ver p. 176).*

## OTRAS AYUDAS

**ACUPRESIÓN:** los puntos 4, 23, 28 y 29 ayudan.

**REFLEXOLOGÍA:** el reflejo del colon está en la parte media inferior de las manos y de los pies, pero para tratar el estreñimiento trabaje toda la planta de los pies y las palmas de las manos.

**YOGA:** enfatice las posturas de giro y de inclinarse hacia adelante, contrayendo el abdomen bajo cada vez que exhale, relajándolo a medida que inhala. Intente esto de pie: inclinarse hacia adelante, giro en triángulo y sentadillas. Acostado: relajación, giro, rodillas sobre el pecho. Sentado: giro, inclinarse hacia adelante. Termine con apoyo en ambos pies y relajación.

**El giro** ① Siéntese con el brazo izquierdo rodeando la rodilla derecha, la mano sobre el muslo y la otra mano en el suelo.

② Al exhalar, gire lentamente y mire sobre el hombro derecho. Sostenga durante algunas respiraciones. Repita hacia el otro lado.

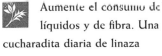

**Inclinarse hacia adelante**
① Siéntese erguido, con los pies enfrente, inhale y levante los brazos.

② Dóblese hacia adelante desde la cadera y trate de tocar los pies al tiempo que exhala. Sostenga los pies, baje la cabeza y permanezca así durante algunas respiraciones.

## AROMATERAPIA

**PIMIENTA NEGRA**
*Piper nigrum*

**JENGIBRE**
*Zingiber officinale*

**MEJORANA**
*Origanum majorana*

Estos aceites calientan y estimulan el sistema digestivo.

**Aplicación:**
Utilice estos aceites para un masaje abdominal, mezcle el aceite esencial ya sea con una loción o con un aceite portador y haga un masaje en la dirección de las manecillas del reloj. Esto estimula la peristalsis, movimiento muscular del tracto digestivo. Analice sus niveles de estrés (*ver Estrés p. 60*).

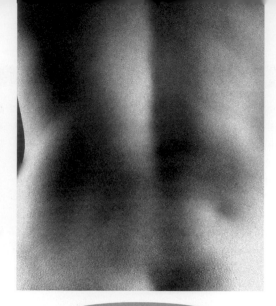

DERECHA *La diarrea tiene muchas causas posibles, pero un ataque agudo normalmente se debe a gastroenteritis y no debe durar más de unos pocos días. Tome precauciones con los alimentos que consume, especialmente cuando esté viajando.*

## DIAGNÓSTICO DE DIARREA

- Defecación más frecuente, normalmente suave o aguada o más abundante de lo normal
- Se pueden presentar síntomas que reflejan una enfermedad subyacente, incluidos fiebre, vómito y calambres abdominales

SISTEMA DIGESTIVO

# diarrea

*La diarrea es un síntoma, no una enfermedad. La defecación frecuente y las defecaciones líquidas o sueltas, algunas veces incontrolables, son el resultado de una irritación e inflamación del intestino. Normalmente viene acompañada de vómito severo como resultado de un exceso de comida, de alcohol o de una infección bacteriana producida por una intoxicación por alimentos. La mayoría de las veces puede tratarse en casa, pero una diarrea prolongada puede anunciar una enfermedad subyacente más seria y causar deshidratación severa, especialmente en los niños pequeños y en las personas de edad.*

## LLAME AL MÉDICO

- Si se presentan cambios repentinos en los hábitos del colon durante más de 2 ó 3 días, lo antes posible si se trata de niños o de personas de edad.

## PRECAUCIÓN

**Evite las drogas que detienen la diarrea porque tienden a prolongar la enfermedad. Resérvelas para cuando no tiene acceso fácil a un baño como durante un viaje o durante un examen.**

## MEDICINA CONVENCIONAL

Es muy importante reemplazar el agua, las sales y los minerales que se pierden en la diarrea. Tomar un poco de agua adicional ayudará pero, si no reemplazan las sales y los minerales, al poco tiempo se sentirá cansado y enfermo. Esto es especialmente importante en los niños y los adultos frágiles. Los sueros para hidratar que venden en el mercado pueden congelarse en cubos para hacerlos más apetecibles. Una diarrea prolongada requiere tratamiento médico.

*Posología ~*

**Adultos y niños**

- Disuelva el contenido de un sobre de rehidratación oral en agua y bébalo después de cada episodio de diarrea. Consulte el empaque para detalles.

## REMEDIO CULINARIO

- El ajo, de nuevo, viene al rescate. Muela cuatro dientes de ajo y mézclelos con 450 g de miel. Disuelva una cucharadita de esta mezcla en un pocillo con agua caliente y tómelo lentamente. Repita tres veces al día.

## REMEDIOS HERBALES

Para tratar un tracto digestivo inflamado, tome varias tazas de té negro sin azúcar, por su alto contenido de ácido tánico que tiene un efecto astringente, calmante y reparador de los tejidos irritados. Dentro de las hierbas que se pueden usar en infusión están la agrimonia, la bistorta, la alquémila, la ulmaria, las hojas de frambuesa y la tormentila.

■ **Posología:**
Dos cucharaditas de la hierba por taza de agua hirviendo.

Para combatir una diarrea fuera de casa, lleve una botella de tintura de cualquiera de estas hierbas y tome 5 ml (1 cucharadita) en agua hasta seis veces al día o coma papaya.

## REMEDIOS HOMEOPÁTICOS

Por lo general, la diarrea se trata con las mismas medidas que la gastroenteritis. Una diarrea persistente requiere atención médica.

🦀 PODOPHYLLUM 6C para diarrea aguada, gases que expulsan las heces. Deposiciones fuertes pálidas o amarillas. Cólico antes de que la defecación mejore debido a su permanencia dentro del abdomen.

🦀 CHINA 6C para diarrea por indigestión, flatulencia y cólico. Empeora después de comer fruta.

🦀 COLOCYNTHIS 6C para deposiciones gelatinosas después de comer o de beber. Dolor abdominal agudo que se alivia al doblarse y con la presión.

**Posología:** una tableta cada hora hasta que mejore, luego cada 4 horas, máximo 5 días.

## OTRAS AYUDAS

 **ACUPRESIÓN:** los puntos 23, 29 y 39 son de gran ayuda.

**REFLEXOLOGÍA:** para regular el intestino y el colon, trabaje las plantas de los pies y las palmas de las manos. Haga rodar una pelota de golf firmemente entre las palmas con los dedos entrelazados.

## NUTRICIÓN

La diarrea es el recurso natural del cuerpo para deshacerse de todo material irritante o contaminante, de manera que, de no ser absolutamente esencial, no tome drogas antidiarreicas ni coma durante las primeras 24 horas. Para reemplazar líquidos y electrolitos, prepare un litro de agua hervida fría con una mezcla de 8 cucharaditas de azúcar y una cucharadita de sal, y beba esa cantidad, por lo menos, dos veces al día. De ser necesario, tome dos o tres cucharadas cada diez minutos.

Después de 24 horas, utilice la dieta BAMT. Durante las siguientes 48 horas, coma poco pero frecuentemente y después incluya papas hervidas o ensaladas, zanahorias cocidas mezcladas con cualquier otro vegetal y un huevo. Vuelva gradualmente a sus hábitos alimenticios dejando los productos lácteos para el final.

DERECHA *La dieta BAMT es el tratamiento más seguro para seguir después de un ataque.*

## AROMATERAPIA

 🦀 MANZANILLA ROMANA
*Chamaemelum nobile*

🦀 NEROLÍ
*Citrus aurantium*

🦀 LAVANDA
*Lavandula angustifolia*

🦀 MENTA
*Mentha x piperita*

Estos aceites son antiespasmódicos y mitigarán los dolores de estómago. Son calmantes y relajantes para el tracto digestivo y para el sistema nervioso ya que el estrés puede ser un factor en esta dolencia. En caso de una reacción alérgica, la manzanilla es un útil antialérgeno.

**Aplicación:**
Realice un masaje abdominal suave con cualquiera de estos aceites.

## MEDIDAS *preventivas*

**HIGIENE:** *la intoxicación por comida en los hogares es muy común, razón por la cual mantener una buena higiene en la cocina es un deber. Mantenga las carnes y las aves crudas totalmente separadas de los otros alimentos en el compartimiento inferior del refrigerador. Utilice diferentes tablas para preparar la carne, las aves, el pescado crudos y los otros alimentos. Lávese las manos minuciosamente después de manipular carnes o aves crudas y antes de tocar cualquier otro alimento o utensilio.*

**VIAJEROS:** *la diarrea afecta a un gran número de viajeros, por eso es importante tomar precauciones. No coma ensaladas, tenga cuidado con un buffet expuesto a los rayos del sol y recuerde el viejo refrán: "Cocínelo, pélelo u olvídelo". No consuma carne, aves o mariscos a medio cocinar. No es buena idea lavarse los dientes con agua envasada y luego poner cubos de hielo en su copa. Cuando viaje a Asia o África, ignore los hábitos alimenticios saludables y elija siempre alimentos fritos y asados, preferiblemente preparados en su presencia.*

*Coma mucho ajo o cápsulas de ajo por su poderosa cualidad antibacterial y evite alimentarse en establecimientos sucios y poco higiénicos, incluyendo la mayoría de puestos de hamburguesas, perros calientes y helados.*

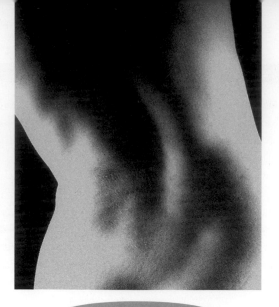

## DIAGNÓSTICO DE PROBLEMAS DE PESO

- Dificultad para mantener el peso en relación a la altura y constitución
- Peso por encima o por debajo del ideal o fluctuaciones de un extremo al otro

**SISTEMA DIGESTIVO**

# problemas de peso

El mundo occidental está obsesionado con el sobrepeso. Los periódicos, las revistas e innumerables libros, ofrecen "dietas especiales" para eliminar mágicamente los kilos de sobra. Muchas de estas dietas y regímenes extremos con fundamentos seudocientíficos y galimatías no funcionan a largo plazo. Al otro lado de la balanza, existen miles de personas desesperadas por ganar peso, pero para ellas hay muy poca ayuda o consejo y, por el contrario, son motivo de envidia de las brigadas masivas de las dietas. Ambos grupos sufren emocional y físicamente. Porque, de un lado, un peso excesivo aumenta el riesgo de problemas cardiacos, diabetes, problemas respiratorios, artritis y algunas formas de cáncer. De otro lado, la delgadez extrema hace a la persona vulnerable a osteoporosis y problemas menstruales, además de que está relacionada con una reducción de la expectativa de vida. Ninguno de los dos grupos se siente cómodo en la playa, en una piscina o en el gimnasio. Quienes sufren de sobrepeso sólo alcanzarán el éxito a largo plazo cambiando la forma de comer e incrementando la cantidad de actividad física. Es posible que una dieta estricta lleve a perder 4,5 kg (10 libras) en 10 días, pero el bajo consumo de calorías conduce al agotamiento, irritabilidad, sueño interrumpido y, finalmente, a un banquete con el que gana 5,5 kg (12 libras) en 3 ó 4 días. Los flacos terminan consumiendo grandes cantidades de alimentos grasos para incrementar el consumo de calorías, lo cual los pone en riesgo de elevar el colesterol y sufrir de enfermedades cardiacas.

## PRECAUCIÓN

**No son aconsejables los inhibidores de apetito.**

## REMEDIOS HERBALES

Los remedios herbales no son sustituto de una alimentación saludable, del control de calorías y el ejercicio. Por lo tanto, toda bebida "para adelgazar" debe mirarse con mucha precaución, dado que muchas de ellas mezclan fuertes laxantes con diuréticos que consiguen un efecto pero sólo a corto plazo. El kelp puede ser útil si el problema de peso está asociado con un metabolismo lento o con una insuficiencia en el tiroides, aunque en estos casos, generalmente, se aconseja buscar ayuda profesional. El tamarindo malabar se usa en ocasiones, ya que afecta la forma en que se metabolizan los carbohidratos y, por lo tanto, ayuda a evitar la indigestión.

## EJERCICIO

EL EJERCICIO es un factor clave tanto para perder como para ganar peso. Ejercicios largos y lentos como montar en bicicleta, caminar y nadar ayudan a eliminar el excedente de calorías, estimulan el metabolismo y complementan la efectividad de un programa para perder peso. Un circuito de entrenamiento en un gimnasio y el levantamiento de pesas, ayuda a los más flacos a formar músculos más grandes y a construir un mejor cuerpo. Tanto quienes sufren de sobrepeso como aquellos que padecen de falta de él, tendrán que afrontar la mirada pública cuando empiecen a ejercitarse, pero los beneficios son enormes y los cambios son gratificantes.

ARRIBA *Todos nos beneficiamos en un gimnasio, pero si hace mucho tiempo no hace ejercicio, consulte antes a su médico.*

## REMEDIOS HOMEOPÁTICOS

Obtendrá un mejor resultado si los acompaña con una dieta sensata y si elige el remedio más conveniente. Consulte a un homeópata.

SULPHUR 30C para personas rellenas y voraces, de mejillas rojas. Perezosas, desordenadas, no sienten frío y empeoran con el calor. Copiosa sudoración, pies calientes que sacan de las cobijas en las noches.

CALCAREA CARBONICA 30C para personas fofas que suben de peso fácilmente. Cara blanda, complexión pálida. Cabeza sudorosa en la noche. Frío. Pies fríos en la cama de noche y usa medias que retira después de un rato cuando los pies se calientan. **Posología:** una tableta dos veces al día. Máximo una semana.

## MEDICINA CONVENCIONAL

Para perder peso, coma pequeñas cantidades de todo, evitando los alimentos grasos o con azúcar y el exceso de alcohol. Para ganar peso, haga lo contrario pero no incremente la cantidad de alcohol o de alimentos que contengan altas cantidades de grasa o de azúcar. Para tratar un problema de peso serio se necesita la guía de un nutricionista calificado. En algunos casos severos la ayuda psicológica puede ser útil.

## AROMATERAPIA

Para la baja autoestima que, por lo regular, acompaña el sobrepeso, el aceite de jazmín da confianza y el sándalo y el incienso, seguridad. Cualquiera de los aceites cítricos o florales alivia la depresión que a menudo acompaña los problemas de peso. Nuevamente, se trata de aplicar los aceites que satisfagan el gusto y brinden apoyo, bien sea en un baño, en un masaje regular, como perfume, como loción para la cara, el cuerpo y las manos, o simplemente para aplicar una gota del aceite esencial en el cuello de la chaqueta.

DERECHA *Las lociones perfumadas con aceites esenciales elevan el espíritu con su fragancia envolvente. Puede utilizarlas tanto como quiera.*

# problemas de peso

## NUTRICIÓN

 **Pérdida de peso**: para controlar el peso existe sólo una ruta hacia el éxito que consiste en cambiar los patrones y hábitos de alimentación. Naturalmente, estos deben corresponder a su estilo de vida, a su trabajo y otros compromisos, pero el régimen que adopte debe reflejar la forma en que quiere alimentarse permanentemente con el fin de no tener que preocuparse nunca más por una dieta. Los "alimentos para adelgazar" que se usan para reemplazar las comidas, los productos preparados bajos en calorías o las pastillas para reducir el apetito son el camino hacia una vida miserable y hacia la derrota. Una alimentación equilibrada y natural, tomada en intervalos apropiados, es el único remedio que funciona y le asegura salud y felicidad.

El plan de siete días que sugerimos a continuación suministra todos los nutrientes sin necesidad de contar una sola caloría. Combinada con un poco de ejercicio, este estilo de alimentación le ayudará a perder de 450 g a 1 kg (1-2 libras) por semana sin necesidad de convertirse en un paria que vive de apio y zanahoria. Recuerde: lo importante es adoptar un nuevo hábito, de manera que si falla una vez o inclusive una semana completa, no renuncie, sólo regrese al plan tan pronto como sea posible.

## LUNES

**DESAYUNO**: tajadas de naranja y pomelo rosa y un yogurt cremoso, si lo desea, con nueces y miel.

**COMIDA LIVIANA U ONCES**: huevos revueltos con champiñones y una ensalada verde, compota de frutas secas (prepare suficiente para dos comidas).

**COMIDA PRINCIPAL**: pimientos rellenos con arroz, servidos con arvejas y trozos de apio, dátiles e higos.

## MARTES

**DESAYUNO**: compota de frutas secas, una naranja, yogurt.

**COMIDA LIVIANA U ONCES**: champiñones y papas al gratín, con ensalada de lechuga y berros, tajadas de pera dulce madura.

**COMIDA PRINCIPAL**: salmón marinado en mostaza con puré de espinacas, albaricoque y trozos de almendra.

## MIÉRCOLES

**DESAYUNO**: rollos de trigo calientes con mantequilla, un banano.

**COMIDA LIVIANA U ONCES**: risotto de vegetales marinados, con ensalada verde, uvas pasas y nueces.

**COMIDA PRINCIPAL**: berenjena al horno con crudités (zanahoria, apio, cohombro, hinojo, coliflor), albóndigas en salsa de tomate con granos verdes y trozos de apio.

## JUEVES

**DESAYUNO**: una naranja, medio pomelo rosa, yogurt con miel y nueces.

**COMIDA LIVIANA U ONCES**: papas al horno con mantequilla o crema agria, bastantes hierbas frescas servidas con ensalada roja (tomates, pimientos rojos, rábano, radicchio) sobre hojas de lechuga, una pera dulce madura.

**COMIDA PRINCIPAL**: conejo con ciruelas acompañado de repollo, compota de frutas secas (prepare suficiente para dos comidas).

## VIERNES

**DESAYUNO**: compota de fruta seca con yogurt o un poco de crema.

**COMIDA LIVIANA U ONCES**: medio aguacate tajado con berros, tomates y cohombro sobre lechuga con un poco de aceite y una o dos gotas de limón, rollo de trigo crujiente y un poco de mantequilla.

**COMIDA PRINCIPAL**: remolacha y sopa de manzana, pescado en salsa picante con brócoli al vapor.

## SÁBADO

**DESAYUNO**: una naranja, una manzana, un banano, yogurt.

**COMIDA LIVIANA U ONCES**: ensalada Niçoise con trozos de apio y pan de centeno crujiente y un poco de queso crema.

**COMIDA PRINCIPAL**: pollo y cazuela de cebolla con verduras al vapor y ensalada verde, albaricoques con especias (preparar suficiente para dos comidas).

## DOMINGO

**DESAYUNO**: jugo de naranja o de toronja, albaricoques fríos con especias y yogurt.

**COMIDA LIVIANA U ONCES**: pasta courgette o paté de aceitunas negras con pan de centeno tostado, cohombro, lechuga y ensalada de berros.

**COMIDA PRINCIPAL**: crudités, trozos de Cordero con estragón y cohombro, suflé de naranja en omelet.

## NUTRICIÓN

**Ganar peso**: quienes buscan ganar peso deben incrementar el consumo de calorías pero sin caer en productos lácteos ricos en grasa, como crema, queso o mantequilla, ni en productos cárnicos ricos en grasa. Los carbohidratos benéficos, como el pan y el arroz integral, la pasta, las papas y los granos secos, son excelentes, pero son pesados, por lo tanto, limite su consumo. Coma moderadamente a intervalos frecuentes, por lo menos, cada 2 a 3 horas. Obtenga calorías de las nueces frescas sin sal, semillas, mantequilla de maní sin sal, tahini, aguacates, aceite de oliva y frutos secos. Consiga un incremento de calorías con esta malteada energizante: licue banano, melaza, miel, tahini, germen de trigo, levadura de cerveza en polvo y albaricoques secos. Esta malteada no reemplaza una comida.

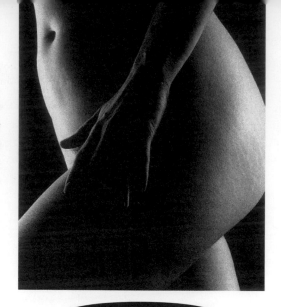

DERECHA *Los fibromas son tumores uterinos benignos, de los cuales las mujeres pueden no estar conscientes. Es imposible prevenirlos y cuando se presentan los síntomas la única salida es la cirugía.*

## DIAGNÓSTICO DE FIBROMAS

La mayoría de mujeres con fibromas no presentan síntomas pero:

- El síntoma más común es un sangrado menstrual fuerte
- Inflamación en la parte inferior del estómago
- Necesidad frecuente de orinar, debido a que los fibromas presionan los órganos circundantes, como la vejiga

**SISTEMA REPRODUCTOR**

# fibromas

---

### REMEDIO CULINARIO

■ Para dolores menstruales por fibromas, aplique compresas calientes y frías de manera alternada, con cinco gotas de aceite de lavanda por 600 ml de agua caliente y fría. Esto disminuirá la inflamación del estómago y de la espalda.

---

Estos tumores benignos, que afectan alrededor del 20% de las mujeres mayores de 35 años, se desarrollan en los músculos del útero y son más comunes en mujeres afrocaribeñas. Por lo general se extirpan (histerectomía), pero si los síntomas no son muy fuertes se pueden utilizar técnicas médicas menos invasivas. Ayudarse con remedios caseros sencillos puede detener el crecimiento de estos tumores, que dependen del estrógeno, hasta que llegue la menopausia, momento en el cual el tamaño del fibroma disminuye debido a la reducción de la producción de estrógenos.

---

## AROMATERAPIA

ROSA
*Rosa damascena/Rosa centifolia*

LAVANDA
*Lavandula angustifolia*

MANZANILLA ROMANA
*Chamaemelum nobile*

La aromaterapia no cura los fibromas pero estos aceites ayudan a calmar algunos de sus síntomas. La rosa es útil para la sensación de estar perdiendo la femineidad.

Aplicación:

Aplique cualquiera de estos aceites en masajes sobre el área abdominal o la espalda baja.

## MEDICINA CONVENCIONAL

La mayoría de fibromas no necesitan tratamiento pero si aparecen síntomas mucho antes de la menopausia busque consejo médico. Por lo general, se prescriben drogas pero cuando éstas no son efectivas se remueven quirúrgicamente los fibromas o toda la matriz.

## EJERCICIO

TODO EJERCICIO mejora el flujo sanguíneo y estimula la producción de pequeñas cantidades de testosterona, que contrarresta los efectos del estrógeno.

Mujeres con fibromas no deben levantar peso o realizar ejercicios de alto impacto, como correr largas distancias o realizar aeróbicos intensivos.

IZQUIERDA *Caminar es un buen ejercicio.*

## REMEDIOS HERBALES

Los tratamientos herbales deben ser recetados por profesionales, pero algunos remedios sencillos ayudan a aliviar los síntomas y apoyan otros tratamientos.

■ **Posología:**
La bola de nieve o el viburno, en decocciones o tinturas, calman el dolor, mientras que la infusión de bolsa de pastor (una cucharadita por taza) ayuda a detener el sangrado. La combinación de iguales cantidades de hojas de violeta, bolsa de pastor y agripalma (dos cucharaditas por taza, tres veces al día) será de gran ayuda.

Los médicos añaden hierbas como el cohosh azul, las raíces de las helonias, el agnocasto, la cúrcuma canadiense y el senecio aúreo.

## NUTRICIÓN

Dado que los fibromas generalmente causan un sangrado menstrual fuerte con la consecuente pérdida de hierro, **consuma** alimentos ricos en hierro como hígado (no si está embarazada), menudencias, dátiles, berros, huevos, vegetales de hojas verde oscuro y sardinas. El repollo en todas sus formas protege contra los tumores hormono-dependientes, conviértalo en su verdura preferida. En general, la dieta debe incluir una proporción alta de alimentos como pescado graso (ácidos grasos esenciales), aceite de oliva, nueces, semillas y aguacates (vitamina E), y mariscos y semillas de calabaza (zinc adicional).

**Evite** la sal en la cocina y en la mesa dado que causa retención de líquidos que agravan el dolor y la incomodidad de los fibromas.

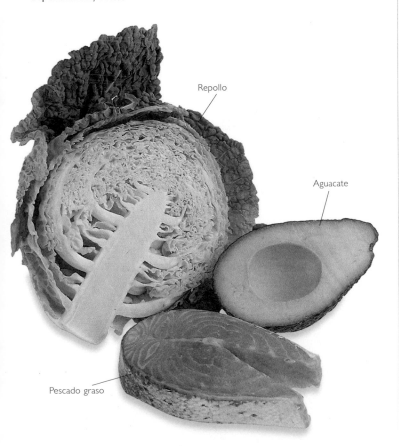

Repollo

Aguacate

Pescado graso

## REMEDIOS HOMEOPÁTICOS

Para tratar los fibromas es necesario elegir el remedio según cada individuo, consulte a un homeópata calificado. Estos remedios pueden servirle de guía.

ARRIBA *El* Ustilago maydis, *de donde se extrae la medicina, es un hongo del maíz.*

🌿 USTILAGO **6C** para dolor del ovario del lado izquierdo que se extiende a las piernas. Para periodos fuertes y coágulos, cercanos a la menopausia.

🌿 FRAXINUS AMERICANA **6C** para fibromas con sensación fuerte en la vagina. Secreción vaginal aguada

🌿 CALCAREA CARBONICA **6C** para personas con sobrepeso, frías y sudorosas. Los fibromas se asocian con periodos fuertes que duran largo tiempo.

**Posología:** una tableta al día, máximo 2 semanas.

## OTRAS AYUDAS

**ACUPRESIÓN**: los puntos 34 y 44 mitigan dolores severos durante el periodo.

**REFLEXOLOGÍA**: trabaje los reflejos de los ovarios, el útero y las glándulas endocrinas (*ver gráficos p. 214-215*). Las sesiones regulares de reflexología del pie ayudan a contener el crecimiento de los fibromas.

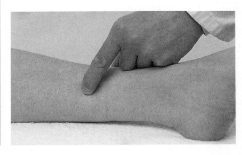

IZQUIERDA *El punto 34 está en el meridiano del hígado y ayuda a aliviar los dolores menstruales.*

## MEDIDAS *preventivas*

**AYUNAR**: *los naturistas han tenido un éxito considerable controlando el crecimiento de los fibromas mediante periodos regulares de ayunos cortos: uno semanal de 24 horas durante dos meses. El ayuno consiste en tomar mínimo 300 ml de líquido cada dos horas, alternado con infusiones de hierbas con miel, jugos de fruta sin azúcar (diluidos en agua 50:50), y jugos de vegetales orgánicos frescos o envasados, 1,7 litros en total. También debe tomar una cantidad adicional de 900 ml de agua. Al tercer mes, repita una vez cada 15 días y después una vez al mes.*

**ALIMENTOS ORGÁNICOS**: *debido al permanente aumento (legal e ilegal) del uso de hormonas en la producción de carnes y aves, es realmente importante que las mujeres con fibromas traten de comer sólo productos orgánicos. Para aquellas que no tienen fibromas, ésta también es una buena idea, puesto que el incremento de estos químicos influye de manera importante en la aparición de este tipo de problemas que, por lo general, conducen a la infertilidad y a cirugías mayores.*

DERECHA *Las mujeres son especialmente susceptibles a sufrir de afta después de un tratamiento de antibióticos que destruye las bacterias benignas y que permiten que el hongo del afta se multiplique. Las bacterias benignas se pueden reemplazar consumiendo yogurt probiótico.*

## DIAGNÓSTICO DE AFTA

- Excreción vaginal blanca y cremosa
- Dolor y picazón en la vagina
- Relaciones sexuales dolorosas

**SISTEMA REPRODUCTOR**

# afta *Candida*

El afta, una infección común causada por la levadura Candida albicans, normalmente aparece en la vagina, aunque puede presentarse en otros lugares como la boca, la garganta, alrededor del ano o en áreas de piel lesionadas. El afta vaginal puede venir acompañado de dolor y sensación de ardor al orinar, excreciones gruesas, picazón severa e incomodidad en los labios de la vagina. Durante muchos años, los remedios caseros de la medicina complementaria han ofrecido un tratamiento efectivo para este mal.

### REMEDIO CULINARIO

■ El yogurt probiótico es uno de los tratamientos más efectivos. Con la ayuda de un aplicador de tampones, ponga una pequeña cantidad de yogurt dentro de la vagina en la noche. Las bacterias benignas del yogurt destruyen la *Candida* y restauran el equilibrio normal de la bacteria que habita en la vagina y otras partes oscuras y cálidas del cuerpo.

### EJERCICIO

EL AFTA VAGINAL aumenta con el sudor excesivo, por lo tanto, evite el ejercicio fuerte si tiene un ataque agudo.

### MEDICINA CONVENCIONAL

✚ En un tratamiento tradicional normalmente se utilizan fungicidas que se insertan dentro de la vagina en forma de óvulos o se toman en tabletas en una sola dosis. Cuando una mujer presenta una infección de afta recurrente, su pareja puede necesitar tratamiento.

*Posología ~*

**Adultos**

■ Se puede utilizar una sola dosis de óvulos, aunque es preferible utilizar pequeñas dosis durante varios días consecutivos. También existe la opción de tomar la tableta. Siga el consejo médico. Todos los tratamientos pueden ser combinados con una crema fungicida de uso tópico.

ARRIBA *Para evitar la propagación de la infección de Candida, tome mucho yogurt probiótico.*

## REMEDIOS HERBALES

 Hierbas fungicidas y antisépticas como la equinácea, el ajo, la manzanilla, el toronjil, el tomillo y la caléndula, y estimulantes del sistema inmunológico como el tragacanto y el reishi (apropiado aun cuando es un tipo de hongo), son útiles. La hierba amazónica pau d'arco también es popular.

■ **Posología:**
Beba una infusión de caléndula, toronjil, manzanilla y flores de saúco (dos cucharaditas por taza, cuatro veces al día).

Para afta vaginal, use óvulos de árbol de té o de aceite de tomillo o aplique dos gotas de aceite de árbol de té en un tampón humedecido, insértelo y déjelo por cuatro horas.

## AROMATERAPIA

 🌿 LAVANDA
*Lavandula angustifolia*
🌿 ÁRBOL DE TÉ
*Melaleuca alternifolia*
🌿 MIRRA
*Commiphora molmol*
🌿 PALMARROSA
*Cymbopogon martinii*

La lavanda calma el dolor y estimula la curación. El árbol de té y la mirra actúan contra los organismos que causan el afta, pero utilice árbol de té en una disolución baja ya que puede irritar las mucosas o membranas. Otro aceite útil es el de palmarrosa que ayuda a equilibrar la flora intestinal. Este tratamiento debe hacerse por un periodo largo, pues si lo detiene muy pronto, el afta vuelve.

**Aplicación:**
Utilícelos en baños o en compresa en las áreas externas. La palmarrosa también puede ser utilizada para masajes en el área abdominal.

## REMEDIOS HOMEOPÁTICOS

 **Se recomienda consultar a un homeópata calificado.**

🌿 BORAX **6**C para dolor y picazón en la vulva, excreción gruesa o como la yema del huevo. Secreción antes y después del periodo.

🌿 SEPIA **6**C para vulva y vagina secas, excreción blanca o amarilla que quema, sensación de hundimiento del útero.

🌿 HELONIAS **6**C para secreción blanca cremosa recurrente, con piquiña y dolor en la vulva.
**Posología**: una tableta dos veces al día, máximo dos semanas.

🌿 CANDIDA ALBICANS **6**C para afta recurrente.
**Posología**: una tableta cada doce horas, máximo tres dosis.

## NUTRICIÓN

 El ajo es un fungicida poderoso y debe ser utilizado en cantidades generosas, por lo menos, dos dientes diarios en las comidas, picado en ensaladas o en un sándwich.

Tomar diariamente un yogurt probiótico ayuda a mantener el equilibrio de la bacteria benigna en el intestino y previene la propagación de la infección.

Las vitaminas de complejo B son importantes, **consuma** carbohidratos complejos como pan, pasta y arroz integral. Coma *muesli*, semillas de girasol, lentejas y pescado blanco por su vitamina B6.

El zinc es importante para la buena salud de las membranas mucosas y se obtiene de los huevos, las sardinas, las ostras, la mayoría de mariscos y las semillas de calabaza.

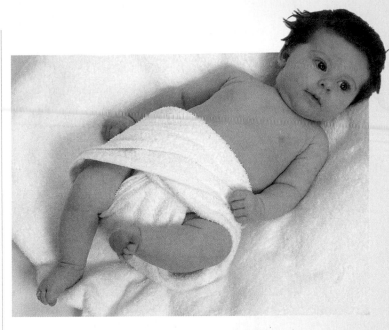

ARRIBA *A causa de la humedad, muy a menudo, los bebés presentan afta en la boca o en los pliegues profundos de la piel. Esterilice los pañales y mantenga al bebé limpio y seco.*

## OTRAS AYUDAS

 **REFLEXOLOGÍA**: localice los reflejos de la parte afectada (*ver gráficos p. 214 y 215*); ej. los intestinos, la vagina o la boca y trabaje estas áreas por unos minutos a diario para aliviar el dolor.

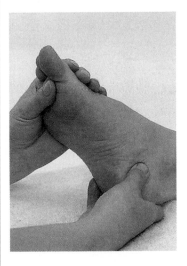

ARRIBA *Trabajar los reflejos de la vagina ayuda aliviar la irritante piquiña y el dolor, que causan una gran molestia.*

## MEDIDAS
*preventivas*

**HIGIENE**: *no utilice ropa interior sintética, es preferible la de algodón o, mejor aún, utilizar medias pantalón. Evite los baños muy calientes, los jabones antisépticos, el lavado excesivo y todos los aditivos para baño muy perfumados y espumosos. El afta vaginal puede ser transmitido sexualmente y aunque el hombre no muestra síntomas, debe recibir tratamiento. Las mujeres que toman píldoras anticonceptivas tienen mayores posibilidades de sufrir de afta.*

**PAÑALITIS Y ASMA**: *el afta, como la pañalitis, son infecciones secundarias que responden al aire fresco y al consumo de yogurt probiótico. Los asmáticos que utilizan inhaladores esteroides pueden sufrir de afta oral, que se evita lavándose la boca con agua después de utilizar el inhalador y cambiando el cepillo de dientes cada mes.*

**DIETA**: *algunos médicos recomiendan dietas rigurosas que excluyen las levaduras, pero no existe ninguna base científica para ello. Es, sin embargo, aconsejable reducir al mínimo el consumo de azúcar que estimula el crecimiento de la Candida.*

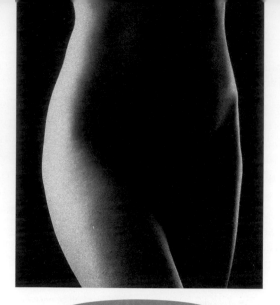

## DIAGNÓSTICO DE PROBLEMAS MENSTRUALES

- Periodos muy frecuentes, irregulares o ausentes
- Periodos dolorosos
- Periodos que duran largo tiempo
- Sangrado fuerte con coágulos

**SISTEMA REPRODUCTOR**

# problemas menstruales

El ciclo menstrual es controlado por las hormonas; cualquier factor que descompense el equilibrio hormonal, una pérdida o aumento de peso significativo, estrés, ansiedad o depresión, pueden interferir en el funcionamiento simple del ciclo menstrual. Las causas subyacentes de este tipo de desorden pueden ser simples y de poca importancia clínica, o complejas con serias implicaciones. Los remedios caseros pueden desempeñar un papel importante en la solución. Los cuatro problemas más relevantes son: periodos irregulares, periodos fuertes (menorragia), periodos dolorosos (dismenorrea) y ausencia de periodos (amenorrea). Vea también Osteoporosis p. 108, Menopausia p. 172, Fibromas p. 164 y SPM p. 170.

## LLAME AL MÉDICO

■ Si tiene periodos menstruales muy incómodos o de larga duración.

## REMEDIOS HOMEOPÁTICOS

 **Siempre es útil consultar a un homeópata.**

❧ VIBURNUM **30**C para dolores tipo calambre en la espalda que irradian el útero y los muslos. Periodos cortos.

❧ MAGNESIUM PHOSPHATE **30**C para cólicos que se calman con una bolsa de agua caliente y con presión firme en el abdomen.

❧ CIMICIFUGA RACEMOSA **30**C para dolores en la cadera parecidos a los del parto. Empeora con el movimiento. Periodo fuerte con dolor. Mejora al doblarse. Frío y sed.

❧ SEPIA **30**C para fuertes calambres en el útero. Mejora al sentarse con las piernas cruzadas. Cansancio.

**Posología**: una tableta cada 2 a 4 horas, máximo doce dosis.

## MEDICINA CONVENCIONAL

✚ La mayoría de cambios en el ciclo menstrual son transitorios, pero si duran más de seis meses requieren atención médica, al igual que periodos muy dolorosos pero, por lo general, se tratan con analgésicos que contengan ácido mefenámico útil para reducir el flujo de sangre. La razón más común para un periodo ausente es el embarazo, que puede confirmarse con una prueba. El exceso de peso y de ejercicio pueden detenerlo.

## EJERCICIO

ESTAR FÍSICAMENTE activo es de gran importancia para la regulación de todo el sistema hormonal, por lo tanto, media hora o más de actividad física fuerte, tres veces a la semana, ayudan. Elija una actividad que disfrute (nadar, jugar tenis, patinar, jugar bolos) y hágalo vigorosamente hasta que sude.

## REMEDIOS HERBALES

Infusiones de hierbas que calienten son ideales para calmar los dolores del periodo (*ver Fibromas p. 164 y SPM p. 170*).

■ **Posología:**

Mezcle iguales cantidades de hierba de san Juan, hojas de frambuesa y escutelaria (dos cucharaditas de la mezcla por taza).

El viburno es relajante, tome 20 ml (4 cucharaditas) de tintura en agua caliente, y repita después de 4 horas si es necesario.

Para periodos fuertes tome infusión de alquémila, bolsa de pastor y caléndula (2 cucharaditas de cada una por taza).

El agnocasto es un regulador hormonal, bueno para muchas irregularidades menstruales, utilice 20 gotas de tintura en agua cada mañana.

## OTRAS AYUDAS

**ACUPRESIÓN:** los puntos 34 y 44 le ayudarán a aliviar los dolores menstruales.

**REFLEXOLOGÍA:** los reflejos del útero están en el área interior del hueso medial del tobillo en ambos pies, los de los ovarios, en el área externa del hueso lateral del tobillo. En el empeine están los reflejos de las trompas de Falopio.

Trabaje también los reflejos de la glándula endocrina.

**YOGA:** antes y durante su periodo practíquelo con suavidad, haga menos posturas y más relajación y ejercicios de respiración. Evite las posturas inversas y Bandhas. Se recomienda especialmente las posiciones de la cobra, Cobbler y Maha Mudra.

### REMEDIOS CULINARIOS

■ Muchos de los incómodos síntomas de la menopausia son producidos por una retención de líquidos y la consecuente inflamación. Consuma mucho perejil, apio y hojas de diente de león que son diuréticos suaves.

■ La inflamación del revestimiento del útero es otra causa común del dolor menstrual. La piña contiene enzimas calmantes.

■ Incluya también borraja. Unas pocas flores (frescas o secas) añadidas a una ensalada ayudan a lidiar muchas de las incomodidades de los problemas menstruales.

## AROMATERAPIA

🌿 **ROSA**
*Rosa damascena/Rosa centifolia*

🌿 **GERANIO**
*Pelargonium graveolens*

🌿 **ESCLAREA**
*Salvia esclarea*

Estos aceites están relacionados con el sexo femenino. Son esenciales para los problemas menstruales y para mantener la femineidad.

**Aplicación:**

Utilícelos en baños, masajes y compresas en el caso de sangrado excesivo y periodos dolorosos (*ver también SPM p. 170*).

DERECHA *Los frutos secos, como las nueces son una buena fuente de hierro.*

## NUTRICIÓN

Lo que coma y beba desempeña un papel importante en la solución de los problemas menstruales. Consuma cereales de grano entero, extractos de levadura, germen de trigo, frutos secos, bananos y avena en hojuelas por su vitamina B. También son importantes los ácidos grasos de los pescados grasos. La vitamina E es crucial, la encuentra en buenos aceites prensados en frío (el aceite de oliva extravirgen, el de girasol y el de cártamo), en el germen de trigo, el aguacate y las semillas. Necesita grandes cantidades de zinc (mariscos, sardinas, semillas de calabaza y arvejas) y selenio (pan integral, nueces de Brasil, almendras y productos de soya).

Los desórdenes alimenticios pueden ser la causa de un problema menstrual. Las dietas permanentes, la falta de alimento, la pérdida de peso y periodos escasos e irregulares pueden anunciar anorexia, que induce artificialmente la menopausia con sus consecuencias (*ver Menopausia y Osteoporosis, p. 172 y 108*).

Los periodos fuertes aumentan el riesgo de deficiencia de hierro y anemia, coma alimentos ricos en hierro, incluido el hígado (no si está embarazada), vegetales de hojas verde oscuro, uvas pasas, dátiles, berros y huevos.

ARRIBA *La sal estimula la retención de líquidos y aumenta la inflamación, por lo tanto, reduzca su consumo.*

## MEDIDAS *preventivas*

**EVITAR EL ESTREÑIMIENTO:** *el estreñimiento causa presión en la parte baja del abdomen agravando los problemas menstruales. Coma bastante fibra soluble que encuentra en la avena, las manzanas, las peras y la mayoría de las verduras. También coma pan integral y cereales que contengan fibra soluble e insoluble, pero evite el salvado y sus derivados, ya que pueden interferir con la absorción de calcio y de hierro generando SCI. La mayoría de las mujeres no toman suficiente líquido, causa común de estreñimiento; tome cerca de 2,75 litros de líquido al día.*

**DIETA:** *el consumo moderado de licor y de cafeína no representan problema, pero un exceso puede interferir con el flujo sanguíneo hacia el útero y producir dificultades menstruales. La sal es potencialmente peligrosa. El porcentaje de consumo en el Reino Unido y en América supera dos veces la dosis máxima recomendada que es de una cucharadita rasa al día. Trate de evitar la sal en todas las comidas y desaparezca el salero de la mesa. Aparte de ser una de las principales causas de hipertensión, también induce a la retención de líquidos que es lo último que necesita tener cuando llega el periodo.*

DERECHA *Algunas mujeres experimentan un cambio completo de carácter cerca de su periodo, pero para la mayoría, el síndrome premenstrual es un catálogo de molestias físicas menores y estados de ánimo impredecibles, que incomodan por una o dos semanas.*

### DIAGNÓSTICO DE SÍNDROME PREMENSTRUAL

- Síntomas recurrentes que comienzan desde la mitad del ciclo hacia adelante o una semana antes del periodo
- Los síntomas pueden incluir dolor de cabeza, dolor de espalda, abdomen inflamado, calambres, sensibilidad en los senos, comportamiento irritable, ansiedad, depresión y poca concentración

**SISTEMA REPRODUCTOR**

# síndrome premenstrual
## *SPM*

El SPM es el problema menstrual más común (ver p. 168). Cerca del 70% de las mujeres que tienen el ciclo menstrual sufren de él en cierto grado. Los cambios físicos y mentales pueden comenzar después de la mitad del ciclo, pero normalmente ocurren durante los siete días anteriores a la menstruación y se desvanecen tan pronto como comienza el periodo. Desafortunadamente, el SPM es ignorado y menospreciado desde el punto de vista médico pero, inclusive en los casos suaves puede ser estresante e incómodo. La solución está en emplear lo último en remedios caseros.

### LLAME AL MÉDICO

▪ Si sus síntomas interfieren significativamente con su vida.

### REMEDIO CULINARIO

▪ Use hierbas calmantes en la cocina (el romero y la albahaca son muy efectivas) y otras que promuevan la excreción de fluidos.
Las hojas de diente de león son muy efectivas, razón por la cual se conocen como "mojar la cama". En Francia es posible encontrar en cualquier mercado, ensalada de *pissenlit*, rica en hierro. Incluya hojas frescas en su ensalada todos los días para prevenir la inflamación.

### MEDICINA CONVENCIONAL

✚ Lleve una tabla en la que calsifique de 1 a 10 los síntomas e incluya los días en los que aparecen. Esta tabla le ayudará a determinar la eficacia de los remedios. Hablar de los síntomas con otra mujer que los sufra, puede ayudar. Coma en horarios regulares y evite los alimentos dulces. Haga ejercicio regularmente y no consuma en exceso cafeína. El dolor de los senos se alivia con productos que contengan ácido gamolénico (aceite de primavera). Si el SPM es severo, su doctor puede recomendarle tratamientos hormonales.

*Posología ~*
**Adultos y niños mayores de 16 años:**
▪ Tome de tres a cuatro cápsulas de ácido gamolénico dos veces al día durante 2 ó 3 meses. Consulte el empaque para detalles.

## REMEDIOS HERBALES

El agnocasto, que estimula la producción de hormonas asociadas con el ciclo menstrual, es efectivo para el SPM. Tómelo en las mañanas, cuando la actividad hormonal de la glándula pituitaria está en su cúspide.

■ **Posología:**

Tome de 10 a 20 gotas de tintura cada mañana y aumente de 20 a 40 gotas diez días antes del periodo. La helonia, un estimulante ovárico, está disponible en cápsulas y tabletas y el Dan Gui es ahora posible de conseguir.

Puede preparar para uso diario una infusión con iguales cantidades de hipérico, hojas de frambuesa y littoralis.

## REMEDIOS HOMEOPÁTICOS

Consulte a un homeópata, quien le podrá formular una droga específica para su caso.

🌿 LILIUM TIGRINUM 30C para personas irritables e irascibles. Empeora con una pena. Dolores menstruales fuertes.

🌿 PULSATILLA 30C para personas llorona que no se sienten amadas y necesitan compasión. EL SPM comienza en la pubertad.

Cambios de estado de ánimo y de síntomas. Frío. Gusto por la mantequilla y la crema.

🌿 LACHESIS 30C para SPM cerca de la menopausia. Personas muy habladoras. Mejora cuando comienza el periodo. Calor y fastidio con los cuellos apretados.

**Posología:** una tableta dos veces al día hasta que mejore, máximo una semana. Puede repetir en el siguiente periodo.

## AROMATERAPIA

🌿 GERANIO
*Pelargonium graveolens*

🌿 HINOJO
*Foeniculum vulgare*

🌿 ESCLAREA
*Salvia sclarea*

🌿 ROSA
*Rosa damascena/Rosa centifolia*

🌿 ILANG-ILANG
*Cananga odorata*

🌿 LAVANDA
*Lavandula angustifolia*

🌿 NEROLÍ
*Citrus aurantium*

🌿 SÁNDALO
*Santalum album*

🌿 VETIVER
*Vetiveria zizanoides*

🌿 JAZMÍN
*Jasminum officinale*

🌿 MANZANILLA ROMANA
*Chamaemelum nobile*

ARRIBA *El aceite esencial de jazmín beneficia el sistema nervioso.*

🌿 BERGAMOTA
*Citrus bergamia*
Ensaye hasta encontrar los aceites que mejor se adaptan a sus síntomas.

**Aplicación:**
Una vez los haya encontrado, utilícelos de la manera que más se ajuste a su caso.

## NUTRICIÓN

Para tratar el SPM, es importante no sólo lo que come sino cuándo lo hace y también lo que no come. Las mujeres que sufren de SPM pueden calmar sus síntomas simplemente comiendo poco y frecuentemente (nunca pase más de dos horas sin comer). Consuma buenas cantidades de carbohidratos complejos, como pan integral, arroz, pasta, papas, vegetales de raíz y granos, y proteína como pescado, huevos, queso, aves y carne magra. La frutas, ricas en nutrientes, le ayudarán a satisfacer los deseos de dulce.

Las vitaminas B6 y E, el zinc y el magnesio, son fundamentales para controlar el patrón del SPM.

**Coma** espinacas y otros vegetales de hojas verde oscuro y pan integral (vitaminas B6 y magnesio), carne roja magra, aves y todas las menudencias (vitamina B6 y hierro), aceite de oliva extravirgen, huevos, nueces y semillas (vitamina E), mariscos, ostras y semillas de calabaza (zinc) y todos los pescados grasos (ácidos grasos Omega 3).

**Evite** la sal, la cafeína y el licor en exceso.

## EJERCICIO

EL EJERCICIO es muy beneficioso para la reducción de los síntomas y la regulación del ciclo, pues no sólo estimula la fabricación de las hormonas del bienestar (endorfinas), sino las hormonas que afectan el ciclo menstrual.

## MEDIDAS *preventivas*

**SUPLEMENTOS:** *tome una dosis diaria de 50 mg de vitamina B6 durante un largo periodo, complementado con una combinación de aceite de primavera y aceite de pescado (2 a 3 gramos diarios de una cápsula combinada), empezando aproximadamente diez días antes del inicio de la menstruación hasta un día después de comenzar el periodo. Cuando los síntomas se reducen o desaparecen, la dosis puede ser reducida a 25 mg de B6 y un gramo de píldoras de aceite combinado. Una buena dieta le suministrará los nutrientes que requiere sin necesidad de tomar ningún suplemento.*

## OTRAS AYUDAS

**ACUPRESIÓN:** el dolor y la incomodidad pueden ser aliviados trabajando los puntos 34 y 44, pero un tratamiento de acupuntura profesional será de mayor beneficio.

**REFLEXOLOGÍA:** los reflejos del útero están en el área interna del hueso medial del tobillo en ambos pies; los de los ovarios, en la parte externa del hueso lateral del tobillo. Sobre la parte superior del pie están los reflejos de las trompas de Falopio. Trabaje también los correspondientes a la glándula endocrina, las áreas abdominales y pélvicas. Aplique este tratamiento cada semana por un largo periodo.

**YOGA:** acepte los cambios y el aumento de la presión.

Es un buen momento para la reflexión y la quietud en lugar de la acción. Utilice las posturas de cierre como rodillas sobre el pecho, cabeza hacia las rodillas y doblamiento hacia adelante sentado, Maha Mudra, Pranayama y meditación.

DERECHA *La menopausia ocurre cuando los ovarios disminuyen su respuesta a la glándula pituitaria y se presenta en cualquier momento entre los 30 y los 50 años. El cambio es gradual y puede darse por varios años.*

## DIAGNÓSTICO DE MENOPAUSIA

- No hay presencia del periodo durante más de un año
- Ataques repentinos de calor y sudor conocidos como "calores"
- Resequedad vaginal que algunas veces causa dolor durante el coito
- Problemas urinarios, incluyendo incontinencia
- Puede estar asociada con depresión y ansiedad

**SISTEMA REPRODUCTOR**

# menopausia

Algunas mujeres pasan por la menopausia sin inmutarse, pero para otras representa meses y a veces años de incomodidad y miseria. Con frecuencia las mujeres que asumen la menopausia como una enfermedad sufren más. La menopausia no es una enfermedad, de hecho, para muchas mujeres es el comienzo de los años dorados libres de los periodos y de los métodos anticonceptivos. No obstante, sus consecuencias son reales y es aquí en donde desempeñan un papel importante los remedios caseros que ayudan a fortalecer los huesos, protegen contra enfermedades cardiacas y mantienen la piel saludable. La menopausia comienza cuando los periodos se detienen, independientemente de la edad o la razón. La anorexia y el exceso de ejercicio, especialmente en atletas jóvenes, como gimnastas, pueden afectar la producción de hormonas y causar una menopausia prematura. La remoción de ovarios tiene las mismas consecuencias.

### REMEDIOS CULINARIOS

■ En lugar de gastar en costosos cosméticos, prepare dos maravillosos tratamientos para la piel en la cocina. Una vez a la semana prepare una mascarilla facial estimulante y astringente con un vaso de yogurt probiótico y una cucharadita de sal marina. Haga un masaje sobre la cara y el cuello, déjela actuar durante 15 minutos y luego lave con grandes cantidades de agua.

■ Para el cuidado de la piel, pulverice o licue la pulpa de medio aguacate con 5 ml (1 cucharadita) de agua de rosas, 10 ml (2 cucharaditas) de aceite de oliva y el jugo de medio limón. Haga un masaje suave en la cara, por la noche. Para conservar la mezcla durante varios días, cúbrala con plástico transparente y manténgala en el refrigerador.

### MEDICINA CONVENCIONAL

No todas las mujeres necesitan tratamiento durante la menopausia, ya sea porque adolecen de síntomas o porque éstos no representan problema. La terapia de reemplazo hormonal (TRH) alivia los síntomas difíciles y reduce el riesgo de osteoporosis y de enfermedades cardiacas en el futuro. Es recomendable para mujeres en alto riesgo, como las que sufren de menopausia temprana, o las que tienen antecedentes de osteoporosis en la familia. La TRH se suministra en tabletas, parches, gel o crema y puede causar un sangrado regular. Para mayor información, consulte a su médico.

## REMEDIOS HERBALES

 La incomodidad de la menopausia incluye sudoración nocturna, calores y palpitaciones, que pueden ser tratados con remedios herbales.

■ **Posología:**

Un remedio herbal útil para calmar los peores síntomas es una infusión con cantidades iguales de littoralis, salvia, artemisa y agripalma (dos cucharaditas por taza). La salvia es rica en componentes hormonales; una taza diaria ayuda durante el proceso.

Un tónico herbal chino muy utilizado para esta etapa es el He Shou Wu (también llamado Fo Ti).

## AROMATERAPIA

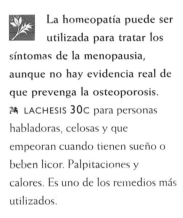

🐾 GERANIO
*Pelargonium graveolens*

🐾 ROSA
*Rosa damascena/Rosa centifolia*

🐾 HINOJO
*Foeniculum vulgare*

El geranio ayuda a equilibrar las hormonas, el hinojo produce estrógenos y la rosa regula el ciclo menstrual. También puede usar aceites antidepresivos o para condiciones sintomáticas como el estreñimiento (*ver p. 156*).

DERECHA *El aceite de hinojo se extrae de las semillas y se recolecta en otoño.*

Aplicación:

Utilícelos en baños o cremas (lociones corporales, de manos o cremas faciales). También pueden usarse en tratamientos de pies. De igual manera, ayuda utilizar un aceite de borraja.

## OTRAS AYUDAS

 **REFLEXOLOGÍA**: se pueden trabajar todos los reflejos para ayudar a aliviar los síntomas de la menopausia (calores, cambios de estado de ánimo, pérdida de confianza y problemas de sueño).

**YOGA**: permita que el equilibrio que brinda el yoga le ayude a aceptar y soportar este periodo de cambio. Practique más Pranayama y meditación. Tómese un tiempo para analizar su vida y decidir los cambios que necesita y propóngase lograr pequeñas metas.

## REMEDIOS HOMEOPÁTICOS

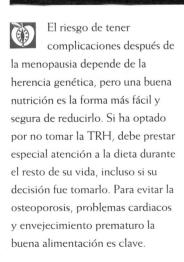 **La homeopatía puede ser utilizada para tratar los síntomas de la menopausia, aunque no hay evidencia real de que prevenga la osteoporosis.**

🐾 LACHESIS **30**C para personas habladoras, celosas y que empeoran cuando tienen sueño o beben licor. Palpitaciones y calores. Es uno de los remedios más utilizados.

🐾 PULSATILLA **30**C para personas sensibles, llorosas, que necesita compasión y seguridad. Calores y ánimo cambiante. Le caen mal los alimentos condimentados o grasosos. Mejora con el aire.

🐾 SEPIA **30**C para falta de emociones, indiferencia. Pérdida del control sexual.

**Posología**: una tableta dos veces al día, máximo una semana.

## EJERCICIO

EL EJERCICIO ES VITAL PARA MANTENER EL PESO si quiere que sus huesos estén en buen estado. Aunque montar en bicicleta y nadar son excelentes para el sistema cardiovascular, no fortalecen los huesos. Para hacerlo debe ejercitar sus pies, por lo menos tres veces a la semana.

## NUTRICIÓN

El riesgo de tener complicaciones después de la menopausia depende de la herencia genética, pero una buena nutrición es la forma más fácil y segura de reducirlo. Si ha optado por no tomar la TRH, debe prestar especial atención a la dieta durante el resto de su vida, incluso si su decisión fue tomarlo. Para evitar la osteoporosis, problemas cardiacos y envejecimiento prematuro la buena alimentación es clave.

Diseñe comidas que incluyan los nutrientes específicos que el cuerpo requiere. Para proteger los huesos, necesita calcio y vitamina D, **consuma** productos lácteos bajos en grasa, sardinas y otros pescados grasos (con los huesos, siempre que sea posible), vegetales de hojas verde oscuro y garbanzos.

Para proteger el corazón, para la circulación y la piel necesita vitaminas A, C y E, betacaroteno, fibra soluble y ácidos grasos

esenciales. Para obtenerlos, coma aguacate, aceite de oliva, nueces y semillas, avena, arroz integral, cereales de grano entero, albaricoques, zanahorias y brócoli (de hecho, la mayoría de vegetales), e hígado, por lo menos una vez a la semana.

Prevenga el cáncer de seno consumiendo los alimentos anteriores, grandes cantidades de repollo y sus parientes (col de Bruselas, col rizada y col china), y

productos de soya, como el tofu y salsa soya.

Este es un momento en el que los suplementos pueden ser altamente beneficiosos. Normalmente aconsejo un suplemento multivitamínico y mineral diario y un suplemento de calcio con vitamina D y un gramo de aceite de primavera. Para los calores utilice una combinación de vitamina B6, magnesio y zinc.

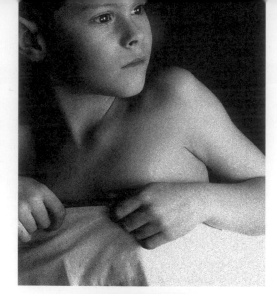

DERECHA *Mojar la cama, aunque poco común, es un problema que puede persistir hasta los ocho años. Algunos adultos también sufren de ello, especialmente después de tomar licor en exceso.*

## DIAGNÓSTICO DE MOJAR LA CAMA

- Urgencia incontrolable de orinar en un niño que está aprendiendo a utilizar el baño

**SISTEMA EXCRETOR**

# mojar la cama *enuresis*

## LLAME AL MÉDICO

■ Si el problema continúa después de intentar los remedios sugeridos aquí.

Es más común en los niños que en las niñas, y la mayoría dejan de hacerlo a los cuatro o cinco años. Rara vez es el resultado de una enfermedad o de problemas físicos, aunque ocasionalmente puede serlo, es recomendable buscar consejo médico. La causa puede ser estrés, ansiedad u otros problemas de comportamiento pero la mayoría de las veces es una de esas cosas que "pasan".

## MEDICINA CONVENCIONAL

No existe una edad específica para pasar la noche sin mojar la cama, pero por lo regular se empieza a tratar este caso alrededor de los siete años. Estrés, la entrada al colegio o una infección urinaria pueden hacer que un niño que ya ha dejado de mojar la cama vuelva a hacerlo. También es posible que suceda sin razón aparente. No lo regañe. Darle seguridad y estimularlo para que intente utilizar el baño la próxima vez, es más efectivo. No le niegue bebidas antes de ir a la cama y utilice un protector de colchón que facilite los cambios rápidos de tendido. Recompense una noche seca con caricias y aprobación. Piense en un sistema de recompensas para noches secas.

IZQUIERDA *La incertidumbre de un nuevo colegio, puede llevar a un niño a mojar la cama.*

## REMEDIOS HERBALES

Una infusión de hierbas ayuda a fortalecer la vejiga y calmar cualquier perturbación emocional.

■ **Posología**

Mezcle una cucharadita de maíz, bolsa de pastor y escutelaria en una infusión de 250 ml (8 onzas) de agua. Suministre al niño un poco menos de la tercera parte de una taza endulzada con una cucharadita de miel pasteurizada, dos o tres veces al día.

Una hora antes de ir a la cama, dele diez gotas de tintura de zumaque dulce diluido en 5 ml (una cucharadita) de agua.

## REMEDIOS HOMEOPÁTICOS

ARRIBA *El Equisetum se extrae de una planta llamada cola de caballo (Equisetum arvense). Es un agente tonificante y astringente para el sistema urinario, útil para evitar la incontinencia.*

Asegúrese de que no exista una causa clínica.

CAUSTICUM **6C** para personas sensibles que mojan la cama durante la primera parte del sueño. Pueden mojarse durante el día cuando estornudan o tosen. No son conscientes del paso de orina.

EQUISETUM **6C** para personas que tienen sueños o pesadillas cuando se orinan. Niños y mujeres de edad que mojan la cama.

KREOSOTUM **6C** para personas que mojan la cama durante la primera parte del sueño y tienen dificultad para despertar y para levantarse rápido de la cama. Sueños en los que orinan.

PLANTAGO **6C** para personas que mojan la cama con bastante orina, tarde en la noche.

**Posología**: una tableta antes de ir a la cama, máximo dos semanas.

ARRIBA *Un suave masaje en la parte baja de la espalda del niño antes de ir a la cama, le dará seguridad y le ayudará a disipar la ansiedad. Conviértalo en rutina nocturna.*

## MEDIDAS *preventivas*

Evite darle al niño bebidas que contengan cafeína, como chocolate, café, té y cola, después del mediodía. Llévelo a orinar justo antes de ir a la cama y, si el problema es severo, despiértelo y llévelo a orinar antes de irse usted a la cama.

**EJERCICIO**: *ejercicios de relajación sencillos pueden ayudar. Un masaje suave en la parte baja de la espalda alivia la tensión y la ansiedad.*

## AROMATERAPIA

No existen aceites específicos para este problema. Al estar relacionados con el estrés, sirven los aceites que se recomiendan en la *página 60*. La manzanilla y la lavanda son buenas para los niños pequeños ya que son calmantes y relajantes.

**Aplicación:**
Cualquier aceite que elija, úselo de una forma que resulte agradable para el niño, en la tina, en una loción para masaje o en un vaporizador.

## OTRAS AYUDAS

**ACUPRESIÓN**: los puntos 16, 17, 33 y 34 pueden ser útiles, sobre todo antes de llevar al niño a la cama.

**REFLEXOLOGÍA**: trabaje todos los reflejos de la pelvis, alrededor y debajo de los tobillos, los reflejos de los riñones, el uréter y la vejiga. Trabaje los pies o las manos para aliviar la tensión y estimular la respuesta nerviosa.

**YOGA**: analice las posibles causas psicológicas. Psicológicamente, es posible fortalecer los músculos de los esfínteres apretándolos y soltándolos muchas veces al día. Cuando practique yoga y haga los ejercicios de respiración, contraiga esos músculos en cada exhalación y relájelos mientras inhala.

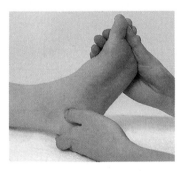

*El reflejo de la vejiga está en el dedo gordo izquierdo, normalmente aparece rosado.*

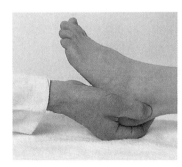

*El punto 17 está localizado en el meridiano de la vejiga, en la hendidura externa detrás del tobillo.*

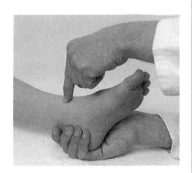

*El punto 16, en el meridiano del bazo, está encima y en frente de la parte interna del hueso del tobillo.*

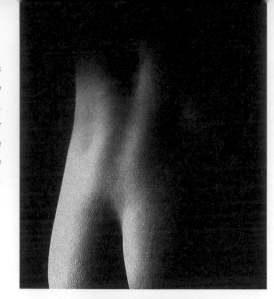

DERECHA *Las hemorroides son várices por fuera o dentro del ano, normalmente causadas por esfuerzo al defecar. Son dolorosas, pican y pueden sangrar.*

## DIAGNÓSTICO DE HEMORROIDES

- Sangrado, normalmente una raya de sangre en el papel higiénico o sobre la superficie de las heces
- Parte del colon puede prolapsar (proyectarse) cuando se expulsan las heces. Puede regresar o quedar afuera

**SISTEMA EXCRETOR**

# hemorroides

S i usted ha tenido hijos, sufre de estreñimiento, pasa mucho tiempo trabajando de pie o tiene problemas de sobrepeso, tiene muchas probabilidades de sufrir de hemorroides (várices en el revestimiento del ano). Si son severas pueden requerir tratamiento quirúrgico, pero los remedios caseros ofrecen un gran alivio en la mayoría de los casos.

## LLAME AL MÉDICO

■ Si ha tenido algún sangrado por el ano dado que puede tratarse de una causa más seria.

### REMEDIO CULINARIO

■ Un caso agudo de hemorroides puede ser extremadamente doloroso y causar tal picazón o irritación que le hace la vida imposible a quien las sufre. En toda cocina hay un remedio casero disponible en el refrigerador: ponga dos o tres hielos en una bolsa plástica y póngala directamente sobre las hemorroides. El dolor empeora al primer contacto pero al poco tiempo alivia el dolor y la irritación.

### MEDICINA CONVENCIONAL

✚ Consuma alimentos ricos en fibra, tales como manzanas, peras, granos, avena en hojuelas, pan y arroz integral. Tome mucha agua. Esto le ayudará a mantener las heces blandas y a evitar la tensión al defecar. Su médico puede prescribirle supositorios y cremas que contengan drogas antiinflamatorias.

ARRIBA *Las peras, especialmente cuando se comen con la piel, proporcionan grandes cantidades de fibra. Elija frutas cultivadas orgánicamente.*

ARRIBA *Las personas cuya profesión les obliga a estar mucho tiempo de pie, son particularmente propensas a las hemorroides.*

## REMEDIOS HERBALES

 Una hierba tradicional y efectiva para las hemorroides es la celidonia menor. Es astringente y cura los tejidos dañados.

■ **Posología:**

Ya es posible encontrar ungüentos a base de hojas y raíz de celidonia menor. También puede tomarla en cápsulas.

Las infusiones de milenrama, flores de tilo o meliloto, estimulan la circulación y los vasos sanguíneos; y las hojas frescas de *Aloe vera*, el hamamelis destilado, la crema de álsine o el jugo de borraja alivian la picazón.

## REMEDIOS HOMEOPÁTICOS

 Un sangrado rectal persistente o sin razón aparente requieren atención médica. El ungüento de peonía calma la picazón.

☙ AESCULUS 6C para la sensación de astillas en el recto. El dolor se extiende a la cadera. Hemorroides púrpura, dolorosas y protuberantes. Ano seco, picazón.

☙ ALOE 6C para hemorroides en forma de racimos. Color púrpura, se calman con un baño frío. Picazón en el recto, diarrea.

☙ HAMAMELIS 6C para hemorroides durante el embarazo, sangrado copioso y dolor.

**Posología:** una tableta dos veces al día, máximo 2 semanas.

## AROMATERAPIA

 ☙ CIPRÉS
*Cupressus sempervirens*
☙ GERANIO
*Pelargonium graveolens*
☙ ENEBRO
*Juniperus communis*
☙ MIRRA
*Commiphora molmol*

Estos aceites esenciales estimulan la circulación. El ciprés también es un astringente natural que, de hecho, puede reducir las hemorroides.

**Aplicación:**

Utilice baños de asiento alternados con agua caliente y fría o aplique una compresa caliente con 3 ó 4 gotas del aceite que haya elegido (una toalla facial funcionará), sostenida en el ano o contra las hemorroides. También pueden usarse con un gel KY: añada cerca de 10 gotas de geranio y 10 gotas de ciprés a todo un tubo de gel, mezcle y almacene en una pequeña jarra, luego aplique.

### PRECAUCIÓN

**Nunca aplique los aceites esenciales puros pues empeorarán la situación. Si existe algún sangrado, busque consejo médico antes de utilizar aceites esenciales.**

ARRIBA *Los frutos secos, especialmente las ciruelas, ayudarán a mantener el colon funcionando.*

## NUTRICIÓN

 Es importante mantener las deposiciones tan suaves como sea posible. Los frutos secos, como ciruelas y albaricoques, y un consumo regular de jugo de ciruela pueden ayudar. Evite la tentación de no defecar, sin importar qué tan doloroso sea, pues el estreñimiento sólo hará que las hemorroides empeoren. El dolor será peor cuando se decida a ir al baño.

La pérdida constante de sangre, así sea en cantidades pequeñas, puede conducirlo a sufrir de anemia, tome medidas nutricionales para prevenirla (*ver Anemia p. 118*). Estas medidas son muy importantes durante el embarazo.

Hasta que el malestar disminuya **evite** comer alimentos con semillas, como tomates, grosellas, frambuesas, moras y kiwis, porque producen irritación.

## MEDIDAS *preventivas*

**CONSUMO DE FIBRA**: *evite el estreñimiento (ver p. 156), pues la fuerza que hace para defecar causa hemorroides. Tomar líquidos y consumir alimentos ricos en fibra soluble como avena en hojuelas, manzanas, peras y casi todos los vegetales, es lo que se necesita. Consuma a diario frutos secos: las ciruelas, los albaricoques y los higos son los mejores.*

**BAÑOS DE CONTRASTE**: *para prevenir las hemorroides estimule el flujo de sangre al área rectal. Esto se consigue con baños de contraste con agua fría y caliente alternadamente, todos los días.*

### EJERCICIO

EL EJERCICIO REGULAR mejora la circulación general y es importante para el tratamiento y para la prevención de las hemorroides.

## OTRAS AYUDAS

**ACUPRESIÓN**: el punto 4 previene el estreñimiento.
**REFLEXOLOGÍA**: trabaje las plantas de los pies y las palmas de las manos para estimular el tracto digestivo. Para condiciones crónicas, masajee y presione la pantorrilla.

**YOGA**: si el estreñimiento es la causa, *ver p. 156*. Las posiciones parado de hombros y parado de cabeza pueden ayudar si ya las practica regularmente. Para aliviar el estrés, acuéstese en la posición de relajación o con las piernas elevadas contra la pared y concéntrese en exhalaciones prolongadas y lentas.

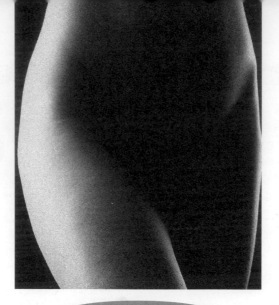

DERECHA *La cistitis es mucho más común en mujeres que en hombres porque en ellas la uretra se encuentra más cerca del ano y los gérmenes que viven en el intestino llegan fácilmente, hasta la vejiga.*

## DIAGNÓSTICO DE CISTITIS

- Dolor y ardor al pasar la orina que empeoran al final de la evacuación
- Orina rosada debido a la presencia de una pequeña cantidad de sangre. Algunas veces se pueden presentar coágulos de sangre
- Necesidad frecuente de ir al baño con mínima evacuación
- Fiebre

**SISTEMA EXCRETOR**

# cistitis

## LLAME AL MÉDICO

- Si tiene cistitis acompañada de vómito y/o fiebre.
- Si tiene cistitis con dolor de espalda.
- Si los síntomas persisten.

*L*a cistitis puede ser un problema agudo aislado o una pesadilla crónica recurrente que afecta a millones de mujeres pero a muy pocos hombres. Normalmente es imposible rastrear la bacteria específica que la causa, pero por lo general se relaciona con episodios recurrentes de afta (ver p. 166). La cistitis recurrente puede tratarse con antibióticos profilácticos. La autoayuda y los remedios caseros pueden ser muy útiles en este caso.

### MEDICINA CONVENCIONAL

Las drogas que se encuentran, neutralizan el ácido en la orina, calmando los síntomas. Si estos continúan, se requieren antibióticos para prevenir que la infección se propague a los riñones.

IZQUIERDA *El jugo de arándano ayuda a evitar que las bacterias se acumulen en la vejiga.*

*Posología ~*

**Adultos**

- Tome antibióticos hasta tres o cuatro veces al día durante 3 a 7 días. Siga el consejo médico.

**Niños**

- Suministre antibiótico en jarabe hasta cuatro veces al día. La dosis depende de la edad y del peso del niño. Siga el consejo médico y recuerde terminar el tratamiento. Las botellas normalmente contienen un poco más de lo requerido.

### NUTRICIÓN

**Tome** por lo menos de 2,25 a 2,75 litros de agua diarios y coma alimentos diuréticos como apio, perejil y hojas de diente de león. Para reducir el riesgo de infección, es importante que el sistema reciba y deseche una buena cantidad de líquidos.

**Evite** la cafeína, beba muy poco alcohol y sólo tome té suave.

## REMEDIOS CULINARIOS

■ El remedio tradicional para la cistitis es el agua de cebada con limón. La combinación del ácido cítrico y las sustancias calmantes de las cebada ayuda a aliviar el ardor y controla el crecimiento de las bacterias. Vierta 900 ml de agua hirviendo en 50 g (2 oz) de cebada lavada y la cáscara rallada y el zumo de un limón sin cera. Añada media cucharadita de azúcar, mezcle y tome un vaso tres veces al día.

■ Investigaciones científicas modernas han demostrado que el remedio tradicional de Norteamérica, el jugo de arándano, es incluso más efectivo. Sus químicos tomados en un jugo forman un revestimiento en el interior de la vejiga y de los conductos que transportan la orina evitando que la bacteria que causa la cistitis se establezca en sus tejidos. Tome, por lo menos, 600 ml al día de una dilución 50:50 de jugo de arándano con agua. Esta fórmula sirve para un tratamiento durante un ataque de cistitis y a manera de protección a largo plazo, tome la mezcla incluso cuando los síntomas desaparecen.

## REMEDIOS HERBALES

 Muchas hierbas actúan como antisépticos urinarios y ayudan a combatir las infecciones y la inflamación.

■ **Posología:**
Tome hasta cuatro tazas diarias de la siguiente mezcla: una parte de barosma, grama, uva ursi y maíz (dos cucharaditas por taza de agua). Añada dos partes de bolsa de pastor si hay sangre en la orina. Busque ayuda profesional si los síntomas persisten.

Evite alimentos condimentados y aquellos que producen residuos ácidos, como la carne y los mariscos.

ARRIBA *El arándano es un antiséptico urinario, calma y ayuda a curar infecciones e inflamaciones.*

## OTRAS AYUDAS

 **ACUPRESIÓN**: los puntos 22, 33, 34 y 37 alivian la incomodidad de la cistitis.

**REFLEXOLOGÍA**: trabaje los reflejos de la uretra, la vejiga, el uréter y los riñones para un alivio inmediato. El músculo debajo del pulgar, en la mano, contiene la mayoría de estos reflejos y son de fácil acceso.

## AROMATERAPIA

❧ MIRRA
*Commiphora molmol*
❧ ÁRBOL DE TÉ
*Melaleuca alternifolia*
❧ MANZANILLA ROMANA
*Chamaemelum nobile*
❧ LAVANDA
*Lavandula angustifolia*
Estos aceites son calmantes y antiinflamatorios. El árbol de té es antiviral, fungicida y antibacterial.
**Aplicación:**
Úselos en compresas calientes sobre la parte baja de la espalda, en baños de asiento o en baños normales.

### PRECAUCIÓN

**Si hay sangre o pus en la orina, contacte a su médico inmediatamente. Si le prescribe antibióticos, continúe con los tratamientos de aromaterapia dado que estos son complementarios.**

ARRIBA *El papel higiénico de color, los aceites y las sales de baño son peligrosos.*

## MEDIDAS *preventivas*

Tome yogurt probiótico todos los días.

**HIGIENE**: *después de ir al baño siempre límpiese de adelante hacia atrás, una sola vez con cada pedazo de papel. Es importante enseñar esto a las niñas a la edad más temprana posible. Siempre utilice papel higiénico blanco pues los colorantes pueden ser irritantes. Siempre orine lo más pronto que pueda después del coito y vaya al baño en el momento en que sienta ganas para evitar que la presión de la espalda empuje las bacterias hacia los riñones. No tome baños de tina muy calientes, aceites para baños espumosos, baños de sales ni baños vaginales frecuentes.*

## REMEDIOS HOMEOPÁTICOS

❧ Tome mucho líquido. Síntomas en hombres, síntomas que empeoran, dolor de espalda o escalofríos requieren atención médica.
❧ CANTHARIS **30C** para quienes orinan "agujas candentes". Deseo constante de orinar pero la evacuación es mínima. Orina con sangre.
❧ SARSAPARILLA **30C** Orina abundante y frecuente. Presión en la vejiga y mucho dolor al pasar la última gota.
❧ STAPHYSAGRIA **30C** para la "cistitis de la luna de miel". Ardor después del coito o tras la inserción de un catéter. Cistitis recurrente relacionada con el coito.
**Posología**: una tableta cada 4 horas hasta que mejore, máximo cinco días.

# cortaduras

Las cortaduras menores normalmente no requieren atención médica dado que la sangre coagula rápidamente para sellarlas, pero se deben limpiar y cubrir. Para cortaduras menores y arañazos, una cucharadita de sal en 600 ml de agua caliente sirve como desinfectante de emergencia. El jugo de un limón exprimido sobre el área afectada también funciona, pero es posible que el paciente lo rechace porque arde.

## MEDICINA CONVENCIONAL

Aplique presión directa sobre la cortadura durante diez minutos con una tela limpia y seca. Si hay algo atascado en la herida, como un vidrio, no lo remueva pero aplique presión alrededor de éste y busque consejo médico. Eleve la parte afectada del cuerpo por encima del pecho.

Libere la presión después de 10 minutos, si sigue sangrando, vuelva a poner el vendaje por otros 10 minutos. Si el sangrado continúa, aplique presión nuevamente y busque consejo médico. Cuando el sangrado se detenga, cúbralo con esparadrapo o con un vendaje limpio.

## REMEDIOS HERBALES

Después de limpiar la cortadura con infusión de caléndula, aplique cremas o ungüentos de caléndula, álsine, hierba de san Juan, equinácea o manzanilla.

Para emergencias prepare un cataplasmas moliendo sanícula, betónica palustre, geranio, hierba de san Roberto, agrimonia y bolsa de pastor.

## AROMATERAPIA

Los aceites más importantes son los de lavanda y árbol de té. Limpie el área cortada con agua caliente con cinco gotas de cualquiera de estos aceites.

ABAJO *De la hierba de san Juan se extrae el hipérico, que ayuda a sanar heridas.*

## REMEDIOS CULINARIOS

■ Una compresa hecha con una tela limpia y humedecida en 600 ml de agua fría y 10 ml (2 cucharaditas) de vinagre de sidra (o cualquier vinagre) es efectiva para cortaduras menores.

■ Un antiguo remedio para estimular la curación es: ajo machacado (1) mezclado con miel (2), producen un buen resultado. Espárzalo en capas delgadas sobre un pedazo de gasa limpia o sobre un pedazo de algodón sin motas y utilícelo para cubrir el área lesionada (3).

## REMEDIOS HOMEOPÁTICOS

Las cortaduras deben limpiarse con agua. Debe estar vacunado contra el tétano, en especial si están relacionadas con puntillas o agujas. Use una solución de hipérico para limpiar la herida o en ungüento sobre el vendaje.

HYPERICUM 30c para pinchazos o lesiones en las puntas de los dedos, donde hay muchos nervios. Para dolores agudos.

Posología: una tableta cada 4 horas, máximo tres días.

# magulladuras     ojos negros

Las magulladuras son el signo visible de sangrado bajo la piel, a causa de una presión o de un golpe. Normalmente cambian de color con los días.

Son causados por una magulladura severa en la cuenca del ojo y en los párpados. El sangrado interno provoca una inflamación y la piel se torna negra o azul.

## MEDICINA CONVENCIONAL

Aplique una bolsa de hielo tan pronto como sea posible después de la lesión para reducir la inflamación y la magulladura. Tome un analgésico como acetaminofén o ibuprofeno.

## REMEDIOS HERBALES

Aplique crema o loción de consuelda, álsine, senecio formosus (no si la piel está abierta), una compresa fría sumergida en infusión de sanícula, ruda o hierba de san Juan, o una hoja de repollo machacado sobre el lugar, con esparadrapo, si es necesario.

## REMEDIOS HOMEOPÁTICOS

ARNICA 30C es el principal remedio para las magulladuras, también es útil para tratar dolores musculares después de practicar deportes. Es muy útil si la persona no quiere ayuda y dice que está bien cuando es obvio que no lo está. También es bueno después de cirugías.

BELLIS PERENNIS 30C para magulladuras profundas y músculos adoloridos.

LEDUM 30C para magulladoras oscuras. Mejora con una compresa fría.

**Posología**: seis dosis de una tableta cada 2 horas. Continúe tres veces al día, máximo cinco días.

### REMEDIOS CULINARIOS

■ El jugo de piña y las bolsas de hielo (*ver Ojos negros*) son el mejor remedio casero que existe.

■ Masajee el área magullada con un poco de aceite de oliva extravirgen, esto dispersará el morado y la vitamina E que penetra la piel ayuda a sanar.

## AROMATERAPIA

Ponga 4 gotas de lavanda y manzanilla (dos gotas de cada una) en un recipiente con agua caliente y otras dos gotas en uno con agua fría. Humedezca una toalla facial en cada recipiente y ponga la toalla caliente sobre el área, cuando se enfríe, reemplácela con la fría, cuando se caliente, repita el procedimiento.

## MEDICINA CONVENCIONAL

Aplique una bolsa de hielo después de la lesión para reducir la inflamación y la magulladura. Tome un analgésico como acetaminofén o ibuprofeno.

## PRECAUCIÓN

**Los dos ojos negros después de un golpe en la cabeza pueden ser señal de fractura de cráneo, por lo tanto, busque consejo médico urgente.**

## REMEDIOS HERBALES

Aplique *Aloe vera* u hojas de llantén mayor machacadas, una compresa fría de ruda o infusión de consuelda.

## AROMATERAPIA

Ponga una gota de manzanilla en 10 ml (dos cucharaditas) de agua helada, moje un algodón y aplique sobre el área.

## REMEDIOS HOMEOPÁTICOS

ACONITE 30C suministre después del "shock" de un golpe (también sirve para cualquier lesión repentina). Sólo una o dos dosis, en el lapso de 15 minutos.

LEDUM 30C para ojos negros que mejoran con compresas frías. Piel hinchada alrededor del ojo.

**Posología**: seis dosis de una tableta cada 30 minutos, luego cada 2 a 4 horas, máximo 12 dosis.

LEDUM

### REMEDIOS CULINARIOS

■ Hoy en día, colocar un pedazo de carne cruda sobre el ojo negro no es tan popular. De hecho, el mejor remedio para un ojo negro es tomar jugo de piña, preferiblemente antes de la lesión si usted es un boxeador, pero incluso sirve después del evento. Las enzimas del jugo de piña aceleran la disolución de la sangre que causa el morado.

■ Una toalla limpia con té llena de trocitos de hielo aplicada sobre el área afectada acelera la curación.

# mordeduras

Si la piel ha sido perforada, sea por un mordisco de un animal o de un humano, debe vacunarse contra el tétano y hacer ver las mordeduras por un médico tan pronto como sea posible. Abra el grifo y lave el área mordida con bastante agua, aplique jabón y vuelva a lavar durante mínimo 5 minutos.

## MEDICINA CONVENCIONAL

Una mordedura de cualquier animal, incluida la de un humano, es vulnerable a una infección debido a los gérmenes que todo animal tiene en la boca.

Después de limpiar la herida cuidadosamente con jabón y agua, séquela, cúbrala con gasa o con cualquier material esterilizado y busque atención médica tan pronto como pueda.

## REMEDIOS HERBALES

Para picadura de insectos, aplique *Aloe vera*, lavanda o aceite de árbol de té (5 gotas en 5 ml o una cucharadita de agua), toronjil u hojas de llantén mayor. Si se infecta, lave con infusión de caléndula o equinácea.

## REMEDIOS HOMEOPÁTICOS

La tintura o loción de hipérico sobre la piel es muy calmante.

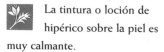 LEDUM **30**C para inflamación severa por picadura de insecto. La incomodidad se calma cuando se lava con agua fría o se aplica una compresa fría. Es reconocido por prevenir la picadura de mosquitos en personas que son picadas frecuentemente: una tableta diaria durante máximo 14 días. También es útil para mordeduras de animales.

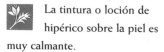 APIS **30**C para ardor en el área circundante. Inflamación marcada. Empeora con el calor.

**Posología**: una tableta cada 30 minutos (cada 15 minutos para una reacción severa). Máximo seis dosis.

## AROMATERAPIA

Ponga una gota pura de lavanda directamente sobre el área de piel afectada por el mordisco o la picadura.

ARRIBA *Para calmar las picaduras de insectos, aplique la savia obtenida de las hojas de Aloe vera sobre la piel para curar picaduras de insectos.*

## REMEDIOS CULINARIOS

■ Si está en el campo, use el viejo remedio de mascar hojas de llantén mayor y aplicar sobre la herida la pasta que resulta.

■ Las picaduras de mosca deben ser frotadas con una rodaja de cebolla y las picaduras de mosquito con un diente de ajo cortado.

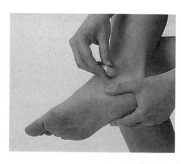

ARRIBA *Para calmar la picadura de mosquito, frote el extremo de un diente de ajo sobre la piel.*

# picaduras

Las picaduras de insectos y de animales marinos varían en intensidad y gravedad, pero normalmente producen un dolor localizado, enrojecimiento e inflamación y algunas veces náuseas, desmayo y problemas respiratorios.

## PRECAUCIÓN

**Las avispas tienden a picar dentro de la boca o la garganta. Chupar cubos de hielo aliviará la inflamación e incomodidad, pero a la menor señal de dificultad respiratoria, diríjase al hospital más cercano.**

## REMEDIOS HERBALES

Aplique una rodaja de cebolla fresca sobre las picaduras de abejas y avispas y crema de salvia o de caléndula después de remover el aguijón. *Ver también Mordeduras p. 182.*

## AROMATERAPIA

Retire el aguijón si es posible, luego ponga una gota de lavanda pura sobre el área afectada. Si es una picadura de planta como la ortiga, ponga una gota de lavanda pura sobre el área y repita si es necesario.

## MEDICINA CONVENCIONAL

Si puede ver el aguijón, remuévalo con unas pinzas. Aplique una compresa fría. Utilice calamina o un antihistamínico para reducir la piquiña y aplique repelente contra insectos para prevenir más picaduras.

ABAJO *La loción de calamina ayuda a disminuir la piquiña de una picadura.*

ARRIBA *El remedio homeopático* Apis *está hecho de miel de abejas y ayuda a calmar el área inflamada y enrojecida a causa de la picadura de una avispa o de una abeja.*

## REMEDIOS HOMEOPÁTICOS

🌿 LEDUM **30C** para inflamación severa por picaduras de insectos. La incomodidad disminuye cuando se baña con agua o compresas frías.

🌿 APIS **30C** para picadura o quemadura del área circundante.

Inflamación. Empeora con el calor. Sirve para picadura de abejas y avispas.

**Posología**: una tableta cada 30 minutos (cada 15 minutos para una reacción severa), máximo seis dosis.

## REMEDIOS CULINARIOS

■ Para picadura de avispa, prepare una pasta con sal y vinagre y espárzala sobre el área afectada.

■ Para picadura de abeja, haga una pasta con polvo de hornear o bicarbonato de sodio y remueva el aguijón con unas pinzas.

■ Una mezcla de miel y ajo machacado sirve de ungüento para aplicar sobre la piel después de la mayoría de picaduras y mordeduras de insectos.

■ El remedio tradicional para la irritación causada por ortiga es la hoja de romasa. Según los homeópatas, una taza de infusión de ortiga puede ser igualmente calmante, así como la aplicación de una bolsa de té normal ya utilizada sumergida en agua helada.

■ La picadura de medusa se neutraliza sentándose en una tina caliente durante 20 minutos.

ARRIBA *Una bolsa de té usada, sumergida en agua helada, calma la irritación causada por la ortiga.*

# quemaduras

Las quemaduras pueden ser causadas por calor seco como el del fuego, la fricción, el sol, químicos o electricidad y normalmente vienen acompañadas de un shock. Nunca utilice el viejo remedio casero de aplicar mantequilla o aceite. En el caso de pequeñas quemaduras, ponga la parte afectada bajo agua fría o dentro de un recipiente durante 10 a 15 minutos hasta que el dolor disminuya. Si la piel está abierta o severamente ampollada, aplique una bolsa plástica con hielo, repita por lo menos una vez más y retire cada 15 minutos para prevenir que el tejido se congele.

## MEDICINA CONVENCIONAL

Deje correr agua fría sobre la piel quemada hasta que el ardor desaparezca. Si los dedos están quemados, retire suavemente los anillos. Si no está adherida a la quemadura, retire la ropa quemada. Cubra la quemadura con un material limpio sin motas como una funda de almohada. Una bolsa plástica o plástico transparente son un buen revestimiento temporal. Si la quemadura es grande, está sobre la cara o cerca de la boca, busque ayuda médica inmediata.

ABAJO *Eche agua fría sobre una quemadura inmediatamente.*

## REMEDIOS HOMEOPÁTICOS

Las quemaduras severas o por químicos requieren atención médica. Para quemaduras menores, enfríe el área con agua.

ARNICA **30**C es el remedio inicial después del trauma.
**Posología**: 4 dosis de una tableta cada 15 minutos. Después use uno de los siguientes remedios:

ORTIGA **30**C para dolores que pican o queman. Piel enrojecida y un salpullido similar al de la ortiga.

CANTHARIS **30**C para una quemadura en carne viva, dolor severo. Mejora cuando se aplica frío. Pueden aparecer ampollas.
**Posología**: 6 dosis de una tableta cada 15 minutos, luego cada cuatro horas, máximo 12 dosis.

## REMEDIOS HERBALES

Para quemaduras menores, aplique una compresa mojada en una infusión de álsine, hierba de san Juan; la savia del *Aloe vera* o el olmo norteamericano en polvo mezclado con un poco de leche o agua, forman una pasta que puede aplicar.

## NUTRICIÓN

Quien haya sufrido quemaduras de sol o quemaduras serias en áreas más grandes que su mano debe cubrirse y tomar muchos líquidos para evitar la deshidratación.

## PRECAUCIÓN

**Las quemaduras severas necesitan tratamiento urgente en un hospital.**

## REMEDIO CULINARIO

■ Las quemaduras de sol moderadas se alivian sumergiéndolas durante 15 minutos en un baño tibio con tres o cuatro bolsas de té de manzanilla (*ver también Quemaduras de sol p. 185*).

## AROMATERAPIA

Primero deje correr agua fría sobre la quemadura, luego aplique un poco de aceite de lavanda puro.

# quemaduras de sol

## LLAME AL MÉDICO

En caso de quemaduras de sol severas con ampollas.

Son causadas por los rayos ultravioleta y producen mayor daño cuando el sol está en su punto más alto. La susceptibilidad a ellos depende de la pigmentación de la piel. Los pelirrojos y pecosos se queman, los rubios de ojos azules siempre se queman pero pueden broncearse un poco, y los demás pueden quemarse si se exponen demasiado.

Es innegable la conexión que existe entre la exposición excesiva al sol y el cáncer de piel. Estar bronceado no significa salud porque este proceso es el resultado de un daño en la piel (incluyendo los bronceados artificiales). Una quemadura severa a causa del sol, aumenta las probabilidades de sufrir cáncer de piel.

## MEDICINA CONVENCIONAL

Busque la sombra y tome bastante agua fría. Refresque la piel quemada por el sol sumergiéndola en agua fría. Las quemaduras moderadas se tratan con calamina o con una preparación especial para después de la exposición al sol.

ARRIBA *La mejor protección es utilizar ropa ligera y un sombrero, incluso cuando practique deportes acuáticos, pues en este caso los rayos solares se reflejan causando un riesgo adicional.*

## AROMATERAPIA

Añada menta o lavanda a un baño frío o, si la quemadura es grave, aplique aceite de lavanda puro después de un baño frío, repita cada 2 ó 3 horas si es necesario. Si el área está muy sensible al tacto, vierta los aceites en un atomizador y aplique. Si se ha expuesto demasiado al sol, añada los aceites a la loción que se aplica después de asolearse. Cuando esté haciendo un tratamiento contra quemaduras de sol, evite el sol por dos o tres días.

## REMEDIO CULINARIO

■ Las quemaduras de sol serias requieren atención médica. Una mezcla de una parte de aceite de oliva y dos partes de vinagre de sidra frotada suavemente sobre la piel afectada, ayudará a aliviar la irritación de una quemadura de sol leve.

DERECHA *La belladona es buena para las inflamaciones.*

## REMEDIOS HERBALES

Aplique infusión de aceite de hierba de san Juan con unas pocas gotas de aceite de lavanda, savia de *Aloe vera* o ungüento de primavera o borraja para ayudar a la reparación de la piel.

Tome una infusión de flores de tilo, flores de saúco y milenrama para estimular la sudoración y disminuir la temperatura.

## REMEDIOS HOMEOPÁTICOS

Una quemadura de sol normalmente viene acompañada de insolación, tome bastantes líquidos (*ver Quemaduras* p. 184).

 BELLADONNA **6C** para la cara enrojecida, muy caliente al tacto. Dolor de cabeza con palpitaciones, empeora con la luz y el ruido. Fiebre alta y pupilas dilatadas.

GLONOINE **6C** para dolores de cabeza con palpitaciones. Empeora durante las horas de sol, incluso si no está directamente expuesto. Empeora al moverse. Rubor en la cara, o palidez si hay insolación. **Posología:** 6 dosis de una tableta cada media hora, después cada 4 horas, máximo 4 días.

# esguince

Un esguince ocurre cuando los ligamentos que rodean y soportan una articulación se estiran en exceso o resultan desgarrados. Sucede con mayor frecuencia en el tobillo o en la muñeca.

## MEDICINA CONVENCIONAL

Aplique una bolsa de hielo o una compresa fría tan pronto como sea posible después de la lesión para reducir la inflamación y la magulladura. Construya un vendaje o una tablilla para proporcionar una presión pareja y suave sobre el esguince. Evite utilizar la articulación, elévela sobre una silla o butaca. Tome un analgésico como acetaminofén o ibuprofeno.

## REMEDIOS HOMEOPÁTICOS

**ARNICA 30C** tómela para la magulladura inicial. **Posología**: una tableta cada 15 minutos durante cuatro dosis. Si la magulladura es el problema principal, continúe con una dosis de una tableta dos veces al día, máximo 5 días.

**LEDUM 6C** para esguinces, especialmente en el tobillo, que presentan morados y mejoran con compresas frías.

**RHUS TOXICODENDRON 6C** para cuando el dolor empeora con el movimiento inicial y mejora a medida que la articulación se "calienta" con el movimiento. Empeora en las mañanas cuando la articulación parece estar rígida. Mejora durante el día y con un clima cálido. Inquietud. **Posología**: una tableta tres veces al día, máximo 2 semanas.

## REMEDIOS HERBALES

Para un cataplasma muy efectivo use consuelda machacada y hojas de repollo.

Aplique crema de senecio formosus, consuelda o caléndula, ojalá con unas pocas gotas de aceite de lavanda o de tomillo, o ponga una compresa empapada en una infusión o en tintura diluida. Sumerja el área afectada con una bolsa de hielo en una infusión caliente de romero: utilice un lavapies o compresa según lo requiera.

## OTRAS AYUDAS

**YOGA**: los esguinces necesitan tiempo para sanar. En su práctica Asana, no trabaje en exceso o demasiado temprano el área afectada.

## AROMATERAPIA

Primero aplique hielo sobre el esguince para reducir la inflamación, después haga un masaje con jengibre, lavanda y manzanilla. Mantenga elevada y en descanso el área con el esguince tanto como sea posible. Si no mejora, busque consejo profesional.

## REMEDIOS CULINARIOS

■ Una bolsa de hielo aplicada sobre la lesión es el mejor remedio (*ver Hemorragia nasal p. 188*). Combinada con descanso, una buena compresa y la elevación del área afectada, la bolsa de hielo ayuda a curar esguinces y músculos o tendones tensionados.

■ Las hojas externas de un repollo verde sirven para una compresa (*ver abajo*).

■ Los baños calmantes proporcionan un gran alivio al igual que otros elementos: una cucharada de mostaza en polvo o una taza de sales de Epsom. Si vive cerca del mar, un baldado de agua de mar añadido a un baño caliente, o un manojo de algas marinas, son verdaderamente curativas.

(1) Retire el tallo central, aplane la hoja con un rodillo o el mango de un cuchillo.

(2) Caliente un poco la hoja en un vaporizador o en el microondas.

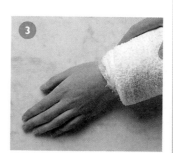

(3) Envuelva el área afectada y cúbrala con una toalla, deje por lo menos 15 minutos.

# fracturas

## LLAME AL MÉDICO

Si sospecha que tiene una fractura.

Una fractura es un hueso partido o fisurado a cierta distancia del punto de fuerza, bien sea directa como un golpe o una patada, o por una fuerza indirecta, cuando el hueso se rompe a cierta distancia del punto de fuerza.

## MEDICINA CONVENCIONAL

Mantenga el hueso fracturado quieto. No coma o beba, en caso de que resulte necesaria una cirugía.

Sostenga con las manos la parte lesionada sin moverla. Si es posible, haga un cabestrillo para sostener un brazo roto contra el cuerpo (*ver abajo*); una pierna rota puede ser amarrada a la otra para apoyo. Busque atención médica urgente.

(1) Para hacer un cabestrillo, disponga un vendaje triangular con la punta hacia el codo del brazo lesionado.

(2) Levante la punta inferior del vendaje sobre el brazo lesionado, mientras el paciente lo sostiene.

(3) Amarre los extremos sobre el cuello cerca a la clavícula. Sujete el vendaje por el codo.

## REMEDIOS HOMEOPÁTICOS

Los remedios homeopáticos pueden ayudar en un tratamiento médico ortodoxo, pero no deben interferir con la medicación.

🌿 ARNICA **30**C tome este remedio primero, para las magulladuras. Posología: 6 dosis de una tableta cada 2 horas.

🌿 SYMPHYTUM **30**C útil para soldar huesos rotos. Se utiliza cuando la fractura se demora en soldar o muestras signos de no estar soldando.

🌿 CALCAREA PHOSPHORICA **6**C utilícela si la anterior no ayuda. Posología: una tableta dos veces al día, máximo 14 días.

## AROMATERAPIA

No es fácil usar la arometerapia en los casos de fractura debido a que el área afectada está debajo de un yeso y no lo permite. Lo que se puede hacer es trabajar sobre el área correspondiente (ej. si la muñeca está fracturada, trabaje el tobillo del mismo lado; si es el hombro, trabaje la cadera de ese lado o cualquier área que esté bajo estrés. Elija un aceite esencial calmante (*ver Estrés p. 60*).

### REMEDIO CULINARIO

■ El único remedio casero de valor en el tratamiento de fracturas es la infusión de consuelda. Para tener una recuperación rápida, tome hasta dos tazas al día durante las primeras dos semanas después de una fractura.

## REMEDIOS HERBALES

La pulpa de hojas de consuelda en cataplasmas es benéfica para fisuras menores o dedos de los pies rotos.

Tome una infusión de cola de caballo, alfalfa y consuelda para estimular la recuperación de una fractura.

ARRIBA *La alfalfa es rica en nutrientes, ayuda a fortalecer los huesos y dientes y estimulará la curación.*

# hemorragia nasal

Puede ser el resultado de una enfermedad, un golpe, de la ruptura de un vaso sanguínero en la nariz o puede no tener causa aparente.

## REMEDIOS HOMEOPÁTICOS

 Para hemorragias nasales persistentes consulte a su médico.

🐾 ARNICA **30**C para hemorragias nasales a causa de un golpe en la nariz. Detiene el sangrado.

🐾 PHOSPHORUS **30**C utilizado en niños. Para hemorragias nasales sin razón aparente. Sangre rojo brillante y hemorragia al sonarse. Posología: una tableta cada 15 minutos, máximo seis dosis.

ARRIBA *Si otros métodos fallan, intente un poco de vinagre de sidra en agua aplicado en las fosas nasales.*

## MEDICINA CONVENCIONAL

Siéntese inclinándose hacia adelante, respire por la boca y apriete la parte suave de la nariz debajo del puente. Evite estornudar, tragar, toser o escupir pues puede provocar un mayor sangrado. Utilice un pañuelo o tela para limpiar la sangre. Libere la presión después de 10 minutos.

Si el sangrado continúa, aplique nuevamente la presión por otros 10 minutos. Si el sangrado no se ha detenido después de 30 minutos, busque consejo médico.

Si el sangrado se detiene, debe permanecer quieto durante varias horas y evitar estornudar o sonarse.

### REMEDIO CULINARIO

■ El mejor remedio está en su refrigerador: triture algunos cubos de hielo y envuélvalos en un pañuelo limpio, póngalo sobre la parte superior de la nariz y aplique presión con el pulgar y el índice en cada lado por lo menos durante 5 ó 6 minutos. Si el sangrado persiste, agregue 10 ml (2 cucharaditas) de vinagre de sidra a un vaso con agua tibia, incline la cabeza hacia atrás y utilice un gotero para aplicar la mezcla en cada fosa nasal.

## REMEDIOS HERBALES

Un remedio tradicional y efectivo consiste en poner una hoja de milenrama en cada fosa nasal y apretar la nariz hasta que se forme un coágulo. Humedezca un pedazo de algodón en una tintura de bolsa de pastor, hamamelis, alquémila, agrimonia o milenrama e introdúzcalo en las fosas nasales.

Utilice un pedazo de algodón absorbente o pañuelos de papel.

IZQUIERDA *Siéntese e inclínese un poco hacia adelante. Apriete la nariz debajo del puente y quédese quieto por lo menos 10 minutos. Si sospecha que tiene la nariz rota, siga sosteniendo la nariz y consulte a un médico.*

# astillas

Las astillas son pequeños pedazos de madera o espinas que se enconan en la piel y pueden causar infección si no son removidas. Sumerja el área afectada en agua jabonosa caliente antes de intentar sacar la astilla o removerla con agujas esterilizadas o pinzas.

ARRIBA *El silicio ayuda a remover las astillas.*

## MEDICINA CONVENCIONAL

En lo posible, remueva las astillas con una pinza. Si la astilla se encuentra enconada profundamente o es difícil de remover, busque consejo médico. Limpie el área alrededor de las astillas con agua tibia y jabón. Asegúrese de tener vigente la vacuna contra el tétano.

### REMEDIO CULINARIO

■ Para astillas difíciles, cubra el área con un cataplasma de pan caliente que ayudará a que la astilla salga a la superficie.

(1) Prepare el cataplasma poniendo tres o cuatro tajadas de pan blanco, integral o de grano entero en una coladera.
(2) Vierta agua hirviendo encima y con una cuchara de palo haga un puré hasta que obtenga una gruesa pasta caliente. Antes de aplicarlo, asegúrese de que la temperatura no esté muy caliente. Para astillas realmente difíciles, especialmente debajo de las uñas de los dedos o de las manos y pies puede necesitar varias aplicaciones.

## REMEDIOS HOMEOPÁTICOS

Remueva la astilla del todo si es posible y busque signos de infección.
☘ SILICEA **6C** tiene una gran reputación por expeler material extraño del cuerpo. Se debe tener cuidado, pues puede remover clavos o tornillos utilizados para mantener un hueso en su lugar. Puede irritar las obturaciones dentales. Si esto ocurre, no lo use más.
**Posología**: una tableta dos veces al día, máximo 14 días.

## REMEDIOS HERBALES

Utilice un poco de ungüento de álsine, malvavisco u olmo norteamericano para ayudar a retirar las astillas difíciles: aplique ungüento, cubra con un pequeño vendaje y deje por unas pocas horas antes de extraerla con pinzas o con una aguja esterilizada.

## AROMATERAPIA

Remueva las astillas con pinzas o con una aguja esterilizada y aplique una gota de aceite de lavanda puro.

ARRIBA *El aceite de lavanda es uno de los pocos aceites esenciales que puede ser aplicado puro sobre la piel. Es analgésico y antiséptico.*

# mareo

Cualquier tipo de movimiento puede causar náuseas, vómito, dolor de cabeza y mareo. Un paseo corto en auto, avión o barco, puede convertirse en una pesadilla. Esta dolencia es más común en los niños. Con frecuencia, aquellos que no pueden viajar una milla como pasajeros en un auto sin enfermarse, se sienten bien cuando conducen. Los remedios caseros son útiles. Existe una conexión entre un mareo severo en los niños y la migraña más adelante (ver Migraña p. 52).

## MEDICINA CONVENCIONAL

Los síntomas se pueden prevenir acostándose recto con los ojos cerrados y evitando leer cuando está en movimiento. Cuando viaja, en lo posible salga del auto y tome un descanso.

## REMEDIOS CULINARIOS

■ El jengibre es el rey de los remedios caseros pero para lograr un máximo beneficio debe ser administrado antes de que el mareo empiece, pues si comienza a vomitar, es casi imposible conseguir que la medicina esté en el organismo el tiempo suficiente para que el cuerpo la absorba y haga efecto. Para viajes largos llene un termo con infusión de jengibre y antes del viaje tómese una taza cada hora. Los niños que se ven más afectados por este mal, tal vez no quieran tomar esto, compre jengibre cristalizado, córtelo en pequeños cubos, espolvoréelos con azúcar pulverizada para que los niños puedan consumir un pedazo o dos cada media hora durante el viaje.

La mejor manera de tomar jengibre es en infusión.

① Pele y ralle 2,5 cm (1 in) de raíz de jengibre fresco dentro de una taza y añada agua hirviendo.

② Ponga 10 ml (dos cucharaditas) de miel, cúbralos y dejé reposar durante 10 minutos. Cuele y tome por lo menos media hora antes de viajar.

## REMEDIOS HOMEOPÁTICOS

Las píldoras homeopáticas para los mareos durante los viajes son una combinación de remedios.

🌿 COCCULUS 30C para náuseas y mareo tan sólo con pensar en comida. Mucha salivación. Mejora al acostarse. Empeora al ver objetos moverse, empeora con la pérdida de sueño, la luz y el ruido.

🌿 TABACUM 30C para una persona convencida de que morirá de náuseas. Palidez y sudor frío. Empeora al abrir los ojos y oler tabaco. Mejora con el aire fresco frío.

🌿 PETROLEUM 30C para náuseas que empeoran al levantarse y con el ruido. Mejora al comer. Mucha salivación.

**Posología**: una tableta cada 30 minutos hasta que mejore, máximo seis dosis.

## OTRAS AYUDAS

**ACUPRESIÓN** el punto 38, utilizado continuamente en un viaje largo, siempre prevendrá la enfermedad del viajero. Hoy en día hay disponibles en muchas farmacias y tiendas naturistas bandas elásticas para la muñeca que aplican presión en este punto.

Presión aplicada sobre el punto 38

## REMEDIOS HERBALES

Tome una taza de infusión o de 2 a 3 gotas de tintura sobre la lengua de: manzanilla, marrubio negro, toronjil o ulmaria, a intervalos regulares durante el viaje para tener alivio.

## AROMATERAPIA

Aplique un par de gotas de jengibre o de menta en un pañuelo, frote las manos con una loción que las contenga o haga un masaje en la parte superior del abdomen con aceites esenciales.

# desmayo

Los desmayos son producto de una reducción temporal del suministro de sangre al cerebro causada por un shock, miedo, cansancio, falta de alimento, una atmósfera muy caliente o estar de pie durante mucho tiempo.

ARRIBA *La deliciosa fragancia de la albahaca es un poco fuerte y ayuda a recobrar el sentido suavemente.*

## MEDICINA CONVENCIONAL

Anime a la persona a acostarse con las piernas levantadas unos 15 cm (6 in) hasta que se sienta bien. Revise si hay lesiones como magulladuras o cortaduras.

Tome nota de los eventos que ocurrieron antes, durante y después del desmayo (qué tan repentinamente ocurrió; estado de palidez o sudoración, pulso). Es importante hacerse un chequeo médico. La información que recoja será muy útil para que el médico pueda elaborar un diagnóstico.

## REMEDIOS HOMEOPÁTICOS

CARBO VEGETABILIS **6C** para una persona tranquila, que colapsa con sudor frío. Necesidad de aire. Desmayo por exceso de comida.

PHOSPHORUS **6C** para una persona abierta, artística y llena de vida. Comprensible y sensible a impresiones externas. Se desmaya por hambre.

IGNATIA **6C** para desmayo por shock emocional. Dolor, impresión y suspiros. Intolerante al tabaco. Un nudo en la garganta como si fuera a llorar.

**Posología**: una tableta cada diez minutos, máximo 12 tabletas. Parta una tableta y aplique un poco del polvo en la lengua.

## REMEDIOS HERBALES

Huela aceite de alcanfor, romero o árbol de té. Tome infusión de manzanilla o betónica que ayudan a la recuperación una vez se haya restablecido la conciencia.

## REMEDIOS CULINARIOS

■ Siempre tome una taza de té hindú endulzado con miel después de un desmayo.

■ Inhalar el aroma de un pequeño pedazo de rábano machacado es un buen sustituto de la vieja tradición de oler sales.

## AROMATERAPIA

Afloje la ropa para asegurar la comodidad del desmayado y coloque debajo de la nariz un poco de aceite de romero, de menta o de albahaca.

DERECHA *Oler un aceite esencial con propiedades estimulantes como el alcanfor, romero o árbol de té pueden evitar un desmayo.*

*Tercera parte*

# UNA FARMACIA PRÁCTICA EN EL HOGAR

# Remedios herbales

## MÉTODOS BÁSICOS

*Aunque hoy en día es posible encontrar una gran variedad de remedios herbales en el comercio es mucho más económico y satisfactorio hacerlos en casa. De esa manera puede preparar solamente la cantidad que necesita.*

### CÓMO HACER UNA COMPRESA

Una compresa, bien sea caliente o fría, es una manera efectiva de aplicar un remedio herbal directamente sobre un área inflamada o sobre una herida en la piel para acelerar el proceso de curación. El calor estimula la acción de las hierbas pero en algunos casos, como dolor de cabeza o fiebre, una compresa fría es mejor.

① Sumerja un pedazo de tela de algodón o lino, o un copo de algodón en una infusión o decocción caliente (*ver p. 195*).

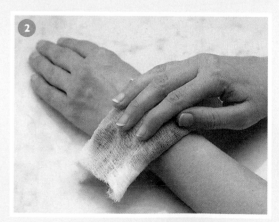

② Aplique sobre la piel afectada tan caliente como lo pueda soportar. Cámbiela por una compresa fresca cuando se enfríe o cúbrala con plástico o con papel parafinado y luego ponga una bolsa de agua caliente para mantener la temperatura tanto como sea posible. Prepare una compresa fría de la misma manera pero permita que la piel se enfríe antes de aplicarla.

### CÓMO HACER UN CATAPLASMA

Un cataplasma consiste en hacer pulpa o pasta a base de hierbas. Normalmente se utiliza para retirar pus de la piel.

NOTA: Todas las cantidades mencionadas en las secciones de hierbas se refieren a hierbas secas, no frescas.

① Mezcle hierbas secas con agua para hacer una pasta de buena consistencia. También puede usar los restos de las hierbas blandas de una infusión o decocción caliente (*ver p. 195*) o moler hierbas frescas en un procesador de alimentos.

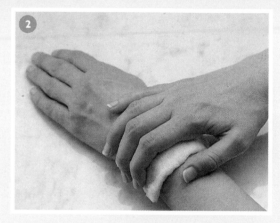

② Envuelva la pasta entre dos capas de gasa y aplique sobre la piel afectada tan caliente como pueda. Remplácela por una fresca o coloque una bolsa de agua caliente, del mismo modo que para las compresas.

## CÓMO HACER UNA INFUSIÓN

Las infusiones son el método más simple y versátil para tomar remedios herbales puesto que se pueden beber en forma de té o de tizanas, frías o calientes y endulzadas con un poco de miel al gusto. Son útiles como enjuague bucal, gárgaras, en la ducha o para un baño en los ojos cocinadas a fuego lento, para esterilizarlas, y luego enfriadas. Las infusiones se preparan a partir de las partes aéreas de las flores y de las hojas de la planta que liberan rápidamente sus ingredientes activos.

1) Caliente una tetera de porcelana o de vidrio, añada la hierba seca desmenuzada si es necesario.

2) Cúbrala con agua casi hirviendo. Utilice de una a dos cucharaditas de hierba por cada taza de agua. Deje en remojo durante 5 a 10 minutos, escurra y beba. Como alternativa, ponga de 25 a 30 g (una onza) de la hierba por 600 ml de agua, lo cual será suficiente para una dosis diaria. Prepare una infusión fresca cada día.

## CÓMO HACER UNA DECOCCIÓN

Las decocciones son similares a las infusiones y se utilizan casi de la misma manera. La diferencia es que en éstas es necesario hervir las hierbas en agua para liberar sus ingredientes activos, lo cual permite utilizar los tallos, las raíces, la corteza, los frutos y las semillas.

1) Corte o muela la hierba para permitir que se deshaga más fácilmente dentro de un recipiente de esmalte, de acero inoxidable o en una sartén con tapa de vidrio (nunca utilice aluminio).

2) Cúbrala con agua fría. Añada 1½ tazas de agua por cada media - una cucharadita de hierba (o 750 ml, 25 oz, para 25-30 g, una onza de hierba, si quiere preparar suficiente para todo el día). Llévela a ebullición y cocínela a fuego lento durante 10 a 15 minutos o hasta que el volumen haya reducido a una tercera parte.

3) Cuélela y utilícela mientras esté caliente. Es preferible hacer decocciones frescas cada día.

Las tinturas son preparaciones en alcohol. El alcohol disuelve la mayoría de los ingredientes útiles de las hierbas y preserva la preparación por un largo tiempo. Las tinturas son más fuertes que las infusiones o las decocciones y se diluyen mejor con un poco de agua.

① Coloque un poco de hierba picada o en polvo en un recipiente con tapa que selle bien. Utilice una parte de hierba por cinco partes de líquido (por ejemplo, 200 gramos por un litro).

② Vierta un 25% de la mezcla de agua y alcohol. Para obtener la concentración correcta de agua y alcohol, diluya una botella de vodka de 75 cl (25 oz) en 37,5 cl (12$^1/_2$ oz) de agua.

③ Deje reposar durante dos semanas sacudiendo la mezcla con regularidad.

④ Cuele la mezcla con un pedazo de muselina, apretando muy bien la tela para extraer tanto líquido como sea posible.

# Lista de hierbas co

## CÓMO HACER UN ALMÍBAR DE AZÚCAR

Los almíbares son preparaciones de azúcar concentrada que ayudan a preservar las infusiones y decocciones y además ocultan el sabor desagradable de algunas hierbas. Es la manera tradicional para conseguir que los niños tomen las mezclas para la tos y los brebajes herbales.

① Hierva un poco de la infusión o decocción elegida con miel o con azúcar en una proporción de 500 ml de líquido por 500 g de miel o de azúcar.

② Cuando la mezcla tenga la contextura de la miel, póngala en una botella y tápela con un corcho (no con tapa de enroscar) hasta que la necesite.

⑤ Ponga el líquido en botellas de vidrio oscuro bien cerradas y almacénelas en un lugar fresco y oscuro. La dosis generalmente es de 5 ml (una cucharadita) tres veces al día.

# us nombres científicos

# Los 20 remedios herbales más útiles
## y las enfermedades que tratan

**1 AGRIMONIA:** *alivia problemas digestivos, como diarrea e intolerancia a los alimentos, cortaduras y arañazos, problemas oculares menores como la conjuntivitis, o de piel, dolor de garganta y catarro.*

**2 AJO:** *es antibacterial, fungicida y antiséptico, disminuye los niveles de colesterol en la sangre y es útil para combatir el afta y las infecciones respiratorias. Fortalece el sistema inmunológico.*

**3 ALOE VERA:** *es efectivo para problemas digestivos y de piel, cortaduras y quemaduras menores, y picaduras de insectos. Estimula el apetito y tonifica.*

**4 ÁRBOL DE TÉ:** *es antiséptico, fungicida, útil para las infecciones, incluyendo el afta, el pie de atleta, la tiña, la septicemia, las infecciones de dientes y encías, los abscesos, las verrugas, las llagas, el acné y picaduras de insectos.*

**5 BETÓNICA:** *sirve para la ansiedad y el estrés, dolores de cabeza, cortaduras y magulladuras, dolencias bucales y de garganta. Estimula las contracciones en el parto, estimula la digestión y la circulación.*

**6 CALÉNDULA:** *es buena en cremas para cortaduras, arañazos, infecciones de hongos, eccemas y otros problemas de piel; es un estimulante digestivo, regulador menstrual, refrescante para las fiebres y buena para enfermedades de las encías y ganglios inflamados.*

**7 EQUINÁCEA:** *es antibacterial, antiviral y fungicida, sirve para infecciones de los riñones y las que acompañan los resfriados, para problemas de piel, como el pie de atleta, el acné y dolores de garganta.*

**8 HIERBA DE SAN JUAN:** *es un antidepresivo, sedante, restaurador para el sistema nervioso, útil para la ansiedad, tensión nerviosa, depresión, neuralgia, dolores postoperatorios y menstruales. Es un antiséptico, calmante y muy útil para quemaduras, llagas, cortaduras y arañazos.*

**9 JENGIBRE:** *calienta cuando hay resfriado, combate las náuseas y el vómito, calma el sistema digestivo (como cuando hay indigestión y flatulencia), y estimula la circulación.*

**10 LAVANDA:** *es sedante y refrescante para migrañas, dolores de cabeza, insomnio y estrés. Combate los malestares digestivos (como la indigestión), es de uso tópico para quemaduras y arañazos.*

*Los jardines de hierbas son un placer para los sentidos, una fuente de sabores exóticos para la cocina y un botiquín vivo. El término "hierba" comprende una gran variedad de plantas —desde árboles de hojas perennes hasta arbustos leñosos— que requieren una gran variedad de condiciones para crecer. Existen muchas hierbas medicinales para escoger; al planear su jardín de hierbas, separe un espacio grande y de fácil acceso.*

Empiece por tomar en serio las prácticas en su jardín. Las hierbas medicinales y culinarias no deben estar contaminadas con químicos, evite fumigarlas excesivamente contra pestes y enfermedades. ¡Este puede ser el momento de regresar a la jardinería orgánica! Utilice soluciones como el jabón para combatir los pulgones o una infusión de caléndula para el moho y los hongos. No instale su jardín de hierbas en un lugar expuesto al humo de los autos o a químicos agrícolas. Prepare y enriquezca la tierra y dedíquese a sembrar...

**11** LITTORALIS: sirve para la depresión y la tensión, es estimulante digestivo y hepático, calma los dolores del parto y sirve para la neuralgia.

**12** LLANTÉN MAYOR: sirve para cortaduras, picaduras de insecto, mordeduras, llagas, problemas de la piel (eccemas), del tracto digestivo (SCI); es antibacterial, sirve para la cistitis, el sangrado menstrual fuerte, el afta, los flujos vaginales, las enfermedades de las encías y la fiebre.

**13** MALVAVISCO: calma inflamaciones digestivas y urinarias, ulceraciones, tos, y catarro. Se usa en las llagas de la piel, los forúnculos, los abscesos y para remover astillas y pus.

**14** MANZANILLA: efectiva para problemas digestivos (incluyendo SCI e indigestión), poco apetito, insomnio, tensión nerviosa y ansiedad, inflamaciones bucales y dolores de garganta, problemas oculares menores, congestión nasal, problemas de piel y eccemas, asma y fiebre del heno; en disoluciones homeopáticas sirve para cólicos y problemas de dentición en los niños.

**15** MILENRAMA: se utiliza para la fiebre, para dilatar los vasos sanguíneos periféricos y es un buen tónico digestivo. Útil para limpiar heridas y para irregularidades urinarias y menstruales.

**16** ROMERO: es un estimulante, sirve para la depresión, el cansancio nervioso, dolores de cabeza, migrañas, problemas digestivos (de la vesícula biliar, indigestión, etc.). Se usa para dolores artríticos y reumáticos.

**17** SAÚCO: las flores son útiles para el catarro, los resfriados, la gripa, la fiebre del heno, fiebres e inflamaciones. Las hojas sirven en ungüentos para magulladuras y llagas.

**18** TOMILLO: es antiséptico respiratorio, expectorante, estimulante digestivo, calienta cuando hay frío y diarrea. El aceite se usa para heridas e infecciones.

**19** TORONJIL: calma los malestares digestivos y los problemas nerviosos, es antidepresivo, antibacterial, útil para infecciones y fiebres. Se usa para heridas, picaduras de insectos y como repelente.

**20** ULMARIA: es antiséptica, refrescante, calmante, sirve como antiácido para malestares digestivos (gastritis, ulceraciones), es buena para problemas artríticos y reumáticos.

# Remedios culinarios

La medicina empezó en la cocina y ahora, siglos después, está volviendo a sus orígenes. Si bien es cierto que nadie en sus cabales puede ignorar la capacidad para salvar vidas de la industria farmacéutica moderna, también lo es que muchas personas prefieren evitar el uso de drogas muy fuertes por sus efectos colaterales, para tratar enfermedades menores o dolencias que sólo requieren sencillos primeros auxilios.

El uso de toda droga supone un equilibrio riesgo-beneficio y en muchas situaciones que se pueden manejar en el hogar, el riesgo resulta injustificado. Una mayor conciencia ha hecho resurgir los sabios "remedios de las abuelas" y los remedios caseros.

Los libros de cocina que se publicaban antes de la Segunda Guerra Mundial incluían siempre capítulos relacionados con la salud: recetas para convalecientes, instrucciones para hacer cataplasmas, fermentaciones y baños curativos e incluso información para la preparación de cremas, lociones y pociones a base de plantas. Autores de libros de cocina, desde el gastrónomo romano Marcus Gabius Apicius hasta la reconocida británica Beeton, utilizaban la cocina como un dispensario, informaban sobre las propiedades curativas de los alimentos y cómo utilizarlos. Hace más de 400 años, los libros europeos hablaban de los valores terapéuticos de los jugos vegetales y su empleo.

En estos tiempos modernos, el ayuno y los regímenes alimenticios son la versión de los remedios culinarios del siglo XXI y las "granjas de la salud" actuales son la herencia directa de esos pioneros

ARRIBA *El corazón del hogar y también de un cuerpo saludable. Un regreso a los remedios tradicionales, más confiables que los medicamentos farmacéuticos.*

de la cocina. Este libro, no sólo señala la importancia de hacer preparaciones medicinales, sino que abarca la totalidad del concepto que estableció Hipócrates 2.000 años atrás, cuando dijo que el alimento del hombre debe ser su medicina y la medicina su alimento.

Este libro proporciona además de instrucciones para preparar y aplicar tratamientos para enfermedades específicas, información sobre los alimentos que ayudan al cuerpo a recuperar

rápidamente su salud y vitalidad. Esta combinación de remedios naturales con regímenes alimenticios ideales representa el verdadero espíritu y práctica de los remedios culinarios.

## CATAPLASMAS

Los cataplasmas de pan son la manera más efectiva de tratar los forúnculos. Disponga unas pocas tajadas de pan en una coladera, vierta agua hirviendo sobre ellas, con una cuchara de madera escurra el exceso de agua y muela el pan

hasta lograr una pasta. Envuélvala en un pedazo de tela limpia, aplique tan caliente como soporte sobre el sitio del forúnculo o astilla y deje hasta que se enfríe. Repita el procedimiento hasta que surja la cabeza del forúnculo o hasta que emerja la astilla.

## BOLSAS DE HIELO

En el caso de hemorragias nasales, lesiones deportivas y daños en los tendones o músculos aplique en el área afectada una bolsa con cubos de hielo envuelta en una tela fría y húmeda. Nunca aplique los cubos de hielo directamente sobre la piel porque pueden causar un daño severo. Para información sobre preparación de compresas *lea la página 194.*

## GÁRGARAS Y ENJUAGUES BUCALES

Para dolores de garganta o ulceraciones en la boca, haga gárgaras o enjuagues bucales añadiendo una cucharadita de hojas de salvia picadas y frescas (la salvia roja es la mejor) a una taza de agua hirviendo. Cúbrala, déjela reposar durante diez minutos y cuélela. Para gingivitis, forúnculos y abscesos en la boca, siga el mismo método con un vaso de agua caliente y una cucharadita de sal marina. Enjuague la boca varias veces y repita cada tres horas.

## ESPECIAS

Todo el mundo piensa en las especias como condimentos para complementar los chiles, los tacos y el pastel de manzana, pero además de tener buen sabor, todas ellas tienen un gran valor medicinal.

**AZAFRÁN:** *tiene una historia ancestral como tratamiento para la depresión, el dolor menstrual y los problemas de la menopausia. Pese a que es muy costoso es muy efectivo.*

**CAYENNE:** *añadido a cualquier plato, alivia la comezón y la incomodidad que causan los sabañones.*

**CÚRCUMA:** *es tradicional en la comida hindú y siempre se ha utilizado para las dolencias del hígado. Las investigaciones demuestran que es antiinflamatoria (tan efectiva como la cortisona), antibacterial y un poderoso antioxidante.*

**JENGIBRE:** *es el mejor remedio para el mareo, las náuseas matinales del embarazo, y después de una anestesia. Alivia el dolor de las articulaciones artríticas.*

**NUEZ MOSCADA.** *en cantidades excesivas puede ser alucinógeno, pero rociadas sobre un pudín de arroz, una ensalada o vegetales verdes como la espinaca, actúa como calmante.*

**PIMIENTA NEGRA.** *estimula la circulación y la digestión.*

## TRATAMIENTOS CON AGUA

Desde los romanos e incluso antes, el agua ha sido utilizada como un medio curativo, y dado que está disponible en todos los hogares es la más económica de todas las medicinas. Muchas de las enfermedades descritas en este libro encontrarán mejoría con un incremento en el consumo de agua. Empiece por tomar un baño de agua fría: no se trata de una variación de alguna tortura ancestral, por el contrario, es altamente vigorizante. Al recibir agua fría, el cuerpo inicialmente siente un escalofrío seguido por la dilatación de los pequeños vasos sanguíneos de la piel lo cual aumenta el flujo de sangre en el área, produciendo una sensación de saludable calor. Llene la tina hasta con 15 cm (6 in) de agua fría y

siéntese durante un minuto. Levántese, añada otros 15 cm de agua y siéntese de nuevo. Continúe así hasta que el agua llegue a la altura del ombligo y termine acostándose por unos segundos. Este tratamiento no es recomendable para personas mayores, enfermos, niños pequeños o quienes sufren alguna enfermedad nerviosa.

Los baños de agua caliente, por su parte, son relajantes, disminuyen la energía del cuerpo, estimulan la sudoración e incrementan la eliminación de toxinas. Para dolores de espalda o problemas de pecho, añada 30 ml (2 cucharadas) de mostaza para baño a un baño caliente, romero para la circulación, manzanilla para la piel y lúpulo para el estrés y el insomnio (hierbas frescas o aceites esenciales servirán). Poner sales de Epsom en el baño sirve para la artritis y el reumatismo, las algas marinas o los extractos de turba mejoran la piel, y la sal marina promueve la curación, reduce la inflamación y previene infecciones.

Para problemas circulatorios como las várices, las hemorroides y los sabañones, así como para lesiones musculares, de articulaciones o de ligamentos, utilice de manera alternada (30 segundos cada una) agua caliente y fría, cinco veces, dos veces al día siempre terminando con agua fría. Si la vida lo ha herido, añada tres flores de tilo en un baño caliente.

*IZQUIERDA Las antiguas civilizaciones conocían el valor medicinal de la miel. En las tumbas egipcias han sobrevivido rastros de miel por más de 2.000 años.*

## MIEL

La miel ha sido una fuente de curación desde tiempos inmemoriales, nunca la considere un simple sustituto del azúcar. La miel con agua caliente y limón es tan efectiva, y en algunos casos mucho más, que las costosas medicinas para el dolor de garganta, la tos y los resfriados. La miel acelera la curación de las úlceras varicosas y un gran número de cirujanos plásticos la prefieren para prevenir cicatrices postoperatorias. La miel aplicada localmente es efectiva contra la fiebre del heno debido a que el polen que la causa y del que se alimentan las abejas se queda en la miel. Además, contiene el antibiótico natural que producen las abejas y que evita la reproducción de esporas. Se han encontrado pequeños residuos de miel comestible en las tumbas de los faraones.

*ARRIBA Solo la miel orgánica contiene ingredientes curativos.*

# Los 20 remedios más útiles de la medicina convencional
## y las enfermedades que tratan

**1 ACETAMINOFÉN:** *calma el dolor, es útil para tratar los dolores de cabeza, los esguinces y reducir la fiebre. Para realzar su efecto, algunas tabletas vienen mezcladas con otras drogas como fosfato de codeína y cafeína. Tenga presente que el fosfato de codeína tiende a causar estreñimiento. Evite el acetaminofén si tiene problemas hepáticos.*

**2 ACETATO DE HIDROCORTISONA AL 1%:** *es una crema esteroide suave, útil para irritaciones menores de piel como casos suaves de eccemas. Es útil para el cosquilleo en los oídos, aplíquelo suavemente con el dedo meñique en el canal auricular.*

**3 ANTIÁCIDOS:** *calman la indigestión y, por lo general, contienen sales de magnesio o de aluminio. Las sales de aluminio pueden causar estreñimiento y el magnesio de los antiácidos como la leche de magnesia tiende a causar diarrea. Algunas drogas contienen ambos, aluminio y magnesio, otras para aliviar los gases contienen dimeticona.*

**4 ANTIHISTAMINA:** *tabletas como la loratadina ayudan a aliviar los síntomas de la fiebre del heno sin causar somnolencia.*

**5 BECLOMETAZONA DIPROPIONATO:** *aerosol nasal que calma la nariz tapada o mocosa en casos como la fiebre del heno. Si el aerosol causa resequedad o costras, consulte con su médico.*

**6 BENZOCAÍNA:** *anestésico local en tabletas o en aerosol que alivia los dolores de garganta.*

**7 CALAMINA:** *se encuentra en muchas preparaciones y se usa para picazón en la piel.*

**8 CÁSCARA DE ISPAGHULA:** *útil para el estreñimiento que no responde a un cambio de dieta ni al ejercicio. Los niños pueden preferir el sabor de la lactosa que ablanda las heces y toma un par de días en hacer efecto.*

**9 CIMETIDINA:** *o* **RANITIDINA:** *puede ser de gran ayuda en los casos en los que una indigestión no responde al antiácido.*

**10 CITRATO DE POTASIO:** *alivia los síntomas de una infección urinaria leve.*

**11 CLOTRIMAZOL:** *(Canesten): tratamiento fungicida en crema o aerosol, brinda alivio para el afta, aunque puede causar irritación, caso en el cual debe consultar al médico.*

**12 EMOLIENTES:** *para piel seca, se añaden al baño o se aplican sobre la piel, aptos para bebés. El aceite de almendras ayuda a ablandar la cera de los oídos antes de hacer un lavado.*

**13 FLUCONAZOL:** *disponible en tabletas, representa una alternativa a las cremas y supositorios para tratar el afta.*

**14 IBUPROFENO:** *analgésico, especialmente útil para inflamaciones (esguinces, dolor de espalda o de articulaciones). Evítelo si sufre de asma o úlcera estomacal.*

**15 MALEATO DE CLORFENIRAMINA:** *(tabletas) útil para prevenir la picazón, causa somnolencia. También se utiliza para prevenir los efectos de los cambios horarios y el mareo.*

**16 MICONAZOL:** *está disponible en aerosol para un fácil tratamiento de infecciones de la piel a causa de hongos (pie de atleta). En forma de gel el miconazol sirve para el afta oral.*

**17 RUBEFACIENTE:** *aplicado en aerosol o frotado sobre la piel, produce calor o frío y puede aliviar el dolor de un esguince o el dolor muscular.*

## REMEDIOS PARA NIÑOS

**18 ACEITE DE ALMENDRAS:** *puede ayudar a ablandar la coronilla de un niño pequeño.*

**19 DIMETICONA:** *puede ser utilizado para tratar cólico infantil.*

**20 MALEATO DE CLORFENIRAMINA:** *líquido, útil para tratar la comezón en la piel, especialmente en la noche.*

*También* **IBUPROFENO** *y* **ACETAMINOFÉN**, *como se indicó anteriormente.*

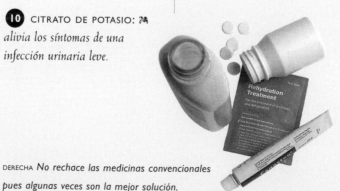

DERECHA *No rechace las medicinas convencionales pues algunas veces son la mejor solución.*

# Posología para adultos, niños y mujeres embarazadas

NOTA: *Siga la dosis sugerida en el empaque o por su doctor. Si los síntomas persisten busque consejo médico.*

## ACETAMINOFÉN

*No se conocen contraindicaciones durante el embarazo.*

Tome cuatro veces al día con una frecuencia no mayor de 4 horas. Suministre a bebés menores de tres meses solo bajo supervisión médica.

**Adultos**: se puede tomar en tabletas, cápsulas, pastillas efervescentes, o jarabe. Tome 1 g cada 4 a 6 horas, máximo 4 g en 24 horas.

**Niños**: 1 ml de jarabe que contenga 100 mg de acetaminofén, o 5 ml de jarabe que contenga 120 mg de acetaminofén, cuatro veces al día. Para suministrar la dosis correcta, utilice un medidor o una jeringa.

## BECLOMETAZONA DIPROPIONATO

*No se conocen contraindicaciones durante el embarazo.*

**Adultos y niños mayores de 6 años**: dos aplicaciones por cada fosa nasal, dos veces al día.

## CALAMINA

*No se conocen contraindicaciones durante el embarazo.*

Aplíquela las veces que requiera.

## CIMETIDINA

*Evitar durante el embarazo.*

**Adultos y niños mayores de 16 años**: para acidez estomacal por indigestión tome 200 mg cuando aparezcan los síntomas. Si los síntomas persisten, repita después de una hora. Dosis máxima diaria: 800 mg, pero no más de 400 mg en un periodo de 4 horas. Si los síntomas continúan después de dos semanas, busque consejo médico. Para prevenir la acidez estomacal durante la noche tome 100 mg, una hora antes de acostarse.

## CITRATO DE POTASIO

*No se conocen contraindicaciones durante el embarazo.*

**Adultos**: un sobre disuelto en agua tres veces al día durante 48 horas. Si los síntomas persisten, busque consejo médico.

## CLOTRIMAZOL

*No se conocen contraindicaciones durante el embarazo.*

Para usar como óvulo vaginal de 500 mg, en la noche, como crema vaginal clotrimazol al 10%, 5 g para aplicar en la noche con la ayuda de un aplicador o como crema, clotrimazol al 1% aplicado dos o tres veces al día.

## FLUCONAZOL

*Evitar durante el embarazo. Tomar una sola dosis de 150 mg.*

## HIDROCORTISONA

*No se conoce ninguna contraindicación para los tratamientos tópicos durante el embarazo.*

Aplique la crema dos veces al día.

## IBUPROFENO

*La mayoría de laboratorios recomiendan evitar su uso durante el embarazo.*

**Adultos**: tome 400 mg, repita cada cuatro horas si es necesario. Máximo: 1,2 g en 24 horas.

**Niños**: suministre 5 ml de jarabe de 100 mg de ibuprofeno tres a cuatro veces al día. No se recomienda para niños menores de un año o que pesen menos de 7 kg (16 libras).

1-2 años: 2,5 ml
3-7 años: 5 ml
8-12 años: 10 ml

## MALEATO DE CLORFENIRAMINA

*No se conocen contraindicaciones durante el embarazo.*

Para prevenir la comezón en la noche y evitar somnolencia excesiva. Restrinja su uso a una dosis en la noche. Las siguientes son las dosis diarias aceptadas:

**Adultos**: 4 mg cada 4 a 6 horas, máximo 24 mg diarios.

**Niños**: no es recomendado para niños menores de un año

1-2 años: 1 mg dos veces al día.
2-5 años: 1 mg cada 4 a 6 horas, máximo: 6 mg diarios.
6-12 años: 2 mg cada 4 a 6 horas, máximo: 12 mg diarios.

## MICONAZOL

*Evite el tratamiento oral durante el embarazo.*

Para el pie de atleta, aplique en aerosol dos veces al día durante diez días después de que la infección haya desaparecido. Para una infección por afta en la boca:

**Adultos**: hacer buches con 5 a 10 ml después de comer, cuatro veces al día.

**Niños**:
0-2 años: 2,5 ml dos veces al día.
2-6 años: 5 ml dos veces al día.
Mayores de 6 años: 5 ml, cuatro veces al día.

## RANITIDINA

*Evitar durante el embarazo.*

**Adultos y niños mayores de 16 años**: tomar 75 mg con agua cuando los síntomas aparezcan. Si los síntomas persisten durante más de una hora o regresan, suministrar otra tableta, máximo 300 mg en un lapso de 24 horas. Si los síntomas continúan después de dos semanas, busque consejo médico.

## SÍNTOMAS QUE REQUIEREN ATENCIÓN MÉDICA URGENTE

- Temperatura mayor de 40 °C (104 °F).
- Vómito durante más de 24 horas.
- Dificultad para levantar a alguien inconsciente, pérdida del sentido durante más de dos minutos.
- Comportamiento confuso inexplicable.
- Niño enfermo sin razón aparente, letargo y debilidad.
- Dificultad para respirar.
- Vómito con sangre.
- Micción dolorosa con dolor de espalda.
- Dolor de cabeza severo acompañado de fiebre y salpullido.
- Dificultad para tragar saliva.
- Dolor fuerte en el pecho en un adulto.
- Sangrado por la nariz durante más de 30 minutos que no se detiene pese a los primeros auxilios.
- Obstrucción nasal en un niño a causa de un objeto (no si es en el oído).
- Picadura de abeja cerca de o en la boca.
- Ingestión de detergentes o venenos.
- Químicos en los ojos.

# Homeopatía

La homeopatía fue creada por el físico alemán Samuel Hahnemann, aproximadamente hace 200 años. Hahnemann descubrió que una medicina que causa síntomas en una persona saludable puede, en pequeñas dosis, curar los mismos síntomas en una persona enferma (isopatía). Por lo tanto es necesario relacionar los síntomas de la enfermedad con los síntomas asociados al remedio. Aquello que empeora un dolor, que produce bienestar o irritabilidad, que da sed o no, etc., ofrece un patrón útil para individualizar el cuadro sintomático y de esa manera elegir el remedio correcto.

ARRIBA *La corteza del fresno blanco*, Froxinus americana, *se utiliza para producir un remedio muy útil para dolores durante la menstruación.*

Los síntomas asociados con cada remedio son innumerables, por esa razón, aquí se mencionan a manera de guía sólo los más relevantes de cada enfermedad. Siempre es mejor consultar a un homeópata calificado para que prescriba los remedios de acuerdo con su caso particular. Pruebe el remedio que encaje con sus síntomas. No es necesario continuar tomándolo una vez haya sentido mejoría, aunque puede tomar una o dos dosis más si la mejoría es lenta o se detiene.

Una vez todos los síntomas desaparezcan, deje de tomarlo. Si los síntomas cambian, consulte de nuevo la información del remedio.

Los remedios homeopáticos se preparan a partir de una serie de disoluciones del remedio en alcohol. Aquellos que no son solubles en alcohol, se mezclan con lactosa hasta que se vuelven solubles. Por lo regular, se usan dos escalas: la escala decimal (x) y la escala centesimal (c), que es la que se utiliza en este libro. En la escala c, se agrega una gota de la solución del remedio a 99 gotas de alcohol y se revuelve para producir una potencia de 1c; luego se repite el procedimiento agregando una gota de 1c a 99 gotas de alcohol para producir una potencia 2c y así sucesivamente. Los remedios, por lo general, se venden en potencias de 6c o 30c. Cuanto más alta la disolución, más fuerte será el remedio. La escala x es una dilución serial en razón de 1:10.

Cuando se ha obtenido el punto requerido, se vierten unas pocas gotas de la solución en tabletas de lactosa, polvos, gránulos o píldoras. Cada persona elige la preparación más conveniente: los polvos disueltos en agua o las tabletas molidas son útiles para los bebés. Una pequeña cantidad del líquido o una tableta machacada representa una dosis. Estos remedios también se venden en cremas para aplicar sobre la piel.

Todos los remedios deben ser almacenados en un lugar fresco y seco, alejados de sustancias con olores fuertes. Es mejor no tocar las tabletas y ponerlas en la tapa del frasco e inmediatamente dentro de la boca, deben chuparse y no tragarse. No debe tener ningún sabor fuerte en la boca antes de tomar el remedio ni consumir alimentos o bebidas diez minutos antes o después de haberlo tomado.

ARRIBA *La sepia se prepara con la tinta del molusco que lleva este nombre, es útil para dolencias femeninas.*

# Los 20 remedios homeopáticos más útiles
## *y las enfermedades que tratan*

**1 ARGENTUM NITRICUM:** *para la ansiedad, el síndrome de fatiga crónica, la depresión, la gastritis, el síndrome de colon irritable y la laringitis.*

**2 ARSENICUM ALBUM:** *para diarrea y vómito, intoxicación por alimentos, gastritis, úlcera péptica, eccemas, soriasis, fiebre del heno y asma.*

**3 BELLADONNA:** *para dolor de oído, fiebre, amigdalitis, artritis, rubéola, escarlatina.*

**4 BRYONIA:** *para gastritis, indigestión, infecciones torácicas, ciática y dolor de cabeza.*

**5 CHAMOMILLA:** *para dolor de oído y de muela, dentición, cólicos, tos, periodos dolorosos.*

**6 GELSEMIUM:** *para el miedo al dentista o al examen de conducción, síntomas de ansiedad, resfriados, diarrea, síndrome de fatiga crónica.*

**7 HEPAR SULPHURIS:** *para abscesos, acné, dolor de garganta, tos, bronquitis y dolor de oído.*

**8 IGNATIA:** *para penas, tos, depresión y dolor de cabeza.*

**9 IPECACUANHA:** *para asma, tos y náuseas durante el embarazo.*

**10 LACHESIS:** *para asma, malestares de la menopausia, periodos fuertes y dolor de garganta.*

IZQUIERDA *La Belladonna proviene de la mora y se usa para dolencias repentinas como fiebres y dolores de cabeza que inmovilizan.*

**11 LYCOPODIUM:** *para problemas intestinales, hinchazón, síndrome de colon irritable, acidez estomacal, migraña, infección del tracto urinario y calvicie prematura.*

**12 MERCURIUS:** *para ulceraciones en la boca, resfriados, dolor de garganta, colitis, infecciones de oído y úlceras en el colon.*

**13 NATRUM MURIATICUM:** *para ulceraciones en la boca, asma, eccemas, soriasis, síndrome de colon irritable, dolores de cabeza y síndrome premenstrual.*

**14 NUX VOMICA:** *para estrés, trabajo en exceso, fatiga, insomnio, fiebre del heno, asma, cólico, síndrome de colon irritable, dolores de cabeza y úlcera péptica.*

**15 PHOSPHORUS:** *para úlcera péptica, gastritis, colitis, tos, bronquitis y hemorragias nasales.*

**16 PULSATILLA:** *para malestares durante el embarazo, bebé colocado de pies en el embarazo, cistitis, depresión posparto, problemas menstruales, fiebre del heno, conjuntivitis, infecciones de oído, síndrome de colon irritable y enuresis.*

**17 RHUS TOXICODENDRON:** *para varicela, herpes, artritis, reumatismo, eccema y esguinces.*

**18 SEPIA:** *para depresión, fatiga, cistitis, síndrome premenstrual, dolor de espalda, náuseas en el embarazo, verrugas y tiña.*

**19 STAPHYSAGRIA:** *para depresión, cistitis relacionada con el coito, síndrome premenstrual, soriasis (especialmente después de una aflicción), verrugas y dolor en heridas quirúrgicas.*

**20 SULPHUR:** *para abscesos, acné, eccema, asma, caspa, calores de la menopausia, migraña, artritis y amigdalitis.*

IZQUIERDA *Los remedios homeopáticos, por lo general, se almacenan en botellas de vidrio oscuro. La primera consulta con un homeópata puede durar hasta una hora con el fin de tener un cuadro completo de su caso.*

# Aromaterapia

## ACEITES ESENCIALES

En la aromaterapia el cuerpo absorbe, bien sea por inhalación o por los poros de la piel, los aceites esenciales extraídos de las hojas, el fruto, las flores, la corteza, las raíces, y la madera de las plantas.

Los compuestos químicos de cada aceite esencial reaccionan con los químicos del cuerpo y de la mente apoyando el proceso de curación. Cada aceite tiene características dominantes y un olor único; gran parte del beneficio de la aromaterapia reside, en elegir el aceite específico para la enfermedad en particular y aquel que más le guste. Los aceites esenciales pueden ser utilizados de diferentes maneras: en masajes, vaporizaciones, baños, pebeteros, compresas y atomizadores.

### PRECAUCIÓN

**Los aceites esenciales nunca deben ser ingeridos o aplicados puros sobre la piel (con excepción de los casos especificados), pues pueden causar irritación.**

### ACEITE BASE O PORTADOR

Para aplicar los aceites esenciales sobre la piel sin causar irritación o quemaduras, deben mezclarse con un aceite base o aceite portador. Cualquiera de los aceites vegetales suaves (semillas de uva, soya, girasol, cártamo o maní) pueden servir. Todo lo que pueda poner en la boca puede ponerlo sobre la piel.

## ACEITES PARA MASAJES

Para elaborar un aceite para masajes, añada 2 gotas de aceite esencial por cada 5 ml (una cucharadita) de aceite portador, crema o loción acuosa disponible en las farmacias. Para los niños, ponga sólo una gota de aceite esencial en 10 ml (dos cucharaditas) de aceite portador o crema.

### VAPORIZACIONES

Añada de 4 a 6 gotas de aceite esencial a un recipiente con agua caliente. Inclínese sobre el recipiente, cubra su cabeza y el recipiente con una toalla e inhale el vapor. Este tratamiento no es apropiado para asmáticos o niños pequeños. También puede poner 1 ó 2 gotas de aceite en un pañuelo, en el cuello de una camisa, de un abrigo, sobre la almohada o en la sábana e inhalar su aroma.

### BAÑOS CON ACEITES

Llene la tina y ponga de 4 a 6 gotas (de 1 a 2 para los niños) del aceite esencial. También puede poner una mezcla de aceite esencial con aceite portador o con leche y revolverla con el agua para dispersar los aceites. Para obtener el máximo beneficio, mantenga la puerta del baño y las ventanas cerradas. Tome un baño de 20 minutos, por lo menos. Puede seguir el mismo proceso utilizando pequeños recipientes para los pies y las manos y si no tiene bidé, un recipiente con agua caliente será igualmente apropiado para un baño de asiento.

## PEBETEROS

Existe una gran variedad de pebeteros para aceites esenciales en el mercado, unos mejores que otros: asegúrese de que el recipiente del agua no esté muy cerca de la vela y que ésta tenga un buen suministro de oxígeno. Algunos aceites esenciales son altamente inflamables, nunca deje la vela desatendida ni permita que se consuma sola. También existen difusores eléctricos y pebeteros para el auto que se pueden conectar al encendedor o a los anillos de las bombillas. En este último caso, se unta un poco de aceite en la parte superior de la bombilla antes de prender la luz. Todos ellos siguen el mismo principio de evaporar el aceite y esparcir su aroma.

Cualquiera que sea el sistema que elija, ponga en el pebetero 1 ó 2 gotas del aceite esencial elegido y caliéntelo durante 15 a 20 minutos. Luego apague el pebetero o sople la vela. Los efectos durarán de 4 a 6 horas dependiendo del flujo de aire en el recinto. Si no tiene un pebetero tome un pedazo de tela preparado como para una compresa (*ver derecha*) y cuélguelo sobre una calefacción o tome un pedazo de algodón con 1 ó 2 gotas de aceite esencial y póngalo cerca a un radiador caliente.

## COMPRESAS

El tamaño del área a tratar determina el tamaño de la compresa (un pañuelo o un pedazo de algodón). Añada de 4 a 6 gotas de aceite esencial a un recipiente con agua caliente y mézclelo muy bien. Sumerja la compresa, exprima el exceso de agua sin torcer y aplique sobre el área afectada. Si es posible, envuélvala en plástico transparente y colóquele encima una toalla caliente. Deje la compresa durante un mínimo de 2 horas y, si es posible, toda la noche.

## ATOMIZADORES

Vierta de 10 a 15 gotas de aceite esencial en un litro de agua, luego rocíe suavemente sobre el área afectada. Este tratamiento es particularmente útil si el área está muy sensible.

ARRIBA *El aceite esencial de flores de naranja es antidepresivo, ayuda a la circulación y tiene la reputación de ser afrodisíaco.*

# Los 20 aceites aromaterapéuticos más útiles
## y las enfermedades que tratan

**1** ALBAHACA: *aclara la mente y permite la concentración. Es útil para ayudar a estudiar o para desconectarse al final de un día atareado, despeja los senos nasales.*

**2** ÁRBOL DE TÉ: *es antiviral, fungicida y antibacterial, sirve para las verrugas, el pie de atleta y otras condiciones en donde el sistema inmunológico del cuerpo necesite estímulo.*

**3** CLAVO: *calma el dolor de muela. Por su agradable aroma, muchos lo mezclan con naranja, pino o canela y lo queman.*

**4** ENEBRO: *desintoxica la mente y el cuerpo.*

**5** EUCALIPTO: *es benéfico para problemas del tracto respiratorio superior, en los senos*

*Lavanda (Lavandula angustifolia)*

*Jazmín (Jasminum officinale)*

*nasales y síntomas de gripa. En masaje o en un baño es útil para dolores, especialmente los musculares.*

**6** GERANIO: *es útil para las dolencias femeninas, especialmente las relacionadas con el desequilibrio hormonal, incluido el SPM y la menopausia.*

**7** ILANG-ILANG: *es antidepresivo. Éste es un aceite de perfume embriagador cuyo nombre significa "flor de flores". Se le atribuyen cualidades afrodisíacas.*

**8** INCIENSO: *tranquiliza y calma las emociones, disminuye y profundiza la respiración, recomendable para asmáticos en vaporizaciones o sobre un pañuelo.*

**9** JAZMÍN: *facilita las labores de parto y es útil para la depresión posparto.*

**10** JENGIBRE: *calienta los músculos, es beneficioso para los desórdenes digestivos y ayuda en los casos de náuseas.*

**11** LAVANDA: *es calmante, relajante, alivia el estrés y es útil para las quemaduras y el insomnio.*

**12** LIMÓN: *se puede usar en reemplazo del árbol de té y es bueno para las verrugas.*

**13** LIMONCILLO: *sirve en caso de fatiga, útil en los casos de temblores, cansancio y dolor en las piernas. Efectivo como repelente de insectos.*

**14** MANDARINA: *es un aceite para todos, seguro, suave, relajante y calmante. Puede usarse en bebés y personas mayores.*

**15** MANZANILLA ROMANA: *es el aceite de los niños, una gota en el baño calmará a un niño rebelde a la hora de ir a la cama, alivia las irritaciones e inflamaciones de la piel y en infusión sirve para los desórdenes digestivos.*

**16** NARANJA: *es un aceite luminoso, liviano y alegre, que levanta el ánimo.*

**17** NEROLÍ: *sirve para problemas relacionados con estrés.*

**18** PETITGRAIN: *es el nerolí de los pobres, bueno para el estrés.*

**19** ROSA: *éste es el aceite esencial para las molestias menstruales y ayuda en los casos de estrés emocional y penas.*

**20** SÁNDALO: *tranquiliza las emociones y suaviza la piel. Los dolores de garganta responden muy bien a un masaje en el área con un aceite portador que contenga unas gotas de sándalo.*

*Manzanilla romana (Chamaemelum nobile)*

# Otros remedios

### PARA RESACA

Dos gotas de hinojo y de enebro en un baño caliente desintoxican el sistema. Precaución: evite el aceite de hinojo si sufre de epilepsia o de problemas renales.

### REPELENTE DE INSECTOS

Si los mosquitos lo atacaron, ponga 3 gotas de limoncillo y 3 gotas de albahaca en 30 ml (2 cucharadas) de crema acuosa y úsela en la tarde y en la noche. Utilícela en un pebetero para ahuyentar los insectos.

### UN RÁPIDO ESTIMULANTE

Si necesita despertarse, 3 gotas de limoncillo y 3 gotas de romero en un baño caliente son un estimulante físico y mental. **Precaución**: evite el aceite de romero si sufre de epilepsia o de hipertensión.

### PARA LA PENA

Para quien sufre una pena, la siguiente combinación equivale a un gran abrazo: 3 gotas de rosa y 3 gotas de benjuí en el baño o en 30 ml (2 cucharadas) de aceite portador para masaje.

# Los 20 alimentos curativos más útiles
# y las enfermedades que tratan

**1 ACEITE DE OLIVA:** 🐝 el aceite de oliva extravirgen es un maravilloso alimento medicinal, disminuye el colesterol, es rico en vitamina E, que protege contra el daño celular, incrementa el nivel de la grasa saludable en la sangre, que elimina las grasas nocivas de las arterias, es bueno para los problemas hepáticos y de vesícula biliar, protege contra la artritis, ayuda en la senilidad y en algunos tipos de cáncer.

**2 AGUACATE:** 🐝 es un alimento ideal para la convalecencia, recomendado para el estrés y los problemas sexuales, excelente para enfermedades de la piel; es un antioxidante poderoso, antibacterial y fungicida. Protege contra enfermedades cardiacas y cáncer.

**3 AJO:** 🐝 el rey de las plantas curativas; es antibacterial, fungicida y sirve para todo, desde la bronquitis hasta el pie de atleta. Es un protector natural contra

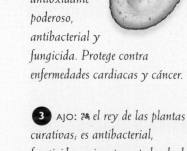

intoxicaciones por alimentos, disminuye el colesterol, la presión sanguínea y estimula la circulación.

**4 ALCACHOFA:** 🐝 es buena para las dolencias del hígado, la bilis, la hepatitis y los cálculos biliares, disminuye el colesterol, contrarresta la retención de líquidos y sirve para casos de reumatismo, artritis y gota.

**5 ARROZ:** 🐝 es un alimento perfecto para convalecientes y para personas con problemas digestivos, estrés y agotamiento. El arroz integral es importante en el tratamiento de los desórdenes circulatorios. El arroz cocido, disminuye el colesterol y es ideal como tratamiento para la diarrea.

**6 AVENA EN HOJUELAS:** 🐝 es rica en proteínas, grasas saludables, vitaminas E y B, y minerales. Es una gran fuente de nutrientes y el mejor alimento para el estreñimiento; disminuye el colesterol, controla la presión sanguínea, tienen un efecto calmante sobre la mente y un efecto curativo sobre el estómago.

**7 BANANO:** 🐝 rico en potasio, excelente para la actividad física y para quien toma diuréticos. Por su vitamina B6 y zinc es bueno para el SPM, muy favorable para el sistema digestivo, para el estreñimiento y para la diarrea.

**8 BERRO:** 🐝 como sus parientes —el repollo, el brócoli, las coles de Bruselas, los nabos y los rábanos— el berro es un gran protector contra el cáncer. Es rico en potasio y en una clase de aceite de mostaza, es un antibiótico poderoso que no mata la bacteria natural, ayuda en las infecciones urinarias y estimula la glándula tiroides.

**9 CEBOLLA:** 🐝 de la misma familia del puerro y del ajo, es importante en el tratamiento de las infecciones de pecho. Debería ser consumida por quienes sufren de hipertensión, colesterol alto o problemas cardiacos. Es un excelente alimento para la anemia, el asma, las infecciones urinarias e inclusive la resaca.

**10 KIWI:** 🐝 rico en vitamina C y E, y fibra; contiene potasio por lo cual es bueno para la presión sanguínea, los problemas digestivos, la fatiga crónica y los problemas cardiacos.

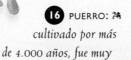

**11 LEGUMBRES:** las arvejas, fríjoles y lentejas secas son carbohidratos complejos con grandes cantidades de fibra, proteínas, vitaminas y minerales. Protegen contra las enfermedades cardiacas y el cáncer (especialmente el del intestino grueso), excelente para el estreñimiento, la fatiga, el SFC y la diabetes.

**12 LIMONES, NARANJAS Y TORONJAS:** las frutas cítricas son muy ricas en vitamina C y en bioflavonoides, sirven para la tos, la gripa y los resfriados. Fortalecen el sistema inmunológico.

**13 MANZANA:** es buena para el corazón, protege de la polución, disminuye el colesterol, ayuda en los casos de intoxicación por alimentos y sirve para la gastroenteritis, es antibacterial, antiviral y su fibra estimula la digestión.

**14 NUECES:** son ricas en nutrientes: minerales como selenio, zinc y hierro; proteínas; aceites saludables y vitaminas B. Las nueces frescas y sin sal deberían formar parte de la dieta diaria de todo el mundo.

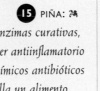

**15 PIÑA:** sus enzimas curativas, su poder antiinflamatorio y sus químicos antibióticos hacen de ella un alimento ideal para los dolores de garganta, los problemas digestivos y las lesiones musculares.

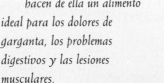

**16 PUERRO:** cultivado por más de 4.000 años, fue muy apreciado por los antiguos egipcios, griegos y romanos. Es muy útil para los problemas respiratorios, es astringente, diurético y excelente para la gota, la artritis y el reumatismo.

**17 REPOLLO:** en jugo sirve para la úlcera péptica; las hojas en compresas, para articulaciones adoloridas; las hojas verde oscuro, para la anemia. El repollo y todos sus parientes son anticancerígenos.

**18 TRIGO:** es nutritivo y protege contra las enfermedades intestinales, la presión sanguínea alta, el estreñimiento y las enfermedades relacionadas con el estrés. Los retoños ayudan en la lucha contra el cáncer. El pan es utilizado como cataplasma caliente en forúnculos, abscesos y astillas.

**19 YOGURT:** el yogurt sin sabor, rico en bacterias naturales, protege contra infecciones estomacales, intoxicación por alimentos y estreñimiento. Las bacterias que contiene estimulan el sistema inmunológico; deberían consumirlo quienes sufren de enfermedades virales o bacteriales. También protege contra infecciones de hongos como afta.

**20 ZANAHORIA:** es rica en betacaroteno, que el cuerpo convierte en vitamina A buena para la vista; útil en puré para el tratamiento de la diarrea infantil, excelente para los problemas hepáticos y para conservar una piel saludable; es antioxidante vegetal, protege contra las enfermedades cardiacas y el cáncer de pulmón.

# Combinación de alimentos
## (La dieta del heno)

Son muchas las ideas erróneas que se han dado sobre esta dieta. Ésta no es la panacea para todos los enfermos ni tampoco la "única manera saludable de comer". Es, sin embargo, una manera de alimentarse muy benéfica para quienes sufren de molestias digestivas. Inténtela por unas semanas para conocer sus efectos. En cualquier caso, tiene la ventaja que le ayudará a perder unos cuantos kilogramos.

La única regla importante es no combinar en la misma comida almidones con proteínas. Por ejemplo: no combine pescado (proteína) y papas fritas (almidón), carne (proteína) y papas (almidón), queso (proteína) y panecillos (almidón). Deje pasar tres horas entre cada comida y si desea picar algo, escoja alimentos neutros, que pueden consumirse con almidón o con proteína.

IZQUIERDA Alimentos ricos en proteínas y alimentos neutros: hay una gran variedad de ellos para preparar comidas deliciosas.

| ALIMENTOS RICOS EN PROTEÍNAS | ALIMENTOS NEUTROS | | ALIMENTOS DE ALMIDÓN |
|---|---|---|---|
| CARNE | TODOS LOS VEGETALES *(excepto los listados en el grupo de los almidones)* | ACEITES DE OLIVA, SÉSAMO Y GIRASOL | PAPAS |
| AVES DE CORRAL | | LENTEJAS | ÑAME |
| ANIMALES DE CAZA | TODAS LAS NUECES *(excepto el maní)* | ARVEJAS PARTIDAS | MAIZ TIERNO |
| PESCADO | | GARBANZOS *(pero no granos de soya)* | PAN |
| MARISCOS | MANTEQUILLA | | HARINA |
| HUEVOS | CREMA | TODAS LAS SEMILLAS Y BROTES | AVENA |
| FRUTAS *(excepto las listadas en el grupo de los almidones)* | QUESO CREMA | | TRIGO |
| | RICOTTA | HIERBAS | CEBADA |
| MANÍ | CLARA DE HUEVO | ESPECIAS | ARROZ |
| GRANOS DE SOYA | YOGURT Y LECHE *(muy pocas proteínas, pueden consumirse en pequeñas cantidades con almidones)* | UVAS PASAS | MIJO |
| TOFU | | PASAS SULTANAS | CENTENO |
| LECHE | | MIEL | TRIGO |
| YOGURT | | JARABE DE MAPLE | PASTA |
| TODOS LOS QUESOS *(excepto el queso crema y el ricotta)* | | | FRUTAS DULCES COMO LAS PERAS MADURAS |
| VINO Y SIDRA | | | BANANO |
| | | | PAPAYA |
| | | | MANGO |
| | | | UVAS DULCES |
| | | | CERVEZA |

IZQUIERDA *Alimentos de almidón y alimentos neutros: muchas de las comidas que más llenan pueden prepararse con ellos.*

# La dieta de exclusión

Muchas personas ignoran que padecen de intolerancia a ciertos alimentos: lácteos, café, fresas, hojas de lechuga o, de hecho, cualquier alimento. El síndrome de colon irritable, la flatulencia, el dolor de cabeza, las náuseas, el agotamiento y los problemas de la piel, son sólo algunas de las dolencias que pueden desencadenar la intolerancia a uno o más alimentos. Lo importante es identificarlos.

Siga esta dieta de exclusión durante un par de semanas y observe si nota alguna diferencia. Si no la hay, busque ayuda profesional. Si la hay, empiece probando uno por uno cada alimento hasta que encuentre el que causa los síntomas. Una vez lo haga, exclúyalo durante unos pocos meses, luego vuelva a consumirlo. En términos generales, podrá comerlo en pequeñas cantidades sin ningún problema siempre y cuando no lo haga todos los días.

| Los siguientes son los alimentos que puede y no puede consumir durante las dos primeras semanas: | NO PERMITIDO | PERMITIDO |
|---|---|---|
| CARNE | Carnes en conserva, tocineta, salchichas, todos los productos de carne procesada. | Todas las otras carnes. |
| PESCADO | Pescado ahumado, mariscos. | Pescado blanco. |
| VEGETALES | Papas, cebollas, maíz dulce, berenjenas, pimientos dulces, chiles, tomates. | Todos los otros vegetales, ensaladas, legumbres, nabo sueco, chirivía. |
| FRUTAS | Frutas cítricas (ej. naranjas y toronjas). | Todas las otras frutas (ej. manzanas, bananos, peras). |
| CEREALES | Trigo, avena, cebada, centeno, maíz. | Arroz, arroz integral, hojuelas de arroz, harina de arroz, sagú, cereales de arroz al desayuno, tapioca, mijo, trigo. |
| ACEITE DE COCINA | Aceite de maíz, aceite vegetal. | Aceite de girasol, aceite de soya, aceite de oliva, aceite de alazor. |
| PRODUCTOS LÁCTEOS | Leche de vaca, mantequilla, la mayoría de las margarinas, yogurt y queso de leche de vaca, huevos. | Leche de cabra, oveja y soya, y productos derivados de éstas, margarinas libres de ácidos grasos insaturados. |
| BEBIDAS | Té, café (en grano, instantáneo y descafeinado), puré de frutas, jugo de naranja, jugo de toronja, licor y agua de la llave. | Infusión de hierbas (ej. manzanilla), jugos de fruta fresca (ej. manzanas, piña), jugo de tomate puro (sin aditivos), agua mineral, destilada o desionizada. |
| MISCELÁNEOS | Chocolates, levadura, extractos de levadura, preservativos artificiales, colorantes y saborizantes, glutamato de monosodio, todos los endulzantes artificiales. | Algarrobo, sal marina, hierbas, especias y pequeñas cantidades de azúcar o miel. |

DESPUÉS DE DOS SEMANAS introduzca otros alimentos en este orden: agua de la llave, papas, leche de vaca, levadura, té, centeno, mantequilla, cebollas, huevos, avena cocida, café, chocolate, cebada, frutas cítricas, maíz, queso de leche de vaca, vino blanco, mariscos, yogurt de leche de vaca natural, vinagre, trigo y nueces.

Toda dieta muy estricta pone en riesgo la salud y pese a que no representa ningún problema experimentar por su propia cuenta durante unas pocas semanas, siempre que retire de su dieta grupos de alimentos importantes por un periodo largo, debe hacerlo bajo supervisión profesional.

ARRIBA Y ABAJO *Las uvas y los mangos son una buena fuente de vitamina C.*

# Otras ayudas

*E* sta sección ofrece una breve descripción de las cuatro terapias: acupresión, técnica de Alexander, reflexología y yoga, agrupadas bajo el título de Otras ayudas, puesto que es posible que usted ya las practique con un maestro. Los gráficos describen los puntos de acupresión y reflexología mencionados en el libro.

## ACUPRESIÓN

La acupresión usa puntos de presión en lugar de las agujas de la acupuntura, y es un tratamiento muy simple diseñado para dar primeros auxilios efectivos en términos de alivio del dolor y de disminución de los síntomas. Esta técnica no reemplaza un tratamiento de acupuntura realizado por un profesional calificado, pero inclusive ellos algunas veces, aplican acupresión en lugar de las agujas, ya que puede ser de gran ayuda para muchas dolencias.

El tratamiento ideal se hace con el paciente en posición horizontal o relajado en una silla confortable. La presión debe ser aplicada en los puntos indicados (*ver los gráficos a la derecha*), ya sea con un dedo (el meñique y el índice son los más fáciles de usar) o con el extremo de la tapa de un esfero de punta de bola que sume precisión. Aplique una presión firme pero nunca fuerte durante no más de diez minutos, liberando y aplicando de nuevo la presión cada 15 segundos. La duración y fuerza del tratamiento debe tener en cuenta la edad y la salud general del paciente. Durante las primeras semanas de embarazo se deben evitar todos los puntos sobre el abdomen y después de este periodo se puede ejercer apenas una presión suave. No se le debe aplicar a alguien que esté bajo el efecto de alcohol o de drogas. En China, la acupresión es ampliamente utilizada en los niños para calmar síntomas agudos y usted la encontrará de gran utilidad como complemento efectivo de los remedios caseros que esté usando.

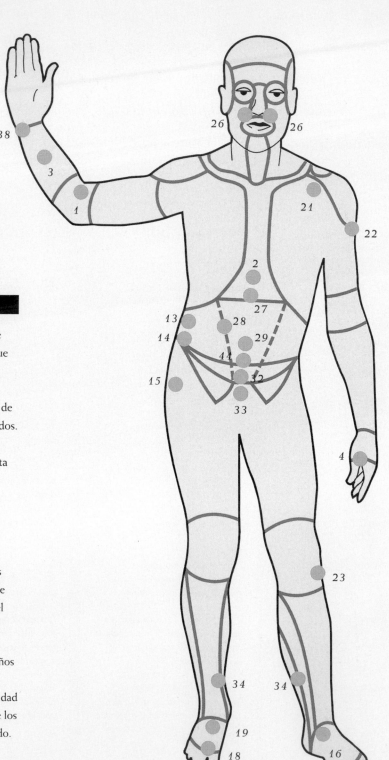

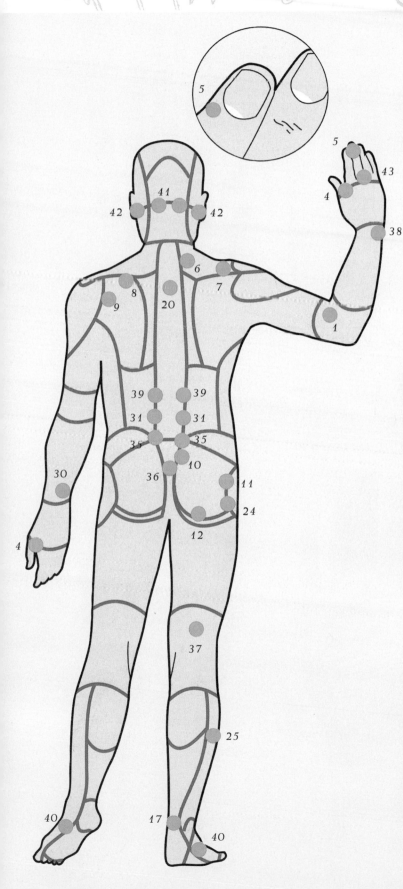

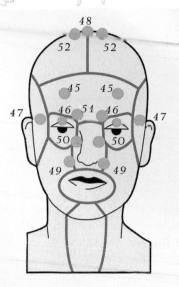

Los puntos de acupresión están ubicados a lo largo de los meridianos o caminos de energía del cuerpo. Estos puntos se encuentran en la parte frontal (página opuesta) y posterior (izquierda) del cuerpo, así como en la cabeza (derecha). La aplicación de presión sobre estos puntos específicos, ayudará a aliviar las dolencias relacionadas con estos meridianos. En la sección de Otras ayudas, a lo largo del libro, encontrará enumerados los puntos de acupresión específicos para cada enfermedad.

## TÉCNICA DE ALEXANDER

La técnica de Alexander no es una terapia pero sí un método de reeducación mental y física que ayuda a reducir la tensión en todas las actividades humanas. Al aprender a usar bien el cuerpo estará trabajando muchas de las causas que provocan dolencias debido al manejo psicofisiológico errado.

Las lecciones de Alexander son individuales y duran de 30 a 40 minutos. El pupilo aprende a apreciar las implicaciones prácticas del pensamiento y su efecto sobre la actividad muscular. Las manos del profesor ayudan a liberar la tensión y, a través de una guía manual, el pupilo es introducido en una nueva experiencia. Normalmente las personas descubren una nueva sensación de ligereza y comodidad, así como alivio de algunas de sus dolencias.

Se requiere un promedio de 20 a 30 lecciones para que los pupilos empiecen a recrear con confianza las enseñanzas obtenidas. La técnica de Alexander no trata ninguna condición médica específica pero si usted ya la conoce puede representar un gran beneficio para ciertas enfermedades mencionadas en este libro.

En 1973, tras seguir con su familia un curso de la técnica de Alexander, el ganador del premio Nobel de Medicina, Nicholas Tinbergen, dijo a la revista Science: "Encontré una sorprendente mejoría en áreas tan diferentes como hipertensión, respiración profunda al dormir, alegría general, alerta mental, elasticidad respecto a la presión externa y, también, en una habilidad tan refinada como la de tocar un instrumento de cuerda".

## REFLEXOLOGÍA

La reflexología es la aplicación de presión con los dedos sobre las manos y los pies. Los reflexólogos creen que existen puntos específicos y áreas en las manos y en los pies (*ver gráficos a la derecha*) relacionados con los órganos, sistemas y funciones del cuerpo y que tocándolos es posible detectar y localizar los desequilibrios. Para corregirlos, aplican técnicas que reducen los síntomas y estimulan los procesos de curación.

El método más conocido es el de variar la presión y la técnica llamada "caminata del pulgar". La punta y el borde del pulgar (o de otro dedo) flexionado se usa para aplicar y retirar la presión mientras se dan pequeños y rítmicos pasos hacia adelante manteniendo el contacto con la piel. Para aliviar el dolor, se aplica presión por 10 a 15 segundos (10 para niños y personas de edad) sobre el reflejo de la parte afectada y se repite tres veces. Los puntos reflejo, normalmente están muy sensibles, indicación de desequilibrio, y por lo tanto, se deben observar y respetar los niveles de tolerancia del individuo.

No es inusual encontrar reacción al tratamiento, tal vez dolor de cabeza, nariz mocosa, micción frecuente, cansancio o aumento de energía. Estas reacciones no deberían durar más de 24 horas e indican que el cuerpo se está limpiando.

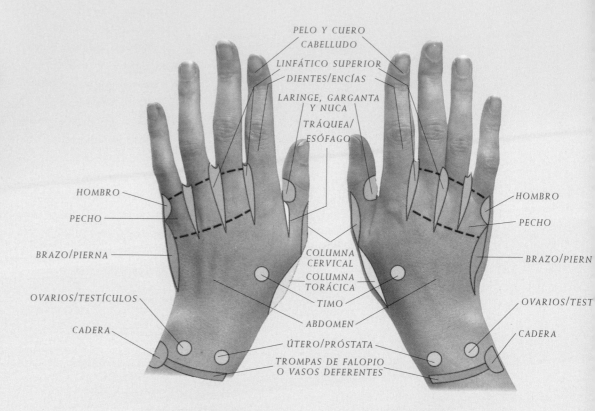

**PUNTOS DE REFLEXOLOGÍA EN EL DORSO DE LAS MANOS**

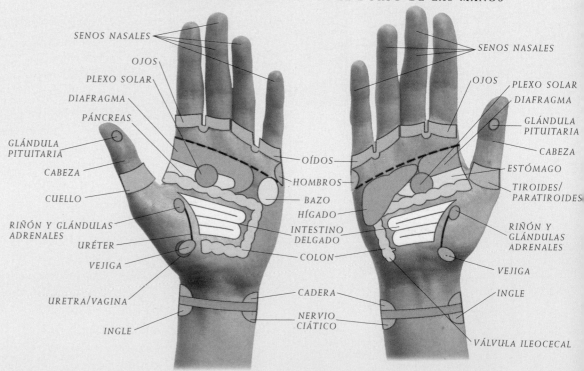

**PALMAS DE LAS MANOS**

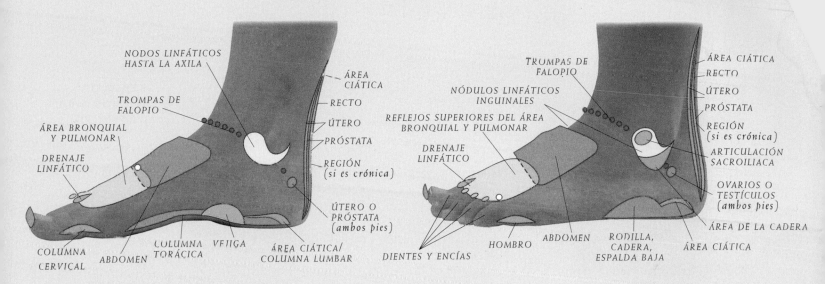

PIE DERECHO

PIE IZQUIERDO

ARRIBA Y ABAJO *Áreas de reflexología en los pies y sus correspondientes áreas en el cuerpo.*

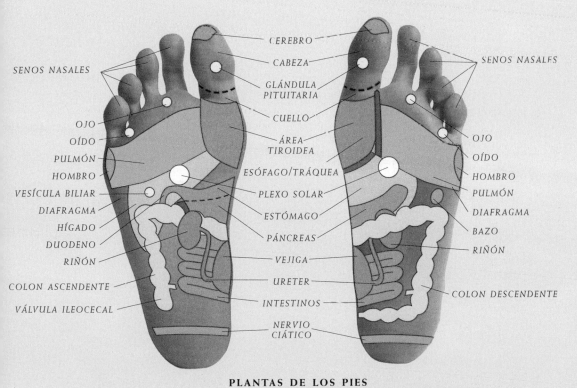

PLANTAS DE LOS PIES

PIE DERECHO

PIE IZQUIERDO

## YOGA

El yoga cuenta con una gran gama de técnicas para ayudar a sus practicantes en su búsqueda de la salud, la curación y el significado de la existencia. Las sugerencias que este libro proporciona apenas muestran sus posibilidades, pero esperamos que ayude a quienes ya lo conocen e inspire a los demás a buscar un maestro.

# El botiquín para el hogar

Todo botiquín debe contar con vendajes, gasas, ganchos de seguridad, antisépticos, pinzas, tijeras, analgésicos, antidiarreicos y cualquiera que sea "el ungüento mágico de mamá". Pero el botiquín de remedios caseros recomendado aquí incluye ingredientes naturales que lo beneficiarán a usted y a su familia: aceites esenciales, como el de lavanda y el de árbol de té, hierbas como la manzanilla y el olmo norteamericano, una serie de medicinas homeopáticas como el senecio formosus, la belladona y la ortiga, y remedios culinarios como el ajo, el jengibre y la mostaza. Este libro le enseña a utilizar estos regalos de la naturaleza como ayudas poderosas para tratar de una manera segura y efectiva la mayoría de las enfermedades menores.

## REMEDIOS CULINARIOS PARA EL BOTIQUÍN

1. Vinagre de sidra
2. Canela
3. Clavos
4. Sales de Epsom
5. Ajo (fresco)
6. Raíz de jengibre
7. Rábano
8. Mostaza en polvo
9. Miel orgánica
10. Salvia (*en planta o seca*)
11. Bicarbonato de sodio
12. Germen de trigo

Vinagre de sidra

Sales de Epsom

Salvia

Rábano

Ajo

Clavos

Lavanda

Mostaza en polvo

Canela

Raíz de jengibre

Bicarbonato de sodio

Germen de trigo

## REMEDIOS CONVENCIONALES PARA EL BOTIQUÍN

1. Loción de calamina
2. Maleato de clorfeniramina
3. Clotrimazol en crema
4. Hidrocortisona crema al 1%
5. Ibuprofeno
6. Suero oral en polvo (para reconstitución en caso de diarrea)
7. Acetaminofén

## REMEDIOS HERBALES PARA EL BOTIQUÍN

1. Una planta de *Aloe vera* para que crezca cerca de la ventana
2. Crema de senecio formosus
3. Flores de manzanilla, sueltas o en bolsas de té
4. Crema de álsine
5. Tabletas de equinácea
6. Aceite de lavanda
7. Crema de caléndula
8. Tintura de ulmaria
9. Tintura de mirra
10. Tabletas de olmo norteamericano
11. Aceite de árbol de té
12. Hamamelis destilado (o en tintura)

## REMEDIOS HOMEOPÁTICOS PARA EL BOTIQUÍN

Todas en una potencia de 6c y potencia de 30c.

1. Aconite
2. Arnica
3. Apis
4. Belladonna
5. Bellis perennis
6. Cantharis
7. Hypercal (crema)
8. Hypericum
9. Ledum
10. Rhus toxicodendrum
11. Silica
12. Symphytum
13. Urtica ureas

## ACEITES AROMATERAPÉUTICOS PARA EL BOTIQUÍN

*La duración de los aceites esenciales es de uno a dos años, por lo tanto, si no va a utilizarlos con regularidad, no vale la pena mantener grandes existencias en el botiquín casero. Compre aceites con propiedades y usos múltiples para usted y para su familia como los que se mencionan abajo, o aceites para enfermedades específicas señalados en este libro.*

1. Eucalipto
2. Lavanda
3. Árbol de té

Flores de manzanilla

Aloe Vera

Bolsas de té de manzanilla

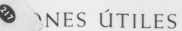

...puncture Council
...use
...8 Latimer Road
...ondres W10 6RE
Gran Bretaña
Tel: 44 181 964 0222
Fax: 44 181 964 0333

College of Integrated Chinese Medicine
19 Castle Street
Reading
Berks RG1 7SB
Gran Bretaña
Tel: 44 1734 508880
Fax: 44 1734 508890

### Norteamérica

American Association for Acupuncture and Oriental
Medicine
4101 Lake Boone Trail
Suite 201
Raleigh
Carolina del Norte 27607
Estados Unidos
Tel: 1 919 787 5181

American Association of Oriental Medicine (AAOM)
433 Front Street
Catasauqua
Pensilvania 18032
Estados Unidos
Tel: 1 610 266 1433
Fax: 1 610 264 2768

National Acupuncture and Oriental Medicine Alliance
PO Box 77511
Seattle
Washington 98177-0531
Estados Unidos
Tel: 1 206 524 3511

National Acupuncture and Oriental Medicine Alliance
(National Alliance)
14637 Starr Road, SE
Olalla
Washington 98359
Estados Unidos
Tel: 1 206 851 6896
Fax: 1 206 851 6883

### Oceanía

Australian Traditional Medicine Society Limited
ATMS
PO Box 1027 (correo)/12/27 Bank Street (oficina)
Meadowbank
New South Wales 2114
Australia
Tel: 61 2 809 6800

New Zealand Register of Acupuncturists Inc.
PO Box 9950
Wellington 1
Nueva Zelanda
Tel/Fax: 64 4 476 8578

### AROMATERAPIA

### Europa

Academy of Aromatherapy and Massage
50 Cow Wynd
Falkirk
Stirlingshire FK1 1PU
Gran Bretaña
Tel: 44 1324 612658

International Federation of Aromatherapists
Stamford House
2–4 Chiswick High Road
Londres W4 1TH
Gran Bretaña
Tel: 44 181 742 2605
Fax: 44 181 742 2606

International Society of Professional Aromatherapists
ISPA House
82 Ashby Road
Hinckley
Leics OE10 1SN
Gran Bretaña
Tel: 44 1455 637987
Fax: 44 1455 890956

International Therapy Examination Council (ITEC)
James House
Oakelbrook Mill
Newent
Glos
Gran Bretaña
Tel: 44 1531 822425

Tisserand Institute
65 Church Road
Hove
East Sussex BN3 2BD
Gran Bretaña
Tel: 44 1273 206640
Fax: 44 1273 329811

### Norteamérica

American Alliance of Aroma Therapy
PO Box 750428
Petaluma
California 94975-0428
Estados Unidos
Tel: 1 707 778 6762
Fax: 1 707 769 0868

American Aromatherapy Association
PO Box 3679
South Pasadena
California 91031
Estados Unidos
Tel: 1 818 457 1742

National Association of Holistic Aromatherapy
PO Box 17622
Boulder
Colorado 80308-0622
Estados Unidos
Tel: 1 303 258 3791

### HERBALISMO

### Europa

British Herbal Medicine Association
1 Wickham Road
Boscombe
Bournemouth
Dorset BH7 6JX
Gran Bretaña
Tel: 44 1202 433691

The Herb Society
Deddington Hill Farm
Warmington
Banbury
Oxon OX171XB
Gran Bretaña
Tel: 44 1295 692900

National Institute of Medical Herbalists
56 Longbrook Street
Exeter
Devon EX4 6AH
Gran Bretaña
Tel: 44 1392 426022

School of Herbal Medicine/Phytotherapy
Bucksteep Manor
Bodle Street Green
Near Hailsham
Sussex BN27 4RJ
Gran Bretaña
Tel: 44 1323 833 812/4
Fax: 44 1323 833 869

### Norteamérica

American Botanical Council
PO Box 201660
Austin
Texas 78720-1660
Estados Unidos
Tel: 1 512 331 1924

American Herbalists Guild
PO Box 1683
Soquel
California 95073
Estados Unidos

### Oceanía

National Herbalists Association of Australia
Suite 305
BST House
3 Smail Street
Broadway
New South Wales 2007
Australia
Tel: 61 2 211 6437
Fax: 61 2 211 6452

### HOMEOPATÍA

### Europa

British Homoeopathic Association
27A Devonshire Street
Londres W1N 1RJ
Gran Bretaña
Tel: 44 171 935 2163

Centre d'Etudes Homéopathiques de France
228 Boulevard Raspail
75014 Paris
Francia
Tel: 33 143 20 7896

Faculty of Homeopathy
Hahnemann House
2 Powis Place
Londres WC1N 3HT
Gran Bretaña
Tel: 44 171 837 9469

Helios Homeopathic Pharmacy
97 Camden Road
Tunbridge Wells
Kent TN1 2QR
Gran Bretaña
Tel: 44 1892 537254

Nelsons Homeopathic Pharmacy
73 Duke Street
Grosvenor Square
Londres W1M 6BY
Estados Unidos
Tel: 44 171 495 2404

Société Médical de Biothérapie
62 rue Beaubourg
75003 Paris
Francia
Tel: 33 143 346000

Society of Homoeopaths
2 Artisan Road
Northampton NN1 4HU
Gran Bretaña
Tel: 44 1604 21400
Fax: 44 1604 22622

### Norteamérica

Council for Homeopathic Certification
1709 Seabright Avenue
Santa Cruz
California 95062
Estados Unidos
Tel: 1 408 421 0565
Sitio web: www.healthy.net/che

Homeopathic Association of Naturopathic Physicians
(HANP)
PO Box 69565
Portland
Oregon 97201
Estados Unidos
Tel: 1 503 795 0579

National Center for Homeopathy
801 North Fairfax Street
Suite 306
Alexandria
Virginia 22314
Estados Unidos
Tel: 1 703 548 7790
Fax: 1 703 548 7792
correo electrónico: nch@igc.org

North American Society of Homeopaths (NASH)
2024 S. Dearborn Street
Seattle
Washington 98144-2912
Estados Unidos
Tel: 1 206 720 7000
Fax: 1 206 329 5684
correo electrónico: NashInfo@aol.com
Sitio web: www.homeopathy.org

### Oceanía

Australian Homeopathic Association
11 Landsborough Terrace
Toowong 4006
Australia
Tel/Fax: 61 7 3371 7245
correo electrónico: vikiwill@powerup.com.au

Australian Institute of Homeopathy
21 Bulah Heights
Berdwra Heights
New South Wales 2082
Australia

New Zealand Institute of Classical Homeopathy
PO Box 7232
Wellesley Street
Auckland
Nueva Zelanda
correo electrónico: jwinston@actrix.gen.nz

### MEDICINA CONVENCIONAL

### Europa

Arthritis and Rheumatism Council for Research
Copeman House
St Mary's Court
St Mary's Gate
Chesterfield S41 7TD
Gran Bretaña
Tel: 44 1246 558033

British Association of Counselling (BACS)
1 Regent Place
Rugby
Warwickshire CV21 2PL
Gran Bretaña
Tel: 44 1788 578328

British Migraine Association
178a High Road
Byfleet
West Byfleet
Surrey KT14 7ED
Gran Bretaña
Tel: 44 1932 352468

Enuresis Resource and Information Centre
65 St Michael's Hill
Bristol BS2 8DZ
Gran Bretaña
Tel: 44 117 9264920

Hairline International: The Alopecia Patients' Society
Lyon's Court
1668 High Street
Knowle
West Midlands B93 0LY
Gran Bretaña
Tel: 44 1564 775281

Herpes Association
41 North Road
Londres N7 9DP
Gran Bretaña
Tel: 44 171 607 9661
(Línea de ayuda: 44 171 609 9061)

Medic Alert Foundation
12 Bridge Wharf
156 Caledonian Road
Londres N1 9UU
Gran Bretaña
Tel: 44 171 833 3034

National Asthma Campaign
Providence House
Providence Place
Londres N1 0NT
Gran Bretaña
Tel: 44 171 226 2260

National Back Pain Association
16 Elmtree Road
Teddington
Middlesex TW11 8ST
Gran Bretaña
Tel: 44 181 977 5474

National Eczema Society
4 Tavistock Place
Londres WC1H 9RA
Gran Bretaña
Tel: 44 171 388 4097

National Osteoporosis Society
PO Box 10
Radstock
Bath BA3 3YB
Gran Bretaña
Tel: 44 1761 432472

Patients' Association
PO Box 935
Harrow
Middlesex HA1 3YJ
Gran Bretaña
Línea de ayuda: 44 181 423 8999

Psoriasis Association
7 Milton Street
Northampton NN2 7JG
Gran Bretaña
Tel: 44 1604 711129

Seasonal Affective Disorder Association
PO Box 989
Londres SW7 2PZ
Gran Bretaña
Tel: 44 181 969 7028

Sense National Deafblind and Rubella Association
11–13 Clifton Terrace
Finsbury Park
Londres N4 3SR
Gran Bretaña
Tel: 44 171 272 7774
Society of Chiropodists
53 Welbeck Street
Londres W1M 7HE
Gran Bretaña
Tel: 44 171 486 3381

Women's Health Concern
83 Earls Court Road
Londres W8 6EF
Gran Bretaña
Tel: 44 171 938 3932

### Norteamérica

American Counseling Association
5999 Stevenson Avenue
Alexandria
Virginia 22304-9800
Estados Unidos
Tel: 1 703 823 0988

National Psoriasis Foundation
Suite 200
6415 South West Canyon Court
Portland
Oregon 97221
Estados Unidos
Tel: 1 503 297 1545

### Oceanía

Skin and Psoriasis Foundation of Victoria
PO Box 228
Collins Street
PO 3000
Melbourne 671962
Victoria
Australia

## NUTRICIÓN

### Europa

The British Naturopathic Association
Frazer House
6 Netherhall Gardens
Londres NW3 5RR
Gran Bretaña
Tel: 44 171 435 7830

Eating Disorders Association
Sackville Place
44 Magdalen Street
Norwich NR3 1JU
Gran Bretaña
Línea de ayuda: 44 1603 621414
Fax: 44 1603 664915
Sitio web: www.gurney.org.uk/eda/

Vegetarian Society
Parkdale
Dunham Road
Altrincham
Cheshire WA14 4QG
Gran Bretaña
Tel: 44 161 928 4QG
Fax: 44 161 926 9182

### Norteamérica

American Association of Nutrition Consultants
1641 East Sunset Road, Apt B-117
Las Vegas
Nevada 89119
Estados Unidos
Tel: 1 709 361 1132

American Dietetics Association
216 West Jackson Boulevard
Apt 800
Chicago
Illinois 60606-6995
Estados Unidos
Tel: 1 800 877 1600

Eating Disorders Awareness and Prevention
603 Steward Street
Suite 8013
Seattle
Washington 98101
Estados Unidos
Tel: 1 206 382 3587

International Association of Professional Natural Hygienists (fasting)
104 Stambaugh Building
Youngstown
Ohio 44503
Estados Unidos
Tel: 1 216 746 5000
Fax: 1 216 746 1836

National Nutritional Foods Association
150 East Paularino Avenue
Apt 285
Costa Mesa
California 92626
Estados Unidos
Tel: 1 714 966 6632
Fax: 1 714 641 7005

North American Vegetarian Society
PO Box 72
Dolgeville
Nueva York
NY 13329
Estados Unidos
Tel: 1 518 568 7970

## REFLEXOLOGÍA

### Europa

Association of Reflexologists
27 Old Gloucester Street
Londres WC1N 3XX
Gran Bretaña
Tel: 44 990 673320

British School of Reflexology and Holistic Association of Reflexologists
92 Sheering Road
Old Harlow
Essex CM17 0JW
Gran Bretaña
Tel: 44 1279 429060
Fax: 44 1279 445234

International Institute of Reflexology
15 Hartfield Close
Tonbridge
Kent
Gran Bretaña
Tel/Fax: 44 1732 350629

Irish Reflexologists Institute
3 Blackglen Court
Lambs Cross
Sandyford
Dublín
República de Irlanda

Scottish Institute of Reflexology
Secretary: Mrs Ann McCaig
15 Hazel Park
Hamilton
Lanarkshire ML3 7HH
Gran Bretaña
Tel: 44 1698 427962
Fax: 44 1698 427962

### Norteamérica

International Council of Reflexologists
PO Box 621963
Littleton
Colorado
Estados Unidos

International Institute of Reflexology
PO Box 12642
Saint Petersburg
Florida 33733
Estados Unidos
Tel: 1 813 343 4811

Reflexology Association of America
4012 S. Rainbow Boulevard
Box K585
Las Vegas
Nevada 89103-2509
Estados Unidos

Reflexology Association of Canada (RAC)
11 Glen Cameron Road
Unit 4
Thornhill
Ontario L8T 4NB
Canadá
Tel: 1 905 889 5900

### Oceanía

Australian School of Reflexology
15 Kedumba Crescent
Turramurra 2074
New South Wales
Australia
Tel: 61 299 883881

New Zealand Institute of Reflexologists Inc.
253 Mt Albert Road
Mt Roskill
Auckland
Nueva Zelanda

New Zealand Reflexology Association
PO Box 31 084
Auckland 4
Nueva Zelanda
Tel: 64 9486 3447

## TÉCNICA DE ALEXANDER

### Europa

Society of Teachers of the Alexander Technique (STAT)
20 London House
266 Fulham Road
Londres SW10 9EL
Gran Bretaña
Tel: 44 171 351 0828
Fax: 44 171 352 1556
STAT puede brindar información sobre Sociedades afiliadas en toda Europa.

### Norteamérica

Canadian Society of Teachers of the Alexander Technique
PO Box 47025
No.19-555 West 12th Avenue
Vancouver
British Columbia V5Z 3XO
Canadá

North American Society of Teachers of the Alexander Technique (NASTAT)
PO Box 517
Urbana
Illinois 61801-0517
Estados Unidos
Tel: 1 217 367 6956

### Oceanía

Australian Society of Teachers of the Alexander Technique (AUSTAT)
PO Box 716
Darlinghurst
New South Wales 2010
Australia
Tel: 61 8 339 571

## YOGA

### Europa

British Wheel of Yoga
1 Hamilton Place
Boston Road
Sleaford
Lincs NG34 7ES
Gran Bretaña
Tel: 44 1529 306851

Viniyoga Britain
105 Gales Drive
Three Bridges
Crawley
West Sussex RH10 1QD
Gran Bretaña

### Norteamérica

BKS Iyengar Yoga National Association of the US
8223 West Third Street
Los Ángeles
California 90088
Estados Unidos
Tel: 1 213 653 0357

International Association of Yoga Therapists
109 Hillside Avenue
Mill Valley
California 94941
Estados Unidos
Tel: 1 415 383 4587
Fax: 1 415 381 0876

### Oceanía

BKS Iyengar Association of Australia
1 Rickman Avenue
Mosman
New South Wales 2088
Australia

International Yoga Teachers' Association
c/o 14/15 Huddart Avenue
Normanhurst
New South Wales 2076
Australia
Tel: 61 2 9484 9848

...ieron publicados en el
...en los casos en los que se
...

**...SIÓN**

...ressure for Common Ailments, por Chris
...rmey y John Tindall (Gaia Books, 1991)

Acupressure Techniques, por Julian Kenyon
(Thorsons, 1987)

**AROMATERAPIA**

Aromatherapy: An A–Z, por Patricia David
(C.W. Daniel, 1988)

Aromatherapy for Common Ailments, por Shirley
Price (Gaia, 1991)

Aromatherapy for Home Use, por Christine
Westwood (Amberwood, 1991)

Aromatherapy for Pregnancy and Childbirth, por
Margaret Fawcett (Element Books, 1993)

The Complete Illustrated Guide to Aromatherapy,
por Julia Lawless (Element Books, 1997)

**GENERAL**

A–Z of Natural Healthcare, por Belinda Grant
(Optima, 1993)

All Day Energy, por Kathryn Marsden
(Bantam Books, 1995)

The Alternative Dictionary of Symptoms and Cures,
por Dr. Caroline Shreeve (Century, 1987)

The Alternative Health Guide, por Brian Inglis y
Ruth West (Michael Joseph, 1983)

Arthritis & Rheumatism: A Comprehensive Guide to
Effective Treatment, por Pat Young (Element
Books, 1995)

Better Health through Natural Healing, por Ross
Tratler ( McGraw-Hill, Estados Unidos,
1987)

Choices in Healing, por Michael Lerner (MIT
Press, Estados Unidos/Reino Unido, 1994)

The Complete Guide to Food Allergy and
Environmental Illnesses, por Dr. Keith Mumby
(Thorsons, 1993)

The Complete Natural Health Consultant, por
Michael van Straten (Ebury, 1987)

The Complete Relaxation Book, por James
Hewitt (Rider, 1987)

The Encyclopaedia of Alternative Health Care, por
Kristen Olsen (Piatkus, 1989)

Encyclopaedia of Natural Medicine, por Brian
Inglis y Ruth West (Michael Joseph, 1983)

Encyclopaedia of Natural Medicine, por Michael
Murray y Joseph Pizzorno (Macdonald
Optima, 1990)

The Fountain of Health: An A–Z of Traditional
Chinese Medicine, por Dr. Charles
Windrige/Dr. Wu Xiaochun (Mainstream
Publishing, 1994)

Gentle Medicine, por Angela Smyth
(Thorsons, 1994)

Guide to Complementary Medicine and Therapies,
por Anne Woodham (Health Education
Authority, 1994)

The Handbook of Complementary Medicine, por
Stephen Fulder (Oxford Medical
Publications, 1988)

Headaches, por Dr. John Lockie y
KarenSullivan (Bloomsbury, 1992)

How to Live Longer and Feel Better, por Linus
Pauling (W. H. Freeman, Estados Unidos,
1986)

The Illustrated Encyclopaedia of Essential Oils, por
Julia Lawless (Element Books, 1995)

Life, Health and Longevity, por Kenneth Seaton
(Scientific Hygiene, Estados Unidos, 1994)

Massage: A Practical Introduction, por Stewart
Mitchell (Element Books, 1992)

Maximum Immunity, por Michael Wiener
(Gateway Books, 1986)

Medicine and Culture, por Lynn Payer
(Gollancz, 1990)

Migraine: A Comprehensive Guide to Effective
Treatment, por Eileen Herzberg (Element
Books, 1994)

Reader's Digest Family Guide to Alternative
Medicine, por ed. Dr. Patrick Pietroni (The
Reader's Digest Association, 1991)

Teach Yourself Meditation, por James Hewitt
(Hodder and Stoughton, 1978)

The Which Guide to Women's Health, por Dr.
Anne Robinson (Which Consumer Guides,
1996)

You Can Heal Your Life, por Louise Hay (Eden
Grove, Estados Unidos, 1988)

You Don't Have To Die, por Leon Chaitow
(Future Medicine Publishing, Estados
Unidos, 1994)

You Don't Have to Feel Unwell, por Robin
Needes (Gateway Books, 1994)

**HERBALISMO**

The Complete Floral Healer, por Anne McIntrye
(Gaia, 1996)

The Complete Herb Book, por Jekka McVicar
(Kyle Cathie, 1994)

The Complete Illustrated Holistic Herbal, por
David Hoffman (Element Books, 1996)

The Complete New Herbal, ed. Richard Mabey
(Penguin Books, 1991)

Encyclopaedia of Herbal Medicine, por T.
Bartram (Grace Publishers, 1995)

Encyclopaedia of Herbs and Their Uses, por D.
Brown (Dorling Kindersley, 1995)

Evening Primrose, por Kathryn Marsden
(Vermilion, 1993)

Herbal First Aid, por A. Chevallier
(Amberwood Publishing, 1993)

Herbal Medicine, por R.F. Weiss (Beaconsfield
Publishers, 1988)

Herbal Medicines, por C.A. Newell, L.A.
Anderson y J.D. Phillipson (Pharmaceutical
Press, 1996)

The Herbal for Mother and Child, por Anne
McIntyre (Element Books, 1992)

Herbs for Common Ailments, por Anne McIntyre
(Gaia, 1992)

The Herb Society's Complete Medicinal Herbal, por
Penelope Ody (Dorling Kindersley, 1993)

The Herb Society's Home Herbal, por Penelope
Ody (Dorling Kindersley, 1995)

The Home Herbal,por Barbara Griggs (Pan
Books, 1995)

The Illustrated Herbal Handbook for Everyone, por
Juliette de Bairacli Levy (Faber & Faber,
1991)

100 Great Natural Remedies, por Penelope Ody
(Kyle Cathie, 1997)

Out of the Earth, por S.Y. Mills (Viking, 1991)

Potter's New Cyclopaedia of Botanical Drugs and
Preparations, por R.C. Wren (C.W. Daniels,
1988)

**HOMEOPATÍA**

The Complete Family Guide to Homeopathy, por
Dr. Christopher Hammond (Element Books,
1996)

Emotional Healing with Homoeopathy: A Self-Help
Manual, por Peter Chappell (Element Books,
1994)

The Family Guide to Homoeopathy, por Andrew
Lockie (Hamish Hamilton, 1990)

The Family Health Guide to Homoeopathy, por
Dr. Barry Rose (Dragon's World, 1992)

Homoeopathy: The Family Handbook, British
Homoeopathic Association (Thorsons,
1992)

Homeopathy: The Principles & Practice of Treatment,
por Dr. Andrew Lockie y Dr. Nicola
Geddes (Dorling Kindersley, 1995)

The New Concise Guide to Homeopathy, por
Nigel y Susan Garion-Hutchings (Element
Books, 1993)

The Women's Guide to Homoeopathy, por Andrew
Lockie y Nicola Geddes (Hamish
Hamilton, 1992)

**NUTRICIÓN**

The Amino Revolution, por Robert Erdmann y
Meirion Jones (Century, 1987)

Anorexia and Bulimia, por Julia Buckroyd
(Element Books, 1996)

The Complete Guide to Vitamins and Minerals, por
Leonard Mervyn (Thorsons, 1986)

The Complete Illustrated Guide to Nutritional
Healing, por Denise Mortimore (Element
Books, 1998)

Food: Your Miracle Medicine, por Jean Carper
(Simon & Schuster, 1993)

Foods for Mind and Body, por Michael van
Straten (HarperCollins, 1997)

Foods that Harm, Foods that Heal, (The Reader's
Digest Association, 1996)

The Healing Foods, por Patricia Hausmann y
Judith Benn Hurley (MJF Books, Estados
Unidos,1989)

The Healing Foods Cookbook, por Jane Sen
(Thorsons, 1996)

Healing Nutrients, por Patrick Quillen
(Contemporary Books, Estados Unidos
/Beaverbooks, Can, 1987, Penguin, 1989)

Jekka's Complete Herb Book, por Jekka McVicar
(Kyle Cathie, 1994)

Minerals: What They Are and Why We Need
Them, por Miriam Polunin (Thorsons, 1979)

Nutritional Medicine, por Stephen Davies y
Alan Stewart (Pan Books, 1987)

Prescription for Nutritional Healing, por James y
Phyllis Balch (Avery Press, Estados Unidos,
1990)

Raw Energy, por Leslie y Susannah Kenton
(Arrow Books, 1985)

Superfoods: Superfoods Diet Book and Superfast
Foods, por Michael van Straten y Barbara
Griggs (Dorling Kindersley, 1994)

The Vitamin Bible, por Earl Mindell (Arrow,
1993)

Vitamin C, The Common Cold and Flu, por Linus
Pauling (Berkeley, Estados Unidos, 1970)

Vitamin C: The Master Nutrient, por Sandra
Goodman (Keats, Estados Unidos, 1991)

What the Label Doesn't Tell You, por Sue Dibb
(Thorsons, 1998)

**REFLEXOLOGÍA**

The Complete Illustrated Guide to Reflexology, por
Inge Dougans (Element Books, 1996)

Hand Reflexology: a textbook for students, por
Kristine Walker (Quay Books, 1996)

In a Nutshell: Reflexology: A Step-by-Step Guide,
por Nicola Hall (Element, 1997)

Reflexology, por Chris Stormer
(Headway/Hodder & Stoughton, 1992)

Reflexology: A Practical Approach, por Vicki
Pitman y Kay Mackenzie (Stanley Thornes,
1997)

Reflexology: A Step-by-Step Guide, por Ann
Gillanders (Gaia, 1995)

**TÉCNICA DE ALEXANDER**

The Alexander Principle, por Wilfred Barlow
(Arrow, 1983)

The Alexander Technique, por Chris Stevens
(Vermilion, 1992)

The Alexander Technique: The Essential Writings of
F. Matthias Alexander, ed. por Edward Maisel
(Thames & Hudson, 1974)

The Alexander Technique: Natural Poise for Health,
por Richard Brennan (Element Books, 1991)

The Alexander Technique Workbook: Your Personal
Programme for Health, Poise and Fitness, por
Richard Brennan (Element Books, 1992)

Body Learning, por Michael Gelb (Aurum
Press, 1987)

The Complete Illustrated Guide to the Alexander
Technique, por Glynn Macdonald (Element
Books, 1998)

Freedom to Change: The Development and Science of
the Alexander Technique, por Frank Pierce-Jones
(Mouritz, 1997)

**YOGA**

The Heart of Yoga, por T.K.V. Desckachar
(Inner Traditions International, 1995)

Yoga for Common Ailments, por R. Nagarathna,
H. R. Nagendram y Robin Monro (Gaia
Books, 1990)

Yoga for the Disabled, por Howard Kent
(Thorsons, 1985)

Yoga for Your Life, por Pierce and Pierce
(Rudra Press, 1996)

# ÍNDICE

# ÍNDICE